JN411497

일반윤리학

Allgemeine Ethik

by

Friedo Ricken

일반윤리학

프리도 릭켄 지음 | 김용해 옮김

서광사

이 책은 Friedo Ricken의 *Allgemeine Ethik*
(Verlag W. Kohlhammer GmbH, 1983, 2003)을 완역한 것이다.

일반윤리학

프리도 릭켄 지음

김용해 옮김

펴낸이—김신혁, 이숙
펴낸곳—서광사
출판등록일—1977. 6. 30.
출판등록번호—제 406-2006-000010호

(413-756) 경기도 파주시 교하읍 문발리 534-1
대표전화 · (031)955-4331 / 팩시밀리 · (031)955-4336
E-mail · phil6161@chol.com
http://www.seokwangsa.co.kr / http://www.seokwangsa.kr

제1판 제1쇄 펴낸날 · 2006년 6월 30일
제1판 제2쇄 펴낸날 · 2008년 10월 20일

ISBN 978-89-306-2543-2 93190

| 한국 독자를 위한 서문 |

먼저 나의 《일반윤리학》을 한글로 번역하는 데 큰 수고를 아끼지 않으신 김용해 교수께 감사를 드린다. 한국에 있는 독자 여러분께도 감사의 인사를 드린다. 특히 여러분이 나의 책에 관심을 가져준 것에 대해 크게 감사드린다. 아쉽게도 나는 한국을 방문하거나 한국 문화를 배울 기회를 미처 갖지 못했다. 그래서 여러분의 윤리학을 잘 알지 못한다. 이를 테면, 어떤 가치들이 여러분의 문화에서 특별한 지위를 차지하고, 여러분이 어떤 개념을 가지고 생활 윤리를 성찰하며, 어떤 기준에 따라 옳고 그름을 구분하는지 잘 모른다.

이 책의 도덕철학적 기획은 그 영감과 방법론을 세 가지 원천에서 가져왔다. 첫째로 임마누엘 칸트의 실천철학에서 가져왔다. 칸트는 우리의 일상적인 윤리적 확신이라는 하나의 법칙을 찾아냈고, 그것이 바로 정언명법에서다. 그는 이 법칙을 여러 형식으로 표현했다. 본문에서 언급했지만 이 법칙의 가장 중요한 형식은 "네가 인간성을 네 자신의 인격에서든 다른 사람의 인격에서든 언제나 동시에 목적으로 여기고, 어떤 경우에도 단지 수단으로 여기지 않는 방식으로 행위를 하라"이다. "인간은 다른 어떤 가치와 비교할 수 없는 절대적 가치"라고 칸트는 통찰하고 있다. 《일반윤리학》은 인간의 형식적 자기목적성과 내용적 목적성을 구별한다. 형식적 자기목적성은 각각의 사람에게 그가 대우하는 방법과 형식을 책임질 수 있어야 한다는 요구에 놓이는 반면, 내용적 자기목적성은 각각의 경우에 무엇을 책임져야 하는지에 대한 물음의 답이다.

두 번째 원천은 아리스토텔레스의 윤리학이다. 그것은 도덕적 지혜, 실천판단력, 숙고하는 이성으로 번역될 수 있는 프로네시스(phronesis)의 덕이 핵심이다. 프로네시스는 이성의 형식인데, 수학적 · 자연과학적 합리성과는 구별되는 것이어서 그것의 과정은 형식화되지 않는, 즉 논리적 혹은 수학적 계산으로 실행될 수 없는 것이다. 그런데도 그것은 객관적이고 근거 있는 실천적 판단에 해당된다. 프로네시스는 두 가지 관점에 정향이 되어 있다. 그 하나는 칸트가 말한, 인간의 자기목적성 요구와 비교될 수 있는 정의(正義)이다. 다른 하나의 관점은 선(善)이다. 어떤 것이 같은 조건 아래에서 다른 상대되는 것보다 우월하다고 할 만하면 그것은 선이다. 칸트와 달리 아리스토텔레스에게는 가치판단들이 윤리적 선과 악의 영역으로 제한되어 있지 않고, 도덕 밖의 선과 악에게까지 미친다는 견해이다. 프로네시스의 과제는 바로 도덕 밖의 선의 경중을 서로 비교하고 그것들의 올바른 배치를 심사하는 것이다.

오늘날 우리의 일상적인 도덕신념에 대한 성찰은—이것이 세 번째 원천이다—1930년대 이후 분석철학이 발전시킨 방법론을 이용하지 않고서는 더는 불가능하다. 그것은 두 개의 질문이 핵심이다. 하나는 20세기 초에 막스 베버가 이미 제기한 것으로서, 도덕적이든 도덕 밖의 것이든 가치술어를 가진 문장들이 하나의 판단인가, 다시 말하면 그것들은 객관성 요구의 시험대에 오르는가, 아니면 그것들은 단지 주관적 감정 혹은 결단의 표현으로 이용되는가이다. 두 번째 질문은 데이비드 흄으로 거슬러 올라간다. 가치판단과 사실판단은 어떤 관계에 있는가? 가치판단을 근거 짓는 것이 사실판단에서부터 가치판단으로 이어지는 오류를 범하지 않고 가능한가?

《일반윤리학》은 '숙고하는 이성'[1]의 도덕철학을 구상하고 있다. 이 책은 행위 개념을 통해 자기목적성이라는 칸트의 사상을 아리스토텔레스의 덕론과 통합시킨다. 그 자체로 목적인 인간은 행위하는 존재이고, 그리하여 그는 선에 의존되어 있다. 나는 인간을 정의의 요구에 상응하여 그의 선들을 침해하지 않고, 그 선을 위해 도와주는 방식에서만 그 자체로 목적으로 대우할 수 있다.

이 책《일반윤리학》의 구상은 고대 그리스 사상, 18세기의 계몽사상, 그리고 영국의 경험론에 인접해 있는 분석철학이라는 유럽 전통에 뿌리를 두고 있다. 이것이 지금 다른 문화권의 독자들에게도 관심을 끌 수 있을까? 세계화 시대를 사는 우리는 각자가 어떤 문화에 속하는지에 관계없이 서로서로 그 자체로 목적인 존재로 존중할 때 비로소 함께 살 수 있다. 각 문화들 사이의 가치와 가치질서는 다를 수 있지만 우리 세계가 점점 더 일치하여 함께 성장한다는 사실은, 이 가치들이 서로 어떻게 관련되고 여기에 상응하고 있는 선이 어떻게 서로 평가될 수 있는지에 대한 물음으로 우리를 재촉한다.

2006년 5월

프리도 릭켄

---

1) Franz-Josef Bormann · Christian Schrer(Hrsg.), *Abwgende Vernunft. Praktische Rationalität in historischer, systematischer und religionsphilo-sophischer Perspektive*, Berlin 2004. 참고

| 초판 서문 |

《일반윤리학》은 개인 혹은 사회윤리의 특수 과제에 선행하는 윤리학의 기본 과목이다. 우리 시대의 시급한 질문들은 말할 필요도 없이 특수한 윤리 영역에 놓여 있다. 몇 가지 예를 든다면 평화보장, 환경에 대한 책임, 정의로운 경제 사회질서 추구, 과학윤리학, 현대의학의 새로운 가능성과 그에 따른 책임 등이다. 그러나 쇼펜하우어의 구별을 이용하여 말하자면, 윤리학을 도덕 설교 정도로 제한시키지 않고 도덕의 근거를 세우는 과제로 받아들인다면 도덕의 근본 상황에 대한 물음은 피할 수 없다. 즉 기본 개념의 설명, 윤리적 인식 가능성과 도덕 판단의 가능성에 대한 논의들, 특수 분과윤리가 기초로 삼고 그로부터 출발해야 할 원리들에 관해 연구해야 한다. 철학은 항상 자기 자신의 한계에 관해 성찰하지 않으면 안 된다. 따라서 일반윤리학은 윤리적 행위에 대한 물음이 어디에서 경험과학의 성과에 의존되어 있는지를 보여주어야 할 과제 역시 가지고 있다.

나는 게오 지그바르트, 빌헬름 포센쿨, 요제프 드프리 그리고 요제프 쉬미트에게 비판과 수정제안에 대해 감사드린다. 원고 정리를 도와준 도로테아 게벨에게도 감사를 표한다.

| 개정판 서문 |

내용을 전체적으로 손보았다. 참고문헌들이 새롭게 소개되었다. 무엇보다 도덕적 행위의 개념(3장)과 정의와 법(6장)을 손질하고 보충하였다. 가장 중요한 보충은 표현주의에 관한 절(2장), 인간과 인격(5장), 계약주의(5장) 그리고 덕 윤리학(6장) 등이다. 나는 프란츠 요제프 보르만과 올리버 젠센에게는 충고를 해준 것에 대해, 베른하르트 코흐와 올리버 메이스에게는 여러 가지로 도움을 받은 것에 대해, 그리고 유르겐 슈나이더에게는 20년 넘게 우정 깊이 함께 일한 것에 대해 고마움을 표한다.

2003년 7월 뮌헨에서
프리도 릭켄

| 역자 서문 |

윤리의 보편성을 기초 짓는 탐구서

2005년 말 연일 국내외에서 세계적 뉴스거리가 된 황우석 전 교수의 줄기세포에 관한 논문조작 사건은 국민에게 커다란 상처를 남긴 채 '국익'이라는 코드로 어떤 이들에겐 여전히 혼돈과 흥분을 일으키고 있는 듯이 보인다. 한국 과학계와 정부의 윤리적 신뢰도가 땅에 떨어진 상황에서도 연구 윤리에 대한 정부 정책과 운영에 변화를 전혀 느끼지 못하고 있다는 따가운 비판과 함께 정부는 최근 서둘러 '연구 윤리 진실성 확보를 위한 가이드라인'을 마련하는 중에 있다.

일찍이 칸트는 "살인자가 내 집으로 찾아와서 그가 쫓고 있는 나의 친구가 도망 왔는지를 물으면 거짓말을 할 수 있는가?"라는 질문을 〈인간애 때문에 거짓말을 하는, 오해된 권리에 관하여〉라는 논문에서 제기하고 있다. 칸트는 불의하게 진술하도록 요구하는 범인에게 내가 진실을 말하지 않는다 하더라도 부당한 일은 아니지만 그럼에도 불구하고 "모든 설명에서 진실되게 하는 것은 신성하고 무조건적으로 명령하고 있는, 어떤 인습에 의해서도 제한될 수 없는 이성의 명령"이라고 주장한다. J. B. 슈스터도 비슷한 취지로 말한다. "상호 신뢰의 확실한 유지는 인간 공동체의 필요불가결한 선이다. 이 목적을 성취하는 유일한, 본성에서 근원된 필연적인 수단은 그 어떤 예외도 허락하지 않는 보편적 진실성이다. 따라서 거짓은 그 자체로(intrinsecus) 악(malum)이다." 그러나 윤리적 행위는 모든 상황에서 의무가 요구하는 진실을 단순히 말함으로써 완성되는 것은 아니다. 상호 신뢰만이 인간이 고려해야 하는 유일한 절대적 선이라면 그럴 수 있을 것이다.

이 책의 저자 프리도 릭켄에 따르면 "칸트는 내가 살인자에게 진실을 말하는 것도 인류에 해악을 가져온다는 사실을 간과하고 있다. 그 상황에서 거짓 진술을 함으로써 무죄하게 쫓기는 사람을 보호할 유일한 가능성을 저버리고 인간의 생명을 보호할 수 없게 된다"라고 주장한다(본문 § 154 참조). 이로써 우리는 인간 삶에서 도대체 무엇이 유일한 선일 수 있는지, 그리고 여러 필요불가결한 선들의 경쟁 상황에서 어떻게 행위해야 하는지에 관한 윤리학의 근본 과제와 물음 제기에 직면하게 된다.

저자는 윤리학의 목적은 "앎을 위한 앎이 아니라 책임질 수 있는 의식된 실천이다"라고 규정한다. 이에 따르면 인간이 도덕을 이해하려면 결국 책임 있는 행위란 무엇인지를 매 순간의 맥락과 환경의 조건 아래에서 추구해야 한다. 책임 있는 행위란, 인간이 자신의 행위를 이끄는 원리 혹은 관점에 대해 질문할 때만 가능하기 때문이다. 전래되어 온 행위 기준에 의해서가 아니라 옳음에 대한 나의 인식에 의해 행위가 규정될 때 나는 책임을 의식하며 행동할 수 있다. 이런 '숙고하는 이성'의 윤리학적 기초를 가지고 저자는 도덕의 근본 상황에 대한 물음, 즉 기본 개념의 이해, 윤리적 인식 가능성과 도덕 판단의 가능성에 대한 논의들, 특수 분과윤리가 기초로 삼고, 그로부터 출발해야 할 원리들에 관해서 매우 다양한 윤리 학설들을 체계적으로 비교하면서 연구하고 있다. 이를 통해 저자는 도덕의 보편 타당한 근거를 형식적으로뿐 아니라 내용적으로도 줄곧 찾으면서 여러 학설의 장점을 통합해 가고 있다. 그러면서도 철학과 인간 이성의 본래적 자기 한계를 잊지 않고 개방적인 자세를 견지한다.

프리도 릭켄은 역자가 독일 뮌헨에서 박사학위 과정에 있을 때, 같은 예수회 공동체에서 5년여 동안 함께 살았는데, 연구와 교육의 참스승으로 제자들에게 모범을 보여주었다. 식탁에서는 심각한 철학적 질문을 허락하시지 않았지만 그 외에는 어떠한 질문이라도 진지하게 듣고 답변을 준비하셨다. 이 역서의 한국 독자들을 위해 따로 명문의 서문을 쓰신 것도 작은 예에 불과하리라.

본 저작으로 3년 동안 대학에서 강의해오다가 우리말로 완역하여 출판하게 되어 더없이 기쁘다. 응용윤리학과 상대주의적 윤리학의 홍수 속에서 윤리의 보편성을 향한 갈망을 가지는 이들에게 조그마한 자극과 도움이라도 되었으면 하는 바람으로 이 역서를 내놓는다. 인간의 올바른 행위에 대해 숙고하도록 초대하는 이 책을 통해서 인생의 진정한 행복을 독자 스스로 찾기를 진심으로 바란다.

2006년 5월

김용해

차례

2부 도덕적 명제와 근거 지을 가능성의 주장

3부 도덕적 행위의 개념

4부 보편화와 언어화용론적 규범 근거

5부 도덕법칙으로서 인간의 자기목적성

6부 숙고하는 이성

| 일러두기 |

1. 본문 중의 영문 이니셜은 아래의 저서를 일컫는다.

GMS : 《도덕형이상학을 위한 기초 놓기》(*Grundlegung zur Metaphysik der Sitten*), 칸트, Zweite Auflage (B), Riga 1786

KpV : 《실천이성 비판》(*Kritik der praktischen Vernunft*), 칸트, Erste Auflage (A), Riga 1788

KrV : 《순수이성 비판》(*Kritik der reinen Vernunft*), 칸트, Erste Auflage (A) Riga 1781; Zweite Auflage (B) Riga 1787

MSR : 《법론의 형이상학적 기초》(*Metaphysische Anfangsgründe der Rechtlehre*), 칸트, Zweite Auflage (B), Königsberg 1798

MST : 《덕론의 형이상학적 기초》(*Metaphysische Anfangsgründe der Tugendlehre*), 칸트, Erste Auflage (A), Königsberg 1797

NE : 《니코마코스 윤리학》(*Nikomachische Ethik*), 아리스토텔레스

Rhet. : 《수사학》(*Rhetorik*), 아리스토텔레스

S.th. : 《신학대전》(*Summa Theologiae*), 토마스 아퀴나스

2. 문장 안의 '(1966, 62면 이하)' 등의 표기는 참고문헌(410면)에서 해당 저자의 저서를 참고하면 된다.

3. 문장 안의 '§'표시는 본문 가장자리에 기재된 문단 번호를 가리킨다.

1부—윤리학의 정의와 과제

1장— 출발에 관한 문제

인간의 삶은 결정의 연속으로 이루어져 있다. 하나의 결정을 통해 1
우리는 여러 형태의 태도와 행동의 가능성들 사이에서 선택을 한다.
결정은 피할 수 없다. 여러 종류의 가능한 행동과 태도들 중 선택을
할 수는 있겠지만, 선택을 통해 결정을 해야만 하는지 그렇지 않아도
되는지에 대한 선택은 있을 수 없다. 우리가 하나의 행동을 하지 않는
다 하더라도 우리는 이미 결정을 한 셈이다. 어떤 특정한 상황에서 어
떤 결정도 내리지 않았다고 믿는다 하더라도 그것은 이미 결정에 해당
되기 때문이다. 그 상황은 어떤 것도 취하지 않고 일이 계속 진행되도
록 방치하는 결정을 행한 것이다.

1. 최종적인 정당한 행위에 대한 질문

윤리학에서 무엇이 다루어지는가에 대한 질문에 우선 대략적으로 말 2
하면 다음과 같이 서술할 수 있겠다. 우리가 결정을 어떻게 내릴 것인
가 하는 문제를 우리 자신의 임의에 따라 하면 되는 것일까? 아니면
결정의 순간에 고려해야만 할 어떤 객관적이고 보편 타당한 관점들이

있을까? 이러한 관점들은 무엇인가? 달리 말하면 윤리학은 옳은 결정 혹은 올바른 행동에 관해 묻는다. 그리고 옳은 결정이라 함은 정당화될 수 있고, 책임질 수 있는 결정을 말한다. 두 번째 서술에서 출발하여 이를 해석하고 구체화하도록 시도해보자. 우선 '옳은'이라는 단어는 관계를 표현하고 있다. 우리가 해당되는 규칙에 따라 게임을 운영하면 우리는 옳다, 혹은 서양장기에서 말을 올바르게 이동시켰다고 생각한다. 어떤 사람이 열을 동반한 감기에 걸려 낫기 위해 약을 먹고 침대에 누워 있다면, 즉 그가 그의 목표에 도달하기에 적절한 수단을 사용하고 있다면, 그는 올바르게 처신하고 있는 것이다. 위의 예에서 우리는 규칙 혹은 목표에 대한 정당화에 관심이 끌린다. 그러나 위에서 예로 든 두 가지의 정당화는 단지 잠정적이고 혹은 범주가 조건 지어진 것이다. 장기의 규칙은 게임 안에서의 행동을 정당화시키지만 온전히 그런 것만은 아니다. 내가 지금 여기에서 장기를 두는 것이 옳은지, 혹은 내가 왜 게임 규칙을 엄수해야 하는지에 대한 해답이 주어지지 않는다. 올바른 수단에 대한 물음을 가지고는 목적의 정당화에 대한 물음이 아직 해명되지 않는 것이다. 이에 반해 윤리학은 최종적이고 무전제적인 정당화를 추구한다는 의미로 옳은 결정 혹은 옳은 행동에 관해 묻는다. 이때 우선은 그런 최종적인 정당화가 진정 존재하는지, 어떻게 가능한 것인지에 대해서는 해결을 유보한다.

3— 그럼에도 윤리학의 출발점에 대한 물음은 아직 충분히 규정되지 못했다. 철학적인 분과는 각각의 방법론을 성찰하고 비판적으로 논증하는 것이 본질적이다. 철학의 정의는 결코 완전한 규정이 불가능하지만 '근거 지음'의 개념에 도움을 받아 규정될 수 있다. 철학은 최종적인 근거를 묻는다. 근거 지음의 개념은 다시 이성(理性)과 연관된다. 이성은 근거 지음의 능력이다. 따라서 '이성적이다'라는 것은 근거 지을 수 있는 것을 말한다. 그러나 통속적인 근대 이성주의 역시도 이런 의견

에 동의하겠지만 '이성'과 '근거 지음'은 동의적 개념이 아니라 유비적 개념이다. 이 단어들은 여러 방식으로 사용된다. 수학에서의 근거 지음은 실천철학의 그것과 다르다. 윤리학이 내용적 규범들의 근거 지음에 투신하기 전에 자신의 방법론에 관한 물음에 해명해야 한다. 이 말은, 윤리학은 최종적인 올바른 행위에 대한 물음이 진정 의미 있는 물음인지를 해명한다는 것을 의미한다. 전제 없는 연구를 하려면, 결정에 대한 판단을 위해서 객관적이고 보편 타당한 관점들이 존재하는지에 대한 물음은 의미 없다고 선언할 가능성을 열어놓아야 한다.

2. 근거 지음의 차원

윤리학은 자기 스스로 방법론에 대한 질문에 어떻게 다가갈 수 있을 4
까? 우리는 여러 차원의 근거 짓기를 구별해야만 한다. 방법론에 대한 물음은 각 차원에서 새로 제기되어야 한다. 예컨대 10년 동안 결혼생활을 유지한 네 자녀의 아빠인 페터가 자신의 젊은 여비서와 결혼하기 위해 가족들과 헤어지려 한다고 하자. 그의 친구 한스는 윤리적 근거를 대며 페터를 단념시키려 할 것이다. 한스는 다음과 같이 도덕적 판단을 한다. "너는 네 가족과 헤어져서는 안 돼"라고 말하며 그 근거를 제시하기를 "네 아내와 자식들은 네게 의존하고 있어. 어떤 누구도 자신에게 기대고 있는 사람을 궁지로 몰아넣어서는 안 돼." 의존하고 있는 사람을 궁지에 빠뜨려서는 안 된다는, 자신에게 직접적으로 다가오는 직관적 의무에 대해 한스는 착안하고 있다. 그러나 한스가 사용하고 있는 방법은 그가 제안한 도덕적 요구를 근거 짓기 위해 모색할 수 있는 여러 가지 중에서 단지 하나일 뿐이다. 또 다른 가능한 주장을 예로 든다면 "장기적으로 너는 비서와 행복할 수 없어. 그런데 모든 사람은 필연적으로 행복을 추구한다네." 이 근거 짓기는 사람이 필연적으로 노력해야 할 행복의 실현에 특정한 행동이 얼마나 많이 도움이 되는지를 판단하는 것이다. 위 예에서 중요한 것은 하나의 도덕적 판단만을 근거 짓는 것으로는 충분하지 않다는 사실이다. 우리가 근거를 세우자마자 또 다른 근거 요청이 둘째 단계에서 세워진다. 우리는 도덕적 판단을 왜 다른 방식이 아닌 바로 이 방식으로 근거 지었는지에 대해 그 이유(근거)를 댈 수 있어야 한다. 우리가 첫째 단계에서 사용한 근거 지음의 취급방식은 스스로를 근거 지어야 할 필요성을 제기한다. 그리하여 우리가 첫 단계에서 사용한 방법을 정당화해야 할 둘째 단계의 방법에 관한 물음이 제기된다. 여기에서는 단지 방법만이 중요하지 않다. 위의 예로써 분명하게 설명되지는 않았지만 여러 종류의 방법들은 상이한 내용을 가진 도덕적 요구들로 발전한다.

5__ 둘째 단계의 필수적인 구성요소는 도덕적 언어의 분석이다. 하나의 문장이 근거 지어질 수 있을지, 어떤 방식으로 근거 짓는 것이 적합한지에 대한 질문은 우선 그것의 의미 분석을 통해 해결될 수 있다. 의미 분석은 다시 문장 안에서 사용된 단어들의 의미와 연관된다. 그런데 둘째 단계의 근거 지음의 요구를 해결하기 위해 의미 분석이 필수적이라고 주장한다면 여기에서는 의미 분석이 충분한지, 즉 도덕적 판단이 근거 지어질 취급방식에 대한 질문이 오로지 의미 분석의 도움으로 해소될 것인지는 아직 미지수이다. "주어진 약속은 지켜져야 한다"라는 문장을 예로 이러한 숙고를 명확히 해보자. 이 문장의 의미와 연관되어 있고 그것의 근거 지음의 가능성을 위해 필요한 본질적인 질문은 다음과 같다. ① 이 문장은 근거 지음의 요구가 강조되어 있는가, 즉 하나의 판단을 다루고 있는가? 혹은 이 문장은 단지 근거 지음의 요구와 결합되어 있지 않은 진술이어서 "어떤 이가 약속을 지키지 않는다 하더라도 나는 괜찮아"라고 이해할 수 있는 것인가? ② 수식어

'~해야 한다'라는 것은 무엇을 의미하는가? 그것은 관찰 가능한 특성을 내용으로 하는 수식어들과는 어떤 상태에 놓여 있는가? "너는 사람을 죽여서는 안 된다"에서의 '~해야 한다'의 의미는 "고열이 있으면 자러 가야 한다"에서의 '~해야 한다'와는 차이가 있다. 의미의 차이에 따라 근거 짓기의 방식도 달라진다. ③ 주어와 술어의 개념 사이의 관계는 어떠한가? 술어 개념이 주어 개념 안에 이미 내포되어 있는가? 즉 약속 개념의 단순한 분석에서 '약속은 지켜져야 한다'라는 결과가 도출되는가 혹은 술어 개념이 주어 개념에 뭔가를 덧붙이는가? 후자일 경우 판단에 있어 두 개념의 연결 가능성은 무엇에 근거를 두는가?

의미 분석이 둘째 단계의 방법론에서 필수적인 주요소라고 한다면 6
근거 지음의 요구는 이제 셋째 단계와 관련된다. 의미 분석 역시 자기 쪽에서 정당화가 필요한 방식을 요구한다. 뒤에 나오는 2부에서의 메타윤리 이론들의 토론은, 의미에 관한 잘못된 이론이 도덕적 명제의 잘못된 논리 분석으로 이끌고, 다시 그런 결과들은 근거 지음의 가능성과 도덕적 명제의 근거 지음의 방식에 의문을 가질 수도 있음을 보여줄 것이다.

3. 도덕 · 규범윤리학 · 메타윤리학 · 응용윤리학

1) 도덕과 윤리학

오늘날의 통상적인 철학적 언어법은 도덕과 윤리를 구분한다. 라틴 7
어 'mores'라는 단어는 아리스토텔레스의 《니코마코스 윤리학 II》 1의 윤리적 덕의 발생을 이야기하는 곳에서 그리스어 'ethos'(거주지, 습관, 관습, 성격)를 키케로가 그의 저서 《운명에 대하여》(*De fato 1*)에서 번역할 때 쓴 용어이다. 아리스토텔레스는 윤리적 덕은 '습관'에 의해 생겨난다고 보았던 것이다. 그것은 한 인간 그룹이 세세손손 이어져 내려오는 살아 있는 오래된 습관에 근거하여 일치하는 태도방식을 말한다. 그것은 오늘날에도 여전히 **도덕**과 **도덕적**이란 말의 기본적 의미와 같은데, 이때 그런 전통 및 일치가 항상 변화하는 다원주의 사회에서 어느 정도로 충분한지 의문을 던질 수 있다. '**도덕적**'이란 단어와 같은 의미로는 **관습적**이란 단어가 사용된다.

도덕적이란 말은 일치 때문에 인간의 태도를 이끄는 판단, 규칙, 규범, 자세, 제도를 말할 때 쓰인다. 예를 들어 "너는 거짓말을 해서는 안 된다"는 하나의 도덕적 판단이다. 정직은 하나의 도덕적 자세, 약속은 지켜져야 한다는 하나의 도덕적 규칙, 약속, 혼인 그리고 계약은 도덕적 제도들이다.

도덕은 예술, 학문, 법 그리고 종교와 다른 인간 삶의 한 영역을 표시한다(도덕은 도덕적 판단, 규범, 이상, 덕, 제도들의 총화이다). '도덕적' 및 '관습적'이란 말은 내가 다음에 의존하게 될 언어 사용에서 '도덕적 및 관습적으로 좋은'을 의미하는 것이 아니라 '도덕의 영역에 속한'을 의미한다. 반대의 경우도 '비도덕적' 및 '비관습적'을 의미하는 것이 아니라 '도덕 외적' 및 '관습 외적' 즉 도덕 영역과는 다른 인간 삶의 영역에 속한 것을 의미한다. 예를 들어 "당신은 어제 동료와 했던 약속을 지키는 것이 좋다"는 하나의 도덕적 판단인 반면 "당신이 12시 15분에 프랑크푸르트에 있고자 한다면 당신은 8시 41분에 기차를 타야 한다"는 목적 이성적이며, 따라서 도덕 외적인 판단이다.

8 도덕 개념의 도움으로 우리는 이제 **윤리학**의 개념을 더 정확하게 규정할 수 있다. 윤리학(ta ethika)은 아리스토텔레스 이후 철학의 분과를 표현하기 위해 사용되었다. 도덕은 살아 있다. 어린이는 특정한 도덕 안에서 성장한다. 어린이는 상응하는 제재, 즉 거짓말해서는 안 된다, 도둑질해서는 안 된다, 주어진 약속은 지켜야 한다 등등에 익숙해진다.

모든 종교는 따르도록 신도들을 독려하고, 동기부여하는 도덕을 가지고 있다. 반대로 **윤리학의 과제**는 도덕을 설교하는 것이 아니라 도덕을 성찰하는 것, 즉 도덕의 근거에 관해 질문하는 것이다. 다음과 같이 차이를 단순화할 수 있을 것이다. 살아 있는 도덕은 그 자신의 정당성을 묻지 않고, 자기 자신에 대해 성찰하지 않는다. 그것은 윤리학의 과제이다. 물론 현실에서 이러한 구분은 이렇듯 명확한 형식 안에서 발견되진 않는다. 도덕적으로 살고 있는 사람은 자신이 살고 있는 사회를 통해 중재되어, 최소한 그 도덕 근거의 희미한 표상을 이미 늘 갖고 있다. 간단한 예는, 도덕 규범을 신의 계명으로 이해하고, 그것을 전통에 기대어 정당화한 고대사회들이다(*mos maiorum*; 더 큰 도덕). 이러한 차이를 볼 때, 우리와의 연관성 속에서 중요한 것은, 윤리학이 이렇게 구분하는 정도를 의식하며 근거 짓는 것을 주제화하고 방법적으로 다루는 일이다. 윤리학은 도덕 영역의 철학적 연구이다. 다시 말해 윤리학은 도덕의 근거에 대해 묻는 철학적 분과이다. 윤리학이라는 말 대신 더 명확한 표현으로 **도덕철학**이란 말도 쓴다. 이 말은 관례(de moribus)를 연구했던 철학 부문을 자신이 만든 용어 'philosophia moralis'(도덕철학)라 표현했던 키케로에까지 거슬러 올라간다(*De fato 1*).

윤리학은 도덕적 명제의 근거 혹은 유효성에 대한 물음을 제기하는 9
학문으로서 도덕 영역을 대상으로 삼고 있는 다른 학문들과 구별된다. 특정한 민족이 어떤 태도를 취하는지, 특정한 행동양식이 한 사회에서 실제로 어떻게 평가받는지, 도덕의식이 인간 역사에서 혹은 개별 인간에게서 어떻게 발전되어 왔는지에 대한 연구는 윤리학자의 과제가 아니라 경험론적인 학자들, 즉 사회학자, 심리학자 혹은 역사학자의 과제이다. 윤리학은 인간이 어떤 태도를 취하는가를 묻는 것이 아니라 어떤 태도를 취해야 하는가를 묻는다. 윤리학은 하나의 행동양식이 옳게 평가되는가를 묻는 것이 아니라 그 행동양식이 올바른 것인가를 묻는다.

2) 규범윤리학과 메타윤리학

§ 4에서 도덕적인 근거 짓기의 여러 단계에 대해 말하였다. 이러한 구분은 종종 '규범윤리학'과 '메타윤리학'의 개념으로 표현된다. 두 개념의 정확한 경계는 논란의 여지가 있다. 나는 다음과 같은 정도로 구분한다. 규범윤리학은 인간이 어떻게 행동해야 할 것인지에 관해 근거 지어진 언명들을 만든다. 규범윤리학은 객관적 언어를 사용한다. 메타윤리학은 협의개념과 광의개념으로 나뉜다. 광의개념에서 메타윤리학은 내용적으로 도덕적인 요구들이 근거 짓게 되는 방식에 대한 모든 숙고를 의미하는데, 이때 둘째 단계에서 어떤 방식으로 이러한 숙고를 실행하는지와는 관련이 없다. 협의개념에서 메타윤리학은 도덕 언어의 의미를 연구하는 것에 한정된다. 여기에서 메타언어의 도움으로 도덕 언어를 말한다. "합의된 약속은 지켜져야 한다." "모든 인간은 목적 그 자체로 대우받아야 한다"는 규범윤리학의 언술들이다. "객관적으로 구속력 있고 정당하고 근거 지어진 도덕규범은 존재하지 않는다" 혹은 "도덕적 명제들은 단지 감정 표현에 봉사한다"는 메타윤리학의 언술들이다. "죄 없는 사람을 죽여도 되는가?"는 규범윤리학이 대답해야 할 질문이다. "직관적이고 의무론적인 근거방식, 혹은 목적론적이고 이기적인 근거방식, 둘 중 어떤 것이 우선할 가치가 있는가?"는 광의 메타윤리학의 질문이다. "'선'이란 말의 도덕적 용법은 도덕 외적인 용례와 어떻게 다른가?"는 협의 메타윤리학의 질문이다.

많은 분석철학자는 철학적 윤리학은 좁은 의미의 메타윤리학에 한정되어야 한다는 견해를 갖고 있다. 이 견해에 동의하는가 안 하는가는 특히 메타윤리적인 입장에 달려 있다. 메타윤리학이 다른 무엇보다도 해명해야 할 의문은 과연 규범윤리학이 철학적 분과가 될 수 있는가 하는 것이다. 예컨대 "돈을 훔치는 것은 정당하지 않다"라는 도덕적 명제에서 하나의 진리 주장을 강조하는 판단이 문제가 되는 것인가? 이러한 진리 주장은 해결될 수 있을까? 즉 이러한 판단이 근거 지어질 수 있을까? 이 질문에 부정적인 답변을 하는 메타윤리학의 입장에서는 윤리학을 메타윤리학으로 국한한다. 규범윤리학이 가능하지 않다는 것을 메타윤리학이 보여준다면 윤리학의 과제는 메타윤리학으로 충분하다(§ 58 참조). 그러나 메타윤리학적 검토가 도덕 명제 안에서 해결될 수 있다는 진리 주장이 제기된다는 결론에 이른다면 윤리학은 메타윤리학에만 국한할 수 없게 된다.

그러나 윤리학이 언어를 유일한 출발점으로 삼을 수 있는지, 혹은 11
메타윤리학에 국한할 수 있을지에 대한 질문에서 결정적인 것은 다음과 같은 숙고이다. 좁은 의미의 메타윤리학은 도덕언어의 심사로 스스로를 정의한다. 그런데 메타윤리학은 도대체 어떻게 자기 자신의 대상영역을 제한할 수 있을까? 메타윤리학은 특정한 단어나 문법적 형태에만 집중할 수 없다. 도덕언어에 해당하는 어떤 어휘도, 문법 형태도 따로 존재하지 않는다. '좋다' '해야 한다'라는 일상적 도덕언어로서 아주 중요할 수 있는 두 단어는 단지 도덕적 의미로만 쓰이는 것이 아니다. 아리스토텔레스는 그의 저서 《니코마코스 윤리학 I》 4의 서두에서 '좋은'이란 단어는 다양한 방식으로 표현됨을 보여주었다. 우리는 좋은 칼, 좋은 와인, 좋은 사람, 좋은 의향에 대해 말한다. 이 예들 중 어떤 단어가 도덕적 의미의 '좋은'에 해당하는가? '한 권의 좋은 책'이란 용법은 다양하게 이해될 수 있다. 예컨대 그것은 하나의 미학적, 심리적 혹은 도덕적 가치를 표현할 수 있다. 반대로 도덕적 언어가 특정한 단어에만 의존하는 것도 아니다. "그에게 돈을 빌려주어라." "오늘 저녁 그를 방문해라"와 같은 문법적인 명령법의 형태를 갖춘 요청은 특정한 상황에서의 도덕적 요청을 의미하며, 그렇게 이해될 수 있다. 도덕언어의 영역을 경계 짓는 기초는 용법이다. 예컨대 '좋은'과 '~해야 한다'라는 말은 도덕적 사용과 도덕 밖의 세계에서의 사용을 구분해야 한다. 어떤 기준을 가지고 이러한 용법을 규정하는가? 어떤 언어 분석적인 메타윤리학자도 이 질문에 대답하진 못한다. 우리는 도덕언어 게임이 뿌리를 내리고 있는 생활방식에 대해 질문해야 한다. 도덕언어를 사용하기 위해서 우리 생활에서 무엇이 우리에게 필요한가? 아리스토텔레스와 칸트가 고전적인 대답을 한 바 있다. 아리스토텔레스는 행위이론적인 숙고를 이용한다. 우리가 행하는 모든 일에서 우리는 그것 때문에 행한다는 바로 그 목적을 묻는다. 모든 목적은 그러나 또 다른 목적 때문에 갈구하게 되는데 그래서 행위자는 최종적인, 그 자체 때문에 갈구하는 목적을 전제한다. 도덕언어는 이 최종 목적과 연관된다. 칸트의 출발점은, 인간은 이성적 존재로서 자신이 추구하는 여러 종류의 내용 있는 목적들에 대해 책임질 수 있고 거부할 수 없는 요구 아래 존재한다는 것이다. 한 사람은 그의 목적이 다른 사람의 목적과 조화를 이루도록 요구받는다. 따라서 잠정적으로 도덕언어 게임의 기준은 결정들을 위한 최종적인 정향 관점에 관한 물음이라 할 수 있다. 이러한 물음과 관련되어 있을 때에만 우리는 언어를 도덕적으로 사용하게 된다.

3) 일반윤리학과 응용윤리학

12 요즈음 응용윤리학(예컨대 경영윤리, 환경윤리, 의학윤리)이 화두가 되었다. 그래서 우리가 여기에서 하려는 바와 같이 일반윤리학과 응용윤리학과의 관계에 대해 물어야 한다. 시급한 물음들은 응용윤리학의 질문들이다. 따라서 직접 그 질문들이 향하고 있는 개별적인 경우마다 도덕적 판단을 하는 것이 합당하지 않겠는가? 도덕적 인식에서 개별적인 것은 일반적인 것과 어떤 관계가 있을까? 이 질문은 니다-뤼멜린(Nida-Rüemelin, 1996, 57~69면)이 서로 맞세워놓은 두 개의 모델을 근거로 토론되고 있다. 하나의 모델은 '근대 초의 인식이론적인 이성주

의'의 전통 안에 있으며, 특히 피터 싱어(Peter Singer)에 의해 대표되는 이해이다. 지금 여기에 유효한 도덕적 의무는 두 전제집단에서 연원된다. 즉 규범적인 원리와 경험적인 부수조건들이 그것이다. 후자는 미확정적인 행위의 인과적인 결과들이 규범적 원리를 실행하는가를 고려하여 더 상세히 특징짓는다. 예컨대 규범적 원리는 전체 유용성의 극대화라는 공리주의적 규정일 수 있다. 그렇다면 부수 조건들은 전체 유용성을 위해 결정을 내려야 하는 행위 선택의 인과적인 결과들일 것이다. 이러한 인식이론적인 이성주의와 근본주의에 맞서 니다-뤼멜린은 또 다른 모델로서 조건이 붙은 조심스러운 어법으로 그의 정합 개념을 말한다. "윤리이론은 적합성을 위해 규범적 판단의 서로 다른 응용영역들을 구분하고 이러한 응용영역을 위해 특별한 개념성과 기준을 발전시켜야 하는 것이 아닐까 한다. 그러면 지속적인 통일화는 규범적 관련성을 하나의 적절한 파악이라는 명목으로 추구해서는 안 될 (…) 규제적인 이념으로 항상 머무를 것이다. 유일한 시스템을 가진 도덕적 규칙과 원리로 환원되지 않는 (…) 서로 다른 기준들이 인간 실천의 여러 영역에 적절하다는 것은 배제할 수 없다." 그래서 니다-뤼멜린은 응용윤리학 대신 '영역윤리학'이라 부르기를 제안한다. 한 가지 예는 '사회적 하부구조'와 특별한 종류의 도덕적 문제를 제기하는 인간 실천의 특수한 영역과 관련되어 있는 의학윤리이다(1996, 62면 이하).

이성주의적인 모델에 대한 비판은 제한 없이 동의할 수 있다. 윤리 13
적 숙고는 규범적 원리를 대전제로, 경험적 언술을 소전제로 구성된 연역의 형식을 취하지 않는다. 그렇다고 해서 이로부터 각각의 응용영역을 위해 '특별한 개념성과 기준'을 발전시켜야 한다는 결론도 나오지 않는다. 이유는 다음의 네 가지 예에서 제시될 것이다.

(1) 영어권에서 의학윤리의 기준이 되는 책은 비첨과 칠드레스(Beauchamp/Childress)의 1994년 판 《생명의학의 원리》이다. 목차를 살

펴보면 다음과 같은 개념 및 원리들을 만난다. 자율, 어떤 해도 끼쳐서는 안 됨, 선행, 정의, 무엇보다 진실성이란 부제가 붙어 있는 의사·환자 관계, 비밀을 지킴, 성실 등. 이것을 보고 단지 사회적 하부구조에서만 유효한 기준과 규범을 다루고 있다고 누구도 주장할 수 없을 것이다. 오히려 아주 다양한 인간관계에 유효한 규범과 덕목들이 인간관계와 선의 특별한 영역에 사용되고 있다. 이러한 원리들, 예컨대 정의가 그 밖의 인간 삶에서도 유효하다는 것이 명료하지 않다면, 왜 하필이면 의학영역에서만 유효해야 하는지 역시 이해하기 힘들다.

(2) 안락사 토론에서도 다음과 같은 갈등이 문제가 된다. 한편에선 자기 규정의 권리가 있다. 이것은 이 영역에서만 유효한 권리는 아니다. 특별히 이러한 권리가 요청되는 대상이 있다. 그것은 그 자신의 죽음이다. 여기에서 자신의 의향이 거부되어서는 안 되며 스스로 죽음의 상황을 규정할 수 있다는 주장이 제기된다. 다른 편에는 생명의 선이 있다. 자신의 죽음에 대한 권리요청이 인정되면 공동체로부터 보호받아야 할 근본적인, 생명의 선이 위협받는 것인가? 여기에서도 안락사의 영역에서만 특별한 선이 문제 되는 것이 아니며, 권리와 선 사이의 갈등은 도덕의 여러 영역에서 나타난다.

(3) 거친 도식 안에서 환경윤리의 두 기초를 고찰해보자. 시종일관 인간 중심적인 기초에서 자연은 인간에 대한 관계를 통해서만 가치를 얻는다. 자연은 인간 삶의 기반을 형성한다. 자연의 종류의 다양함은 미학적 가치이며, 또 이것은 동시에 미래에 계속해서 발전하는 가장 다양한 종류의 응용연구 영역을 위해 자본을 투자하는 유전자 풀의 풍요를 보장한다. 이런 기초의 환경윤리는 특수영역에서의 정의 원리의 응용이다. 환경은 고갈되지 않는, 스스로 언제나 다시금 새로워지는 자원이 더 이상 아니다. 오히려 자연은 사용될 수 있는 재화가 되었다. 이러한 재화는 살아 있는 현세대뿐만 아니라 미래의 모든 세대에게도

속해 있다. 따라서 현세대가 이러한 재화를 소비해도 되는지, 어느 정도로 소비해야 괜찮은지, 세대 간에 정의에 관한 질문이 존재한다. 고통에 초점을 맞추는 원리로는 지각 능력이 있는 모든 생명체는 그 자체로 존중받아야 한다. 이 명제는 직관적인 가치판단과 평등원리에 근거하고 있다. 고통이 해로운 거라면 그것은 고통을 느낄 수 있는 모든 생명체에 해당된다. 그리고 이유 없이 어떤 해도 끼쳐서는 안 된다면, 충분한 이유 없이 고통을 느끼는 어떤 생명체에게도 고통을 가해선 안 된다. 여기에서도 특수영역에만 유효한 기준과 규범이 언급되는 것은 아니다. 오히려 사람 사이의 관계에서 유효한 규범과 기준이 이러한 영역을 넘어서서 응용되는 것이다.

(4) 배아 이식이 수반되는 시험관 아기 시술과 이식 전 진단(Präimplantationsdiagnostik)은 단지 의학이라는 사회적 하부구조에서만 결정이 내려지는 도덕적 문제들인가? 여기에서 도덕적 판단을 위해 중요한 몇몇 관점에 대해 언급하려 한다. "여성들에게 빈번한 심리적 부담을 주고, 어쩌면 병적인 영향을 끼치면서도 계속되는 기술 발전을 위해 배아연구에 의존하는, 최고 10~20퍼센트의 성공률을 지닌 시술이 부부들에게 권장되어야만 하는가? 그렇다면 어떤 상황에서, 어떤 심의기준에 근거해서 그래야만 하는가?"(Duewell 2000, 83면). 의학 연구를 위해 현존하는 자원은 어떻게 분배되어야 마땅한가? 암 연구나 시험관 아기시술 연구를 위한 독일연구협회(DFG) 프로젝트가 우선시되어야 하는가? "시험관 아기 시술 성공률의 상승이 단지 인간배아에 대한 연구를 통해서만 가능하다는 것은 논란의 여지가 없다. 그로부터 배아연구에 대한 도덕적 정당성을 이끌어낼 수 있다. (…) 이런 변론이 우선 보여주어야 할 것은, 도덕적 권리주장은 아기 갖기를 소망하는 것이 상응하는 기술적 가능성을 통해 성취될 수 있다는 것에 근거하므로, 상응하는 기술적 가능성을 발전시켜야 하는 의무가 이 권리에 부합하는 것이다"(위의 책, 84면

이하). 이식 전 진단은 "계획된 아이의 바라지 않는 특정한 성질을 배제하는 것을 목표로 한다. 유보되어 생산된 인간배아 그룹으로부터 각각의 타당한 기준에 따라 계속 성장하기에 가장 좋은 배아들이 확인되고 이식된다. (…) 이식 전 진단의 실시에 관해 제대로 알고 숙고하며 책임질 수 있는 사회적 결정에 도달하기 위해 그것의 의학적 · 사회적 · 윤리적 그리고 법적 대표성이 검토되고 가치가 평가되어야만 한다. 이런 가치 평가에서 포기할 수 없는 부분은 (많든 적든) 이식 전 진단의 규정된 투입에서 개인과 사회를 위해 기대해야 하는 가능적 결과들의 진단이다"(Kollek 2002, 217면). 이 방식은 "그렇게 태어난 아이들이 갖게 되는 유전자가 점점 부모와 사회의 열망에 부합할 가능성"을 제공한다. (…) "부부와 여성들이 어떻게 자율적으로 일반적인 사회 발전과 높아지는 기술적 처리 가능성 안에서 만성병과 장애아들의 탄생을 비켜가는 결정을 할 수 있을까?"(위의 책, 223면 이하). 여기에서 제시한 질문들은 사회 하부구조에만 해당되는 것이 아니며, 그것들은 사회 하부구조 내에서만 결정될 수도 없다. 이 질문들은 우리 전체 사회에 적용된다. 인간다운 삶을 위한, 병자와 장애인을 위한 우리의 입장, 즉 중요한 것은 우리의 정당한 요구들이 무엇을 향하고 있는가이다. 또 중요한 것은 재화의 분배와 사회보장제도이다. 도덕적 평가는 다양한 관점을 두루 함께 살펴볼 때 비로소 가능하며, 그것은 여러 원리의 공동작업을 전제로 한다.

| 참고문헌 |

Lenk, 1967

Nielsen, 1967

Frankena, 1963, 1장

Hoerster, 1976

Tugendhat, 1976. 제7강

Ricken, 1987

Pieper/Thurnherr, 1998

Kettner, 2000

2장— 윤리와 철학 이전의 도덕의식

14— 인간의 모든 행위에 대해 그러듯이 철학 분과의 윤리학에 대해서도 그 동기를 물을 수 있다. 윤리학의 필연성에 반대하는 주장을 할 수가 있는데, 무엇이 도덕적으로 옳고 그른지, 우리는 늘 알고 있지 않은가? 그것을 위해 철학을 공부해야 한다는 주장은 무의미할 것이다. 칸트는 이러한 이의를 《도덕형이상학을 위한 기초 놓기》에서 다음과 같이 말한다. "무엇을 행해야 할지를, 따라서 모든 인간에게 주어진 의무를 아는 것에 대한 인식은 가장 평범한 사람까지도 포함한 모든 사람의 일임을 미리 추측할 수 있다"(GMS, B 21). 따라서 철학 이전의 도덕의식과 윤리의 관계는 다루어져야 한다. 철학 이전의 도덕의식은 윤리적 숙고를 필요로 하는가? 윤리는 어떤 방식으로 철학 이전의 도덕의식에 의존하는가?

1. 실천학으로서의 윤리학

15— 도덕의식은 이미 늘 근거에 대해 묻고 있다는 점에서 철학 이전의 도덕의식과 윤리학은 분리될 수 없다. 도덕적 규범은 근거가 설득력이

있는 동안, 그 정도로만 준수된다. 근거 지음의 가능성을 규범적 유효성이라고 표현한다면 우리는 다음과 같이 주장할 수 있다. 사실적 유효성은 규범적 유효성에 대한 의식과 더불어 사라진다는 점에서 사실적 유효성, 즉 규범의 준수는 규범적 유효성에 종속되어 있다. 일상적인 도덕의식은 따라서 도덕규범의 정당성을 늘 전제하고 있다. 도덕규범과 도덕적 요구의 규범적 통용이 의문시되면 윤리학의 성찰 진행은 필수불가결한 것으로 드러난다. 한 사회에서 근본적인 도덕문제가 합의가 안 되어 일치하지 않는 도덕적 견해의 다양성이 그 자리에 들어설 경우가 그러하다. 도덕을 먼저 이해하려면 책임 있는 행위의 개념이 본질적인 문제이다. 책임 있는 행위로서의 도덕적 행위는 반드시 자기 자신의 토대를 숙고하려 노력한다. 책임 있는 행위는 인간이 스스로 행위를 이끄는 원리 혹은 관점에 대해 되묻는 데에서만 가능하다. 인간은 전래되어 온 행위 기준에 의해서가 아니라 옳음에 대한 인식에 의해 행위가 규정될 때 책임을 의식하며 행동한다.

특히 위에서 인용된, 모든 사람은 스스로 무엇을 해야 할지를 어차 —16
피 알고 있다는 칸트의 이해를 제한 없이 동의할 수 있는지 질문해야 한다. 아마도 이러한 견해는 도덕적인 질문에 대해 광범위한 일치가 이루어진 사회에 해당되겠지만, 이러한 일치가 올바름을 보증하고 있는지 또한 물어야 한다. 현대 서양 문명 속에서 살아가는 사람들은 근대 기술과 의학의 끊임없는 새로운 가능성 때문에 일상적인 도덕의식만으로는 충분히 해결될 수 없는 갈등에 계속 빠지게 된다. 각자 결정을 내리기 위해 윤리학은 물론이거니와 경험과학에 의존하고 있는 보조수단들을 필요로 한다. 이러한 숙고는 윤리학이 목표설정에서 보면 하나의 실천학문임을 보여준다. 윤리학의 목적은 앎을 위한 앎이 아니라 책임질 수 있는 의식된 실천이다. 그것은 칸트가 표현하듯 사고의 어떤 형태의 욕구가 아니라 실천의 근거들인데, 바로 이것을 통해 "평범한 인간이성이 자기 영역에서 나와 실천철학의 영역으로 한 걸음 내딛도록 작동된다"(GMS, B 23).

17— 윤리학은 철학 이전의 도덕의식에 어떤 방식으로 의존하고 있는가? 여기에서 우선 윤리학이 일상적 의식을 결코 완전히 따라잡을 수 없다는 사실이 언급되어야 한다. 모든 실천적 숙고는 지금 여기 주어진 상황에서 무엇을 하는 것이 옳은가에 대한 실천적 인식을 목표로 삼는다. 윤리학은 여기에 대해 어떤 답도 줄 수 없다. 학문으로서의 윤리학은 필연적으로 보편성의 영역에 머물 수밖에 없다. 윤리학은 원리들을 제시하고 행위 판단을 위한 내용적인 관점들을 제공한다. 보편적인 것을 개별적 경우에 적용하는 것은 윤리학이 할 수 없다. 그것은 책에서 배울 수 없으며 결국 오랜 실천적 경험에서만 체득되는 실천적 판단력의 과제이다. 만일 누군가가 스스로 실천적 판단을 할 수 없는 사람에게 충고로써 도와주려 한다면, 그것은 또한 충고 받는 사람이 좋은 충고와 나쁜 충고를 구분할 수 있는 판단력을 전제로 한다. "충고를 받지 못하는 사람은 도움도 받지 못한다." 윤리학자들의 언술이 보편적인 행동방식을 판단하는 한, 어떤 고도의 정확성을 제시하지 못한다고 아리스토텔레스는 당연히 강조했다. 구체적인 개별상황에 놓여 있는 특별한 것을 고려하지 못하는 거친 일반화를 말한다. 각각의 경우 무엇이 옳은가는 행위자만이 구체적인 상황에서 판단할 수 있다. 실천적 판단력은 의사와 선장의 기술을 놓고 비교하면 자명해진다. 그들은 각각의 경우, 각각의 상황이 달라서 그때마다 여러 관점의 총체를 고려해야만 한다(NE I 1, 1094b20; II 2, 1104a1; III 5, 1112a34). 이것으로 올바른 도덕적 결정을 위한 경험의 중요성이 제시되었다. 경험만이 그때그때 어떤 관점이 고려되어야 할지 가르칠 수 있다.

2. 귀납적 윤리학

일상적인 도덕의식과 윤리학의 관계에 대한 토론은 학문이론적인 문 18
제로 이끌어간다. 플라톤 이래로 학문은 상향의 길과 하향의 길로 나뉜다. 상향의 길은 귀납법이라 불리는데 개별적인 것에서 일반적인 것으로 향해 간다, 하향의 길은 연역법이라 불리는데 일반적인 것을 개별적인 것에 적용한다. 상향의 길은 인식의 길이다. 우리는, 사정이 왜 그러한지를 인식한다. 하향의 길은 교수법적인 기능을 갖는다. 그것은, 사정이 왜 그러한지를 우리에게 설명하도록 한다. 아리스토텔레스에 의하면 윤리학도(NE I 2,1095a30) 상향의 길을 가야 한다. 우리는 개별적인 도덕적 판단으로부터 그것이 연원하는 원리들을 묻는다(따라서 윤리학은 도덕적인 실천이 전제되어 있다). 우리는 우선 특정한 태도방식이 좋거나 혹은 나쁘다는 것을 알고 있으며, 그런 다음 왜 그것이 좋은지 혹은 나쁜지 그 이유를 묻는다.

존 롤스(John Rawls)는 규범의 근거 지음의 정합설로 아리스토텔레 19
스와 연결 짓는다. 도덕적 갈등이 있을 때 결정할 수 있는 이성적인 원리들에 이르기 위해 롤스는 다음과 같은 길을 제안한다. 출발점은 각각의 도덕적 판단, 즉 능력 있는 도덕 판단자가 잘 숙고한 도덕적 판단들이다(여기에서 확실히 아리스토텔레스와 어떤 공통점이 있는데, 아리스토텔레스는 성숙한 실질적 판단력을 지니고 있는 균형 잡힌 경험 있는 사람의 결정을 반복해서 기준으로 내세운다). 롤스는 그때마다 능력 있는 도덕 판단자의 일련의 특징들과 잘 숙고된 도덕적 판단들을 열거한다. 이러한 특징들은 순전히 형식적이다. 왜냐하면 다른 경우에 그 과정은 순환적일 수밖에 없기 때문이다. 자격 있는 도덕 판단자는 개별적 경우에 그가 어떻게 판단하는가를 통해서도, 그가 대표하고 있는 원리들을 통해서도 정의되지 않으며 오로지 어떤 특성들, 즉 최소한의 평균적인

지성, 일반적인 생활체험, 자기 개인적인 선입견과 성향에 대한 자각적이고 자기 비판적인 태도 등을 지니고 있는지 아닌지에 따라서 정의된다. 판단자가 무엇보다 각 경우의 사실에 대한 사려 깊은 조사를 선행하고, 그로부터 판단자에게 어떤 이해가 생겨날 수 없으며, 판단자가 자기 사안에 대해 확실히 감을 잡으면 이때 도덕적 판단은 잘 숙고된 것이다. 그럼에도 판단이 단순한 도덕 원리들의 의식적 적용으로부터 기인하지 않아야 한다. 그리하여 이러한 자격 있는 도덕 판단자의 잘 성찰된 판단을 위해 하나의 '해명'이 발견되어야 한다. 롤스는 이 해명을 일련의 원칙들로 이해하는데, 잘 성찰된 출발판단들처럼 구체적인 출발의 경우들에 대한 그 원칙들의 구체적 적용이 동일한 결정으로 이끈다. 그렇게 획득된 원칙들은 이제 각각의 도덕 판단을 근거 짓는 데 사용된다. 그 원칙들은 잘 성찰된 개별판단들의 교정을 위해서도 사용될 수 있다. 그 원칙들은 이렇게 잘 성찰된 개별판단들로부터 얻어지고 다시 이것들은 잘 성찰된 개별판단들의 가치 평가를 위한 기준으로 쓰일 수 있다. 그러나 잘 성찰된 개별판단과 원칙이 일치하지 않는 경우에는 무엇이 올바름의 기준이 되는가? 원칙이 개별판단에 상응하여, 혹은 개별판단이 원칙에 상응하여 교정되어야 하는가? 롤스에 따르면 이 질문은 양자택일의 의미에서는 답을 얻을 수 없다. 그에 따르면 잘 성찰된 개별판단들의 인식론적 우선권도 없고 원칙들의 우선권도 없다. 원칙들은 개별판단의 변경으로, 개별판단들은 원칙들의 변경으로 이끌 수 있다. 개별판단과 원칙 상호 간의 적응이 마지막에는 롤스가 '성찰적 평형'(reflective equilibrium)이라 표현한 일치의 상태로 이끈다. 이러한 평형이 반드시 안정적이지는 않다. 수용된 원칙과 일치하지 않는 새로운 개별판단은 평형을 깨트릴 수 있다. 그런 다음에 원칙과 개별판단의 상이한 숙고를 통해 새롭게 평형이 잡힌다.

20 롤스에 대한 입장 표명을 하려면 두 가지 관점을 구분해야 한다. 롤

스는 윤리학자와 일상적인 도덕의식과의 관계를 위한 중요한 방법론적 지침을 주었다. 그러나 그는 도덕원리의 인식을 위한 어떤 만족시킬 만한 이론도 전개시키지 못한다. 능력 있는 도덕 판단자의 성찰된 판단은 개별적인 것의 결정을 위해 그리고 도덕원리의 인식을 위해 의심할 여지없이 중요하다. 우리는 힘든 일에 직면했을 때 좋은 실천적 판단력을 지니고 있다고 생각되는 한 사람에게 어떻게 결정할 것인지 종종 자문한다. 이러한 판단의 원칙을 찾는 데 윤리학자는 주의를 소홀히 해서는 안 된다. 그러나 결정적인 것은 이러한 판단이 근거 짓기의 기능을 전혀 할 수 없다는 사실이다. 그 판단들은 방향키 효과, 즉 인식을 돕는 기능만을 갖고 있다. 도덕철학자에겐 이러한 개별판단이 근거하고 있는 원리들(기준들, 관점들)을 심사하는 것이 중요하다. 그러나 능력을 갖춘 도덕 판단자의 성찰된 판단으로부터의 귀납은 근거 짓기가 아니다. 그것을 통해 얻어진 원리들은 기껏해야 그 자체로 유효성의 추측만을 지닌다. 그것들은 자신의 정당성을 필요로 한다. 개별판단의 옳음이 먼저 확고할 때에만 해명의 과정은 그러한 정당성을 갖출 수 있을 것이다. 그러나 그렇게 되면 원리로부터의 근거 짓기를 통해서와는 다르게 이러한 올바름은 논증될 수 있기 때문에 그 과정은 순환적이지 않는가? 롤스가 내세우고 있는 자격 있는 도덕 판단자와 잘 성찰된 판단의 기준들은, 그 판단이 옳다고 여기는 전제 아래 성립되어 있음을 말하고 있다. 그러나 그것들은 이러한 올바름 그 자체를 위한 기준들이 아니다. 해명은 자격 있는 판단자가 진리라 생각하는 명제들로 기초를 이루고 있는 원리들로 이끈다. 그러나 진리라 여겨지는 명제로부터 유효한 원리들이 추론되진 않는다. 성찰적인 평형이라는 개념은 근거 지음의 문제로 더는 나아가지 못한다. 왜냐하면 인식론적 대전제에 관한 문제를 해결하지 않고 있기 때문이다.

롤스와 달리 아리스토텔레스는 《니코마코스 윤리학 I》 3, 1095a30- 21

b8에서 특정한 사안이 자격을 갖춘 도덕 판단자에 의해 특정한 방식으로 판단되는 사실판단에서 출발하지 않고 규범적 판단, 즉 직관적으로 옳다고 인식하는 규범적 개별판단에서 출발한다. 즉 나는 그런 행동이 옳다는 것을 알고 있으며, 그 다음에 그것이 왜 옳은지에 대한 근거 혹은 원리를 묻는다. 여기에서는 옳게 여겨진 것이 곧 옳은 것이 되는 잘못된 결론이 있을 수가 없다. 오히려 성찰하면서도 개별적 판단이 내포되어 있으며, 직관적으로 파악된 기준과 관점들을 명확히 하려는 노력이 시도된다.

22 윤리학은 우리의 일상적 직관을 출발점으로 삼는 것을 포기할 수 없다. 마치 특정한 도덕적 요구들이 긴급 상황에서 우리의 일상적 · 도덕적 신념을 무시한 채, 하나의 원칙 혹은 특정한 수의 원칙들로 구성된 **형상적 도덕**(more geometrico)으로부터 도출될 수 있는 것처럼 생각하는 연역적 방식은 거부되어야 한다. 그러나 도덕철학적인 근본주의의 이러한 거부가 윤리학이 단순한 체계화의 과정 안에서 사실상 일반적으로 나누어진 도덕 신념들에 몰두하는 것으로 나아가서는 안 된다. 이를 통해 윤리학은 규범적 학문임을 스스로 포기하고 하나의 주제로 환원된다. 윤리학이 하나의 체계화를 넘어서서 해야만 할 일은 직관들의 규범적 요소를 설명하는 것이다. 이러한 직관들이 단순히 실제로 따랐던 태도방식과 다름을 보여주어야 한다. 체계화는 규범과 가치들의 위계질서가 정립되도록 요구하고, 이 공리적인 문제들은 오로지 정합적인 방법론에 의해서만 해결될 수 있는 것이 아니다.

3. 오류이론

23 과연 철학은 일상적 자각과 일상적 언어습관을 출발점으로 삼을 수

있는가? 그리고 출발점으로 삼아도 되는가? 존 매키(John L. Mackie 1977, 1장)가 이에 반대해서 제시하는 이의들이 충분한 예가 되어 토론될 수 있을 것이다. 매키는 "객관적 가치는 존재하지 않는다"라는 선언으로 시작한다. 그러나 우리의 일상적 이해는 그것에 대립되어 있는데 결과적으로는 무너지고 만다. 매키의 쟁점을 세 단계로 나누어본다.

(1) 첫째 단계는 현상의 확립과 묘사이다. 여기에서 가치객관주의가 철학적 전통의 기본 흐름이었을 뿐만 아니라 그것이 "습관화된 사유와 심지어는 철학적 표현의 의미 안에서 확고한 기초" 또한 갖고 있음을 매키는 추호도 의심하지 않았다(1977, 31면). "습관화된 도덕적 판단은 객관주의에 대한 요구주장을 내포하고 있다. 즉 내가 그것에 이의를 제기하는 것처럼 정확히 그런 의미에서 객관적인 가치가 존재하고 있음을 받아들인다. 내 견해로 말하자면, 도덕적 표현의 기초적이고 인습적인 의미 안에서 이러한 인정이 형성되어 있다는 주장은 지나치지 않다. 이러한 객관적이고 본질적인 규범성에 대한 주장을 선포하는 도덕적 표현의 의미에 대한 모든 분석은 그것을 행하고 있는 한 미완성적이다"(1977, 35면). 더 명백하고 분명하게 도덕적 일상언어의 객관성 요구가 표현되기는 불가능하다.

(2) 둘째 단계는 이러한 객관성 요구의 **부조리로의 환원**(reductio ad absurdum)이다. 매키는 이러한 객관성 요구의 배경이 되고 있다고 생각하는 존재론과 인식론을 재구성한다. 그리고 두 가지가 다 부조리함을 제시할 수 있다고 믿는다. "객관적인 가치가 있다면, 그것은 세상에 있는 다른 모든 것들과 다를 수도 있는 아주 이상한 종류의 본질, 특질, 혹은 관계들을 말하는 것이다. 그리고 상응하여 유효한 것은 우리가 이것을 확신할 수 있다면, 우리는 우리에게 익숙한 다른 모든 인식 방식과 구분되는 특별한 도덕적 지각능력 혹은 직관능력을 지니고 있음에 틀림없다"(1977, 38면). 이런 수용의 부조리는 그것이 경험철학과

일치하지 않는다는 사실에서 발생한다는 것이 매키의 견해이다.

이 둘째 단계에 대해 비판적인 질문이 제기될 수 있다. ① 재구성 때문에 우리의 일상적 이해에서 부조리한 결론이 도출된다면 어디에 원인이 있는가? 일상적 이해가 문제인가? 아니면 재구성이 일상적인 이해에 합당하지 못한 것이 문제인가? 〔매키의 재구성은, 나중에 우리가 (§ 74)에서 다루게 되는 조지 무어의 테제들을 넘겨받는다.〕 ② 매키는 자신이 경험주의적인 전제로부터 출발하고 있음을 분명히 인정한다. 그 경험적 전제들은 자기편에서 어떻게 정당화되어 있는가? 경험주의적 도구들이 현실의 제한된 영역에서는 자기 유효성을 가질지 모르지만, 도덕언어를 재구성하는 데 충분하지 않다고 할 수 있지 않을까? 우리는 무엇에 우선권을 주어야 할지, 즉 철학적 이론에, 아니면 일상적인 의식에 부여해야 할지 어려운 결정 앞에 서 있다.

③ 일상언어가 그것으로부터 주어진 존재론적 · 인식론적 무의미성에도 불구하고 도덕적 가치들에 대한 객관성을 주장하는 것을 어떻게 설명해야만 할까? 여기에 매키는 '도덕의 발생학'을 도입한다. 관습적 성질의 객관성 요청은 도덕적 입장의 투사 혹은 객관화로 설명된다. 도덕적 입장은 최소한 부분적으로라도 사회적 기원을 갖는다. "사회적으로 인정된—그리고 필요불가결한—태도규범은 개인에게 압력을 행사하고, 각 개인은 이 압력을 내면화시키며 다른 모든 상응하는 태도방식과 함께 스스로 그리고 다른 사람들에게 이것을 요구하는 경향이 있다"(1977, 42면 이하).

여기에서 우리는 전형적인 '발생주의적 오류'의 예를 보게 된다. 유효성에 대한 질문이 발생으로 답변되고, 논리적으로 완전히 다른 두 질문이 다루어지고 있음이 간과된다. 즉 어떤 사람이 특정한 이해에 어떻게 도달했는지에 대한 질문과 이 이해가 과연 진리인지에 대한 질문이 그것이다. 우리는 도덕규범이 하나의 사회적 발전과정을 통해서 형성되었다는 점에서 매키를 지지할 수 있다. 그러나 만약 우리가 '객관성'을 바로 그것의 유효성 혹은 근거의 주장으로 이해하고, 매키가 전제하고 있는 특이한 존재론화를 제외한다면, 그것은 객관성에 반대하는 어떠한 논쟁도 아니다. 하나의 견해가 하나의 전개과정에서 형성되었다는 사실이 그 견해가 진리인지 아닌지를 말해주진 않는다.

| 참고문헌 |

Kant, Grundlegung zur Metaphysik der Sitten, Erster Teil

Rawls, 1951; 1971, § 4, 9, 87

Hoerster, 1977

Höffe, 1972

Tugendhat, 1979

3장— 윤리와 신학

24— 이 첫 부분에서 중요한 것은 경계 설정이다. 우리는 윤리학의 출발점을 규정하려 한다. 그리고 인간의 태도를 다루는 다른 학문들과 윤리학의 관계, 일상적인 도덕의식과 윤리의 관계를 묻는다. 이런 연관 속에서 윤리학과 신학의 관계가 좀더 상세하게 논의될 수 있다. 이때 나는 여기에서 두 가지 질문을 구분하고 싶다. 첫 번째 질문은 윤리학에서 '신'이란 개념의 의미에 관한 것이다. 윤리학은 신의 존재를 받아들이지 않고도 가능한가? 이 질문은 윤리학의 독립성에 관한 것이다. 그 질문에 대한 답이 부정적이라면 윤리학은 신의 존재와 관련되어 있는 학문들, 즉 신학이나 혹은 종교철학에 종속되어 있는 것이다. 두 번째로 윤리학과 그리스도교 신앙과의 관계를 물을 수 있다. 극단적인 입장은 도덕규범의 철학적 인식은 불가능하다고 주장할 수도 있다. 규범은 오직 그리스도교의 계시를 통해서만 주어질 수 있고 믿음 안에서만 받아들여질 수 있을 것이다. 더 보편적으로는 이러한 견해가 다음과 같이 표현될 수 있다. 즉 도덕규범들은 결국 이성적으로는 더 이상 이견(異見)이 있을 수 없는 세계관의 문제이다. 윤리와 신학의 관계는 신학자의 시각에서 그리고 철학자의 시각에서 토론될 수 있다. 아래에 철학적 시각에서의 몇 가지 차이점과 테제들이 등장한다.

1. 윤리학을 위한 신 개념의 의미

도덕적 요구의 연관성이 신에 대한 믿음 및 신에 대한 철학적 인식과 25
무관하게 인식될 수 있는가? 혹은 도덕적 규범의 근거 지음은 신의 존재를 논리적 전제로 하고 있기에 신의 존재를 받아들이지 않는 사람에게는 어떤 도덕적 요구도 유효하지 않다고 주장할 수 있는가? § 226-235에서 근거 지어지는 대답은 이러하다. 도덕적 의무의 유효성은 논리적으로 신의 존재와 무관하게 인식될 수 있다. 그 유효성은 더는 물음을 제기할 수 없다는 의미에서 선험적 사실이다. 그 유효성을 의심하고 논쟁하고 반박하려는 모든 시도는 이미 그것의 인정을 전제로 한다. 도덕적 의무의 사실 인식이 이론이성의 과제인 신의 존재에 관한 물음과 논리적으로 무관한 한 실천이성은 이론이성과 무관하다.

그러나 도덕적 의무의 확고한 유효성을 과연 인식할 수 있는가에 관 26
한 물음은 이러한 선험적인 사실의 설명 혹은 해석에 관한 질문과는 구분되어야 한다. 유효성이 계속 뭔가를 전제하지 않고도 명료하다 하더라도 가능한 형이상학적 전제들 혹은 선험적 사실의 관련성에 대해서는 의미심장하게 의문을 가질 수 있다. 칸트는 《실천이성 비판》 서문에서(A 5 Anm.) 도덕법칙과 자유의 관계를 규정하기 위해 이 구분을 이용한다. 인식질서에서는 도덕법칙이 첫째이다. 그 전에 (논리적 전제로서) 자유를 인식할 필요 없이 도덕법칙은 인식된다. 도덕법칙은 "우리가 가장 먼저 자유를 의식할 수 있는 조건이다…." 즉 그것은 자유의 **인식근거**(ratio cognoscendi)이다. 이와는 반대로 존재질서에서는 자유가 첫째이다. 자유는 도덕법칙을 가능하게 하고 따라서 그것은 도덕법칙의 **존재근거**(ratio essendi)이다. 이와 마찬가지로 도덕적 의무 사실이 존재근거로서 신의 존재 없이 생각될 수 있는지 물을 수 있다. 그러나 이러한 질문에 몰두하는 것은 윤리학의 과제가 아니라 종교철학의 과제이다.

27 도덕적 의무가 신의 존재와 무관하게 인식될 수 있다는 아직 증명되지 않은 테제는 우선 놓아두고 이와 반대되는 이해, 즉 도덕규범의 유효성은 신이 명령하는 것에 근거를 두고 있다는 해석을 검토해보자. 이 해석은 한 문장으로 요약될 수 있다. "신이 명령하는 것은 도덕적으로 의무이다." 이 문장은 이중적인 의미로 이해될 수 있다. 첫째, 그것은 도덕적으로 의무이기 때문에 신이 명령한 것이다. 그것이 도덕적으로 의무라는 사실은 신이 그것을 명령하는 것에 대한 근거이다. 그것이 도덕적으로 의무라는 사실에서 신이 그것을 명령하고 있다는 결론을 끌어낼 수 있다. 그렇게 이해한다면, 위 문장은 도덕적으로 의무인 것들의 기준이 아니다. 다른 기준을 근거로 인식되어야 하는 도덕적 의무의 신학적 해석과 관계될 뿐이다. 그러나 위 문장은 또 다음과 같이 표현할 수도 있는데, 이 의미는 앞으로 제시될 연관 안에서 더 중요한 것이다. 즉 신이 명령한 것은 도덕적으로 의무이다. 이 언술은 더 정확히 검토되어야 한다. 이 말은—그것을 이해하는 하나의 가능성인데—신이 그것을 명령했다는 사실에서 도덕적 당위를 끌어내는 잘못된 결론을 내용으로 할 수 있다(§ 63 참조). 그러나 이 언술은 종합판단으로도 해석할 수 있다. 그 자체로 이 언술은 신학의 도덕근거에서는 중요한 기능을 갖게 될 것이다. 그것에 힘입어 형식적으로나마 올바르게, 신이 명령한 것은 도덕적 의무라는 결론을 도출해낼 수 있을 것이다. 하지만 이러한 원리가 어떻게 스스로 근거 지을 수 있을까? 이제 제시되는 연관 안에서는 단지 부정적인 대답만이 중요하다. 신의 뜻에 기대는 모든 올바른 근거 짓기의 전제로서의 그것은 자기편에서 신의 뜻을 끌어대는 것으로는 근거 지을 수가 없다. 순환결론에 빠지지 않고서는, 신이 그것은 의무라고 하거나 명령하기 때문에 신이 명령한 것은 도덕적으로 의무라는 주장을 할 수가 없다. 가능한 근거

짓기는 예를 들면 다음과 같다. "어떤 것은 신으로부터 명령받은 것이기 때문에 도덕적으로 의무이다. 왜냐하면 신은 도덕적으로 완전하고 정의롭기(…등등) 때문이다." 이 경우 의무의 근거는 신이 그것을 원하거나 명령하고 있다는 단순한 사실에 있지 않고 신의 의지의 특성에 있다. 즉 신이 정의로운 것, 도덕적으로 올바른 것(…등등)을 원한다는 점에 있다. 의무는 정의롭게, 도덕적으로, 올바르게(…등등) 행동하는 것에 있다는 점이 전제되어 있다. 다른 가능성은 이러하다. "어떤 것은 신으로부터 명령받은 것이기 때문에 도덕적으로 의무이다. 왜냐하면 신은 상을 주거나 벌을 줄 힘을 갖고 있기 때문이다." 신의 의지로부터의 의무화는 오직 상과 벌의 징벌이 의무를 근거 짓고 있다는 전제 아래에서만 생긴다. 그러나 이러한 전제는 순환하여 다시 신의 의지로 근거 지어질 수가 있다. 일련의 근거 짓기는 계속될 수 있다. 예를 들면 "…왜냐하면 신이 인간의 창조주이기 때문이다." 다시금 규범이 이미 전제될 것이다, 즉 인간은 창조주에게 순종해야 한다.

지금까지 언급된 것으로는 도덕 규범을 근거 지음에 있어 신의 존재 28
와 종교적 신앙의 모든 수용이 의미하는 바에 반론이 제기될 필요는 없다. 종교적 신념은 다른 방식으로 근거 지은 규범에 해당되고, 그래서 이 신념을 나누지 않는 사람에게는 발생하지 않는 규범적 결론으로 이끄는 사태를 내용으로 할 수 있다. 예를 들면 경신과 기도의 의무는 신의 존재를 논리적으로 전제하고 있다. 다른 예는 플라톤의 《파이돈》(*Phaidon*, 62bc)에 나오는 자살 금지의 근거 지음이다. 플라톤은 두 가지 논거를 가져온다. 첫 번째 논거는 우리 인간은 감시하에 생명을 유지한다는 것이다. 즉 우리는 스스로 생명을 끊어서도, 생명으로부터 도망쳐서도 안 된다. 두 번째 근거 지음은 우리는 신의 소유물이라는 것이다. 그래서 우리를 마음대로 처분할 권한이 없다. 우리가 소유한 노예 중 한 사람이 우리의 명백한 지시 없이 자살한다면 우리는 그것을 소유권에 대한 침해로 간주할 것이다. 앞에 제시된 연관 안에서는 단지 두 논거의 형식 구조만이 중요하다. 논거들은 그때그때 도덕적 규범과 도덕적으로 중요한 사실의 언술로 이루어진다. 첫 번째 논거의 도덕적 규범은 대충 다음과 같은 정도로 표현된다. 누구든 적법한 권위에 의해 위임된 과제의 성취를 스스로 피해서는 안 된다. 그것을 플라톤은 신학적으로 근거 짓지는 않았다. 하지만 이 규범에는 신학적 사실의 언술이 포함되어 있다. 좋은 나날이든 힘든 나날이든 삶은 신이 인간에게 부여한 하나의 과제이다.

29 모든 윤리학은 행복, 인간 삶의 의미와 도덕적 요구가 갖는 관계에 관한 물음이 제기된다. 이 두 가지 어려운 개념을 여기에서 상세히 논의할 수는 없다. 행복 개념에 대해서는 나중에(§ 243-250 참조) 깊이 살펴볼 것이다. 여기에서 중요한 문제를 명확히 하기 위해선, 목표의 내용을 상세히 논의하지 않고 인간이 추구하는 모든 목표의 포괄적이고 완전한 성취로서의 의미로 규정하는 것으로 충분하다. 인간은 도덕적 의무와 의미의 최종적인 일치에 대해 묻는다. 이제 도덕적 규범은 그 자체로 세상 내적인 행복과 관련이 있음이 강조되어야 한다. 칸트의 형식을 빌린다면, 규범의 준수는 인간이 상호협동 작업으로 서로 자신들이 추구하는 목표에 도달하도록 돕는 목적 왕국의 실현에 봉사한다. 그럼에도 도덕과 행복의 최종적인 일치는 어떠한 경우에도 인간의 손에 온전히 주어져 있지 않다. 과연 이 세상에서 행복과 의미가 언젠가 충만하게 실현될 수 있을지는 의문을 던져보아야 한다. 인간의 행복은 그것이 영향을 받고 있는 많은 요소에 달려 있다. 그것은 다른 사람들의 선의와 협력에 의존하고 있다. 도덕적 행위는 반대급부를 기대하며 행하는 하나의 사전행위를 늘 다시금 필요로 한다. 다른 사람들이 나를 나쁘게 다룬다고 해서 그들에 대한 나의 도덕적 의무가 없어지는 것은 아니다. 윤리적 요구의 이행은 자기 자신의 생명을 잃도록 이끌

수도 있다. 여기에 모든 비신론적(非神論的) 윤리학의 한계가 놓여 있다는 테제가 성립될 수 있다. 이 테제를 상술하려 한다면, 이성이 윤리성과 행복 그리고 의미의 마지막 일치를 묻고 이러한 일치는 신의 존재를 통해서만 보장될 수 있음을 보여주어야 할 것이다.

2. 그리스도교 도덕의 특수성은 존재하는가?

윤리와 그리스도교 신앙은 어떤 관계에 있는가? 그리스도교 도덕에 —30
는 그것의 유효성이 오직 신앙을 통해서만 인식될 수 있는 규범적 제안들이 있는가? 사실들을 숙고해보면 그리스도교 교회에는 이러한 질문에 부정하는 장중한 전통이 있다는 것이 떠오른다. 이 전통은 로마서(2장 14절 이하)의 말씀을 근거로 하고 있는데, 이 말씀에서 모세 율법을 모르는 이방인들은 율법이 요구하는 것을 본성에 따라 행하고 있다. 왜냐하면 그들에게 율법의 요구는 마음에 새겨져 있고 양심으로 증명되기 때문이다. 토마스 아퀴나스에 따르면, 인간은 신적 이성 혹은 영원한 법을 나누어 갖는다. 즉 신적 빛의 반사인 자연적 이성의 빛을 따라 인간은 선과 악을 구분할 수 있다. 이 참여를 토마스는 《자연법》(*lex naturalis*)으로 표명한다(S.th. 1-2q.91 a.2). 신앙의 진리는 인간이성을 뛰어넘지만 인간은 자연적 이성에 따라 윤리적으로 옳은 행위를 하도록 이끌린다(위의 책, 1-2 q.108 a.2 ad 1). 캘빈도 역시 비슷하게 인간은 자연법을 근거로 윤리적 규범을 인식한다[《그리스도교 강요》(*Institutio Christianae Religionis*), 1559, II 2,22]. 루돌프 불트만은 다음과 같이 쓰고 있다. "도덕적 요청의 내용을 보건대 특별한 그리스도교 윤리란 존재하지 않는다. (…) 누구나 양심을 가지고 있으며 무엇이 옳고 그른지를 알 수 있다. 진정한 그리스도교 선포는 윤리와 관련하여 특별한 요구를 내세울 필요가 없다”(《신앙과 오성 3》, 튀빙엔, 1965, 3판, 125면).

31__ 실질적인 근거 짓기는 “도덕적으로 행동하다” “책임 있게 행동하다”가 의미하는 사전 개념으로부터 시작해야 할 것이다. 도덕 개념은 행위에 대해 전제 없는 정당화의 목적 표상을 포함한다. 행동하는 사람이 자신의 행동을 당사자에게 정당화하는 것은 기본적으로 가능해야 한다. 그런 정당화는 더는 되물을 수 없는 세계관의 전제를 호소함으로써 중단될 수 없다. 신앙인에게 신학적 사안 때문에 특별한 규범이 생겨난다 하더라도 그는 이러한 태도로 타인에게 어떤 불의가 일어나지 않음을 제시할 수 있어야 한다.

32__ 그러나 이러한 숙고는 도덕적 인식에 있어 그리스도 신앙의 긍정적인 기능을 결코 배제하는 것이 아니다. 모든 윤리적 성찰에는 살아 있는 도덕이 전제가 되는데, 이것이 그리스도인들에게는 성서와 그리스도교 전통의 도덕이다. 실천이성도 유한한 이성이다. 자기가 몸담고 있는 전통을 고려하지 않은 채 공백 상태에서 도덕을 만들어낼 수 있다고 믿는 사람은 순박한 이상주의자든지 독단주의자이다. 긍정적인 의미에서의 선입견 또한 있다. 전통은 자신에게 윤리적 삶의 체험을 위한 전제가 된다. 이때 물론 집단적인 윤리적 오류의 가능성과 도덕적으로 중요한 상황변화의 가능성을 결코 간과해서는 안 된다. 어떻게 인식에 도달하게 되었는지에 대한 질문은 (인식의 발생에 관한 질문은) 어떻게 인식을 근거 지을 것인가에 관한 질문과는 구분되어야 한다. 그리스도교 신앙과 살아 있는 그리스도교 관습의 긍정적인 의미는 윤리적 인식의 발생에 영향을 주는 데 있다. 이것들은 인식을 돕는 기능을 갖고 있다. 이것은 그러나 근거 지음의 문제와는 구별되며, 근거 지음에서 신앙과 전통에 기대는 것이 허용될 수 없다.

| 참고문헌 |

Kant, Kritik der praktischen Vernunft, Dialektik der reinen praktischen Vernunft.

Sidgwick, 1907, 503-509면

de Finance, 1967, § 158-170

Spaemann, 1973

Krings, 1970

Schüller, 1978

Ricken, 1984; 1990; 2002

Schüller, 1976; 1987 15-40면

Ricken, 1994

Böckle, 1994, § 22

2부— 도덕적 명제와 근거 지을 가능성의 주장

들어가기 전에

나는 앞에서 윤리학의 출발에 관한 질문을 제기할 때(§ 2 참조), 양자택일의 방식으로 두 물음을 대치시켰다. 즉 우리가 결단을 어떻게 내려야 할지는 각자의 자의에 맡겨져 있는가? 혹은 우리가 결단 시에 고려해야만 하는 객관적이고 보편 타당한 관점들이 있는가? 우리의 일상적 도덕심은 두 번째 가능성을 지지한다. 우리는 무엇을 하는 것이 옳은지를 묻는다. 우리는 우리의 행위와 타인의 행위를 판단한다. 도덕적 토론을 한다는 사실은 우리가 근거 지어진 대답을 찾고 있음을 가리킨다. 어떤 것에 투신하는 사람은 그가 옳다는 것을 확신한다. 우리가 도덕적 판단을 할 때는 우리의 결정이 옳다는 것을 주장할 뿐만 아니라 다른 사람에게도 그와 상응하게 행동하라고 요구한다. 하나의 도덕 판단은 같은 상황에서 하나의 결정을 내려야 하는 사람 모두에게 무조건적인 요청을 지시하고 있음을 표현한다. 우리가 "고문은 윤리적으로 나쁘다"라고 판단할 때 우리는 이를 통해 모든 이에게 고문을 포기하라고 주장하는 것이다. —33

그러나 여기에 반대되는 테제가 있는데 '도덕적 물음은 종국에 가서는 이성적으로 결정하도록 하지 않는다'라는 것이다. 여기에 대한 근거 중 하나는 여러 상이한 개인들, 사회단체들, 민족들, 문화들 혹은 시대들의 도덕적 시각은 자주 서로 깊이 분열되고 서로 모순적이기도 하다는 것이다. 이 견해는 흔히 '윤리적 상대주의'라고 불린다. 나는 메타윤리학(§ 10 참조)의 근본 문제들을 해결하기 위해서 이 표현이 가지고 있는 다양한 의미들에 대해서 잠시 논의하려 한다. 우선 도덕법칙과 각각의 경우에 그것을 적용하는 것을 구별해야 한다. 윤리적으로 매우 다른 상황 때문에 동일한 법칙으로부터 상이하고 특수한 도덕 판단이 나타날 수 있다. 이런 상이한 특수판단들은 근거 지음의 가능성에 대한 도덕적 요청을 결코 거부하는 것이 아니라는 사실을 특별히 설명할 필요는 없을 것이다. 상대주의는 우선 여러 개인 또는 문화의 도덕법칙들이 서로 근본적으로 다르다거나 상호 모순이라고 주장하는 곳에서 화제가 된다. 이 주장은 사실상 유효한 도덕법칙들의 차이에 관한 서술적인 판단이다. 그래서 우리는 서술적 혹은 문화적 상대주의라고 말한다. 이 입장은 우선 서술적인 차원에서 문제 삼는다. 주장된 차이가 사실적으로 존재하는지, 혹은 앞에 보이는 다양성 뒤에 기본적인 공통점이 숨겨져 있는지 물을 수 있겠다. 이 점은 여기에선 다루지 않는다. 여기에서 중요한 것은 표면상 상이한 법칙들이 자신의 규범적 타당성을 놓고 의문시될 수 있느냐이다. 이 질문이 부정될 때 비로소 윤리적 상대주의는 본래적 의미에서 논의될 수 있다. 윤리적 상대주의는 서로 상이한 도덕법칙의 정당성에 대해 물음을 제기하는 것이 의미 없는 일이라고 주장한다.

도덕 명제의 근거 지을 가능성 주장은 두 가지 반대 의견의 대상이다. (1) 칸트의 이성도덕의 전통에 서 있는 자유주의(Rawls)에 반대하여 공동체주의(MacIntyre)는 전통과 무관한 표준적 이성은 존재하지 않는다고 주장한다. 여기에서 도덕 명제의 근거 지을 가능성 주장은 논박되지는 않지만 제한된다. 근거 지음은 항상 전통의 맥락 안에서만 가능하다. (2) 도덕 명제의 근거 지을 가능성 주장은 비인식주의 주장자들에 의해 언어 분석적이고 인식 이론적 논변을 가지고 반박되고 윤리적 실재론자들에 의해서 방어된다.

| 참고문헌 |

Brandt, 1961

Patzig, 1983, III

Williams, 1976, 3장

Krausz/Meiland, 1982

Rippe, 1993

Harman/Thomson, 1996

1장— 전통상대주의

34— 맥킨타이어(MacIntyre)는 아래에서 더욱 상세히 구별해야 하는 테제, 즉 "전통은 이성성(理性性)의 궁극적인 규준"이라고 주장한다. 전통과 무관한 이성성의 기준이란 존재하지 않는다. 개인들이 보편적이고 전통과 무관한 규범들을 주장함으로써 전통의 우연성과 특수성으로부터 자신을 해방시킬 수 있는 사회질서의 구상은 우선 첫째로 철학자의 구상이 아니고 근대 자유주의, 개인주의 사회의 구상이다. 맥킨타이어에 의하면(1988, 349-388면) 전통은 정적인 것이 아니고 계속되는 발전으로 개념화된다. 전통은 권위적인 시기로 시작되는데, 이때는 특정한 신념, 텍스트, 권위적인 사람들의 발언이 의심 없이 수용된다. 두 번째 시기에는 권위가 의문시된다. 권위가 양립 불가능한 해석을 허용하고, 양립 불가능한 행동을 합리화하고 불일치를 드러내며 새로운 상황에 어떤 답도 주지 못하는 것이 발견된다. 이를 통해 세 번째 시기에는 새로운 공식화, 새로운 가치매김, 새로운 해석 등의 과정이 와서 이 결핍들이 해소된다. 더 계속되는 과정에서는 도입된 방법들이 제도화되고 일정 정도로 규칙이 정해진다. 그리고 이 과정에 대한 이론이 정립되는데, 무엇보다 진리개념이 발전된다. 따라서 해석의 과정은 자기 안에서 사용된 합리성 기준이 성찰되는 방향으로 나아간다.

맥킨타이어가 위에 서술한 과정은 전통이 이제 합리성의 발전에 대한 자기 자신의 기준에 의해서는 조금도 발전을 이룩할 수 없는 시점에 도달할 가능성을 염두에 둔다. 갈등은 이제까지 사용된 방법들로는 더는 합리적으로 해결될 수 없다. 방법들의 적용은 새로운 모순들이 전통 안에서 발견되는 결과를 낳게 한다. 맥킨타이어는 이러한 시점을 '인식론적 위기'로 부른다. 이 위기는 오로지 새로운 개념들과 인식론적 이론들의 발견에 의해서 극복된다. 그러나 이 모든 수단이 거부되고, 전통은 스스로의 힘으로 이 위기를 극복할 능력을 갖지 못할 가능성도 있다. 여기에서 맥킨타이어는 상대주의와의 차이를 주목하는데 상대주의는, 하나의 전통은 항상 자기 자신의 합리성 규준에 의해 정당화될 수 있다고 주장하고, 이런 의미에서 그의 이론은 상대주의가 아니라고 보는 것이다. 자신의 고유한 전통이 위기를 극복할 능력이 없으면, 그 전통의 추종자들은 다른 경쟁적인 전통을 이해하는 것을 배우고, 이 새로운 전통은 그들의 모순을 해결하고 더 나아가 자기 전통의 합리성 기준이 왜 인식론적 위기에 직면해야 했는지 인식할 능력을 갖도록 한다. 즉 이 경우에 경쟁적인 전통이 자기 자신의 것과 비교될 때 합리성에서 우월하다는 것이 입증된다. 어떤 인식론적인 위기가 오지 않는 한 상이한 전통들은 자신에게 발생하는 갈등을 합리적으로 해결하는 데 난관 없이 병렬적으로 생존할 수 있다. 여기에서 전통들이 고려할 수 있는, 전통과 독립된 합리성 기준은 있을 수 없다. 그러나 하나의 전통은 다른 전통과 달리 인식론적 위기를 해소할 능력이 있다는 것을 통해서 그것이 다른 전통에 비해 우월하다는 것을 증명할 수는 있다. 이 점에서 맥킨타이어는 자신의 논리를 상대주의와 구별한다.

그러나 합리성 기준이 전통에 내재된 것이라고 한다면 다른 외래 전통에 대한 이해가 어떻게 가능할까? 그는 번역이론으로 답한다. 그는 언어를 언어가 어떤 특정한 전통에 연루된 정도에 따라 구분한다. 위계상 거의 끝자리에 있는 예로서, 키케로가 로마에서 말하기와 쓰기에 사용한 라틴어를 들 수 있다. 여기에서 언어 공동체는 사회 공동체와 동일시될 것이다. 다른 한쪽 끝에는 각국의 전통과 사회적 맥락에서 해방된 20세기의 국제 언어들이 있다. 이 언어들은 진리와 이성성을 위한 모든 실체적 기준들을 잃어버렸다. 맥킨타이어에 의하면 위계의 다른 쪽 텍스트를 그러한 국제적 언어로 번역하는 것은 하나의 훼손이다. 원래의 언어 사용자는 자신의 텍스트를 재인식하지 못할 것이다. 자유로운 사회에서 사용되고 있는 언어들은 상이한 전통들 사이에서 어떤 합리적인 공론도 허락하지 않는다. 그들이 제공하는 틀은 충분하지 않다. 맥킨타이어에 의하면 다른 전통의 언어를 번역과정을 통해서는 배울 수 없다. 어린이가 되어 새로운 언어를 두 번째로 중요한 언어로 배워야 가능하다는 것이다.

35__ 나는 여기에서 다섯 가지 모순들을 지적하고자 한다. ① 상대주의라는 비난을 무력화시키는 데 맥킨타이어는 실패했다. 인식론적 위기의 개념은 과학이론에서 차용한 구성인데, 이는 과학의 패러다임과 영위하고 있는 도덕적 · 문화적 전통과의 차이를 간과하고 있다. 과학 패러다임은 서로를 해소하지만 도덕과 문화 전통들은 병렬적으로 존재한다. 그에게는 인식론적 위기에 대한 테제를 합리화할 역사적 증거가 없다. 도덕과 도덕철학적 전통들은 놀라울 정도의 장기생존이라는 특징을 갖는다. 우리는 여기에서 위기를 말할 것이 아니라 다른 전통들의 요소까지도 계수하는 지속적인 새로운 해석의 과정을 말해야 한다. ② 맥킨타이어는 그가 위기이론으로 전통들 위에 위치하는 하나의 메타이론을 주장하고 있다는 점에서 자기모순을 범한다. ③ 그에 따르면 인식론적 위기설에서 위기의 발생을 설명하고, 이를 해소할 능력을 고려하여 전통들의 비교가 가능하다. 이것은 무엇이 더 좋은 설명이고 무엇이 더 나은 갈등 해소로 보아야 하는지에 대한, 전통과 무관한 기

준이 주어져 있다는 것을 전제하고 있다. ④ 다른 전통의 이해가 두 번째의 최상의 언어를 배우는 방식으로 가능하다는 테제는 그의 다른 테제, 즉 우리의 도덕적 정체성은 하나의 전통에서 기인한다는 테제와 일치할 수 없다. 그에 따르면, 우리는 하나의 다른 전통을 이중 정체성, 성격 파탄의 값을 치러야 이해할 수 있을 것이다. ⑤ 맥킨타이어의 기반은 결국 모든 해석학의 종말로 이끌고 있다. 나는 논쟁하고 싶지는 않지만 그것을 번역과 해석이 한계를 갖는다는 어리석은 결론으로 여긴다. 맥킨타이어가 자기 자신의 전개를 그의 반해석학적 테제와 어떻게 일치시킬 것인지 이해하기 어렵다. 《누구의 정의? 어떤 근거?》(1988)의 가장 광범한 부분에서 그는 네 개의 전통(아리스토텔레스, 아우구스티누스, 스코틀랜드의 계몽주의, 자유주의)을 소개한다. 이 상이한 전통들을 소개하고 서로 비교하기 위해서 맥킨타이어는 명백히 언어적 수단을 사용한다. 이 네 가지 전통의 상이한 문화적 배경에도 불구하고, 이들은 생활 형태에 있어 공통적인 요소를 공유하면서 출발한다.

| 참고문헌 |

Ricken, 1995

2장 — 비인식주의적 이론

1. 감정주의

1) 데이비드 흄

36— 비인식주의의 가장 중요한 테제는 언어 분석적으로 근거 지어지지 않는데도 이미 흄(David Hume)에게서 존재한다. 흄의 도덕철학에서 기본 전제는 그의 이성 개념이다. 이것은 다시 그의 진리 개념에 기인한다. 이성이란 진리 혹은 오류에 관한 인식이다. 사실과 합치될 수 있는 그런 명제만이 진실이든지 오류일 수 있다. 그런 명제의 하나는 우선 관념의 관계들에 관한 서술을 포함하는 명제이다. 명제가 관념의 사실적 관계와 합치되면 진리이다. 또 다른 하나는 경험의 영역에 대하여 서술을 만드는 명제이다. 감정과 의지 표명은 이 두 가지 범주에 포함되지 않는다. 감정, 의지 행위 그리고 행동들은 흄이 올바르게 주장하듯이 사실과 일치했느냐의 질문은 중요하지 않다. 이로부터 흄에게는 이성과 의지의 분리가 뒤따른다. 의지와 감정들은 그 자체로 이성에 대해 상응하지도 모순될 수도 없다. "내 손가락 상처보다 전 세계의 파멸을 선호하는 것은 이성에 위배되지 않는다"(*Treatise* II 3,3). 어떤 감정은 단지 잘못된 사실 전제에서 기인하거나 의도된 목적을 위해 잘못

된 수단을 선택할 때에 한해서 반이성적일 수 있다. 흄은 이성 그 자체로부터 어떤 동기의 힘도 발견하지 않는다. 이성은 결코 의지 행위의 동기가 될 수 없고, 또한 감정에 대립될 수도 없다. "이성은 오직 감정의 노예임에 틀림없고, 감정에 봉사하고 순종하는 것 이외의 어떤 역할도 주장할 수 없다"(*Treatise* II 3,3). 이성의 실제 기능은 감정에 의해 이미 주어진 목표를 추구하기 위해서 수단을 찾는 데 혼신을 기울이는 것이다. 흄에게는 이성과 의지의 분리로부터 이성과 도덕의 분리가 뒤따른다(*Treatise* III 1,1). 경험을 가르치는 도덕은 행위와 감정에 영향을 준다. 이 작용은 이성과 결별해야 하기 때문에 도덕의 규칙은 어떤 이성적 귀결일 수 없다. 이성은 단지 감정에 종속된다. 예컨대 우리가 의도적인 살인을 도덕적으로 단죄한다면, 우리는 그것을 통해서 행위에 관한 어떤 진술도 할 수 없다. 우리는 행위의 관찰로 어떤 특정한 감정만 느낀다고 생각할 뿐이다. 도덕적 진술이 우리 행위에 영향을 미쳐야 한다면 그것은 감정에 적용될 뿐, 이성은 아니어야만 한다.

2) 앨프리드 J. 에이어

언어분석적 메타윤리학 토론장에서 극단적이고 전통적인 비인식주의 37
를 주장하는 에이어(Alfred Jules Ayer)는 흄처럼 모든 의미 있는 표명, 즉 진리성 물음이 제기될 수 있는 모든 표명〔에이어는 이를 명제(propositionen)라 표현한다〕을 두 가지로 분류한다. 하나는 관념들의 관계에 관한 명제이고, 다른 하나는 사실들을 직면하는 명제이다. 에이어는 분석적 명제와 경험적 명제에 관해 말하고 있다. 도덕 명제는 이 두 가지 범주 중 어디에도 속하지 않는다. 에이어는 가치와 규범 진술들을 서술 명제에서 유추하는 자연주의적 이론을 거부한다(§ 68 참조). 도덕 명제들은 어떤 분석 표명을 이루지 않는다. "위기에 처해 있는 사람을 돕는 것은 좋다"라는 문장에서 "좋다"라는 술어는 주어 개념에 포함되어 있지 않다. 마찬가지로 그것은 경험적이라고 말하기도 어렵다. 가치를 매김하는 술어들은 경험적으로 접근할 수 있는 성질을 갖고 있지도 않고 경험적인 술어를 통해서 정의될 수도 없다. 가치 평가는 서술과 다른 어떤 것이다. 그렇다면 도덕적 명제들을 어떻게 분석할 수 있을까? 그것들은 감정 표현의 기능을 갖거나, 에이어가 후에 그의 테제를 변경하고 있듯이 화자의 가치관의 표현, 그리고 더 나아가 행동을 격려하기 위해 감정을 자극하는 기능을 갖는다. "한 명제 안에 있는 윤리적 상징의 존재가 사실적 내용에 어떤 다른 것을 더 추가하지 않는다. 만약 내가 어떤 이에게 '너는 돈을 훔치는 잘못을 저질렀어'라고 말한다면 그것은 '네가 돈을 훔쳤구나'라고 단순히 말한 것 이상이 아니다. '이 행위는 잘못이었어'라고 부언하는 것을 통해서 나는 이 행위에 대해 어떤 다른 표명을 한 것이 아니다. 나는 단지 이 행위에 대한 나의 도덕적인 반대를 드러낸다. 이것은 내가 놀랍다는 억양으로 '네가 돈을 훔쳤어'라거나, 감탄사를 넣어 서술한 것과 같은 것이다. 억양이나 감탄사는 문장의 의미에 어떤 것도 부가하지는 않는다. 그것들은 화자의 특정한 감정이 배어 있다는 표현을 하는 정도이다"[1936(1970, 141면)].

38 에이어의 이론을 이해하기 위해서 명제와 표현을 구별하는 것에 주의를 기울이는 것은 중요하다. 윤리적 문장들은 감각 지각에 관한 표현이 아니다. 그렇지 않다면 감각적인 명제를 포함해야 한다. 예컨대 그것들은 "나는 그것을 부끄러워한다", "나는 그것을 거부한다", "나는 이 행위방식을 높이 평가한다"라는 식으로 감정 또는 가치관을 표현한다. 표명은 참이든지 거짓이겠지만, 감정 표현은 적절하든지 부적절할 것이다. 하나의 의사 표명은 화자가 거짓말을 하거나 스스로 혼동할 때 오류일 수 있다. 감정에 관한 언어 표현은 오류 가능성이 없는데, 그 이유는 참일 수 있고 거짓일 수 있다는 사실 관계가 주장되지 않기 때문이다.

우리가 도덕적 가치관에 관해 토론한다는 사실은 에이어에 대한 반 39
론을 하는 것이다. 반론은 도덕 명제에서 진리 주장이 중요함을 보여 주고 있다. 에이어는 사실 문제와 가치 문제를 구별하여 대답한다. 가치 문제에 대한 토론이 무엇으로 인식되는지는 결국 사실 문제에 대한 토론이다. 이런 토론에서 대화 상대자가 가치 평가한 사례에서 '사실'에 관해 오류가 있음을 우리는 지적하려 노력할 것이다. 도덕적 질문에 관한 토론은 공통적인 가치체계하에서만 가능하다. 타인이 다른 가치체계를 가지고 출발한다면 감정적인 영향만을 끼치려 할 것이다.

에이어는 메타윤리학과 규범윤리학이 서로 독립되어 있다는 소위 중 40
립 테제를 극단적으로 주장한다(§ 10 참조). 도덕철학은 도덕 개념을 정의하는데, 즉 메타윤리학에 소진한다. 에이어에 의하면 "윤리 개념들은 유사 개념들이고 따라서 분석 가능하지 않다"라는 표현으로 요약될 수 있다[1936(1970, 148면)].

에이어의 감정주의는 신실증주의적 의미 기준을 전제하고 도덕 명제 41
를 설명하려는 시도이다. 그에게는 독단적으로 주장하는 이 의미 기준을 가지고 도덕 명제의 진리 주장에 대한 문제가 그것의 분석보다도 더 우선적으로 이미 결정되어 있다는 의문이 제기된다. 에이어는 이런 비난을 방어했다. 즉 그는 자기의 감정이론은 실증주의적 전제와 무관하다고 주장한다[1946(1970), 29면]. 실증주의가 아니라면 그의 이론은 논증되지 않았기 때문에 아직 필연적으로 오류가 아닌 하나의 주장에 불과하다.

3) 찰스 L. 스티븐슨

메타윤리학에 대한 에이어의 글은 자신의 인식이론을 보충하는 개요 42
수준이다. 그러나 에이어와 비슷한 시기에 스티븐슨(Charles L. Stevenson)은 자신의 저작 《윤리와 언어》(*Ethics and Language*, 1937)에서 감정주의를 완전하고 구체적인 이론으로 정립시켰다. 스티븐슨은 도덕적 언어와 문장을 다루면서 두 가지 의미를 구별하였는데, 그것을 다음과 같은 예로 설명한다. 즉 "이건 좋아"라고 말할 때 그 속뜻은 "나는 이것을 시인하거든. 그러니까 너도 시인해라" 하는 뜻이라는 것이다. "이것은 좋다"라는 말은 겉으로는 말하는 사람의 의견을 표명하지만, 은근한 명령을 통해 또 하나의 의미, 즉 "그러니까 너도 이것을 받아들여라" 하는 의미를 전달하게 된다는 것이다. 바로 이것이 스티븐슨이 '감정적 의미'라고 표현하는 도덕적 언어의 특징이다. '시인해라' 하는 직접적인 명령어와 '이건 좋은 거야' 하는 도덕 언어는 모두 타인의 행동에 영향을 끼치는 데 기여한다. 그러나 명령어가 상대방의 의식적인 결정을 강요하는 데 반해 도덕 언어는 제안을 통해 목적 달성을 한다. 도덕 언어는 암시를 수단으로 타인의 입장 변화를 꾀하려 할 때 사용하는 도구이다. 그리하여 감정주의는 '도구주의'라고도 할 수 있다. "C라는 사람이 '이것이 좋다'라고 말하고 D라는 사람이 '아니 그것은 나빠'라고 말할 때는 제안과 반대 제안이 부딪치게 된다" 〔1937(1974, 132면)〕. 도덕적 판단 역시 이런 심리적 영향을 토대로 이루어진다. '좋다'라는 말을 도덕적으로 사용할 때와 비도덕적으로 사용할 때의 차이는, 도덕적으로 사용할 때는 감정이 특히 강하게 결부된다는 것이다. 에이어와 마찬가지로 스티븐슨 역시 도덕적 판단에 있어 가치관의 차이(disagreement in attitude)와 서술적 사태와 관계되는 견해의 차이(disagreement in belief)를 구분한다. 입장 차이가 어떤 사실에 근거하는 경우에는 나은 정보를 줌으로써 입장 변화를 꾀할 수 있다. 가령 A라는 사람이 "우리, 오늘 저녁에 영화 보러 가자"라고 하는데 B가 "싫어. 그냥 음악회에 가자"라고 했다고 하자. 이제 A는 범죄 영화를 좋아하는 B가 영화관에 가고 싶은 마음이 들도록 "지금 재미있는 범죄 영화를 상영하고 있다니까" 하면서 B를 설득할 수 있을 것이다. 하지만 도덕적 견해의 차이가 서로 다른 사실판단으로 인한 것이 아닌 경우 이런 이성적인 방법은 한계를 지닌다. 그럴 때 타인의 입장을 바꿀 수 있는 유일한 방법은 심리적인 수단을 활용하는 것이다.

43 도덕 언어에 대한 스티븐슨의 분석은 의미의 심리학적 혹은 인과적 이론에서 태동하였는데, 이는 오그던(C.K. Ogden)과 리처드(I.A. Richard)의 공저 《의미의 의미》(*The Meaning of Meaning*, 1923)에서 영향받은 것이다. 이에 따르면 언어는 심리적으로 영향을 끼치는 도구이다. 언어는 청자의 내면에 어떤 의식 상태를 불러일으키는 데 이용된다. 언어 작용의 형태는 자극과 반응 구조에 따라 이해될 수 있다. 언어 표명의 의미를 스티븐슨은 화자의 의식 상태를 표현하고, 청자의 내면에서 일으키는 의식의 경향, 혹은 원인을 제공하거나 본질적 태도에 영향을 주는 특성으로 이해한다. 인식적인 상태가 문제 될 때에는 서술적 의미에 관해 말하고 느낌, 감정 혹은 정서일 경우에는 감정적 의미에 관해 말한다. "단어나 문장에서의 감정적 의미는 화자의 특별한 느낌, 감정, 정서를 직접(마치 감탄사처럼) 표현하는, 언어사 안에서 발생하여 견고하고 지속적으로 유지하는 경향성이다. 그것은 동시에 화자의 표명이 건네지는 사람(청자) 안에서 그에 대응하는 느낌, 감정 혹은 태도를 야기하는(마치 명령형처럼) 경향성이다"〔1937(1974, 139면)〕.

44 무엇보다 언어의 의미에 관한 스티븐슨의 이론에 비판적 물음이 제기되어야 한다. 언어의 표명이 화자의 심리적 정서, 감정 등을 동반하고 청자 내면에서 심리적 반응을 야기한다는 것은 논쟁의 여지가 없다. 그러나 이 심리적인 현상들은 의미와 구별되어야 한다. 스티븐슨의 인과론으로부터 언어 표명은 그것에 정향이 된 심리적 작용을 일으키는 범위 안에서 이해된다는 사실로 귀결된다. 그러나 이것은 명백히 그렇지 않다. 타인에게 어떤 의사를 전달한다는 사실이 그에게 영향을 끼친다는 것을 의미하지는 않는다. 청자는 전혀 영향을 받지 않으면서

도 화자의 의견이나 의도를 이해할 수 있다. 언어가 선전 수단으로, 혹은 심리적 효과를 위해 사용될 수 있다. 그러나 영향을 끼친다는 인과 법칙과 언어의 의미가 규정되는 규칙은 구별되어야 한다. 타인을 신뢰하지 않고도 그의 생각을 이해하는 것은 전적으로 가능하다. 하나의 가치는 청자가 자신에게 영향을 끼치도록 허용하는 만큼 이해될 수 있다고 말할 수 없다. 가치 평가를 표현하는 언어적 표명을 이해함과 동시에 이 가치 평가를 거부하는 것은 가능하다. 그러나 도덕 언어의 정서적 분석은 의미에 대한 스티븐슨의 심리학적 이론과 필연적으로 관련된 것은 아니다. 의미와 심리적 영향, 이해와 심리적 반응을 구별하고, 그럼에도 이해의 중간 단계를 넘지만 도덕 언어는 제안의 성격을 띤다고 주장하는 것은 납득할 수 있다. 그것으로 언어의 특별한 기능이 파악될까? 그렇다면 도덕 언어는 어떻게 예컨대 수사학 또는 선전과 구별될까? 스티븐슨은 도덕적인 질문의 형식이 "이것이 저것보다 더 좋을까?"[1937(1974, 116면)]라고 서술한 적이 있다. 이렇게 묻고 있는 사람은 대화 상대자의 주관적 가치판단이 제안되는 것을 기대하지 않는다. 그는 타자가 근거를 제시하는 대답을 기대한다. 그는 이 대답에 대해 비판적 입장에서 이해하려 하고, 그것이 옳은지 그른지를 묻는다.

2. 표현주의

1) 앨런 깁버드

45 우리가 도덕적이고 규범적인 판단에 직면하고 있다는 사실을 어떻게 자연과학적 세계관에 편입할 수 있을까? 이것이 도덕 언어에 관해 표현주의적 분석이 해결해야 할 과제이다. 도덕은 넓은 의미와 좁은 의

미로 이해될 수 있다. 광의의 도덕은 우리가 어떻게 살아야 할지에 대한 물음을 가지고 논구한다. 협의의 도덕은 후회, 죄의식, 화와 같은 도덕적 감정들을 다룬다. 이것들은 윤리적으로 악한 행동에 대한 벌이다. 이 감정들은 합리화될 수도, 그렇지 않을 수도 있다. 어떤 사람이 미안하다고는 느낄 수 있으나 어떤 불의한 것도 행하지 않았다고 확신할 수 있다. 도덕적 판단은 도덕적 감정에 대한 판단이다. 어떤 도덕적 감정이 이성적인지, 혹은 적절한지 그리고 어떤 것은 그렇지 않는지를 판단한다. 그런 판단은 합리성(rationalitaet)의 이해를 전제로 한다. 표현주의의 주장에 의하면, "하나의 사태가 합리적이라고 말하는 것은 이 사태를 동의하는 것"을 의미한다. 여기에서 '동의한다'는 개념은 무엇을 말하는 것일까? 한 인격이 합리성 때문에 하나의 감정 혹은 하나의 행동을 올바르게 판단하는 규범을 받아들인다는 것을 의미한다. "어떤 것이 '합리적이다'라고 말하는 것은 그것을 가능케 하는 규범을 승인하고 있음을 표현하는 것을 의미한다." 깁버드(Alan Gibbard)에 따르면 규범을 수용할 능력은 생물학적 진화의 산물이다. "우리의 규범적 생활은 자연적 세계의 일부로 이해될 수 있다." 규범적 대화는 자연의 부분이지만 자연을 서술하는 것은 아니다. 어떤 것이 합리적 혹은 비합리적이라고 규정하는 사람은 자신의 의식 상태를 서술하는 것이 아니라, 의식 상태를 표현하고 있다. 어느 사태가 합리적이라고 말한다면 그 사태에 대해 어떤 특정한 성질을 대입하고 있는 것이 아니며, 이 사태가 무엇인지에 관해 표명하고 있는 것도 아니다. 분석의 직접적인 대상은 어떤 것이 합리적이라는 명제가 아니고 판단의 행위이며, 이 판단 행위가 의식 상태의 표현으로서 이해된다(Gibbard 1990, 6-8면).

서로 다른 사람들은 같은 정보를 들어도 서로 다르고 서로 양립할 46
수 없는 규범들을 승인할 수 있다. 깁버드는 '성찰적 평형'이라는 롤스의 이론(§ 19 참조)을 참조한다. 성찰의 균형에 도달했다는 말은 모든 사실과 모든 철학적 논점들을 고려하고 공통의 판단에 도달했음을 말한다. 그런데도 성찰적인 균형이 모든 이에게 동일하게 있다는 보장은 명백히 없다. 그것은 서로 확연히 다른 문화 출신의 사람들에게 특별히 그렇다. 그러므로 두 사람이 성찰적 균형에 있고, 그럼에도 서로 양립할 수 없는 규범들을 승인하는 것은 가능하다. 양자는 다른 이가 논리적으로 합당하다는 것을 인정하고, 모두는 타인을 통해서 그들이 성찰적 균형에 있음을 안다. 한 사람이 타인의 규범에 관해 어떻게 평가하고 있는가?

47 김버드는 사실과 상응하고 있는 살 빼는 도착증을 이상적인 예로 든다. 도착증 여자 환자는 양자택일 중 하나가 살찌는 것이라면 아사도 감수해야 한다는 규범을 승인한다. 그녀의 여자 친구는 이 규범을 거부하고 살을 빼기 위해서 아사를 감수해서는 안 된다고 생각한다. 각자는 규범이라는 일관성 있는 체계를 승인한다. 양자 간의 대화는 어떻게 가능할까? 각자는 서로 주장하는 규범을 위해서 권위를 주장한다. 한 사람이 어떤 것이 합리적이라고 주장하면 그는 그를 통해 하나의 요구(conversational demand)를 강조한다. 그는 청자가 자신이 말하는 것을 받아들이도록 요구한다. 이 말은 표현하고 있는 의식 상태를 서로 나누고 있음을 의미한다. 그러나 이 요구는 받아들여지지 않을 수 있다. 청자는 화자가 자기의 주장을 취소해야만 하도록 설득하는 방식으로 대답할 수 있다. 김버드는 자신의 대화적 요구를 위해서 스티븐슨의 의미의 인과적 이론(§ 43 참조)을 끌어들인다. 누가 어떤 것이 좋다고 표현하면 "나는 이것을 좋아해. 한번 해보렴!" 하고 말하는 것이다. 그러나 실천적 판단은 스티븐슨이 받아들이는 것처럼 우리가 좋아하는 것을 표현하는 것이 아니고 규범의 수용을 표현한다. 화자는 암묵적으로 '이 규범을 인정하라'라고 말한다. 규범적인 토론에서 중심은 상호 간의 영향이다. 모든 차이는 논쟁을 통해 지양된다는 규범의 인정은 진화에서

야기된, 생활에 유용한 환상이다. "규범적 판단은 진리를 향한 노력을 닮는다"(Gibbard 1990, 218면; 169-173, 217면 참조).

2) 사이먼 블랙번

"자연계는 스스로를 우리의 감각을 통해 보여주고 물리학, 화학 그 48
리고 진화론을 포함한 생물학 등 자연과학에 의해 서술되는 세계이다. 우리가 항상 생각하듯이 윤리학은 이 영역에 자신을 잘못 끼워 넣고 있는 듯이 보인다. 감각은 물론이고 과학은 의무감, 의무 혹은 사물의 가치질서의 좋은 수신자처럼 보이지 않는다. 모두가 알다시피 자연은 마음이 없다. (…) 자연주의자라 함은 인간을, 소멸할 요소로 구성된 분쇄되는 몸체로, 따라서 자연 질서의 부분으로 보는 것을 의미한다. 이는 논리적으로 보자면 정신에 대한 설명되지 않는 호소와 형상 혹은 규범의 플라톤적인 질서 인식이라는 설명되지 않는 호소를 거부하는 것이다"(Simon Blackburn 1998, 48면). 블랙번의 이론에 따르면 어떤 것을 평가하는 것은, 마치 어떤 것을 희망하거나 갈구하는 것이 특별한 전문용어상의 서술이 아닌 것처럼, 어떤 것을 특정한 전문용어로 서술하는 것이 아니다. 그보다도 어떤 것을 평가하는 사람의 의식 상태는 고유하지만 그럼에도 그 자체로는 자연적인, 자연주의적 개념으로 서술 가능한 상태이다. 우리가 가치판단을 할 때 우리는 우리 의식 상태에 관해 말하는 것이 아니라 우리의 의식 상태들을 표현하는 것이다. 블랙번은 후기 비트겐슈타인에게 돌아온다. 하나의 동전의 가치를 주장하기 위해서 동전을 자세히 살피는 것은 크게 도움이 되지 않는다. 그보다도 인간들이 하나의 동전을 가지고 무엇을 하는지 살펴야 한다. 즉 경제 과정을 연구한다. 마찬가지로 우리는 그 안에서 용어들이 사용되고 있는 행위들을 서술함으로써만 도덕 언어의 전문용어를 이해할 수 있다. 하나의 가치들은 동기와 일치한다. 만약 그렇지 않다면 내적 갈등이 발생한다. 갈등을 통해서 이해의 일반적 표현은 왜곡된다. 블랙번은 의지의 유약 그리고 "인식적으로 악에 의해 지시되는 악마적 모습"의 현상들을 지시하고 있다(Blackburn 1998, 68면).

49 그러나 표현주의는 어떻게 도덕 판단의 진리 주장과 부합할 수 있을까? 후기 비트겐슈타인에 의지하여 블랙번은 진리의 최소 이론을 가지고 답변한다. 'p가 진리이다'는 단지 'p'를 의미한다. "나는 이것이 옳다는 것을 받아들인다 해도 틀릴 수 있다"라는 것을 내가 말한다면 다름 아니라 내가 주장하는 것이 부정될 수 있다는 것을 의미한다. 어느 누가 "하나의 도덕 체계는 옳을 수 있다, 혹은 적어도 다른 것보다는 옳다"라고 말한다. 예컨대 그리스도교의 윤리학은 옳은 것이라고 나는 주장한다. 이를 통해 나는 하나의 가치판단을 한다. 더 나아가 나는 그리스도교 윤리학을 받아들인다. 따라서 이 최소 이론에 따른다면 하나의 판단이 옳다고 주장하는 것은 다름 아니라 그 판단을 새롭게 주장하는 것이다. 즉 자기 주장에 서 있다는 것을 말하는 것이다. 도덕 판단, 자연과학적 판단 혹은 수학적 판단 사이의 차이는 각각 주장의 근거를 어디에 두고 있는지에 달려 있다. "'우정은 좋다'는 것은 진리이다"라는 것은 '우정은 좋다' 이외의 어떤 것도 아니다. 이를 가지고 우리는 하나의 태도, 혹은 근본 자세를 표현한다. 우정이 좋다는 것은 진정으로 옳다, 혹은 우정이 좋다는 것은 하나의 사실이다, 혹은 우정이 좋다는 명제는 실제에 상응한다, 혹은 우정이 좋다는 것을 우리는 안다,라고 말하는 것을 통해서 주장을 강조할 수 있다. 이 모든 것은 우리가 어떤 이의도 제기하지 않아 그 주장으로부터 분리시키지 않겠다는 우리의 태도를 표현하기 위해, 혹은 말하기 위해 상이한 여러 사용에 불과하다. '우정은 좋다'라는 도덕적 판단이 하나의 수학적 판단과 구별되는 것은 우리가 이 판단을 통해 타인에 대하여 특정한 태도로 우리 자신을 의무 짓게 하기 때문이다(Blackburn 1998, 77-80면).

3. 결단주의

감정주의에 따르면 도덕적 표명은 그 자체로 더 이상 평가될 수 없 50
는 기분이나 감정을 표현한다. 결단주의는 도덕적 판단의 최종 기준을, 결국 협소한 의미에서만 이성적 비판에 조명될 수 있는 결단에서 찾는다.

1) 리처드 M. 헤어

언어분석적 방법으로 이런 결단주의를 발전시키려는 가장 잘 알려진 51
시도 중 하나가 헤어(Richard Mervyn Hare)의 윤리학이다. 나는 여기에서 그의 이론의 한 관점만을 다루겠는데, 즉 헤어 자신의 용어를 빌리자면 '규범성'이다. 이는 후에 다루겠지만(§ 176-179 참조) '보편 가능성'과 더불어 도덕적 판단의 특징을 이룬다. 이것과 관련하여 헤어의 분석에서 결정적인 것은, 그가 모든 도덕적 판단 명제를 명령법과 연결시킨다는 것이다. 술어 '좋다', '옳다'를 가진 판단은 '~을 해야 한다'는 술어와 함께 명령법으로 유도된다. 이것은 특별한 종류의 명령이다. 그런데 명령법이란 무엇인가? 헤어는 문법적 형태로 방향을 잡는다. 서술형 문장에서 구성되는 주장들은 '무엇이 그 경우다'라고 알리는 반면에, 명령은 '무엇이 그 경우임'을 유도하도록 요구한다. 주장에 대한 올바른 정서는 '우리는 무엇을 생각한다'를 포함하고, 명령에 대한 정서는 '우리는 무엇을 행한다'를 포함한다. '해야 한다'라는 서술어를 갖는 도덕적 판단은 다음과 같이 명령형을 이끈다. "너는 그에게 돈을 갚아야 한다. 왜냐하면 너는 그것을 그와 약속했기 때문이다"라는 명제는 "누구나 갚겠다고 약속한 돈은 항상 갚아야 한다"라는 보편적인 판단 혹은 원리를 내포한다. 이러한 도덕적 원리는 보편적인 명령이다. 이 개념을 헤어는 '프라스티콘'(Phrastikon)과 '노이스티콘'

(Neustikon)의 구별로 설명한다. 서술형 혹은 명령형 문장에서 프라스티콘(관용 부분)이란 사태에 관해 화자의 어떤 입장이 관계하는지 알리지 않고 문장 안에서 중요한 사태를 구성하는 부분으로 이해한다. 화자의 입장은 노이스티콘(첨가 부분)을 통해 삽입된다. 화자는 노이스티콘의 도움으로 프라스티콘에 소개된 사태가 그 경우이거나 혹은 그렇게 유도되어야 한다고 말하고 싶다는 것을 공지한다. 일반적인 명령형은 일반적인 서술형 문장의 프라스티콘에다 명령형의 노이스티콘을 갖추고 있다. 이에 따르면 "갚겠다고 약속한 돈은 반드시 갚아야 한다"라는 원칙은 다음과 같이 분석된다. 프라스티콘은 "모든 사람은 갚기로 약속한 돈을 갚아야 한다"이고, 노이스티콘은 "나는 그것을 요구한다"이다. 도덕적 판단의 근거 지음은 도덕 원리를 전제한다. 그러나 도덕 원리는 원리 결단에 기인한다. 이것이 결정적인 요점이다. 도덕 원리를 표명하는 사람은 그것을 통해 원리 결단을 표명한다. 그는 그의 결단 때문에 자신과 타인에게 요구하는 것을 표현한다. 따라서 "모든 이가 어떤 특정한 방식으로 행위해야 한다"라고 한다면 그는 "나와 모든 다른 이는 이 방식으로 행동하기를 바란다(혹은 명령한다)"라는 뜻이 된다.

52__ 헤어의 이 이론은 일상적인 도덕 원리들에 대한 선이해(先理解)와 상응한가? 헤어는 스스로 이 질문을 제기하고 이를 부정한다. 그의 분석에 따르면 다음과 같이 부연한다. 당위적 문장을 가지고 타인이 특정한 행동을 하도록 요구하는 우리라면, 또한 내가 익숙한 언어로 그들이 특정한 방식의 행동을 해야 한다고 말한다면, "나는 일정한 의미에서 이미 존재하는 원리에 의지하고 있음을 말하는 것이 아니라 도덕철학이 줄기차게 말하는 것처럼 객관적이다"[1952(1972, 241면)]. 이 항변에 대한 헤어의 답은 헤어 역시 흄처럼 사실 주장만 객관적이고(자기의 의지가 담기지 않고), 근거 지을 수 있고 혹은 진리일 수 있다는 사실을

말하고 있다. 만약 누가 도덕 원리들의 근거 지음 사고에 집착하면 이는 다만 도덕 판단이 사실판단으로 환원되는(자연주의적 오류) 대가를 치르고서만 가능하다(§ 68 참조). 그러나 만약 이와 반대로 규범적 판단과 사실판단을 구별하게 되면 객관성의 사고를 포기하고 원리 결단을 마지막 근거 지음의 기준으로 인정해야 한다고 한다. 헤어의 주장에 대한 하나의 우선적인 비판으로, 도대체 그는 어떤 정당성을 가지고 일상적인 선이해에 상반되게, 객관성 개념을 사실 주장으로 한정하는지를 질의할 수 있다.

2) 막스 베버

근거 지어진 가치판단과 당위판단의 가능성의 논쟁에서 막스 베버 53
(Max Weber)의 학문의 가치중립 테제(1904, "Objektivitaet")가 자주 인용된다. 이 테제는 무엇을 말하는가? 이 테제는 첫째, 학적 인식은 '가치 매김'〔막스 베버의 불확정적인 표현을 사용하자면 'wertungen'(가치판단)〕과 독립되어야 한다는 방법론적 요구를 내포한다. 둘째, 가치 명제의 근거 지어질 가능성에 대한 물음을 제기하면서 가치 매김은 학적 인식의 대상이 될 수 없다고 주장한다. 방법론적 요구는 연구자의 사실 관련성을 요구한다. 연구자는 사실의 서술을 자기 개인적인 의사 표명과 분리해야 한다. 그러나 학문의 질문 제기는 이해(利害) 혹은 가치입장(價値立場)에 의해 규정된다는 것을 배제할 수 없다. 이 가치 매김, '가치의 기초'(H. Albert)는 학문 자체에 우선한다. 이와 달리 학문적 표명과 관련해서는 어떤 가치판단이 개입되어서는 안 된다. 막스 베버는 비인식주의를 주장했지만 그의 방법론적 요구를 가지고는 스스로 규범적 판단을 한다. 그의 방법론적 요구를 자의적으로 주장하는 요구로서 해석한다면 이 비판은 타당하지 않다.

막스 베버가 가치 매김은 학문적 인식의 대상이 될 수 없다고 주장 54

하는 것은, 인간이 가치 매김하는 행동에 관한 경험적 사실을 가지고 학문을 하는 것까지 반대하는 것은 아니다. 이로써 규범과 가치판단은 경험적인 명제와는 다른 근거 지음의 논리에 놓여 있다고 말한다면 이는 그의 주장과 완전히 합치한다. 그러나 여러 내용을 감안할 때, 베버는 더 강한 테제를 대표하고, 최종 근거 지음은 모든 근거 지음과 가치 매김을 벗어난 '결단'(decision)에 기인한다고 주장한다. "최종적인 의사 표명에 따라서 각자에게 있어서 하나는 악마이고 다른 하나는 신이다. 그리고 각자는 어떤 것이 자신에게 신이고 어떤 것이 악마인지를 스스로 결단해야 한다"〔1919(1973, 604면)〕. 실천적 이성은 흄의 주장처럼 경험적 영역에 한정된다. 실천적 이성은 경험과학의 가능성만큼 멀리 미친다. 경험과학은 개별적인 판단에서 그들의 기초에 놓여 있는 가치 결정에 이르는 귀납적인 길을 따라 상승하고 또한 가치 결정들을 의식화시킬 수 있다. 경험과학은 자신의 실현 가능성에 대한 물음을 제기함으로써 최종적인 목적을 비판할 수 있다. 경험과학은 원하는 목적의 달성 외에 필요한 수단을 사용해야 한다는 결론을 주장할 수 있다. 여기에서 파생하는 부수 결론에 대한 숙고는 이미 과학의 가능성을 넘는다.

모든 테제는 우선 자신을 찬성으로 이끄는 논점들만큼이나 소중하다. 윤리학의 가장 중요한 테제, '최종 가치 매김은 각각의 판단을 넘어서는 개인적 입장 혹은 개인적 결정의 사태다'라는 테제는 베버에 의해 근거 지어지지 않았다. 베버는 결정적인 물음들, 즉 가치와 당위 명제의 논리적 분석과 그것들의 인식 이론적 문제들을 다루지 않는다. 베버는 경험적인 판단과 가치 혹은 규범적인 판단 사이의 차이를 제시하는 것으로 만족한다. 베버는 하나의 메타윤리적 테제를 주장하지만 그것의 근거를 요구하는 메타윤리적 이론은 발전시키지 않았다. 과학 이론에 따르면 '사실'은 항상 이론의 경계 안에서만 주어지고, 이론은 항상 가치판단을 전제하기 때문에 가치 없이는 어떤 사실도 없다는 점에서 베버의 '사실'과 '가치'의 양분은 의문시된다.

3) 한스 알베르트

한스 알베르트(Hans Albert)는 베버의 축소된 실천이성의 개념을 계 55
수화한다. 그에 따르면, 도덕에 있어 최종 근거 지음은 이론 과학에서처럼 거의 가능하지 않다. 마지막 근거에 대한 요구는 저명한 뮌히하우젠의 세 전제[2]로 이끈다. 우리는 단지 무한 소급, 논리적 순환 그리고 하나의 교설을 요청함으로써 근거 짓기 과정의 중단, 이 삼자 중에서 하나를 선택한다. 더 이상 이성적이지 않은 결단에 의해 선택된 베버의 최고 가치 대신에 한스 알베르트는 가설적으로 수용한 규범을 주장한다. 그는 헤어의 프라스틱(Phrastik)과 노이스틱(Neustik)의 구별을 받아들인다. 도덕적인 표명에서의 노이스틱(화자의 입장)은 태도를 위해 긍정적인 방식이든 부정적인 방식이든 프라스틱(전제된 입장)에서 표현된 사태를 나타낸다. 헤어와 같이 모든 도덕 명제는 한 원리를 내포한다. 화자는 이를 유효하다고 표현하고, 따라서 그것의 보편적 인정을 주장한다[1961 (1979, 487-497면)].

비판적 합리주의는 도덕에서도 체계의 근본적인 수정 가능성을 요구 56
한다. 알베르트에 따르면 막스 베버의 최종 공리 가치와 유사하게 도

---

2) 터키와의 전쟁 중 늪에 빠져 허우적거리면서도 머리채를 자기 손으로 들어 올리려는 뮌히하우젠 남작의 불가능한 시도를 고틀로프 프레게는 빗대어 인식론의 문제를 설명한다. 그는 최종적인 근거 짓기를 세 가지 전략에서 찾으려 하나 어떤 것도 만족할 만한 답이 아님을 증명한다. 그 세 가지란 ① 무한 소급 ② 순환적 결론 ③ 공리나 교설, 근본주의의 논리로 근거 짓기 과정을 중단하는 것이다. Gottlob Frege. *Grundgesetze der Arithmetik*. Darmstadt: Wissenschaftliche Buchgesellschaft, 1962. 2.Auflage. XVIII-XIX. 참조.—역주

덕 체계는 그것의 일관성, 그것의 요청의 실현 가능성 그리고 그것의 비모순성을 고려하여 합리적으로 검증 가능하다. 알베르트는 경험적 명제에서 규범적 명제로의 연결시키는 교량(Brücken) 원리들에 관해서 말한다. 그런 교량적 원리의 예로 "당위는 능력이 전제된다"를 들 수 있다. 경험과학이, 특정한 도덕 규범이 지켜질 가능성이 없음을 지적하면 그 규범은 그를 통해 비판된다. 도덕 규범이나 체계는 유지되거나 유지되지 못하거나 한다. 그것을 결정하기 위해서 기준들이 요구된다. 막스 베버에게서는 최고의 공리 가치가 결단에 의해 세워진다면 알베르트에게 그것은 기준들(Kriterien)이다. 가설적으로 인정한 도덕 체계들의 합리적인 토론이 가능하게 하는 기준들이 스스로 합리적인지 아닌지 물음이 제기된다. "어떤 경우든 윤리 체계의 보존을 위한 기준을 설정할 때는 인간 욕구의 만족, 갈망의 이행, 불필요한 고통의 회피 등이 배경이 되어야 한다"라고 알베르트는 말한다. 그럼에도 그는 동시에 그런 기준은 "학적인 사유의 기준들에도 유효하듯이 발견되고 주장되어야 한다"라고 말한다. 발견되고 확정된 기준은 그럼에도 합리적으로 토론 가능해야 한다. 즉 그것 역시 가설의 지위를 가지고 있어 상황에 따라서는 개정되어야 한다[1961(1979, 513면)]. 발견된 기준이 이성적으로 토론 가능해야 한다는 주장은 결단주의와 결별한다는 것인가? 알베르트의 기초는 다음과 같은 딜레마에 이른다. ① 첫 단계의 기준이 유지되는지 결정하는 데 필요한 둘째 단계의 기준은 다시 결단주의적으로 확정된다. 따라서 그의 이론은 단지 결단주의를 위장하는 것에 불과한 것처럼 보인다. ② 우리는 첫 단계 기준의 판단을 위해서 가치 명제나 규범으로 돌아가야 하는데 이것들은 더 이상 가설이 아니다. 즉 "인간의 욕구가 가능한 한 충족되어야 한다" "불필요한 고통은 피할 수 있어야 한다"라는 명제는 확정적이다. 그렇다면 알베르트의 윤리학은 합리주의 주장을 강조할 텐데, 그러면 모든 지식의 가설적 성격에 관한 테제는 포기된다.

4. 비인식주의 이론에 대한 비판

지금까지 비인식주의 이론들은 그들 자신들의 논변이 무엇인지 묻 57
고, 그들의 논증되지 않은 전제들을 소개하는 방식으로 비판되었다. 여기에서는 그 이론들에 반대하는 몇 가지 잠정적인 성찰들을 다루겠다. 그러나 윤리적 명제의 근거 짓기 가능성 테제는 근거 지음의 시도들이 전개된 연후에야 비로소 확정적으로 유효하다고 말할 수 있을 것이다.

첫째, 메타윤리학적 논변을 가지고 규범적 윤리학의 불가능성을 증 58
명하고자 한 에이어가 주장했듯이 메타윤리학과 규범윤리학의 극단적인 분리에 관해 성찰해보아야 한다. 메타윤리학적 이론은 필연적으로 규범적 연관을 가지고 있어서, 비인식적 테제를 주장하는 사람은 그가 그렇게 주장하는 것을 통해서 자기가 주장하는 테제에 모순된다. 비인식주의자들의 테제 "도덕적 문장은 어떤 진리로 확정된 명제도 포함하지 않는다" 혹은 "도덕적 판단은 궁극적으로 결단에 기인한다"라는 것은 스스로 진리 주장을 제기하는 명제이다. 이 표명들은 우리의 행위를 위한 규범과 관련이 있는가? 이 테제들이 하나의 답변을 주는 물음을 우선 구성해보자. 그것은 아마 '진리로 확정된 도덕 규범이 있는가'일 것이다. 어떤 이가 그렇게 묻는다면, 무엇이 윤리적으로 옳은지 그른지를 표명하는, 인간 행위를 위해 근거 있는 지침들이 있는지를 알고 싶어 한다. 비인식주의 이론은 비록 부정적이지만 이 질문에 대해 하나의 근거 지은 답을 준다. 그들은 근거를 가지고 근거 지어진 규범의 가능성을 부정한다. 이 대답으로부터 비인식주의자의 행위를 위해 무엇이 뒤따를까? 그가 행위 안에서 자신을 정향시킬 수 없다고 이해하는 도덕 판단으로 방향을 잡지 않고, 감정은 인간 행위에 있어 유일한 정향의 힘이라는, 근거 지어진 이해를 가지고 자기 감정에 충실하다면 그는 올바르게 행동하게 된다. 감정으로 정향되는 것은 그에게는 행동의 유일한 대답을 할 수 있는 방식이다. 그러나 그에게 자신을 감정에 방향을 돌리게 하도록 지침을 주는 것은 다시금 이성이다. 비인식적 메타윤리적 이론을 주장하는 사람은 그를 통해 이성을 자기 행동의 최종적인 판단 심급으로 인정하고, 그러는 한 결국 인식주의적인 입장을 주장하게 된다.

59__ 둘째, 한 문장에서의 프라스티콘과 노이스티콘 사이에 있는 헤어의 구별이 다시 한 번 성찰되어야 한다. 나는 다음에서 프라스티콘 대신에 명제 혹은 표명에 관해, 노이스티콘 대신에 입장 표현에 관해 말하고 더 근원적인 개념을 헤어보다 더 나아가 정리함으로써 화자의 감정이나 정서 또한 이 개념하에 놓이게 할 것이다. 비인식주의는 가치 매기고 규범적으로 만드는 단어들(~해야 한다)이 화자의 입장 표현을 위해 쓰인다고 생각하고, 인식주의는 그것이 술어로 취급된다고 주장한다. "너는 항상 진실을 말해야 한다"라는 명제를 인식주의는 다음과 같이 분석한다. "네가 항상 진실을 말하는 것이 도덕적으로 요구된다." 또한 화자는 이 전제에 주장이라는 입장 표현을 관련시킨다. 이 해석에 대해 이제 다음과 같은 주장이 있다. 한 주장 안의 한 명제를 강조하는 진리 주장에서 특징적인 것은 그 주장을 변경시킬 가능성이 있다. 즉 그것에 대해 질문, 제한, 의심, 논쟁, 거부가 가능하다. 예컨대 p라는 명제에 대한 진리 주장을 '나는 p라고 생각한다', '나는 p라고 추측한다', '나는 p가 진리일 것이라 여긴다'라는 용법으로 제한할 수 있다. 또한 p인지 물을 수도 있고, p인지 의심을 제기할 수 있고, p를 논박할 수도 있다. 이런 모든 가능성은 '~이 좋다', '~을 해야 한다',

그리고 다른 도덕적 서술 문장에서도 주어진다. 사람이 어떤 경우에도
진리를 말해야 하는지에 대해선 반론을 제기할 수 있다. 아직 태어나
지 않은 인간 생명체를 죽일 수 있는지도 질문할 수 있다. 오늘날 핵
전쟁이 윤리적으로 허용될 수 있는지도 의심을 가질 수 있다. 비인식
주의자들의 테제에 따르면 "너는 항상 진리를 말해야 한다"는 "너는
항상 진리를 말한다"는 명제로 분석될 것이고, 그리고 그것은 "~이 내
마음에 든다", "나는 ~에 찬성이다", "나는 ~을 요구한다"는 것과 같
은 용법을 통해서 감정, 기분 혹은 명령을 표현하는 입장 표명이다. 이
런 분석은 의심, 논쟁, 추측 등의 가능성을 설명할 수 없다. 감정, 기
분 그리고 요구들은 화자에 의해 표현된 것이지만 주장된 것은 아니
다. 화자가 특정한 기분을 가지고 있다거나, 특정한 방식으로 느끼고
혹은 어떤 것을 명령한다는 것은 원칙적으로 의심할 수도, 물을 수도,
추측할 수도 없다.

셋째, 감정, 기분, 요구 그리고 최종적인 주관적 결단도 다시 한 번 60
자기편에서 평가될 수 있다. 그것들이 좋은지 혹은 나쁜지, 옳은지, 혹
은 불의한지를 질문하는 것은 의미가 있다. 그리고 "나는 이 사람에
대해 거부감이 든다, 그러나 그것이 옳은지 모르겠다", "나는 그것을
가지고 싶어, 그러나 그것이 좋지 않아", "나는 그렇게 행동하고 싶지
만 그렇게 해서는 안 돼"라고 말하는 것은 어떤 모순도 없다. 비인식주
의자는 이런 경우에 두 가지 상반되는 감정이나 기분들이 표현될 것이
라고 반론을 제기할 것이다. 거기에 대해서는 두 가지 상반되는 기분
이 들 때에도 그것에 의해 자신이 규정될 어떤 것이 그 상황에 더 나
은지를 물을 수 있다. 또한 화자는 모순적인 감정일 때도 다시 한 번
판단하면서 입장을 갖게 된다. 이를 통해서 가치 평가하는 서술과 감
정 표현은 같은 것을 의미하는 것이 아니라는 사실을 알 수 있다.

맥킨타이어(1984, 23면 이하)는 감정주의는 조작과 비조작적인 사회 61

관계 양자 사이의 경계를 사라지게 한다고 지적했다. 그는 감정주의를 칸트의 윤리학과 비교한다. 칸트 윤리학에서 도덕 아닌 것과 도덕에 의해 규정된 인간관계의 차이는 인격들이 자기 고유한 목적을 위해 서로 수단으로 다루는지, 목적 자체로 존중하는지에 있다. 내가 다른 인격에 대해 내 행위를 위한 근거들을 마련하고 이 근거들을 비평하도록 그에게 맡길 때, 나는 인격을 그 자체로 목적으로서 대우한다. 나는 오로지 근거들을 통해서만 인격에 영향을 주려는 의향이 있다. 나는 내 자신을 객관적 기준들에 조회하고, 이 기준들의 유효성은 타 인격이 판단해야 한다. 그와는 반대로 인격을 수단으로 다루는 것은 인격을 나의 목적을 위한 도구로 만드는 것이고, 이때 나에게는 효과적인 영향의 모든 수단은 옳다. 감정주의는 이 차이를 쓸데없는 것으로 만든다. 나는 타 인격을 이런 방식으로 영향을 주기 위해 나의 감정을 표현한다. 나는 객관적인 기준에 관계하고 있음을 모든 경우에 환기시킨다. 실은 객관적 기준들이 없다면 그것은 가능하지 않다.

| 참고문헌 |

Stevenson, 1944
Ayer, 1936, 6장 1949
Hare, 1952, 1장(7)
Kerner, 1966, 2장
Warnock, G.J. 1967, 3장
Urmson, 1968
Mackie, 1980
Kutschera, 1999, 3장
Kerner, 1966, 4장(5)
Ricken, 1976a
Wimmer, 1980. 3장(1.2)
Weber, 1904; 1918; 1919
Albert, 1966
Goelz, 1978, 1장
Albert, 1961; 1968, 3장
Gölz, 1978, 4-7장
Mojse, 1979
Moore, 1912, 3-4장
Nagel, 1970, 9-14장
Williams, 1973, 13장
Tugendhat, 1976, 제7강
Nagel, 1997, 6장

3장— 인식주의 이론

62— 인식주의의 해석에 의하면 도덕 언술의 문장은 진리 주장이 제기되는 명제를 포함한다. 이 진리 주장은 어떻게 해소될 수 있을까? 경험적인 사실 표명에 의해 근거 지음이 가능하다. 만약 그렇다면 도덕적인 물음은 경험과학의 도움으로 판가름 날 수 있다. 그러나 사실 진술로부터 도덕적 표명을 연결 짓는 것이 가능한가? 이 문제를 다루기 전에 '도덕적 표명'이라는 용어를 잠정적으로 규정해보자. 나는 다음에서 평가하는 서술과 의무론적인 서술이 있는 도덕적 진술들을 각각 구별하겠다. 평가 내리는 서술은 "좋다", "나쁘다", "악하다", "덕성스럽다", "부담 준다", "칭찬할 만하다", "꾸짖을 만하다" 등이다. 이것들은 권고 혹은 선택의 근거로 쓰인다(§ 88 이하, 92 이하). 세 가지 의무론적 서술은 "허용된다", "금지된다", "명령하다" 등이다. 이들을 가지고 우리는 무엇을 해도 되는지, 해서는 안 되는지, 혹은 해야만 하는지, 즉 무엇을 하는 것이 윤리적으로 가능한지, 불가능한지, 혹은 필수적인지를 표현한다(§ 102 참조). 가치 평가 서술과 의무론적인 서술이 서로 어떤 관계가 있는지는 다시 논의될 것이다(§ 101 참조).

1. 흄의 법칙

흄은 저서 《인간오성론》(*Treatise*)의 자주 인용되는 부분에서(III 1,1) 63
주장하기를, 그에게 알려진 모든 도덕 체계들은 존재(ist, ~이다) 진술에서 예컨대 신의 존재 혹은 인간의 사물을 지나, 곧바로 당위(sollte, ~해야 한다)의 서술 진술로 갔다고 한다. 이 부분의 '해야 한다'라는 것은 새로운 관계를 표현하고 있기에 가장 중요한 의미를 갖는다. 그러므로 저자는 이를 해명해야 한다. 흄 자신은 당위 진술이 이것과는 완전히 다른 존재 진술에서 직접 연원될 수 있다는 것은 생각할 수 없다고 여긴다. 그러므로 우리는 이 논리적 불가능성을 흄의 법칙이라고 부른다. 즉 어떤 평가 혹은 의무 진술도 적어도 하나의 평가 혹은 의무 진술이 포함되지 않은 전제들로부터 유효하게 연역되지 않는다. 흄의 법칙은, 모든 논리적으로 옳은 결론들은 분석적이라는 것에서 파생한다. 하나의 결론은 그것이 논리적 규칙에 따라 전제로부터 연원될 때에야 비로소 논리적으로 옳다. 그러므로 결론은 전제에 이미 명백히 포함하고 있지 않은 어떤 개념도 포함해서는 안 된다. 흄의 법칙을 이런 방식으로 근거 짓는다면, 우리는 한편으로 이미 의무적이고 평가적인 술어와 다른 한편으로 서술하는 술어, 양자 사이에 어떤 분석적인 관련성이 존재하지 않는다는, 달리 말해 의무적이고 평가적인 술어들은 서술적인 술어들을 통해 정의될 수 없다는 결정적인 전제조건을 만들고 있다. 이와 반대로 만약 우리는 이 가능성을 인정한다면 서술적인 전제에서 흄의 법칙과 충돌 없이 평가적이거나 의무론적인 결론으로의 종결은 가능할 것이다. 나는 우선 이 전제조건을 주어진 것으로 살피고, 그러고 나서 흄의 법칙에 대한 반론도 다루려 한다.

'부주의하다'는 평가적 술어라는 것에서 출발하자. 그리고 이제 논쟁 64
의 여지가 없는 전제, 즉 '우리가 오로지 서술적인 술어로 성격을 규명할 수 있는 특정한 태도 양태가 있을 때만, 평가적 술어는 올바르게 사용될 수 있다'를 우선 생각해보자. 이러한 태도 양태를 서술하는 명제는 '부주의하다'라는 표현을 사용하기 위한 기준으로 할 수 있다. 그러한 기준이란 예컨대, 어떤 이가 문을 요란스럽게 닫거나 늦은 밤마다 텔레비전을 크게 틀어놓는다거나 하는 경우이다. 이 두 경우 그 사람이 그 행동으로 다른 사람들을 방해하는지에 대해 물을 필요가 없다. 첫째 반론은 '어떤 이가 이러한 태도로 행동했다'는 서술적인 명제로부터 '그는 부주의하다'는 평가적인 명제를 도출하고 있다고 주장한다. 우리는 서술적인 명제 p를 주장하면서 동시에 평가적인 명제 q를 부정하는 논변을 전개할 수 없다. "이것으로 다음이 도출된다. 그것이 p 문장으로부터 문장 q로의 귀결에 대한 충분조건이어서, p의 주장이 q의 부정과 일치하지 않는다면, 우리는 여기에서 가치 평가적인 결론에 도달 가능하게 하는 비평가적 대전제의 예를 갖게 된다"[Foot 1958(1974, 253면)]. 이 반론을 단순한 예로 소개할 수 있다. '이 칼은 예리하다'는 서술적 명제에서 '이것은 좋은 칼이다'는 평가적 명제를 도출한다. 이 양자의 결론들은 옳다. 그러나 이들은 흄의 법칙에 반하는 반론이 아니다. 양자는 언표되지 않은 평가적인 대전제가 전제되어 있기 때문이다. '이 기준들에 상응하는 행위들은 부주의하다', '날카로운 칼은 좋은 칼이다'가 그것이다. 이것과 구별되는 한 가지 물음은 이 대전제들의 근거에 대한 물음이다. 첫 번째 예에서 우리는 평가적이고 서술적인 요소를 포함하고 있는, '부주의하다'라는 단어를 사용하고 있다고도 생각할 수 있다. 그럼에도 흄의 법칙의 유효성은 그것과 충돌하고 있지 않다.

65__ '부주의하다'와 같은 개념은 버나드 윌리엄스(Bernard Williams, 1985, 129면 이하)에 의해 '구체적인' 도덕 개념(thick moral concepts)으로 표현되고, 이로써 예컨대 '윤리적으로 좋은', '윤리적으로 나쁜', '윤리적

으로 올바른', '윤리적으로 틀린'과 같은, 가치 평가 내리는 구성요소만 내포하는 개념과 구별된다. '구체적인' 개념의 다른 예는 '살인', '사기', '정의', '자비심', '정직' 그리고 모든 다른 덕의 개념들이다. 이들은 윌리엄이 표현하듯(1985, 129면) '사실과 가치의 결합'을 나타내고 그러기에 흄의 법칙에서 전제된, 서술하고 있는 명제와 가치 평가 내지 의무 지우는 명제 사이의 구별에는 배치되는 듯이 보인다. 나는 이 질문을 정의라는 덕의 개념으로 논의해보고자 한다.

정의의 개념은 가치를 평가하는 구성 부분을 포함한다. 덕들은 긍정적으로 평가되는 행위들이다. 서술적인 구성 부분의 일반적이고 막연한 규정은 다음과 같다. 즉 정의는 분배 문제가 중요한 상황에서 사람에게나 행동에 대한 기본 자세이다. 이 서술적인 구성요소는 그러나 다시 평가하는 개념으로 되돌아가지 않고서는 규정될 수 없다. 즉 문제의 재화 분배에 있어 올바르게 분배하는 이는 올바르게 행동한 것이다. 올바른 분배는 어디에 놓여 있는가에 대해서 모든 경우에 들어맞는 서술적인 기준은 결코 없다. 그것은 각각 상이한, 윤리적으로 중요한 상황들에 달려 있다. 이로부터 서술과 평가 사이의 구별은 무효가 된 것이라는 결론에 도달하는가? 정의의 덕이 그에게 기반을 다지고 그 안에서 성취하는 윤리적 개별판단을 관찰해보자. 행위자는 모든 상황들의 숙고 후에 어떻게 문제의 재화, 예컨대 총액을 분배해야 하는지를 결정해야 한다. 이 분배는 서술적인 개념으로, 우리의 예에서는 수치로만 파악된다. 행위를 유발하는 실천적인 개별판단에서는 단지 서술적으로 파악 가능한 사태가 평가된다. 여기에서 서술과 평가는 분명히 구별된다.

존 서얼(John R. Searle)은 누가 무엇을 약속했던 사실로부터 단지 66
'약속하다'라는 단어의 의미 때문에 '당사자는 약속한 것을 이행해야 한다'라는 의무론적인 명제가 추론된다고 주장한다. 약속을 하는 사람은 이를 통해 약속한 것을 행하겠다는 의무를 수용한다는 사실은 '약속한다'라는 단어가 스스로 의미하고 있는 규칙에 속한다고 한다. 이 규칙 때문에 존이 하나의 약속, 즉 의무적인 표명을 했다는 사실 표명은 그가 약속한 것을 이행해야 한다는 것을 내포한다. 서얼은 다음의 단계로 나눈다.

① 존은 표명했다. "자, 나는 스미스 자네에게 5달러를 지불하기로 약속하겠네."

② 존은 스미스에게 5달러를 지불한다고 약속했다.

③ 존은 스미스에게 5달러를 지불할 채무를 수용했다.

④ 존은 스미스에게 5달러를 지불할 채무를 가지고 있다.

⑤ 존은 스미스에게 5달러를 지불해야 한다.

67 문제가 되는 단계는 ③에서 ④로 가는 단계이다. '누가 무엇을 행할 의무를 수용한다'라는 사실에서 어떤 또 다른 전제도 없이 '그는 이것을 이행해야 할 의무가 있다'라고 할 수 있는가? 서얼에게 그것은 "누가 하나의 의무를 수용하면 그는 이 순간에 하나의 의무 아래에 놓이게 된다"라는 동어 반복이다〔1969(1971, 267면)〕. 나는 이 단계가 동어 반복적이 아니라고 본다. 이것은 훨씬 더 '채무' 및 '의무'의 다의성과 관련된다. "존은 X를 행할 채무를 수용한다"는 다음과 같이 해석할 수 있다.

(1) 존은 특정한 형식으로 X를 이행할 의도를 표명한다.

이런 의미에서 이해된 채무는 약속의 개념 안에서 다음과 같이 분석적으로 내포한다. 약속을 한 사람은 그것을 행할 의도를 표명한다. 그러나 여기에서 표명된 의도를 실제적으로 이행해야 하는 윤리적 필연성이 있는지에 대한 물음은 해결되어 있지 않다. 어떤 사람이 자신에게 스스로 의무를 부과한 것을 무엇 때문에 실제적으로도 행해야 하는가? 내가 약속을 이행할 의도를 표명하는 것은 이 의도를 변경시킬 가능성을 배제하는 것이 아니다. ③에서 ④와 ⑤로 진전되는 것은 수용한 채무를 이행해야 할 의무가 있다는 의무론적 전제의 전제하에서 비로소 가능하다. 그 전제는 약속이라는 개념에 내포되어 있지 않다.

(2) 존은 X를 행할, 수용한 채무를 이행해야 할 의무가 성립한다는 의무론적 표명의 유효성을 인정한다. (2)는 그 자체로 어떤 의무론적 표명이 아니지만, 존이 스미스에게 5달러를 지불해야 한다는 채무를 수용했을 경우 이에 대한 의무가 있다는 의무론적 표명을 포괄하고 있다. (2)는 존이 그 유효성을 인정한다고 주장하는 것뿐만 아니라 그 의무론적 표명이 유효하다는 것을 주장하기 때문이다. 만약 ③을 (2)의 의미로 이해한다면 ③에서 ④는 추론된다. 그러나 ③은 ②에서 추론되지는 않는다. 어느 누가 약속을 했다는 사실에서 그 약속은 지켜져야 한다는 의무론적 표명이 추론되지 않기 때문이다.

(3) 존은 X를 행할, 수용한 채무는 이행되어야 한다는 의무가 성립한다고 이해한다. (3)은 어떤 의무론적 표명도 아니기 때문에 (3)의 의미로 이해된다면 ③에서 ④는 추론되지 않는다. 결정적인 비판 입장을 다시 한 번 다른 언어로 다듬는 시도가 행해져야 한다. 약속을 하는 사람은 이를 통해 '약속'이라는 제도의 규칙에 자신을 구속할 의도를 표명하는 것이다. 이 제도가 자신의 기능을 그것 없이는 실행할 수 없는 규칙 중 하나는, 약속은 지켜져야 한다는 것이다. 이것을 고려하면서 이 약속 표명을 체스 게임의 시작과 비교할 수 있다. 여기에서도 선수들은 게임 규칙을 지킬 의도를 표명한다. 그들이 규칙을 지키지 않고서 장기를 둘 수 없다는 것은 논리적으로 당연하다. 그럼에도 게임 규칙은 그것을 엄수해야 하는 이유를 자신 안에 가지고 있지 않다. 게임 규칙을 지켜야 하는 필연성은 장기를 두겠다는 결정으로부터 분석적으로 귀결된다. 그 필연성은 그러나 이 결정의 변경이 생기면 사라진다. 게임 규칙이 이 게임을 중단하는 것을 금지시키지 않는다. 마찬가지로 약속의 규칙은 스스로 약속을 지켜야 한다는 필연성을 근거

짓지는 못한다. 약속의 규칙을 지키겠다는 의도를 표명하지 않고서 약속을 하기란 불가능하다. 그러나 약속의 규칙으로부터 이 규칙을 더는 지키지 않겠다는 것을 금지하고 있다는 사실이 유추되지 않는다. 약속의 규칙은 이를 더는 지키지 않겠다는 결정을 배제하지 않는다. 거기에는 약속의 개념에서 분석적으로 추론되지 않는 하나의 규범이 필요하다. 이 규범이 전제되면 비로소 ④와 ⑤가 발생한다.

2. 자연주의적 오류

68__ 우리가 이미 보았듯이(§ 63 참조) 흄의 법칙은 의무론적 술어와 가치평가 술어는 서술적인 술어를 가지고는 정의될 수 없다는 것을 전제하고 있다. 우리는 이제 이 전제에 집중하기로 한다. 이 전제는 G.E. 무어 이래[3]로 '자연주의적 오류'(naturalistic fallacy)라는 말로 논의되었다. 그렇기 때문에 우선 이 오류가 무어에 따르면 어디에 놓여 있는지 설명해야 한다. 무어는 '쾌락은 좋다', '지성은 좋다'라는 유형의 표현으로부터 시작한다. 이들은 윤리학에 있어서 본질적인 의미를 갖는다. 무엇보다도 앞의 표현은 윤리학의 역사에서 중대한 기능을 했음은 알려진 일이다. 이 표현에서 '좋다'는 술어가 논리적으로 정확하게 사용되었는지에 대한 비판적 질문을 우선 여기에서는 기억만 해두자(§ 82 참조). ('논리적'이라는 단어의 사용에 대한 주석: 논리적으로 옳은 사용은 문법적으로 옳은 사용과 구별되어야 한다. 이 구별은 후기 비트겐슈타인의 심층 문법과 피상적 문법 사이의 구별에 상응한다. 내가 이 단어를 사용하듯 논리의 규칙이란 결론에 이르는 형식 규칙뿐 아니라 심층 문법의 규칙까지 포괄한

3) G.E. Moore, *Principia Ethica*(1903), 이 책의 출판 이후를 말한다.—역주

다.) 무어에 따르면 윤리학에 있어서 이러한 표현들이 분석적인지 혹은 종합적인지 해명하는 것이 중요하다. 이것들이 분석적이라는 이해를 그는 자연주의적 오류로 지칭한다. 무어는 분석적인 표명을 정의(定義)로 이해한다. '자연주의자'들은 그러므로 '쾌락은 좋다'와 같은 명제들을 정의로 간주하고, 무어에 따르면 그것은 정의 개념을 다음과 같이 의미한다. 자연주의자는 '좋은'과 '쾌락적인' 것 양자의 실재 특질들 사이를 구별하지 않는다. 그는 좋음의 실재 특질과 쾌락적임의 실재 특질을 동일하게 놓고, 무어에 따르면 다시금 다음과 같이 말한다. '자연주의자'들의 입장에 따르면 '좋은'이라는 단어는 자기 자신의 어떤 실재 특질도 가리키지 않고, '쾌락적인'이라는 단어와 똑같은 실재 특질을 갖는다. 무어는 '쾌락은 좋다'라는 표현이 진리일 수 있음을 부정하는 것이 아니다. 그의 견해에 따르면 대상, 상태, 특성, 사건의 영역에 의해 '좋은'이라는 술어가 표현되는 참명제들을 발견하는 것이 가장 중요한 윤리학의 과제이다. 그러나 이러한 일반 표명들은 동어반복적이지 않고 종합적이다. 우리가 무어처럼 '자연주의적 오류'라는 표현을 쓰면(그가 가끔 흄의 법칙에 대한 하나의 반대를 지칭하기 위해 사용되는 것과는 다르다), 오류 판단을 말하는 것이 아니라 '좋은'이라는 술어를 가진 일반 명제에서 논리의 그릇된 이해를 말한다. '자연주의자'는 두 가지 의미에서 '무엇이 좋은지?'에 대한 질문으로 그릇되게 이끈다. 이 질문은 술어 '좋은'이 해당되는 대상, 상태, 특질, 사건 등에 대해 물을 수 있는 한편, '좋은'이라는 단어의 의미에 대해 물을 수 있다. 자연주의자는 첫 번째 질문에 대해 답을 주지만 그가 두 번째 질문에 대해 답을 하고 있다고 생각한다. '자연주의적'이라는 무어의 사용은 어떤 해명이 필요하다. 무어는 자연주의적 오류를 범하는 이론들의 세 가지 유형을 구분한다. 구분의 기준은 그를 통해 '좋은'이라고 정의 내리는 성질들이다. '자연주의적 윤리학'에서는 자연주의적 성질

또는 대상 들이 다루어지는데, 여기에서 쾌락은 예외이다. 여기에서 무어는 '자연주의적'을 가지고 자연과학과 심리학의 대상 영역을 지칭한다. '쾌락주의'는 쾌락의 개념을 이용하여 '좋음'을 정의하고, '형이상학적 윤리학'은 초험적 실재를 이용하여 정의한다. 오늘날의 논의에서 '자연주의'와 '자연주의적 이론'은 광의와 협의의 의미에서 사용된다. 광의에서는 자연주의적 오류를 범하는 모든 이론이 해당되고, 협의에서는 단지 무어가 의미하는 '자연주의적 윤리학'이 해당된다.

69 자연주의적 오류에 대한 논의의 의미는 다음과 같다. 많은 도덕 체계는 내용이 가치로 되어 있는 문장으로 운용된다. 그런 가치 문장들은 예컨대 쾌락주의, 혹은 (무어가 자연주의적 이론으로 다루었던) 진화론적 윤리학에서 최상의 도덕법칙이다. 진화론적 윤리학에 따르면 도덕적 행동의 기준은 진화의 과정에서 발생한다〔스펜서의 다윈적 윤리학에 대한 무어의 비판(1903, § 29-34)은 현대의 사회생물학과 진화 윤리학에도 해당한다. 우리가 어떻게 진화되었는지에 대한 서술적인 표명은 우리가 어떻게 행동해야 하는지에 대한 규범적인 물음에 대해서는 답변되지 않는다. Nagel 1979, 10장; Bayertz 1988 참조〕. 자연주의적 오류에 대한 비난은 이 도덕 체계의 주장자들이 그런 문장의 논리적 지위에 대하여 해명을 해야 한다고 다그친다. 즉 그것이 하나의 결정의 표현이나 가치관 혹은 종합적인 명제를 다루고 있는지, 그 지위에 대한 해명을 해야 한다. 무어가 이 문장들의 정당화로서 '좋다'라는 의미를 추구하지 않는 것은 옳다. 정의(定義) 이론에서 정의들은 최상의 도덕법칙들의 기능을 받아들인다. 도덕 술어의 일상 언어적 의미를 번역하려는 선언적 정의는 단지 널리 알려진 가치판단에 대한 출처를 제공할 것이고, 그것의 정당화에 대한 물음은 여전히 해결되어 있지 않다. 언어 사용을 고려하지 않고 규정하는, 서술적인 술어들이 가치 술어로 정의되는 확정적인 정의는 도덕법칙을 자의적으로 확정한다.

물론 이 이의 제기로 정의이론들은 아직도 배격되지 않는다. 가치 70
평가와 의무론적인 명제들이 사실적으로 종합적이라는 것은 아직 거론되지 않았다. 해당 술어들의 의미에 대해 해명되지 않았다. 결국 그러한 종합적 명제가 어떻게 근거 지어질 수 있는지는 열려 있다. 무어의 이 세 가지 질문에 대한 대답에서 출발하는 것은 가치가 있다. 그것이 어떤 동의를 얻을 만하지 않더라도 그곳에서 배울 것이 풍부하기 때문이다.

정의이론에 대한 무어의 논박은 단지 종합적 명제들만이 윤리학의 71
질문에 대한 답을 줄 수 있다고 해석된다(1903, § 11). 정의이론은 윤리적 질문 제기가 빠져 있다. 윤리학은 단어들의 의미에 관해 질문하는 것이 아니라 우리가 어떻게 행위를 해야 하는지를 묻는다. 대부분의 사람들이 특정한 의미로 한 단어를 사용하는 것은 우리가 그에 상응하여 행동해야 할 어떤 근거도 아니다. 동어 반복으로 이해된다면 '쾌락은 좋다'와 같은 문장은 어떤 행동 지침도 주지 않는다. 그에 대해서는, 독자 스스로 쾌락에 대하여 특정한 방식으로 행동하도록 유도하는 종합 명제로 해석되어야만 한다.

여러 번 논의되었던, 해결되지 않은 질문에 대한 무어의 논쟁은 '좋 72
은'이라는 술어를 갖는 명제들은 종합적이라는 제시를 목적으로 삼는다. '좋음'의 정의가 서술하는 술어 E를 통해서 허용되는지는 아래와 같이 검증되어야 한다(1903, § 13). "이것은 E라는 성질을 가졌는데, 그것은 좋은 것인가?"라고 묻는 것이 의미 있는가? 무어에 따르면 그것은 명백히 그렇다고 한다. 그러나 이 질문은 그 정의를 접하게 되면 의미 있지 못하다. 우리가 '좋음'을 정의 내림으로 대신하면 무의미함은 명백하게 된다. 같은 논점은 또한 다음과 같이 정리할 수 있다. 정의를 접하게 되는 경우라면 "이것은 E라는 성질을 가지고 있는데 그것은 좋지 않다"라는 명제는 모순적이지 않다.

73__ 답변되지 않은 질문의 논변은, 드러난 유사성과 숨겨진 유사성 사이의 구별을 간과하고 있다고, 계속해서 반박된다. 무어에 따르면 답변되지 않은 질문은, 우리가 '좋다'는 의미에 관해 제안된 정의와 동일한 것을 의미하지 않다고 이해하는 한, 적어도 명확한 개념을 가지고 있음을 보여준다. 거기에 반해서 질문의 가능성은 다음과 같이 해석된다고 반론은 말한다. 우리는 무엇이 '좋은' 것을 의미하는지 명확한 상을 가지고 있지 않다. 그래서 "E는 우리가 '좋은'이라는 단어로 사실적으로 의미하는 바로 그것인가?", "제안한 정의는 우리가 '좋은'이라는 단어로 의미하는 바로 그것을 충분히 진술하고 있는가?"를 질문한다. 이 답변되지 않은 질문은 정의(definition)를 만날 것이라는 사실을 배제하지 않는다. 그것은 단지 '좋은'과 E 사이의 유사성이 숨겨져 있음을 나타낸다. "유사한 논변의 도움으로, 즉 우리가 물의 화학적 결합을 알지 못하는 이에게 물은 H_2O가 아니라고 **증명**할 수 있을까?"라고 하먼〔1977(1981), 32면〕은 이 반론을 표현한다. 이 사람은 물이 물인지는 답변되지 않은 물음이 아니라는 점에 동의할 것이다. 그러나 이 사람에게는 적어도 물이 H_2O인지는 답변되지 않은 질문이다. 하먼에 의해 제시한 형태에서 그가 서로 다른 언어, 즉 자연적인 용어와 기술적 용어를 사용했기 때문에 반론은 제기되지 않는다. 그에 반해서 무어의 논점은 오로지 자연적인 언어의 차원에서 이루어진다. 무어는 여러 형태의 반론에, 우리는 일상언어의 '좋음'이라는 의미의 직관적 예지를 가지고 있다고 대답할 수 있을 것이다. 우리가 답변되지 않은 물음의 논변에 어떤 중점을 줄 것인지는 특별히 우리가 이 전제를 어떻게 평가할 것인지에 달려 있다. 이 답변되지 않은 질문의 논변은 '좋다'라는 일상언어가 서술의 목적과 다른 어떤 목적에 사용되었음을 더도 덜도 아니게 지시하는 것이다. 그것은 우리가 서술하는 성질로 평가할 수 있다는 것을 의미한다. 이 논변은 또한 비인식주의에 반해서 제기될

수 있음을 알 수 있다. "너는 내가 그렇게 행동하기를 요구한다. 그런데 그것이 실제로 좋은가?" 여기에서 답변되지 않은 질문은 하나의 사실적인 요구와 근거 지을 수 있는 요구 사이의 구별을 지시하고 있다.

3. 직관주의

무어는 '좋음'의 의미에 관한 질문에 대해 어떤 긍정적인 답을 주는 74
가? "무엇이 선(좋은 것)인지 내가 질문을 받으면, 나는 선한 것이 선한 것이라고 답할 것이고 이를 통해 문제는 해결된다. 혹은 누가 나에게 '선이 어떻게 정의될 수 있는가?'라고 묻는다면 나는 그것은 정의될 수 없다. 그리고 더는 그것에 관해 논의될 수 없다고 답한다"(1903, § 6). '좋다'라는 것은 '노랗다'와 같이 단순 개념이다. '노랑'의 의미가 단지 감각에 의해 파악되듯이 '선'의 의미도 단지 정신적인 인식, 즉 하나의 직관을 통해 파악된다. '좋다는 것'이 무엇을 뜻할지는 언어 차원을 벗어난다. 단어는 사유의 한 신비스런 대상을 지칭한다. 무어는 자신의 입장을 철학사에서 계속 볼 수 있는, '직관주의'(Intuitionismus) 혹은 '플라톤주의'(Platonismus)라고 부르는 입장을 견지한다. 이 입장은 무엇보다 20세기의 첫 50년 동안 독일어권의 윤리학에서 중요한 역할을 했다. 소위 질료적인 가치 윤리의 인식론적 토대는 직관적이다. 무어는 직관주의의 전제를 비교적 분명히 파악할 수 있었기 때문에 특별한 주목을 받을 만하다. 그는 언어에 대한 특정한 이해와 맥락을 같이 하고 있음을 드러낼 것이다. 중요한 것은 무엇보다 다음과 같은 테제들이다.

(1) '좋다'(gut)라는 단어는 어떤 것을 위해서 존재하는 이름이다. '좋다'는 것은 어떤 것을 표현하는 역할을 한다. 그것은 화자에게 어떤

것을 보고하는 데 도움을 준다. '좋다'라는 이름은 하나의 성질을 지칭하거나, 무어가 하나의 사물을 위해 중요하고 종합적인 상황에 서술했듯이, "하나의 단순하고 정의를 내릴 수 없는 사유의 대상"(1903, § 15)을 지칭한다. 이 대상이 곧 '좋다'는 이름의 의미이다.

(2) 이 의미이론에서 일반적인 언어를 사용할 때의 단어 사용과 의미 사이의 날카로운 차이가 파생한다. 무어는 단어의 실행이 일반적인 언어 사용으로 '좋다'의 의미에 일치하는지는 부수적인 것으로 간주한다. 단어는 하나의 대상을 위해 존재하기 때문에 자신의 의미는 파악될 수 있어서 대상의 본성은 알려진다(1903, § 8과 10).

(3) '좋다'를 정의 내릴 수 없다는 관점은 무어의 의미 개념에서 나온다. 하나의 의미를 가지는 모든 단어는 하나의 대상을 위해 존재한다. 이 대상은 단순하든지 혹은 합성되어 있든지 한다. 언어 사용을 다시 말하는 것으로 제한되지 않은 정의는 단지 합성된 대상을 가리키는 단어에서만 가능하다. 〔무어는 예로 '말'(horse)을 지적한다.〕 이 단어(말)는 지칭되는 대상의 실재 구성 요소들을(네 다리, 하나의 머리, 심장 등) 헤아릴 수 있다. 그러나 단순한 한 대상만 가리키는 단어로는 정의될 수 없다. 모든 단어는 하나의 대상을 지칭한다. 우리가 단순한 대상을 지칭하는 한 단어의 의미를 다른 단어로 다시 표현하려면, 우리는 두 대상을 혼돈하게 된다. '좋다'는 어떤 합성된 대상을 가리킬 수 없다. 그렇지 않으면 '좋다'의 술어와 함께 분석적인 명제가 가능할 것이기 때문이다. 이 단어는 따라서 정의 내려지지 않는다. 어떤 단어가 하나의 단순한 대상을 가리키면 그것의 의미는 어떤 다른 언어에 의해서도 다시 표현될 수 없다.

75— 여기에서 무어의 이 테제들을 각각 비판하는 것은 가능하지 않다. 그것에 관해서는 특히 프랑케너의 1939년 논문을 참조할 수 있다. 물음을 제기하는 것은 무어의 기초적인 전제, 즉 의미의 개념이다. 이는 우선

적 테제로서, 비트겐슈타인이 "단어의 의미란 언어의 용례이다"라고 말하는 것과는 상반된다〔《철학 연구》(*Philosophischen Untersuchung*) § 43〕. 물론 단어들은 대상들을 지칭하기 위해 사용될 수 있다. 그러나 그로부터, 이것이 가능한 유일한 사용이라는 사실과, 한 단어가 하나의 대상을 지칭한다면 곧 하나의 의미를 갖는다는 사실은 귀결되지 않는다. 의미와 사용의 동일한 취급은 귀결되지 않는다. 그런데 이와 반대로 무어는 사람이 언어 안에 머문다고 하는데 이것은 옳다. 언어 사용은 생활 속 다른 행위와 분리될 수 없는 인간생활의 수행을 말한다. 무어의 의미이론으로는 '좋은'이라는 단어의 의미를 찾아내는, 사고의 신비스런 대상을 요청해야 하는 필연성이 존재한다. 언어의 용례는 의미를 위해 궁극적으로 중요하지 않다는 무어의 테제 또한 취할 만하지 않다. 의미에 도달하기 위해 우리는 일상 언어적인 용례에 훨씬 더 관심을 기울여야 한다.

'좋다'라는 의미에 관한 무어의 견해에 따르면 사물 혹은 성질들이 그 자체로 (단지 수단으로서가 아니라) 좋다는 진술은 근거 지어지지 않는다. '좋다'라는 개념은 정의 내려질 수 없기 때문에 타당성을 검토할 어떤 기준도 파생하지 않는다. 결국 기본적인 가치 진술은 따라서 논증될 수 없다. 윤리학의 기본 원리들은 단지 스스로를 통해서 자명하든지, 진실이든지 한다(1903, § 86).

끝으로 무어와 셸러의 질료적 가치윤리학 사이의 몇 가지 공통점을 76
지적하고자 한다. 셸러는 그의 윤리학(1921) 제2판의 서문에서, 무어는 여러 가지 점에서 그와 유사한 가치 문제들에 관한 관점들을 주장했다고 서술하고 있다. 셸러에 관해 여기에서 짧게 지적하는 것은 자연주의적 오류로 제기한 질문을 더 상론하는 데 도움이 될 것이다. 무어처럼 셸러도 가치 명제는 서술 명제로 환원될 수 없음을 강조한다. "우리가 올바르게 하나의 가치를 표명하려는 곳에서는 가치 영역에 속하지 않는 특징이나 성질로 이 가치를 이해시키려고 하는 것은 충분하지 않다"(1966, 37면). 셸러에게 있어서도 가치 용어들은 사물과 관련되어 있다. 그가 "가치를 위한 이름"(위의 책, 35면)에 관해 말하는 것은 특이하다. 가치들은 "진정한 대상들"(위의 책, 41면) 혹은 "이상적인 객체들"(위의 책, 43면)이다. 셸러는 "모든 감각 인식과 사유와는 완전히 다르고, 가치의 세계로 가는 유일한 가능성을 만드는"(위의 책, 87면) 가치 인식 행위를 특별하게 주장한다. 가치 술어와 서술하는 술어 사이의 구별은 셸러에게 있어서 가치와 사실의 극단적인 분리로 이끈다. 가치는 사물과 사태와는 독립적이다. 셸러의 이원론은, 정의이론의 거부가 필연적으로 가치 인식과 사유, 가치와 존재의 이원론으로 이끄는지에 대한 물음을 제기한다. 가치 평가하는 개념들은 서술적인 개념들에 의해 정의될 수 없다는 테제로부터 가치와 존재의 완전한 분리가 귀결되는가?

77__ 나는 잠정적인 결론과 무엇보다 비인식 이론과 인식론의 토론에서 답변되지 않은 질문을 요약하겠다. 비인식주의 이론에 대한 비판은 가치 평가나 의무론적인 술어를 갖는 문장들은 진술 표명이 있다는 것으로 말할 수 있다. 정의이론(definitionstheorien)의 약점과 답변되지 않은 질문의 논변은 이 진술들이 종합판단적(경험적)이라는 점을 지시한다. 평가적이고 의무론적인 술어들의 의미는 설명되지 않는다. 여기에서 무어의 이해, 즉 하나의 대상을 가리키기 위해서 '좋다'라는 단어가 유용하다는 사실에 의심이 표명된다. 이 명제의 근거에 대한 물음은 답변되어 있지 않다. 서술적 진술이 의무론적, 가치판단적 진술의 근거 지음에 어떤 의미를 가지고 있는가? 무어가 인정하듯이 모든 도덕적 근거 지음은 궁극적으로 직관적 진술로 돌아가고 마는가?

4. 도덕적 실재주의, 내향주의와 외향주의

인식주의는 "도덕 명제는 진리 주장이 제기되는 판단이다"라고 주장 한다. 이로써 두 가지 질문이 제기되는데 (1) 진리 주장은 해결될 수 있는가? (2) 어떤 기준을 가지고 우리는 하나의 도덕 명제가 참인지 거짓인지를 주장할 수 있을까? 즉 하나의 도덕 진술이 참이라고 하면 충족되어야만 하는 조건들은 무엇인가? 첫째 주장에 대해 자신의 이론을 '오류이론'(error theory, 1977, 35면)으로 표현한 매키(J. L. Mackie)는 이를 부정했다. 대부분의 사람들이 도덕적 진술을 가지고 제기하는 진리 주장은 어떤 경우에도 해결될 수 없다. 그것은 옳지 않게 제기된다(§ 23 참조). 둘째 질문에 대해서는 도덕적 명제에 대해 여러 진리 조건을 생각해볼 수 있다. 담론윤리학에서 진리 주장은 규범의 유효성에 대해 합의가 이루어지면 해소된다(§ 192 참조). 도덕 진술의 진리를 주장하기 위해서 우리는 실재에 문의해야 한다고 도덕적 실재주의는 주장한다. 그것에 관해 진술된 도덕적 성질이 사태나 행동들에 사실적으로 부합되면, 도덕적 명제는 참이 된다. 우리의 도덕적 진술을 진리로 만드는 것은 세계의 사실이다. 하나의 도덕 명제가 참인지 거짓인지는 오로지 우리와 우리들의 견해와는 독립적인 실재를 통해 규정된다. 도덕적 성질들은 '세계 가구'(furniture of the World; McNaughton 1988, 7면)의 부분이다. 78

이 실재적인 도덕 성질들을 어떻게 생각해야 하는지에 관해서는 다시 여러 종류의 제안들이 있다. 무어에 따르면 우리가 보았듯이, 정신적 인지에 의해 파악되는 비자연적 성질, 스스로 발생된 것(sui generis)이 중요하다. 존 맥도웰(John McDowell, 1985)은 가치와 이차적인 감관 성질 사이의 유비를 주장한다. 시감각(視感覺)이 없으면 어떤 색깔도 없다. 이런 의미에서 색은 인식과 무관한 물 자체에 있는 것으로부터 79

오는 성질이 아니다. 그럼에도 감각 인식자들과는 무관하게, 그들에게 색 인식을 일으키는 사물을 통해 규정된다. 두려워할 수 있는 존재가 있을 때 두려운 사건들도 존재한다. 그럼에도 두려움을 일으키는지 혹은 그렇지 않은지는 사건들에 달려 있다. 사건에서 두려움을 일으키는 성질들은 두려워하는 사람과 무관한 사실의 성질들이다. 마크 플랫츠(Mark Platts, 1979)는 다음과 같은 비유를 든다. 하얀 종이 위의 검은 점들을 예로 설명한다. 하얀 종이 위의 검은 점들은 질서를 이루어 한 얼굴을 표현한다. 우리는 점들의 질서를 다른 관점에서도 볼 수 있고, 또한 각 개별 점들의 위치를 하나의 합동 체계 안에서 표시하는 방식으로 서술할 수도 있다. 우리가 하나의 얼굴을 볼 수 있는지 아닌지는, 하나의 합동 체계의 도움을 가지고 서술하는 점들의 질서를 통해서 확정된다. 점들이 이와 다르게 질서를 이루고 있으면 우리는 어떤 얼굴도 볼 수 없다. 거기에 상응해서 모든 비도덕적 사실이 고정되면 모든 도덕적 사실도 고정된다. 도덕적 사실은 비도덕적 사실이 변하지 않는 한 변하지 않을 것이다. 그럼에도 우리는 도덕적 사실을 비도덕적 사실로부터 규명할 수 없다. 우리가 모든 비도덕적 사실을 알 수 있다 하더라도 도덕적 사실은 여전히 완전히 무지 상태에 있을 수 있다. 합동 체계의 도움으로 점들을 수학적으로 서술하는 것으로부터 이 점들이 하나의 얼굴을 가지고 있음이 도출되지 않는다. 이것을 위해 다른 개념과 시각이 필요하다.

80 실재론은 자연주의적이든지 비자연주의적이든지 한다. 예컨대 무어는 비자연주의적 실재주의를 주장한다. 자연주의적 이론은 도덕적 성질과 자연적이고 서술적인 성질을 동일시하든지 전자를 후자로 축소한다. 예컨대 공리주의자(utilitarist)의 "도덕적으로 좋다"라는 말은 사람들의 이익에 쓸모 있는 것으로 정의된다. 하나의 행위가 사람들의 이익에 쓸모 있다는 사실은 하나의 도덕적 사실이다. '좋다'라는 말은 이런

경우 하나의 관계를 가리킨다. 이익이 스스로 경험적으로 확정되도록 한다면 이익에 대한 하나의 행위 관계는 경험적 사태이고 윤리적 질은 경험적인 관찰행위로 다가갈 수 있다.

자연주의적 실재론은 도덕 명제가 객관성을 주장하는 것을 설명할 81
수 있을까? 할 수 없다. 도덕 명제는 규범적 성격을 갖는다. 그것은 올바른 결정과 올바른 행위에 대한 물음에 답변하려 한다. 단지 서술적일 뿐인 표명은 이 과제를 만족시키지 못한다. 내가 하나의 사실을 주장한다는 사실만으로부터는 나의 행위에 대해 어떤 것도 연유되지 못한다. 만약 'X는 좋다'라는 의미는 X가 A라는 사람의 관심에 들어서라고 한다면, 다음과 같은 질문이 남는다. A에게 관심 있는 것을 왜 나는 행해야 하는가? 자연주의적 실재주의자는 도덕 명제의 규범적 성격을 정당화할 수 없다.

이 문제 제기에 그는 내향주의와 외향주의의 차이를 통해 답변한다. 이 대립의 대상은 근거와 동기 사이의 관계이다. 하나의 도덕 판단이 근거 지어져 있다는 사실을 통해서 그것에 상응하여 행위해야 할 동기가 이미 주어졌는가? 내향주의는 이 물음에 그렇다고 대답한다. 만약에 누가 도덕적 판단의 진리에 대해 확신한다면 그는 그를 통해 그것에 상응하여 행위하도록 동기화되었다. "동기는 어떻게 해서라도 도덕적 의무 판단으로 '발전된다'"(Frankena 1958, 50면). 외향주의는 도덕적 의무 판단과 동기는 서로 분리되어 있다고 주장한다. 도덕적 판단은 그 자체로 동기화되지 않고 판단을 따르도록 동기를 부여하는 외부의 동기, 부가적이고 심리적인 처벌이 필요하다(§ 287도 함께 참조).

자연주의적 실재론에서 '도덕적'인 사실에 관한 언급이 무엇을 뜻하는지, 그리고 도덕 실재론의 이와 같은 형태는 비인식주의적 감정주의와 어떻게 구별되는지 이해하기 어렵다. 도덕 실재론자에게 도덕적 실재는 사실들, 더 정확히 말해서 그 자체로는 어떤 행위 이유도 설명하지 않는 관계 안에 존재한다. 사실들은 똑같은 이유로 감정주의자에게도 도덕적으로 중요하다. 인식주의가 해소해야 할 과제는 규범적 명제의 객관성을 설명하는 데 있다. 하나의 고리사슬이 너무 강하여 마치 가장 약한 부분과 같다. 도덕 실재론에서 도덕적인 사실들은 행위자의 관심을 통해서 비로소 규범적 성격을 얻는다. 이로써 규범성은 결국 비인식주의의 감성주의, 결단주의 들과 다를 바 없이, 주관적인 가치관, 갈망 혹은 본성적으로 주어진 관심과 욕구의 일로 치부되며, 특정한 관계의 성격화는 도덕적 사실로서 단순히 말뿐인 거짓 해소가 된다. 비자연주의적 실재주의와 논의하기 위해서는 우선 '좋다'라는 의미를 설명해야 한다.

| 참고문헌 |

Foot, 1958

Searle, 1964; 1969, 8장

Hudson, 1969

Mackie, 1977, 3장(1)

Hoerster, 1969

Stuhlmann-Laeisz, 1986

Dancy, 1966

Frankena, 1939; 1963〔1981, 117–124면〕

Brandt, 1959, 7장

Frankena, 1939

Strawson, 1949

Kerner, 1966, 1장

Warnock, G.J. 1967, 2장

Warnock, M. 1966, 2장(3)

Falk, 1948

Frankena, 1958

Nagel, 1970, 2장(2)

Williams, 1984, 8장

Sayre-McCord, 1988, 1–23면

Brink, 1989

Schaber, 1997

4장 — '좋다'(선)의 의미

82 우리가 가치 평가적이고 의무론적인 명제를 분석하고 이 술어들의 의미를 설명하기를 원한다면, 이 명제의 논리적으로 올바른 형태에 대해 물음을 제기해야 한다. 무어는 너무 단순하고 또한 우리가 보게 되겠지만 틀린 모델을 생각했다. 예컨대 그는 가치 명제가 색에 관한 술어를 가진 명제처럼 단순한 서술적인 명제라고 생각했다. 우리가 "이 꽃은 노랗다"라고 말할 수 있는 것처럼 "쾌락은 좋다", "이 톱은 좋다"라고 말할 수 있다고 그는 생각한다. 예를 들어 "생명은 선이다"와 같이 명사적 술어로서의 용례와 "그는 그 소나타를 잘 연주했다"와 같이 부사적 용례를, "이것은 좋은 톱이다"와 같이 수식적 형용사의 용례를 문법적으로 구별할 수 있다. 의미 분석은 따라서 단순히 '좋다'(gut)에서 출발할 것이 아니라 여러 상이한 용법들에 주의를 집중해야 한다. 나는 도덕 밖의 가치 명제를, 그것도 수식적인 형용사로서의 용례와 명사적 용례를 우선 다룬다. 이 숙고의 과정으로 이것 역시 윤리학에 있어서 중요한 의미를 갖는다는 것이 드러난다.

1. 형용사적 용례

피터 기치(Peter Geach)는 형용사 '좋은'의 논리적 성질을 아래와 같 83
이 지적한다. 그는 수식 형용사와 서술 형용사를 구별한다. '좋은'은 수식 형용사이다. 이 구별은 무엇을 말하는가? 이 구별에서 가치 명제에 관한 근거 짓기를 위해 무엇이 도출되는가? 우선 하나의 술어 형용사의 예를 관찰해보자. "이것은 갈색의 책상이다." 이 명제는 두 개의 주장, 즉 "이것은 책상이다"와 "이것은 갈색이다"의 결합으로써 표현된다. 두 개의 주장은 서로로부터 독립적으로 증명될 수 있다. 색맹인 사람은 문제가 되는 것이 책상이라는 것을 알 수 있다. 먼발치에서 우리는 그것이 책상이라는 것을 인식하지 못하고서 갈색 객체가 서 있다고 인식할 수 있다. "책상은 일종의 가구다"라는 전제의 도움을 받아 우리는 "이것은 갈색 책상이다"라는 명제에서 "이것은 갈색 가구이다"를 추론할 수 있다. 수식 형용사에서는 이러한 가능성이 주어지지 않는다. "스미스 씨는 좋은 의사이다, 의사는 사람이다, 따라서 스미스 씨는 좋은 사람이다"라는 결론은 가능하지 않다. "스미스 씨는 좋은 의사이다"는 "스미스 씨는 의사이다"와 "스미스 씨는 좋다"로 분석되지 않는다. "스미스 씨는 좋다"는 완성되지도 확정된 것도 아니다. 그 명제는 그것의 진리를 검증하기 위해 어떤 기준도 암시하고 있지 않다. 그것은 우리가 "스미스 씨는 좋은 테니스 선수이다" 혹은 '좋은 가장' 혹은 '좋은 의사'라고 보충할 때 비로소 가능하다. 좋은 테니스 선수이기 위한 기준은 좋은 가장, 혹은 좋은 의사를 위한 것과는 다르다. 형용사 '좋다'는 홀로 문법적으로 결코 술어일 수 없음을 무어는 오해한 채 출발한 것이다. "이 테니스 선수는 좋다" 혹은 "이 피아니스트는 좋다"와 같은 문장은 올바르게 표현한 것이 아니다. 논리적으로 바른 표현은 "이 사람은 좋은 테니스 선수이다", "이 사람은 좋은 피아니스트이다"

가 된다. "페니실린은 좋다"라는 문장은 불완전하다. 완전한 표현은 "페니실린은 좋은 항생제이다"이다.

84 '좋다'의 의미, 근거 지음의 문제, 그리고 가치 평가적인 술어와 서술적인 술어 사이의 관계를 위해서 행한 이 논리의 관찰에서 무엇이 도출되는가? 나는 우선, 수식적인 용례에서 '좋다'는 두 개의 관계 항(Termini) 사이의 하나의 관계(Relation)를 표현하고 있다는, 매우 일반적인 명제를 제안하고자 한다. 하나의 항은 구체적 대상, 혹은 대상들의 하나의 유(類, Klasse)이고 다른 항은 하나의 의지 표명(Fiat)이다. 이 테제를 이해하기 위해서는 피아트(Fiat)의 개념이 설명되어야만 한다(Kenny 1975, 38면 이하 참조). 피아트는 규범적인 문장을 통해서 표현된다. 규범적인 문장의 반대 개념은 서술적 문장이다. 서술적 문장은 무엇이 그 경우인지를 말하지만, 규범적인 문장은 무엇이 이 단어의 가장 넓은 의미에서 그 경우여야 하는지(soll) 혹은 경우이기를 바라는지(möge)를 말한다. 문장이 관계하고 있는 사태가 성취되어 있지 않음을 전제로 우리가 한번 출발한다면, 구별되는 관점은 더욱 명확해진다. 이 경우에 우리는 두 가지 가능성을 생각할 수 있다. ① 우리는 이 문장에 책임을 돌리고 이 문장은 사실에 부합되지 않는다고 주장한다. 즉 이 문장은 틀렸고, 따라서 바뀌어야 할 것은 이 문장이다. 이 경우에 서술적인 문장이 다루어진다. ② 우리는 사실에 책임을 돌리고 사실이 문장에 부합되지 않는다고 주장한다. 따라서 바뀌어야 할 것은 사실이다. 이 경우에는 의지 표명이 표현되어 있는 규범적 명제가 다루어진다. 이 성격 규정은, '의지 표명'의 개념이 더 포괄적인 개념이라는 것을 나타낸다. 한 의지 표명은 가장 포괄적인 의미로 하나의 사태가 실현되기를 요구하거나 갈망한다. 이 피아트 개념은 이 요구가 근거 지음의 주장을 제기하는지 그렇지 않는지에 관해서 어떤 것도 말하지 않는다. 소망, 갈망, 요구, 청원, 목적, 목표, 의도, 의무론적 표명

등이 이 개념에 해당된다. 따라서 이 명제에 따르면, 어떤 것이 좋다는 것은 하나의 피아트에 상응하거나 하나의 피아트를 실현시키기에 적합하다는 것이다. 따라서 항상 어떤 것(개별적인 것 혹은 사물들의 유)이 어떤 것(Fiat)과 관련해서 좋은 것이다. 이를 통해서 모든 가치판단은 "저런 피아트가 전제되어 있으면 이것은 좋다"라는 식으로 가설적이지 않겠는가? 그렇다면 수식적인 용법의 '좋다'를 가지는 범주적 명제는 가능할까? 이로써 전체 근거 지음의 문제가 단지 연기되어 가치판단에서 항상 전제되어 있는 의지 표명이 평가될 수 있는지, 그리고 어떻게 그것이 그렇게 될 것인지를 물어야만 한다고 되지 않겠는가? 만약 피아트가 단지 주관적인 기분이나 결단의 일이라면 모든 가치판단은 그것의 가설적인 성격을 통해서 중계되고, 주관적인 요소를 갖게 된다. 어떤 것이 좋다는 조건은 주관적이다.

'좋은'은 수식적 형용사라는 기치의 관찰에 대한 의미가 여기에 있 85
다. 수식적인 '좋은'의 용례는, 최소한 가치 표명에 관한 하나의 유가 있고, 거기에는 두 개의 관계 항이 지칭된다는 결론을 갖는다. 그것은 기능적인 술어를 가진 가치 명제이다. 기능적 술어란 하나의 목표, 혹은 그를 위해 그것에 놓인 대상들과 인격들이 그렇게 존재하는 목적을 포함하고 있는 그런 것이다. 기능적인 술어들을 위해 다음은 유효하다. 기능적인 술어가 만나는 모든 대상은 하나의 과제를 가진다. 예를 든다면 직업의 표시와 도구의 지칭 혹은 가구 혹은 교통 수단 등 그 밖의 기술적 사실들이다.

이 관계들을 단순한 예, "이것은 좋은 칼이다"를 들어 명확하게 해 86
보자. '이것'은 하나의 관계의 항이고, 평가되는 대상, 즉 개별적 칼을 가리킨다. '칼'은 기능적인(자르기 위한 것으로) 술어이고 그 자체로 관계의 두 번째 항이다. 술어 '좋은'은 평가된 대상이 '칼'이라는 술어에서 지적하고 있는 기능을 성취할 수 있도록 되어 있음을 말한다. 이 표명의 근거로서 우리는 이 칼이 기능성에 맞게 만들어져 있는 특징들, 예컨대 그것의 예리함, 형태, 재질의 특징 등에 이끌린다. 우리는 이를 통해 정의이론을 주장하지 않고, 자연주의적 오류로 가지 않게 되었는가? 그렇다면 앞에서 언급한 분석에 따르면 "이것은 좋은 칼이다"라는 명제와 "이 칼은 날카롭다"라는 명제 사이의 차이는 어디에 있을까? 우선 주장할 수 있는 것은 가치 평가를 하는 명제로부터 서술하는 명제로 귀결될 수 있다는 것이다. 그러나 이것으로부터 가치 평가하는 술어와 서술하는 술어가 같은 것을 의미한다는 것이 추론되지 않는다. 결론은 하나의 의지 표명(Fiat), 칼의 목적의 전제하에서만 가능하기 때문이다. 가치 평가 하는 명제가 서술하는 명제를 통해 근거 지어질 수 있다는 말은 이 양자의 명제는 의미가 같다는 것을 뜻하지 않는다. 가치 평가의 주장은 그 서술적인 술어가 대상에 합당하다고 단순히 말하는 것이 아니고, 그 대상이 서술하는 성질 때문에 하나의 피아트에 상응한다는 것을 말한다. '좋은'을 통해 표명되는 관계에는 하나의 항이 규범적이라는 것이 특징이다.

87__ 이 단순한 예를 가지고 가치와 존재의 관계를 숙고해보도록 하자. 무어와 셸러의 이원론은 타당한가? 하나의 칼의 가치와 선성(善性)은 그것이 기능적으로 자격을 이루는 특질 이외의 어떤 다른 것에 기인하지 않는다. 이 특징에 해당되는 어떤 것은 어떤 신비스런 것이 아니다. 기능적인 대상의 가치에 대한 물음에 대해 우리는 서술적인 술어를 가지고 대답한다.

88__ 나는 이 조잡한 분석을 두 가지 숙고를 통해서 보충하고 세분화한다. 첫째는 선과 선택의 개념이 어떻게 서로 관계하는지를 묻는다. 이 토론은 누구보다 헤어를 통해 제기되었다. 헤어에 의하면 '좋다'라는 단어의 첫째 기능은 어떤 것을 추천하는 것이다. 추천하는 것은 선택의 행위를 실행하도록 돕는다. 모든 가치 평가는 궁극적으로 선택 행

위에 대한 직접적인, 혹은 먼 관계 안에 존재한다. 가치판단은 서술적인 판단에 의해 근거 지어지는데 여기에서 화자는 하나의 대상에게 술어 '좋다'를 승인하는 성질을 제공한다. 헤어의 테제에서 장점은 정의 이론에 반대하는 좋은 논거를 명백히 제시하고 있다는 점이다. 가치 단어들은 추천의 기능을 가지고 있다. 그리고 이 기능은 이 기능을 가지지 않은 단어들에 의해 정의될 수 없다. 이를 통해 언어로부터 이 기능을 실행할 가능성을 얻기 때문이다. 이 테제의 단점은 우선 가치와 서술 사이의 관계에 대한 헤어의 이해에 있다. 무엇이 화자로 하여금 이 특정한 성질을 그의 추천 근거로 유도하는 것을 정당화하는가? 예컨대 자동차의 추천에서 그는 왜 속도에 근거를 대는가? 헤어는 이 질문에서 결단주의적 입장을 피력한다는 인상을 갖게 한다. 평가 기준은 화자의 결정에 기인한다. 화자는 자신에 의해 선택한 기준 혹은 법칙에 따라 대상을 추천한다. 둘째, 비판적 질문은 '좋다'가 문법적으로 상이한 여러 종류의 문장 안에 있는, 그것이 가능한 모든 용도들에서 추천과의 관계를 가지는가이다. 헤어의 분석이 예컨대 "얀 울리히가 좋은 사이클 프로 선수라면 그는 프랑스 투어에서 10위 이내에 들 것이다"라는 문장에 해당하는가?

이 질문은 더 이상 추구되지 않는다. 검증해야 하는 것은 그보다 더 89
유사한 반대가 우리의 분석에도 반하여 제기될 수 있는지에 대한 것이다. 우리의 분석에 따르면 '좋다'와 '선택하다' 사이의 관계는 어떻게 설정되는가? '좋다'는 무엇을 추천하는 기능을 가지지 않는다. 그것은 그보다 추천 혹은 선택의 근거 지음에 쓰인다. 우리가 그것을 추천하거나 선택했기에 어떤 것이 좋은 것이 아니라 그것이 좋기 때문에 우리는 추천하거나 선택한다. "X가 좋다"는 것은 "X를 선택할 근거가 있다"라는 것을 의미한다. 기능적인 가치판단에서 근거는 그 대상을 목적에 합당하게 만드는 성질들에 놓여 있다. 그러나 근거로 유효한 것이 다시 화자의 소망, 의도 혹은 목적에 달려 있지 않는가? 관계에서의 하나의 항은 피아트이어야 함은 긍정해야 한다고 주장된다. 그렇게 되면 모든 가치 평가는 주관적인 요소를 포함하고, '좋다'의 용례는 항상 화자의 피아트를 표현하는 데 쓰인다. 이로써 헤어의 경우처럼 '좋다'의 모든 적용이 설명될 수 있는지 물음을 제기할 수 있다. '좋은 범죄자' 혹은 '좋은 독약'과 같은 용례는 필연적으로 화자의 갈망 혹은 의도와의 관련성을 표현하고 있는가? 기능적인 가치 표명의 분석은 두 가지의 극단을 피해야만 한다. 첫째로 가치 표명은 오로지 원인과 효과 사이의 관계에 대한 표명만이 아니다. "페니실린은 좋은 항생제다"는 "페니실린은 일정한 범위에서 특정한 미생물을 박멸한다"라는 것만을 말하는 것이 아니다. 또 다른 극단이란 모든 가치판단은 화자의 의지 표명(Fiat)을 표현한다고 보는 것이다. 어떤 감염병에도 안전한 사람이 있다고 가정한다면, 그 사람이라도 페니실린은 좋은 항생제라고 판단해야 한다. 기능적인 가치판단은 본질적으로 평가된 대상이 야기할 수 있는 효과는 가능한 의지 표명이고, 다시 말해 그 대상이 쓰일 수 있는 어떤 피아트를 생각할 수 있음은 분명하지만 이 피아트는 단지 판단자의 피아트일 필요는 전혀 없다. 건강하고 싶은 환자가 있기 때문에 "페니실린은 좋은 항생제이다"는 하나의 자연과학적인 표명 이상이다. 누가 독약을 가지고 스스로 생명을 끊거나 타인을 죽이는 일을 생각할 수 있다. 따라서 우리는 좋은 독약에 대해 말할 수 있다. A는 좋은 범죄자라는 주장은 그가 범죄자로서 그의 목적을 높은 수준에서 도달할 능력이 있다는 것을 말한다.

90 두 번째 숙고는 다음과 같이 알기 쉬운 이의 제기로 구성된다. 가치 평가의 기준에 대한 근거 요소 혹은 최소 요소는 기능적인 술어에 기인한다는 것은 누구도 인정한다. 중환자가 여러 차례 요청했음에도 왕진을 하지 않고 계속 잘못된 약을 처방한 의사를 아무도 좋은 의사라

고 부르지 않는다. 그러나 그것 외에 자의적인 기준들을 위한 여지가 있어서 객관적인 가치 표명이 화제가 될 수 없는 상황도 있다고 이의를 제기할 수는 있다. 어떤 이에게는 친절이나 편안한 진찰 그리고 특별한 기분 등이 어떤 의사를 평가하는 데 중요한 작용을 한다. 또 다른 이에게는 처치실의 최고의 위생 상태 혹은 보수적인 약 처방이 중요하다. 자동차의 경우는 아주 많은 영역의 평가 기준이 있고, 그 범위 안에서 각각의 고객은 가속 장치, 최고 속도, 연료 사용, 트렁크의 크기, 내부 장치 등을 고려한다. 이 이의 제기에 우선 동의해야 하는 점은 판단자가 이러한 개별적인 피아트를 고려해야 한다는 사실이다. 우리는 시각적으로 말하자면, 기능적인 가치판단을 할 때 핵심 부분과 변두리 부분 사이를 구별할 수 있다. 가치판단은 기능적인 술어의 최소 기준에서 기인하는 범주적인 핵심을 가지고 있다. 그것은 특히 부정적인 판단에서 분명하다. 이 X는 전혀 좋은 X가 아니라고 우리가 범주적으로 판단할 수 있는 경우들이 있다. 사용자의 개별적인 피아트들은 가설적인 변두리 부분의 조건들이다. 그것은 '좋은'의 비교급의 용례에서 특히 분명하다. "이 관점이 너에게 의미가 있다면, 이것은 더 좋은 X이다. 저 관점이라면 저 X이다." 가설적인 변두리 부분으로부터 보자면 기능적인 가치판단은 특히 비교급 형태에서는 그 밖의 것이 같은 조건이라면,이라는 절을 갖춘 것이 된다. 이 F가 저 F보다 더 좋다는 것은 특정한 관점의 조건하에서 유효하다. 새로운 관점이 거기에 덧붙여지면 판단은 검토되어야 한다. 기능적인 단어가 특수하면 할수록 핵심 영역은 변두리 영역을 희생하며 더욱 확대되어 간다. 좋은 신발에게는 기준들에 관해 하나의 작은 근거 요소가 있다. 좋은 조깅화 혹은 좋은 암벽 등반용 등산화에게는 매우 포괄적인 근거 요소가 있다. 이의 제기는 그럼에도, 핵심 영역 밖의 기준들이 자의적으로 정해진다고 주장하는 한 오류가 있다. 변두리 주변의 기준들은 전체적으로 보아 평가된 대상의 기능과 관련하여 좁고 넓은 관련성 안에 있다. 이로써 기능과 상관없는 관점들 역시 선택에 있어서 역할을 할 수 있다는 점은 논란의 여지가 없다. 나는 이 자전거의 본체 번호가 나의 생일과 같기 때문에 이 특정한 자전거를 산다. 그러나 그러한 관점들이 좋은 X가 문제 되었을 때, 주장의 근거로서 제기될 수 없다는 점은 확실하다.

91__ 여기에서 '좋은'이 비기능적인 술어의 서술로서 쓰이는 경우, 예컨대 '좋은 포도주', '좋은 소설' '좋은 날씨'를 보충하기로 한다. 그러한 가치판단을 위한 보편 타당한 기준들이 있는지에 대한 물음은 논의되지 않았다. 특정한 유의 대상들은 그런 판단에서 상이한 고려하에 평가될 수 있다는 점만 언급한다. 예컨대 "X는 좋은 소설이다"는 문체로 보아, 심리학적으로, 교육적으로, 윤리적으로 가치와 연관 지을 수 있다. 여기에서 중요한 것은 비기능적 술어에 있어서도 평가 기준들은 완전히 자의적으로는 선택될 수 없다는 점이다. 여기에서도 술어들과 가치 기준들 사이에 어떤 관계가 있다. 표지의 색상이 'X는 좋은 소설'이라는 주장의 근거로, 병의 형태가 "X는 좋은 포도주"라는 주장의 근거로 제안될 수 없다. 모든 평가의 필연적인 전제는 그 자체로서 피아트들을 성취하기에 특별한 능력이라는 사실에서 그 관계는 기인한다. 하나의 사물은 그것이 특정한 피아트를 얼마만큼 성취하느냐에 따라서 평가된다. 가치의 기준은 피아트들에서 기인한다. 하나의 사물이 어떤 피아트를 성취할 수 있는지는 다시 그것의 본질에 의해 규정된다.

2. 명사적 용례

92__ 도덕 밖의 형용사적 용법 '좋다'에 관한 상술은 필연적으로 분석의

첫 단계로서 가치 술어들과 그것의 서술적 술어와의 관계에 관한 것이었다. 이로써 윤리학의 질문들은 준비된 셈이다. 어떻게 도덕적 용법은 도덕 밖의 용법과 구별되는가? 도덕에서 가치 평가의 기준들은 어떻게 얻어지게 되는가? "X는 좋은 사람이다", "X는 좋은 의도를 추구한다"와 같은 판단들은 어떻게 근거 지어질까? 여기에서 '좋은'과 연결된 술어들로부터 가치 평가의 기준들이 파생하는가? 우선 명사적 용법, 즉 하나의 선과 선들에 주의를 기울여보자. 여기에서는 윤리학과의 관계가 직접적이다. 우리가 보게 되겠지만(§ 292-294 참조), 도덕적인 가치 평가는 선들의 식별과 선들의 질서와 같은 개념들을 포기할 수 없다. 그것들은 선의 개념을 전제로 한다.

우리는 '좋은(선한)'을 "인생은 선이다", "건강은 선이다", "쾌락은 선이다"와 같은 판단에서 명사적으로 사용한다. 이 용례에서 '선한'이란 무엇을 의미하는가? 그러한 판단은 어떻게 근거 지어질 수 있는가? 나는 우선 몇 가지 반대되는 반대 문장들을 언급한다.

- 건강하다—앓고 있다
- 볼 수 있다—맹인이다
- 들을 수 있다—귀머거리이다
- 진리를 인식하다—오류에 빠져 있다
- 이성을 사용할 수 있다—돌았다
- 자신의 피아트를 실행할 능력이 있다—그 능력을 가지고 있지 않다

우리가 매번 양자택일 상황에서 둘 중 하나를 선택해야 하는 상황에 처해 있다고 가정해보자. 우리는 이 쌍들을 독립적으로 보아야 하는 것이 중요하다. 각각 이 두 개의 가능성만을 선택하도록 주어져 있다. 다른 관점들이 결코 개입되어서는 안 된다. 우리가 다른 것이 같은 조건이라면 매번 두 개의 가능성 중 무엇을 선호할 것인가가 질문이다. 답은 자명하다. 우리는 매번 첫 번째 가능성을 선택한다.

93 우리는 계속 물음을 제기해야 한다: 우리는 단지 경향성, 본능, 습관, 관습 때문에, 혹은 첫 번째의 가능성만이 우월하기에 그리고 이 결정만이 옳기에 이런 방식으로 결정하는가? 달리 결정한 어떤 이를 우리는 어떻게 판단할 것인가? 누가 이러저러하게 결정했다, 그것은 각자의 임의대로 맡겨진 것이라고 말할 것인가, 혹은 두 번째 가능성에 결정하는 것은 잘못이라고 판단할 수 있는가? 어느 누가 다른 것이 같은 조건이라면 이성적으로 사는 것보다 차라리 돌아버리고 싶다는 것을 한번 받아들여보자. 그것은 임의의 일이다,라거나 모차르트나 바그너를 더 좋아하는 것처럼 취미적인 일이라고 말할 수는 없다. 우리는 그보다도 그는 잘못 선택한다고 판단하고, 그를 병들거나 혹은 미친 사람으로 여긴다. 다른 것들이 같은 조건이라면 정상적인 이성을 가지고 살기보다 차라리 미치기를 원하는 사람은 벌써 미친 상태이다. 따라서 우리는 그 하나의 결정을 올바른 것으로, 다른 하나를 틀린 것으로 표현한다.

94 따라서 명사적 용법으로 쓰이는 '좋은'은 특정한 조건에서 실행된 선택을 옳게 혹은 정당화된 것으로 판단하는 데 쓰인다. 그러나 어떤 권한으로 우리는 그렇게 판단하는가? "X는 선이다"라는 판단 유형은 어떻게 근거 지어지는가? 왜 위에 서술된 상황에서 각각 첫 번째 가능성을 결정한 사람만이 올바르게 선택하는 것인가? 나는 하나의 대답에 있어 두 가지의 가능성을 해석하고자 한다.

95 위에서 서술된 방식으로 선택하는 것이 옳다는 것은 최종적인 실천적 판단인데, 우리는 이에 따라 지속적으로 행위하며 그것은 인간의 전 생애와 공동생활의 기초이기도 하다. 이 명제에 대한 동의가 실천적 이성의 기준이다. 우리는 이 명제를 진실이라고 여기지 않는 사람에게는 실천적 판단력이 없다고 할 것이다. 우리는 서술된 방식으로 선택하고 이 선택이 옳은지 의심하는 사람을 상상해보자. 그는 두 팔

을 가지고 있다거나, 그는 어제 이미 살았다는 사실을 의심하는 사람과 비교할 수 있다. 우리는 예로 든 가치 표명들이 진실이라는 것을 안다. 이 앎은 더 이상 근거 지을 수 없고 그럴 필요도 없다. 그것은 어떤 이성적인 실천적 담론에서 물음이 제기되지 않고, 그 자체로 모든 실천적 근거 지음의 최종 심급으로 간주된다. 그것은 내가 내 자신의 인식을 통해 가지는 지식과 비교될 수 있다. 스스로 더 이상 근거 지어질 수 없는 이런 지식 없이는 경험적인 판단의 어떤 근거도 가능하지 않다. 이런 방식은 여기에서 더 이상 논의되지 않는다. 이 방식이 그것으로부터 보호되어야 할, 알기 쉬운 이의 제기는 근본주의이다. 그러한 근본주의적 가치판단이 존재한다는 것은 논쟁할 수가 없을 것이다. 그러나 그것을 관습, 선재 판단, 습관, 교육, 그 밖의 그와 유사한 것에서 기인하는 가치판단에 대하여 경계를 긋는 것은 쉬운 일이 아니다.

두 번째 가능성: § 92에서 들었던 양자택일은 "그것의 피아트들을 96
실행할 가능성을 가지다—가지지 않다"이다. 이 양자택일에서의 중요한 선(善)이란 다른 여러 가지 중에 어떤 하나의 피아트의 성취가 아니라 그것이 항상 있기를 바라는 선들을 성취하는 행위자의 가능성이다. 우리는 여기에서 이 선호 선택의 정당화에 대해서는 뒤로 미뤄두기로 한다(§ 255-257 참조). 우선 중요한 것은 다른 선들에 대하여 이 선의 우수한 지위를 분명하게 만드는 것이다. 그 지위란 적어도 피아트들의 성취를 가능하게 하는 선과 어떤 연결선상에 있는 선들과 관련되어 있다. 우리가 이를 하나의 명제, 즉 행위자의 의지 표명들을 성취할 가능성은 행위자에게는 선이라고 전제한다면, 다른 선들은 적어도 피아트들의 실행을 가능하게 하는, 하나의 선의 성취를 위해 수단인 한에서 선들이라고 항상 주장할 수 있다. 우리는 그 자체로 보아 우선시할 만한 양자택일의 문제를 다루는 작업을 어떻게 진행할 것인지에

대한 물음은 일단 논외로 할 수 있다. 우리가 이 두 번째 가능성으로부터 시작한다면 우리는 선의 개념 또한 쉽게 파악할 수 있다. 우리는 선이 무엇인지를 설명하기 위해서 매번 선호 선택의 장점으로 환원할 필요가 없다. 행위자의 피아트들을 실행시킬 수 있는 가능성은 이성적으로 볼 때 그에게 그것의 반대 경우보다 더 우선할 가치가 있다는 사실이 전제가 되어, 우리는 이런 가능성을 도와주는 선들, 그리고 도와주는 한 선으로 지칭할 수 있다. 선의 개념은 그리하여 어렵지 않게 일상 용어에서 재화로 지칭하는 물질적인 사물에게도 적용할 수 있다.[4] 인간이 자신의 여러 형태의 피아트들을 성취하는 데 필요한 의식주와 여러 필수품이 곧 선이다.

97__ 이 숙고들이 도덕 실재주의(§ 78-81 참조) 토론으로 다시 이어진다. 나는 아주 단순하게 두 가지 기본 유형, 즉 무어의 직관적인 비자연주의와 '좋음'을 서술적인 성질로 정의 내리는 자연주의에서 출발한다. 두 이론은 '좋음'은 어떤 것을 성격 규명하는 과제를 가지고 있음을 받아들인다. 그것은 하나의 성질을 가리킨다. 자연주의에서는 자연적인 성질을, 직관주의에서는 정의 내릴 수 없는 비자연적인 성질이다. '좋음'을 하나의 추천 혹은 선택을 근거 짓는 데 이용한다는 것은, 테제로서 직관주의에 대립된다. 어떤 것이 우리가 그것을 추천하거나 선택하기에(이것은 결정주의) 좋은 것이 아니고, 그것이 좋기에 우리는 추천하거나 선택한다. 어떤 것이 좋은지는 우리의 가치관, 갈망, 결정에 좌우되는 것이 아니고, 자연주의가 옳게 주장하고 있듯이 사실에 좌우된다. 선이란 선택될 만한 것, 선택되어야 하는 것이다. 이로써 우리는 어떤 진보도 이루지 못한 것이 명백하다. 우리는 그보다 순환적 정의

---

4) 독일어에서 Das Gut(선)의 복수는 Gueter로서 '선들'이고, 동시에 일반적으로는 재화로서 '물질'을 가리킨다.—역주

와 관계되고 있다. 정의되는 것은 다시 다른 형태로, 즉 '선택될 가치가 있는 것' 혹은 동사적 형용사(Gerundivum, 라틴어 문법에서 나온 말인데 여기에서는 '선택해야만 하는 것'—역주)로 정의 내리는 행위로 돌아간다. 이 순환에서 탈출하는 것이 가능한가? 이것은 오류적인 혹은 피할 수 없는 순환인가? 문제는 명사적 용례이다. 이에 반해 '좋은'이 기능적인 서술어에서 수식적인 형용사로서는 어떤 어려움을 야기하지 않는다. 그것은 하나의 피아트와의 관계로 분석될 수 있다.

이 테제는 명사적 용례는 선택 혹은 선호의 개념을 통해서 설정된다는 것이다. 그것은 어떤 것이 좋기 때문에 선택된다. 그것이 선택되지 않으면 좋지 않다는 주장에 모순되어 보인다. 나는 이 이의 제기를 다시 다루겠다. 명사적 용법은 위에서(§ 92 참조) 우리가 오로지 (모든 다른 관점들은 무시하고) 하나의 사물과 그와 반대의 사물 사이에서 결정해야만 하는 선택 상황을 통해서 설명된다. 만약 우리가 그 밖에 모든 것이 같은 조건에서 건강함 혹은 병듦, 볼 수 있음, 혹은 장님 중 선택해야 한다면 우리는 건강과 볼 능력을 결정할 것이다. 이 개념을 이제 직관주의와 자연주의의 차이를 통해 설명해보기로 하자.

여기에서 전개되는 상황은 직관주의와 함께 하는데, 그러한 선택의 98
근거 지음은 불가능하다고 말한다. 이런 선택은 기본적인 태도방식이고 기본적인 대응이다. 그것이 옳다는 것은 결코 의심할 수 없다. 그것은 근거 지음에 대해 가능하지도 않고 필요하지도 않다. 그것은 자의적인 선택이 아니다. 그것은 선택될 만한 것이 선택되는 것이다. 사람이 왜 그것을 선택하고 다른 것을 선택하지 않는지에 대한 물음은 의미가 없다. 직관주의와 다른 점은 첫째로 선이 선으로써 인식되는 행위에 있다. 이 행위는 비자연주의적 성격을 지닌 정신적인 봄에 있지 않고 자발적인 선택에 있다. 건강이 선이라고 하는 것을 우리는 인식한다. 우리는 그것을 원하고 혹은 선택한다. 더 정확히 말하자면 우리는 이 갈망과 선택이 옳다는 것을 안다. 두 번째 차이는 우리가 어떤 비자연적인 성질을 수용해야 할 필요가 없다는 점이다. 선택되어지는 것은 신비스럽고 비자연적인 성질인 '좋음'이 아니고 건강이다.

99 이로써 우리는 자연주의와 공통적인 지점에 와 있다. 선택되는 것은 서술적 술어를 가지고 파악해야 하는 것, 즉 건강이지 다른 어떤 것이 아니다. 전통 언어로 표현하자면 '선은 존재자와 구별되지 않는다'. 그럼에도 이 입장은 자연주의적 오류를 갖지 않는다. 우리는 단지 선택의 상황과 관련해서만 하나의 선에 관해 이야기할 수 있기 때문이다. 건강은 선이다. 그것은 올바른 선택이 되거나 선택되어질 만하기 때문이다. 토마스 아퀴나스의 언어로 말하자면 "선의 구별되는 특징은 그것이 욕구의 운동인이라는 점에 있기 때문에 선은 욕구의 운동을 통해서 서술된다"(cum autem bonum proprie sit motivum appetitus, describitur bonum per motum appetitus; In I. Ethic., lect. 1 cap. 1, nr. 9). '선'은 토마스에게 있어서 존재와 함께 첫 번째(초절자)로 꼽혔고 그러기에 정의할 수 없는 개념이다. 선은 욕구에 작용을 일으키는 한 존재자이다. 존재자의 작용의 도움으로만 우리는 선의 개념을 형성할 수 있다. 욕구와 선택 능력을 가진 존재가 없다면 어떤 선도 존재하지 않는다. 그럼에도 이 입장은 실재적이다. 욕구 능력의 반응을 일으키는 것은 존재자이다. "그것이 좋기 때문에 선택된다"라는 말은 선택의 근거, 욕구의 원인은 실재적이고 서술적으로 파악될 수 있는 성질들이라는 것을 뜻한다. 순환은 존재 근거와 인식 근거(ratio essendi und ratio cognoscendi) 간의 구별에 의해 해소된다. 욕구는 선의 인식 근거이고 선(존재자)은 욕구의 존재 근거이다. 여기에서 요약한 형태의 실재주의는 사실 도덕적 실재주의는 아니다. 이제까지 도덕 밖의 선이 다루어졌고 윤리적 선이 다루어진 것이 아니다. 이 양자가 어떻게 관계하는지는 뒤에(§ 264) 설명된다.

3. 도덕적 판단의 제일 대상, 의무론적 판단과 가치판단

메타윤리학적 숙고의 목적은 도덕 명제에서 근거 지을 가능성 주장 100
을 제기하는 판단이 중요하다는 일상적 의식의 증거를 이 반대에 대항하여 지키는 것이다. 결정적으로 보장된 것은 인식적인 입장이 도덕적 근거 지음의 가능성과 방법을 긍정적으로 나타내는 규범이론을 통해서이다. 나는 우선 규범윤리학의 출발에 관한 물음을 엄밀하게 규정하는 데 노력할 것이다. 도덕 판단의 제일 대상은 무엇인가? 예컨대 우리는 인격자들, 성질들, 감정들, 행동들, 동기와 의도들을 도덕적 의미로 판단한다. 아래에서 나는 도덕적 판단의 제일 대상은 행동들이고 다른 모든 것은 행동에 관한 도덕 판단과 관계를 맺고 있다는 사실에서 출발한다. 인격들은 그들의 행동에 의해 평가되고, 성질과 감정은 행동하는 데 근본 바탕이다. 따라서 규범이론은 행동 개념을 전제한다. 행동 개념의 분석은 어떤 기준에 따라 행동들이 평가되는지에 대한 물음으로 유도되고, 거기에다 행동의 평가를 위해 예컨대 동기, 의도 혹은 행동 수행이 어떤 의미를 갖는지를 설명해야 한다.

의무론적 술어와 가치 평가적 술어의 관계에 대한 질문은 도덕적 가 101
치판단의 최초 대상에 대한 질문과 관련되어 있다. 우리는 무엇을 해야 한다, 행해도 좋다 혹은 행해서는 안 된다고 판단한다. 우리는 좋은, 혹은 나쁜 특징들, 동기들, 인간들, 감정들, 의도들에 관해 말한다. 프랑케너[Frankena, 1963(1981, 27면)]에 따르면, 아래와 같이 도덕적인 의무 판단과 (프랑케너가 지칭하듯 나는 그것을 의무론적 판단이라 표현한다. 의무론적 술어를 가진 판단) 도덕적 가치판단은 구별된다. 프랑케너는 양 판단 유형의 관계를 다음과 같이 본다. 도덕적 의무 판단은 그 대상으로 각각의 행동이나 행동의 유를 가지고 있고, 도덕적 가치판단은 그와는 달리 인격자, 동기, 성격 그리고 그와 같은 것을 대상으로 갖는다. 우리가 비록 좋은 행동들과 좋은 일들에 관해 말하지만 여기에서 '좋은'이 정확히 사용된다면 행위의 평가 자체에 쓰인 것도, 혹은 일차적으로 이에 쓰인 것도 아니다. 우리는 그보다도 동기 혹은 결과를 평가한다. 어떤 이가 올바르게 행동하고자 하는 동기를 가진다면 그는 옳게 행동한다. 좋은 행동 혹은 좋은 업적에 관한 말은 윤리적으로 금지되지 않은 행동, 예컨대 자선 혹은 자비심의 특별한 성질들을 강조한다. 우리가 프랑케너의 통찰에 따른다면, 도덕적 판단의 첫째 대상은 행동이고 행동은 의무 판단의 대상이다. 따라서 도덕적 가치판단의 근거 지음은 도덕적 의무 판단의 근거 지음을 전제로 한다. 예컨대 도덕적 특징이 행동에 있어서 근본 입장이라면 특징에 대한 가치판단은 가치판단이 기초하고 있는 행동에 관한 의무 판단에 달려 있다.

102 따라서 규범윤리학의 과제는 우선 그리고 무엇보다도 행동에 대한 도덕적 의무 판단의 근거 지음이다. 그것을 위해 의무적 술어의 의미를 설명해야 하는데 그것들은

- 도덕적으로 가능한 것(허용된, 즉 그렇게 행하는 것이 허용된다)
- 도덕적으로 필요불가결한 것(명령한다. 그렇게 해야 한다. 그런 행위가 일어나도록 두어서는 안 된다. 이러한 행위는 의무이다)
- 도덕적으로 불가능한 것(금지한다. 그렇게 행해서는 안 된다)

으로 구별된다.

이 세 가지 술어는 '윤리적으로 옳은'이라는 술어와 '윤리적으로 옳지 않은'(동의어로 '윤리적으로 틀린')이라는 반대 술어로 환치시킬 수 있다. 나는 이 술어들을 의무론적 술어, 이 술어를 사용한 판단을 의무론적 판단(프랑케너는 도덕적 의무 판단)이라 칭한다. '윤리적 규범'에 관한 일상 언어적 용례는 여기에서 제안한 용어 사용을 다음과 같이 정리한다. 하나의 윤리적 규범은 하나의 (대부분의 경우에 매우 특별하지 않은) 행동양식에(§ 107 참조) 관해서 의무적 술어가 표명되는 하나의 명제를

주장하는 판단이다. 명제가 진리이면 우리는 이 규범이 유효하다고 말한다. 그것을 행하는 것이 윤리적으로 옳을 뿐만 아니라 또한 그것을 행하지 않는 것도 옳다면 그 행위는 도덕적으로 가능하다. 그것을 행하는 것이 윤리적으로 옳고, 반대로 그것을 행하지 않는 것은 윤리적으로 옳지 못하다면 이 행위는 도덕적으로 필요한 것이든지 혹은 의무이다. 그것을 행하지 않는 것이 윤리적으로 옳고, 반대로 그것을 행하는 것이 윤리적으로 옳지 못하다면 이 행위는 도덕적으로 불가능하다. 규범적 윤리학의 근본 술어는 따라서 '윤리적으로 옳은'이다. 하나의 행동 P는 P가 옳다는 명제가 근거 지어질 수 있으면 정당화되거나 책임졌다고 할 수 있다. 무엇이 이 행동이 옳다는 진술의 근거 지음을 위한 기준인가?

오해를 방지하기 위해서 역시 하나의 주의를 주어야겠다. 아래에서 103
토론되어야 할 질문은 이 행위는 옳다는 진술의 근거를 짓기 위한 기준이 무엇인가이다. 이것은 옳지 않으면서 행위자가 옳다고 여기는 행위는 어떻게 판단되어야 할 것인가라는 질문과는 구별된다. 이 질문 역시 의미 있다. 윤리적으로 잘못된 행위를 판단하기 위해서, 해당자가 그것을 의도를 가지고 윤리적으로 잘못된 것을 행하는지, 혹은 그가 윤리적으로 옳은 것으로 여기는지는 구별되기 때문이다. 이것은 양심 개념과 관련되어 있다(§ 327 이하). 스콜라 철학의 전통에 의무 지어진 많은 저작자는 객관적(혹은 질료적) 고려하의 도덕 판단과 주관적(혹은 형상적) 고려하의 판단 사이를 구별한다. 옳게 여기나 그르게 행동하는 사람은 주관적으로 옳게 행동한 것이지만 객관적으로는 그르고, 좋은 동기로 행하지만 객관적으로 그른 행동도 있다. '객관적'으로 옳은 행동에 대한 물음은 주관적인 요소들, 행위자의 의도와 무관하게 결정될 수 없는 한, 이러한 구별은 혼돈을 가져다준다. 이는 후에(§ 361-371 참조) 살펴볼 것이다.

| 참고문헌 |

Hare, 1952, 8장; 1957; 1963a

Geach, 1956; 1960

Ziff, 1960, 6장

Foot, 1958; 1961

Foot, 1958; 1961; 2001

v. Wright 1963a

Warnock, G.J. 1967, 6장

Ricken, 1976, 2장

Williams, 1976, 5장

Mackie, 1977, 2장

Aristoteles, Rhetorik I(6)

Brentano, 1889, § 18-23

Gewirth, 1978, 48-63면

de Finance, 1967, § 221

Donagan, 1977, 2장(3)

3부— 도덕적 행위의 개념

들어가기 전에__

§ 100에서 보았듯이 도덕적 판단의 우선적인 대상은 행위이다. 따라 —104
서 이제 우리는 '행위란 무엇인가'라는 어려운 질문을 해야만 한다. 여
기에서 행위 개념에 대한 폭넓은 윤곽만이 설명되고, 이 개념에서 다
양한 세분화가 이루어진다는 것은 굳이 언급할 필요가 없을 것이다.

1장— 행위와 발생

1. 일반적 행위 유형과 특별 행위 유형

105— 우리의 일상적인 전이해(前理解)에 따라 행위를 서술한 다음 문장들을 살펴보자.

① 시저는 갈리아를 정복했다.

② 브루터스는 시저를 죽였다.

③ 모니카는 창문을 열었다.

④ 페터는 클라우디아에게 윙크를 했다.

⑤ 에바는 하품을 했다.

⑥ 토마스는 웃음을 참았다.

우연히 골라낸 이 몇 개의 예에서 벌써 많은 차이를 발견할 수 있다. 즉 ①에 서술된 행위는 7년 넘게 걸린 일이며 여러 시기, 즉 갈리아의 개별 지역과 도시들의 정복을 포함하는 말이다. 그리고 각 시기들은 하나의 복합적인 과정을 가지고 있다. 이에 비해 ③, ④, ⑤는 신체 동작을 묘사했다. ①에서 ③까지의 서술은 각각 다른 의미를 가진 출발임을 보여준다. 이에 비해 ④는 특정한 맥락 속에서 나타나는 단 하나의 신체 동작을 서술하고 있다. 이 서술은 신체 동작으로 이루고

자 하는 목적이 달성되었는지에 대해서는 밝히지 않고 있다. 또한 클라우디아가 그녀에게 가해진 동작을 보지 못하거나 이해하지 못한다면 이 서술은 적절한 것이 아니다. ①에서 ⑤까지의 예는 외적 과정인 반면 ⑥은 행위자가 외적 과정을 방해하고 있다. ⑤를 과연 행위라고 할 수 있는가? 우리는 어떤 상황에서 에바가 하품을 했는지(어쩌면 상사와 중요한 이야기를 나누는 중이었을지도 모른다), 또는 그녀가 하품을 통해서 무언가 표현하려고 했는지 등에 대해 물어야만 할 것이다. 브루터스는 시저를 단 한 번 죽였다. 따라서 ②는 일회적이고 반복되지 않는 행위를 표시하는 것이다. 우리는 개인적인 행위 또는 행위 개별자에 대해 말하고 있다. ②에서 개인을 지칭하는 두 개의 고유명사를 빼고 동사의 형태를 바꾸어서 특정한 시점을 지칭하지 않으면, 행위방식 또는 행위 유형, 즉 '⑦ X는 Y를 죽인다'가 된다. 행위 유형은 어느 정도 일반적일 수도, 특수할 수도 있다. 예를 들면 어떤 것을 수단으로 하여 X가 Y를 죽이는가를 언급한다면—독약이나 칼 등—그리고 X가 Y를 길에서 죽이는지, 집에서 죽이는지를 언급한다면, 또는 X와 Y의 관계를 서술한다면—예를 들어 'X는 정신병자'이고 'Y는 세 아이의 아버지'라는 식으로—문장 ⑦을 특수화할 수 있다. 이런 방식으로 우리는 일반적인 개념만을 사용하여 ⑦을 특수화할 수 있다. 그러나 행위 유형의 개념은 일반적 개념과 개인 변수만으로 이루어진 문장 성분에 국한되지 않는다. 문장 ④를 살펴보자. 이 문장은 다음과 같이 변형될 수 있다.

⑧ 페터는 클라우디아에게 윙크를 한다.

⑨ X는 클라우디아에게 윙크를 한다.

⑩ 페터는 Y에게 윙크를 한다.

위의 변형된 문장에는 적어도 하나의 고유명사가 포함되어 있다. 그럼에도 각각의 문장은 하나의 행위 유형을 표현하고 있다. 즉 페터는 클라우디아에게 반복해서 윙크를 할 수 있다, ⑨는 서로 다른 개인에 의해 서로 다른 시간에 행해질 수 있다는 것 등이 그 예이다.

106__ 윤리학은 고유명사가 없는 행위 유형에만 관심을 갖는다. 고유명사는 행위를 도덕적으로 평가할 때 어떤 의미를 갖지 않는다. 윤리학은 행위에 대한 근거 지어진 판단에 관해 물음을 제기하며, 그 근거에는 서술적인 특성이 있다. 가치 평가적인 술어는 서술적인 술어를 전제로 한다. 즉 어떤 것이 좋다 나쁘다 평가하는 것은 그것이 특정한 서술적인 특성을 가지고 있기 때문에 그렇다. 모든 가치 평가는 그것의 근거로서의 서술적인 성질에 기인한다. 서로 다른 두 사람이 있다는 사실은, 이 두 사람이 모든 특성에 있어서 일치한다는 것을 전제하면 다양한 가치 평가의 근거가 될 수 없다. 이는 일반적인 개념에 의해 서술될 수 있는 모든 것과 비슷하며, 서로 다른 두 사람이 행한다는 것을 통해서만 구별되는 행위에도 적용될 수 있다. 서로 다른 가치 평가는 서로 다른 특성들을 전제로 한다. 행위 개별자는 행위 유형에 속하는 한에서만 판단될 수 있다.

107__ 행위 유형은 일반적일 수도, 특수할 수도 있다. 이러한 차이가 무엇을 의미하는가는 다음의 예를 보면 분명해진다.

⑪ X는 강의실에 앉아서 행위이론에 대해 곰곰이 생각하고 있다.

이 행위는 도덕적으로 옳은 것인가 그른 것인가? 이 예는 이런 형식의 질문이 무의미하다는 것을 보여준다. 즉 위의 예에서 나타나는 행위의 서술은 도덕적인 판단을 할 수 있는 충분한 기초가 없다. 이 서술은 너무 일반적이고 특수한 면이 너무 부족하다. 우리는 이 서술을 다음과 같이 특수화해야만 한다.

⑫ X는 근처의 전 지역에 심한 지진이 일어나 비상재난 지역으로 선포되었고, 모든 사람이 복구를 위해 소집되어 있는 상황에서 강의실에 앉아 행위이론에 대해 곰곰이 생각하고 있다.

일반적인 행위 유형의 또 다른 예 '⑦ X는 Y를 죽인다'를 보자. 우리는 이 예를 다음과 같이 특수화할 수 있다.

⑬ X는 정당방위로 Y를 죽인다.

⑭ 부자 X는 가난뱅이 Y의 저금을 빼앗으려고 그를 죽인다.

이 예들은 행위 유형의 가치 평가는 특수화가 충분히 되었을 때 비로소 가능하다는 것을 보여준다. 특수화는 갈등을 명백하게 밝혀야만 한다. 즉 특수화는 행위자의 상황을 서술해서 그가 직면한 여러 가지 가능성을 분명히 드러나게 해야 하며, 행위자와 행위에 관련된 사람들 사이의 갈등을 드러내야만 한다. 어떤 행위의 서술에서 경쟁적인 선이나 목적이 명백해지면 비로소 그 행동에 대한 도덕적인 판단을 내릴 수 있다. 강의실에 앉아 행위이론에 관해 생각하는 것이 옳은지의 여부는 이 상황에서 이러한 태도에 대한 다른 가능성들이 주어질 때 비로소 결정될 수 있다. 위의 특수화의 예들 중 정당방위의 경우 X가 불의(不義)의 공격자를 죽이느냐 자기가 죽느냐 하는 갈등을 보여주고 있다.

2. 행위와 변화

앞에서 살펴본 예문에서 과정의 차이는 있지만 공통된 구조를 찾아 108
볼 수 있는가? 즉 각각의 예가 하나의 행위에 대해 말하고 있다고 할 수 있는가? 나는 이 질문에 대해 우선 아주 일반적이고 대략적인 대답을 하고 싶다. 개별 행위의 문장론적 서술로부터 출발해보기로 하자. 이 행위들은 한 사람(또는 여러 사람)에 대해 말하는 진술을 통해 표현된다. 이들이 무언가를 했고, 어떤 특정한 움직임을 수행했으며, 어떤 특정한 상태를 초래했다는 등의 진술이다. 문장 진술은 과정과 사람의 관계에 대해 표현한다. 하나의 과정을 한 사람에게 부여한다. 우리는 단순한 신체 동작을 할 때, 즉 팔을 올릴 때 관계를 더 정확하게 수식하기 위해 다음과 같이 질문한다. 그것은 반사적인 동작이었는가, 강제 행위였는가, 즉흥적인 반작용이었는가, 감정의 표현이었는가, 의식적 또는 의도적인 동작이었는가? 이러한 관계가 얼마나 정확하게 규정되었는가를 밝히는 것은 어려운 문제이다. 전통적으로 계속해서 사용된 개념은 원인성이다. 이 문제는 예문 ③에서 볼 수 있다. 행위의 결과, 즉 창문이 열려 있는 상태의 원인이 모니카 때문이라고 주장하는 데에는 아무런 어려움이 없다. 그러나 창문을 여는 행위를 만든 신체 동작도 모니카가 원인이라고 주장할 수 있는가? 이 경우 원인이라는 개념을 어떻게 더 정확하게 규정할 수 있을까? 지난 몇십 년 동안 이와 비슷한 질문이 특히 소위 기본행위(Danto, 1965)에 대한 토론 과정에서 제기되었다. 모든 반론에도 불구하고 나는 단순한 신체 동작으로 이루어진 행위에도 인과성의 개념이 아주 중요하다고 생각한다. 우리는 분석할 수 없는 데이터를 가진 신체 동작에서 출발할 수 없으며, 다시 한 번 신체 동작과 (그 동작을 야기한) 사람의 관계에 대해 질문해야 한다. 앞에서 우리가 이 관계의 수식에 대해 물을 수 있다는 것을 지적한 바 있다. 그러나 여기에서 전제가 되는 것은 관계에 대한 질문이 그 자체로서 중요하다는 것이다.

109 개별 행위는 한 사람에게 하나의 과정을 부여하는 진술을 통해 표현된다. 좀더 정확하게 말하면 과정이라는 말 대신 변화에 대해 이야기할 수 있다. '변화'는 어떤 상태(또는 세계)에서 다른 상태로의 이행으로 이해될 수 있다. 행위는 행위자가 특정한 변화(그 변화가 행위자 자신의 몸에 한정된다고 하더라도)를 일으킬 때 존재한다. 이때의 행위는 행위자에 의해 일어난 변화이다. 시저가 갈리아를 정복함으로써 그곳의 정치적 관계를 변화시킨다. 모니카가 창문을 열어서 창의 위치를 변화시킨다. 변화의 개념이 이렇게 파악될 수 있으면 '⑥ 토마스는 웃

음을 참았다'도 여기에 해당된다. 이 경우 변화는 행위자가 자기의 행위가 아니면 유지될 수 없는 상태를 유지함으로써 성립된다.

변화의 개념을 이러한 방식으로 파악한다면 라이트(Wright, 1963, § —110
III 7)의 이론에 의해 기본적인 변화에 따른 네 가지 유형과 기본적인 행위에 따른 네 가지 유형을 구분할 수 있다. 기호 p는 상태의 서술이고, T는 행위자에 의해 하나의 상태에서 다른 상태로 전환되는 것을 뜻한다. 기본적인 행위의 네 가지 유형은 다음과 같다.

첫째, p T ~p는 p의 세계가 p가 아닌 다른 세계로 변화되는 것을 표현한다. 즉 시저가 살고 있는 세계가 그가 (더 이상) 살아 있지 않은 세계로 변화하는 것이다.

둘째, ~p T p는 p가 아닌 세계가 p의 세계로 변화하는 것이다.

셋째, p T p는 행위자가 개입하지 않았더라면 p가 아닌 세계로 변화되었을 p가 그대로 유지되는 것이다. 예를 들면 세찬 바람이 불어 열렸을 창문이 행위자의 개입으로 닫힌 채로 유지되는 경우가 이러한 유형의 행위에 해당된다.

넷째, ~p T ~p는 행위자의 개입이 없었으면 p 상태로 변화되었을 상태 ~p가 변함없이 그대로 유지된 채 머무르는 상태이다. 따라서 행위자의 개입은 p라는 상태를 방해한다(예 ⑥과 비교).

행위의 개념은 변화의 개념과 연결된다. 여기에서 변화라고 할 때 공 —111
간과 시간 안에서 관찰 가능한 변화, 즉 외적 변화만을 말하는가, 아니면 내적 · 정신적 변화도 여기에 해당되는가? 이런 변화도 도덕적 판단이 가능한 대상이 되지 않을까? 우선 많은 정신적 변화들이 가깝든 멀든 외적 행위와 관계가 있고, 그 관계에 상응하여 판단된다. 외적 행위의 실행은 여러 정신적 단계, 즉 목적 상상, 상황 평가, 계획, 결정 등을 거쳐 준비된다. 행위자가 확실히 하기로 결심한 행위를 실행할 때 사전에 예측하지 못한 외부의 상황 때문에 방해받지 않는다. 행위의 가능성만 있다면 그저 바라기만 하는 것도 특정한 방식으로 행위할 것이라는 내용을 가질 수 있다. 정신적인 변화들은 우리가 어떻게 지각하고 판단하는지, 그리고 외적 행위들에 영향을 미치고 규정할 수 있는 것은 무엇인지에 대한 내적 태도를 창출한다. 우리는 우리에게 일어나지만 우리가 아무것도 변화시킬 수 없는 발생들을 상이한 내적 관점에서 만날 수 있다. 여기에서도 도덕적 판단은 결코 배제될 수 없다.

3. 행위 인과와 발생 인과

112 이제까지의 숙고를 종합해보면, 행위란 한 인격체에 의해 야기된 세계 상황의 변화를 말한다. 그런데 다음의 두 예를 살펴보면 이 정의가 너무 느슨하다는 것을 알게 된다.

⑮ 우르술라는 비틀거리다가 꽃병을 넘어뜨렸다.

⑯ 페터는 파티에서 하나의 해프닝을 만들기 위해서 꽃병을 넘어뜨렸다.

이 두 문장에는 위에서 언급한 근본적 구조가 들어 있다. 그리고 두 경우 모두 인과관계를 말하고 있다. 그러나 우리의 전이해(前理解)에 따르면 ⑯만이 행위 개념에 해당된다. 그러면 다음 두 문장의 차이는 무엇인가?

⑰ X의 손가락이 구부러진다.

⑱ X는 그의 손가락을 굽힌다.

위의 두 경우는 똑같은 작용을 할 수 있다. 누군가가 손가락을 구부리고 방아쇠를 움직임으로써 다른 사람을 쏜다. 혹은 누군가가 장전된 총기를 손에 들고 있다가 손가락에 경련이 일어나 방아쇠를 당기고 그 결과 누군가를 죽일 수도 있다. 행위 개념에 대해 더 자세히 알아보기 위해 ⑮와 ⑰ 그리고 ⑯과 ⑱의 차이를 살펴보기로 하자.

(1) ⑮와 ⑰에서 우리는 다음과 같이 인과관계의 사슬로 계속 거슬러 올라갈 수 있다. 우리는 어떤 상황과 발생이 우르술라로 하여금 비틀거리게 했는지 물을 수 있다. 카펫의 한 부분이 뒤틀렸다. 왜 그렇게 되었을까? 카펫 밑을 가로지르고 있는 수도관에서 갑자기 물이 새어 나왔다. 왜 물이 갑자기 새었을까? 수도관 한 부분이 녹이 슬었다. 왜 녹이 슬었을까? 왜 X는 손가락에 경련이 일어났을까? 혈액순환 장애가 원인이었을까? 혈액순환 장애는 어떻게 생기게 되었을까? 등등. 그러나 ⑯과 ⑱에서는 이처럼 인과관계의 사슬로 거슬러 올라갈 수 없다. 인과관계는 행위자에게서 그친다. 어떤 다른 것에 의해 야기된 발생이 아니기 때문이다. 원인은 사람이며, 남성 또는 여성 행위자이다. 그가 화병을 넘어뜨리고, 그가 손가락을 구부렸다. 행위자가 자기 행위의 근원이다.

그러나 ⑯과 ⑱도 의지 행위를 통해 예견된 발생을 야기했다는 주장에 이의를 제기할 수는 없지 않겠는가? 여기에서 우리는 벌써 이러한 상황을 언어로 표현하기가 어렵게 된다. 우리는 "그녀가 원했기 때문에 그렇게 했다"라고 말해야만 하며, 그럼으로써 문제를 그저 뒤로 미룰 뿐이다. 이 사람은 지금 행위의 원인이 아니라 행위를 일으키는 의지의 원인일 것이다. 우리는 두 번째 단계에서 행위의 (직접적) 원인인 사람에게로 다시 돌아오게 될 것이다. 그 밖에도 "그녀가 원했기 때문에 그렇게 했다"라는 문장이 "그녀가 그것을 했다"라는 문장보다 더 많은 것을 말하고 있는지 질문할 수 있다. "그녀가 원했기 때문에 그렇게 했다"라는 문장은 어떤 설명을 하는 것이 아니며 동어 반복적이다. ⑮와 ⑰의 경우 누군가가 무엇을 했다고 말할 수 없을 것이다.

(2) ⑯과 ⑱의 경우에도 ⑮와 ⑰의 경우와 마찬가지로 왜라는 물음을 제기할 수 있지만 여기에서 이 질문은 다른 의미가 있다. 다른 유

형의 대답을 얻기 때문이다. "그는 주의를 끌기 위해서 꽃병을 쓰러뜨렸다" "그는 방아쇠를 작동시키기 위해 손가락을 구부렸다" 우리는 여기에서 이전에 일어난 발생에 대해 묻는 것이 아니라 의도를 묻고 있는 것이다. 여기에서 아무런 차이가 없다는 반론이 다시 제기될 수 있다. 혈관 수축이 경련의 원인이라면 의도가 행위의 원인이 되고, 행위를 유발하는 발생이 될 것이다. 여기에 대해 다음과 같이 대답할 수 있을 것이다. **첫째**, 우리는 여기에서 행위자의 인과성에 대해 알아보아야 한다. 그것은 그의 의도이지만 그의 혈관 수축을 의미하는 것은 아니다. 그는 혈관 수축 때문에 고통 받고 있지만 의도 때문에 고통을 받지는 않는다. 여기에서 소유대명사는 무엇을 의미하는가? 의도는 그로 인해 고통을 받을 수 있는 체험이 아니다. 우리는 의도를 파악한다. 의도는 어떤 결정에 근거를 두며 또는 의도가 결정이다. **둘째**, 의도는 수도관의 녹이나 혈관 수축과 같은 카테고리에 속하지 않는다. 수도관이 녹슬어 망가지는 것과 혈관 수축은 물질에 일어나는 변화이다. 이와는 반대로 의도는 진술 내용이 있는 태도이다. 의도는 의도성이라는 특징이 있고 정신과 물질을 구분하는 특징이 있는 현상이다. 의도성은 언어적으로 볼 때 진술 내용이 있는 태도를 나타내는 동사들로 표현된다. 이러한 동사에는 다음과 같은 세 가지 특징이 있다. 첫째, 사람을 주어로 한다. 둘째, Daß(영어 접속사 that에 해당) 문장, 즉 진술 내용을 표현하는 문장을 목적어로 한다. 셋째, 동사는 비외연적인 맥락을 만들어낸다. 즉 여타의 대체 규칙을 효력 없게 만든다. 이러한 동사의 예는 믿다, 의도하다, 원하다, 희망하다, 알다 등이다. 대체 규칙이란 우리가 어떤 진술을 할 때 여러 가지 의미가 있지만 같은 것을 지시할 경우 진술의 진리 가치에 변함없이 표현을 서로 바꾸어 쓸 수 있다는 것이다. "《의미와 지시에 관하여》의 저자는 1848년 비스마르에서 태어났다"라는 문장과 "고틀로프 프레게는 1848년 비스마르에서 태어났다"

라는 문장에는 동일한 진리 가치가 있다. "수도관이 녹슨 것은 카펫이 뒤틀린 것이 원인이다"라는 문장은 일상적인 관찰로부터 비롯된 "수도관이 녹슬다"라는 표현을 진리 가치의 변동 없이 화학 용어로써 이 과정을 서술할 수 있을 것이다. 그러나 "시험 응시자는 고틀로프 프레게가 1848년 비스마르에서 태어났다는 것을 알았다"라는 문장과 "시험 응시자는 《의미와 지시에 관하여》의 저자는 1848년 비스마르에서 태어났다는 것을 알았다"라는 문장은 위의 경우에 해당하지 않는다. 시험 응시자는 고틀로프 프레게가 이 저서의 저자라는 것을 모를 수도 있기 때문이다. 이와 마찬가지로 우리는 "보험사 직원은 수도관이 녹슨 이유는 카펫이 뒤틀렸기 때문이라는 것을 알았다"라는 문장에서 "수도관이 녹슨 것"이라는 표현을 진리 가치의 변화 없이 화학용어로 서술하여 대체하기는 어렵다. 보험사 직원이 얼마나 많은 화학적 지식을 가지고 있는가에 대해서 확실히 알 수 없기 때문이다.

(3) ⑮와 ⑰의 경우 원인을 제시하면 원인과 결과를 서로 연결하는 법칙이 거론되어야 한다. 인과적 주장을 함으로써 우리는 그에 상응하는 인과법칙의 존재를 정립한다. 내가 혈관 수축이 경련의 원인이라고 주장한다면 나는 그에 상응하는 경험적인 법칙에 대해 말해야 한다. 그러나 내가 나의 손가락을 움직인다고 주장할 때에는 그렇지 않다. 이때 나는 법칙에 대한 지식에 근거하지 않고 나의 인과성에 대해 직접 아는 것이다.

4. 행위와 발생

앞에서 보았듯이 행위와 발생은 우리가 '왜'라는 질문에 대답할 수 113
있는가에 따라 구별된다. 우리는 이전에 일어난 발생에 대해 대답하는 것이 아니라 행위자의 의도에 대해 대답한다. 그러므로 우리는 '의도적' 인과성이라고 말할 수도 있다. 따라서 행위는 의도성에 따라 발생과 구별된다. 그러나 여기에서 바로 반례를 들 수 있다. 오이디푸스가 자신의 아버지를 죽였을 때 그것은 명백히 하나의 행위이다. 그러나 오이디푸스가 자신의 아버지를 의도적으로 죽였을까? 어떤 사업가가 세무 신고를 하면서 자기에게 불리하게 계산 착오를 했다면 이는 분명 하나의 행위이지만 '계산 착오'라는 말이 의미하듯 그는 의도적으로 그렇게 한 것이 아니다. 또 다른 예를 들면, 동물을 사랑하는 어떤 사람이 병든 자기 고양이를 동물병원에 데리고 가다가 개 한 마리를 치었다. 개 주인은 경찰을 불렀고 그를 구속시켰다. 따라서 이는 행위와 관련이 있는 것이다.

114__ 먼저 사업가의 예를 살펴보자. 계산 착오는 계산을 하는 사람만 할 수 있다. 자기의 세금 액수를 산정하고자 하는 사람은 의도를 가지고 있다. 실수는 의도적인 것이 아니다. 실수는 의도가 없을 때 일어난다. 동물을 사랑하는 사람의 예를 살펴보자. 그에게는 가능한 한 빨리 그리고 사고 없이 동물병원에 가고자 하는 의도가 있었다. 오이디푸스는 자기 아버지를 죽일 의도는 없었지만 십자로에서 싸운 남자를 죽일 의도가 있었다. 이 남자와 오이디푸스의 아버지는 동일한 사람이다. 그러므로 우리는 오이디푸스의 행동을 두 가지 방식으로 서술할 수 있다. 우리는 그가 십자로의 남자를 죽였다고 말할 수 있다. 이때 그의 행위는 의도적인 것이다. 그리고 우리는 그가 자기 아버지를 죽였다고 말할 수 있다. 이때 그의 태도는 의도적인 것이 아니다. 십자로의 남자와 오이디푸스의 아버지가 동일한 사람이므로 오이디푸스의 노상강도 살인과 오이디푸스의 친부 살인은 같은 사건이다. 이 사건이 의도적이라는 서술이 있기 때문에 행위와 관련이 있다고 할 수 있다.

115__ 여기에서 다시 한 번 비외연적 맥락에 대한 예를 들어보자. '십자로

의 남자'와 '오이디푸스의 아버지'는 동일한 개인에 대한 두 가지 상이한 표현이다. 이 두 표현은 서로 다른 의미를 가지고 있으나 같은 것을 지시한다. 그러나 "오이디푸스는 십자로에서 만난 사람을 죽일 의도가 있었다"라는 문장은 진리 가치의 변동 없이 같은 것을 지시하는 다른 표현으로 대체할 수 없다. 이와 반대로 '죽이다'라는 표현은 비외연적인 맥락을 만들지 않는다. 즉 "오이디푸스는 십자로의 남자를 죽였다"와 "오이디푸스는 자기의 아버지를 죽였다"는 같은 진리 가치를 가진다. 이 예를 보면 외연적인 서술은 행위를 도덕적으로 평가하기에 충분하지 않다는 것을 알 수 있다.

| 참고문헌 |

Hare, 1963, § 3, 4

Searle, 1893, 4장

Runggaldier, 1996, 144-153면

Davidson, 1980, 3장

2장— 귀책 가능성과 목적 관련

1. '자발성'의 개념

116— 전통적으로 '의도'(prohairesis, intentio, absicht, intention)와 '자발적인'(hekousion, voluntarium, freiwillig, willingly)은 구분되었다. 여기에서 우선 눈에 띄는 것 중 하나는 명사이고, 다른 하나는 형용사라는 점이다. 형용사 '자발적'은 행위의 성격으로 보아 행위와 분리될 수 없다. 행위는 자발적이든가 비자발적이든가 둘 중 하나다. 그러나 비자발적 행위도 행위이다. 그러므로 '자발적'이란 어떤 행위를 다른 신체 동작과 구별하는 특별한 차이라고 할 수 없다. 오이디푸스가 자기의 아버지를 죽인 것은 행위이지만 자발적 행위는 아니었다. 이와 반대로 '의도'는 행위와 구분될 수 있다. 의도와 행위의 이행은 시간적으로 분리될 수 있다. 우리는 어떤 의도를 가질 수 있으나 그럼에도 그에 상응하는 행위를 하지 않을 수 있다. 행위는 의도와 일치할 수도 있고 아닐 수도 있다. 자발적인 것과 비자발적인 것의 구분이 도덕적 판단의 한계선이다. 즉 자발적 행위에만 도덕적 가치 평가가 내려질 수 있다. '자발적'이란 더 넓은 개념이며 '의도가 원인이 된'은 좁은 개념이다. 의도에 근거한 모든 행위는 자발적인 것이다. 그러나 자발적 행위가

모두 의도에 근거하는 것은 아니다.

그러므로 행위에는 의도적 행위, 자발적 행위 그리고 비자발적 행위가 있다. 자발적인 것에 대한 개념은 아리스토텔레스의 《니코마코스 윤리학 III》 1-3과 토마스 아퀴나스의 《신학대전》 1-2 q.6에서 다루어진다. 의도라는 개념은 좀더 넓은 맥락에서만 설명될 수 있다. 처음에는 이 개념에 대한 대략적인 구분을 할 수 있을 것이다. 어떤 행위의 자발성에 대해 알아볼 때는 무엇보다도 앎에 대한 질문이 중요하다. 즉 행위자는 그가 무엇을 하는지 알고 있었는가? 의도라는 개념에는 심사숙고 및 우선적 선택의 개념이 중요하다. 어떤 사람이 자기가 처한 상황에서 어떤 행위의 가능성이 있는지 심사숙고하고 이들 중 하나를 하기로 결정한다. 오이디푸스는 다른 가능성을 찾아보든가 길을 가로막는 남자를 죽여야만 한다. 페터는 파티에서 계속 지루해할 수도 있고 해프닝을 일으킬 수도 있다.

우리가 § 113의 세 번째 예를 살펴보면 더 자세한 구분을 할 수 있다. 개를 친 것은 의도적인 것이 아니다. 차를 운전한 사람은 개를 친 것인지 아닌지를 생각하지 않는다. 그가 개를 보지 못했기 때문에 그의 행위는 비자발적인 것이다. 개를 친 것은 의도가 원인이 된 것이므로 하나의 행위이다. 즉 병든 고양이를 동물병원으로 데리고 가고자 하는 의도가 있었다. 그에게 이런 의도가 없었고 집에 있었다면 개를 치지 않았을 것이다. 따라서 개를 친 것은 의도적인 것이 아니며 비자발적인 것이다. 그러나 그것은 의도가 원인이 된 행위이다. 의도적이지 않으며 비자발적 행위와 의도적이지 않으며 자발적 행위는 구별되어야 한다. 예를 들어 감정 행위는 심사숙고나 우선적 선택에 근거하지 않으며, 개를 친 사람의 예처럼 의도해서 일어난 일이 아니다. 그러나 행위자는 자기가 무엇을 하는지 알고 있다.

따라서 다음과 같이 분류할 수 있다. 우선 의도가 있는 행위와 의도가 없는 행위를 구분할 수 있다. 의도가 없는 행위는 다시 의도가 원인이 된 행위와 의도가 원인이 되지 않은 행위로 나뉜다. 의도가 원인이 된 행위는 자발적(운전자가 순간 개를 보고 브레이크를 밟는다)일 수도 있고, 비자발적(운전자가 개를 순간 보지 못했고 개를 친 것을 유감스럽게 생각한다)일 수도 있다. 의도 없이 일어나고 의도가 원인이 되지 않은 것은 행위자가 자기가 무엇을 하는지 알고 있을 경우의 행위뿐이다. 즉 그 행위가 자발적인 경우이다. 이러한 행위 개념에 해당하는 것이 감정 행위이다.

117 '자발적'이라는 개념이 얼마나 광범위하고 '의도'라는 용어가 얼마나 여러 의미로 쓰이는지는 아리스토텔레스(NE III 3)와 토마스 아퀴나스(S.th. 1-2 q.6a.2)가 이런 용어를 어린아이나 동물에게도 사용하는 것을 보면 잘 알 수 있다. 토마스 아퀴나스는 운동(motus)이라는 개념에서 출발하여 자발적 운동과 외부에서 야기된 운동을 구분한다. 즉 돌멩이가 중력 때문에 아래로 떨어지거나 외적 원인으로 위로 던져진다. 아리스토텔레스는 이 두 가지 운동과 구별되는 제3의 운동, 즉 어떤 목적을 상상하기 때문에 일어나는 운동이 있다고 보았다. 운동의 근원이 자기 자신에게 있는 존재만이 목적을 상상할 수 있다. 즉 이런 종류의 운동은 발생 인과성의 개념으로는 설명이 되지 않는다. 목적을 추구하는 존재는 넓은 의미에서의 의지와 노력 속에서 무엇인가를 하고자 하고 추구한다. 토마스 아퀴나스는 '이끌림'(inclinatio)이라는 용어를 사용한다. 따라서 외적인 발생이 아니라 존재 안에 내재하는 성향이 운동의 근원이다. 성향에 근거한 운동은 자발적이라고 표현할 수 있다. 이로써 우리는 행위에 대한 가장 광범위한 개념을 다음과 같이 말할 수 있다. 즉 목적의 상상 그리고 성향에 의해 유발된 변화이다. 이러한 의미에서 모든 생명체는 행위를 할 수 있으며, 이 개념은 인간에게만 국한되지 않는다. 우리는 '목적', '성향', '상상' 등의 넓은 개념으로 구

분함으로써 행위라는 개념을 세분화하고 제한할 수 있다. 첫 번째 단계로 아리스토텔레스와 토마스 아퀴나스의 사상과 연관하여 자발성의 개념을 정의해보면 다음과 같다. 하나의 운동에서 그 원인이 행위자에게 있고, 그가 행위의 개별 상황을 알면 '자발적'인 것이다.(NE III 3).

1) 인지: 어떤 조건하에서 비인지(무지)는 자발성을 지양하는 것일까?

원인이 자기 스스로에 있다는 것이 무엇을 뜻하는지에 대한 질문은 —118
일단 미뤄두자. 위에서 말한 두 가지 조건 중 두 번째, 즉 개별 상황에 관한 인지, 혹은 그것의 인식을 다루어보자. 한 행위의 자발성을 위한 필요조건은 개별 상황의 인식이다. 그것의 비인식은 자발성을 지양한다고 우리는 잠정적으로 주장할 수 있다. 이 조건은 우리의 예에서 충족되지 않았다. 오이디푸스는 십자로에 있는 그 남자가 자신의 아버지임을 알지 못한다. 그리고 운전자는 개가 차로를 가로지르고 있다는 사실을 모르거나 혹은 너무 늦게 알아버린다. 그러나 이로써 이 행위들이 비자발적이어서 도덕 판단의 어떤 대상도 되지 않을까 하는 의문이 해결된 것은 아니다. 그보다 우리는 혹시 이 비인지가 어떤 의미에서는 스스로 원하지 않은 건 아닌지 질문해보아야 한다. 토마스는 이 경우를 '비인지가 의지와는 어떤 관계가 있을까'라는 정확한 표현으로 언급하고 있다. 토마스는(S.th. 1-2 q.6 a.8) 다음 세 가지 관계를 구별한다.

(1) 비인지가 의지가 함께하는 경우(concomitanter): 라틴어 concomitanter는 '수반하는'이라는 뜻이며, 이 경우 의지와 비인지가 어떤 의미에서 관련되어 있는가를 이해하는 것이 어렵다. 예를 들어 어떤 사람이 그의 원수를 죽이려고 한다. 그가 사냥을 나가서 사슴으로 보이는 어떤 생명체를 쏘았다. 그런데 그가 쏜 것은 사슴이 아니라 원수라는 것이 밝혀졌다. 그는 원수의 죽음이 잘된 일이라고 좋아했다. 이런

경우 하나의 행위가 다음과 같이 두 개의 서로 다른 서술과 관련된다.

⑲ 그가 사슴을 쏜다.

⑳ 그가 그의 적을 쏜다.

⑲는 행위자의 의도에서부터 행위를 서술하고 있으며, ⑳은 실제로 이행된 변화로부터 행위를 서술하고 있다. 문제는 다음과 같은 것들이다. ⑳에 서술된 행위는 자발적인 것인가? 토마스 아퀴나스는 다음과 같이 대답한다. 〔1〕 ⑳에 서술된 행위는 자발적인 것이 아니다. 즉 내 의지의 행위는 대상이나 내용을 필요로 한다. 그리고 그것은 내가 실행하고자 하는 세계 내의 사태이다. 내가 의지를 갖고 실행하는 행위는 내가 모르는 내용일 수 없다. 내가 어떤 행위를 하고자 하면 나는 내가 무엇을 하고자 하는지 알아야만 한다. 〔2〕 ⑳에 서술된 행위는 비자발적인 것이 아니다. 비자발적인 것은 의지와 모순될 때뿐이다. 그러나 우리가 예로 든 경우에서 사냥꾼은 그의 원수를 죽이려고 한다. 비인지는 행위의 원인이 아니다. 그가 몰랐기 때문에 그렇게 한 것이고, 그가 알았더라면 그렇게 하지 않았을 것이라고 말할 수 없다. 그보다는 그가 알았더라도 그렇게 했을 것이라고 말해야만 한다. 비인지와 행위 사이에는 아무런 인과관계가 없다. 비인지는 행위와 아무 관계가 없는 우연한 상황이다. 자기의 원수라는 것을 몰랐다는 것은 우연이다. 사냥꾼이 그를 알았더라도 그렇게 했을 것이다. 위의 예에서 원수를 죽일 의지가 자신의 비인지 상태에서도 있었다고 볼 수 있다.

(2) 비인지가 의지의 결과인 경우(consequenter): 비인지가 의지의 결과일 경우, 즉 무지를 스스로 원한 경우이다. 토마스 아퀴나스는 이 경우 두 가지 형식을 구분한다. 〔1〕 무지는 의지의 명백한 대상이다. 사람들은 나중에 몰랐다고 하면서 책임을 면하기 위해 의도적으로 알고자 하지 않을 수 있다. 즉 알기를 의도적으로 게을리 하는 것이다. 토마스 아퀴나스는 이를 가리켜 '의도된 무지'(ignorantia affectata)라고 했

다. 〔2〕 사람들은 무엇을 알 수 있고 무엇을 알아야 하는지 모른다. 운전자는 주거 지역에 주차된 자동차 뒤에 개가 나타날 수 있다는 것을 알고 있고, 알아야만 한다. 이런 상황이지만 무엇을 생각해야 하는지 주의하지 않는다. 운전자는 우회전할 때 개가 길을 건너는지 보아야만 한다는 것에 대해 생각하지 않는다. 혹은 너무 게을러서 어떤 행위에 꼭 필요한 것을 알려고 하지 않는다. 또는 무관심해서 중요한 상황을 간과한다. 다른 생각을 하거나 흥분해서 상황을 주의 깊게 알지 못할 수도 있다.

무지는 자발적이기 때문에 순수한 비자발적 행위를 유발시킬 수 없다. 그럼에도 그 행위는 제한적인 의미에서 비자발적이다(secundum quid involuntarium). 무지는 "무엇인가를 하려는 의지의 운동에 선행하며, 그것은 앎이 선행된다면 존재하지 않을 것이다". 그가 알았더라면 그런 행위를 하지 않았을 것이다. 그러나 그가 몰랐다는 것은 자발적인 것이다.

(3) 비인지가 의지보다 더 선행한 경우(antecedenter): 무지는 결코 자발적인 것이 아니다. 무지가 원인이 되어, 알았더라면 원하지 않았을 것을 원하게 된다. 행위자는 알 필요가 없거나 알 수 없는 상황을 알지 못한다. 그리고 행위자는 이런 상황을 알았더라면 하지 않았을 행위를 한다. 이런 무지는 순수 비자발성의 원인이 된다.

2) 의지: 물리적이고 심리적인 강제

아리스토텔레스의 개념 규정을 다시 반복하면 '자발적'이란 "움직이 119
게 하는 시초가 행위자 자신에게 있는 경우이며, 그는 행위의 개별 상황을 알고 있다". 그러면 "움직이게 하는 시초가 행위자 자신에게 있다"라는 것은 무엇인지 알아보자. 비자발적 행위는 외적 힘에 의해 야기되는 것을 말한다. '강제적'이라 함은 움직이게 하는 시초가 외부에서부터 오며 이런 경우 행동하는 사람 또는 정념을 느끼는 사람은 이 시초에 전혀 관여하는 바 없다. 예를 들어 폭풍에 의해 어디론가 쓸려 가거나 권력으로 우리를 쥐고 있는 사람들에 의해 어디론가 붙들려 가는 경우가 여기에 해당한다"(NE III 1, 1110a1-4). 여기에는 행위자의 행위 인과성이 있는 것이 아니라 발생 인과성이나 다른 행위자의 인과성이 있다. 앞에서 예로 든 신체 동작은 어떤 경우에도 의도적인 것으로 묘사될 수 없다. 따라서 그것은 행위와 관계없다. 이러한 관찰은 혼란을 불러온다. 비자발성의 개념은 행위에도 적용되고 단순한 과정—예를 들어 어떤 사람이 실려 가는 과정—에도 적용되는가? 대답은 두 개의 개념과 관계가 있다는 데서 찾을 수 있을 것이다. 자발성의 개념은 다음과 같은 두 개의 필요충분조건 즉 〔1〕 행위의 근원이 행위자에게 있다는 것, 〔2〕 행위자가 자신이 무엇을 하는지 알고 있다는 것을 포함하고 있다. 이 두 조건 중 어떤 것이 충족되지 않으면 우리는 비자발성의 개념을 얻게 된다. 우리는 인지의 조건이 충족되지 않는 개념을 행위에 적용할 수 있다. 그러나 동작의 근원이 되는 조건이 행위자에게서 충족되지 않을 경우 그 개념을 행위에 적용할 수 없다. 비자발적인 행위는 인지의 조건이 충족되지 않을 경우의 행위이다. 운동의 근원이 행위자에게 있지 않을 경우 그것은 비자발성과 관계가 있으며 행위와는 관계가 없다.

120 더 큰 고통에 대한 두려움, 즉 도덕적 혹은 심리적 강제에 의해 이행된 행위는 자발적인 것인가? 예를 들어 "폭군이 어떤 이에게 범행을 명령하면서 부모와 자식을 볼모로 하는 경우, 그가 범행을 저지르면 가족이 살 것이고, 범행을 하지 않으면 가족들이 죽임을 당하는 경우가 있다. 이와 비슷한 예는 풍랑을 만난 배에서 갑판의 짐들을 배 밖으로 내던져야 할 경우가 있다. 아무도 자발적으로 짐을 버리지 않는다. 그러나 올바른 상식을 가진 사람이라면 누구나 자신과 다른 사람

들의 목숨을 구하기 위해서 그렇게 한다"(NE III 1, 1110a5-11) 여기에서 두 가지 관찰방식이 있다. 〔1〕 우리는 이 행위를 행위가 이루어지는 상황과 분리하여 관찰할 수 있다. 그러한 행위는 아무도 선택하지 않을 것이다. 그러한 행위가 자발적으로 이루어진다는 것은 생각할 수 없는 일이다. 〔2〕 우리는 행위자가 처한 상황을 고려할 수 있다. 그러면 짐을 바다에 던져버리거나 범행을 저지르는 것이 더 이상 문제 되지 않는다. 그보다는 행위자의 선택이 더 명백해진다. 즉 그는 짐을 버리는 것과 자기의 생명을 잃는 것, 또는 범죄 행위와 가족들의 죽음 사이에서 선택을 해야 한다. 배에서 짐을 버리기로 결정했을 경우 그것은 자신의 물건을 버리고자 한 것이 아니다. 그 행위의 목적은 자신의 생명을 구하기 위한 것이다. 그는 이 목적을 선택한 것이다. 그는 이 목적을 달성하기 위해 짐을 버린 것이다. 그러므로 행위 인과성이 있다.

더 큰 고통에 대한 두려움 때문에 어떤 행위를 했다면 그것은 정당 121
화될 수 있는가? 아리스토텔레스는 다음과 같은 네 가지의 가능성을 제시하고 있다. 〔1〕 행위에 상응할 정도의 큰 선을 위해 큰 손해를 감수하는 사람은 칭찬받는다. 예를 들어 독재자에 저항하면서 자신의 평화와 생명을 버리는 경우이다. 〔2〕 이러한 상응성이 없을 경우 그 행위는 비난받는다. 예를 들어 어떤 사람이 별로 중요하지 않은 일에 자기의 자유와 생명을 거는 경우, 또는 사소한 위협 때문에 중요한 일을 하지 않는 경우가 여기에 해당된다. 이 두 가지 경우에서 문제가 되는 것은 육체적인 선과 고통에 대한 고려이다. 이와는 반대로 다음의 두 경우는 고통을 면하기 위해 도덕적으로 그릇된 행위를 하는 것이다. 〔3〕 어떤 사람이 해서는 안 될 일을 했다. 그를 위협한 악의 힘이 너무 커서 인간 힘의 한계를 넘어섰다고 해서 우리는 그가 올바르게 행위했다고 말하지는 않는다. 행위는 처벌되나 그 사람은 처벌되지 않는다.

행위자가 그 상황에서 도덕적인 요구에 직면했으며, 그것은 인간의 힘의 한계를 넘어선 것이다.

〔4〕 아리스토텔레스는 제한적인 표현인 '아마도'라는 단어를 써서 어떤 경우에도 행위를 강요해서는 안 되며 그 행위를 하기보다는 죽거나 반드시 참고 견뎌야 하는 경우의 행위도 있다고 했다. 아리스토텔레스는 그 예로 어머니 살해를 들었다.

2. 행위 결과

122__ 어떤 도덕철학 이론과도 무관하게 우리의 일상적 의식은 '한 사람이 스스로 한 행위의 결과에 대해 책임이 있다는 것'을 인정한다. 도덕철학은 행위의 결과가 윤리적 평가에 있어 어떤 의미가 있는지에 관해 논쟁한다. 행위의 결과는 하나의 행위가 윤리적으로 옳고 그른지를 판단하는 유일한 기준인가? 아니면 결과 이외에 또 다른 관점이 있는가? 있다면 무엇인가? 이 논쟁이 어떻게 결론이 나든 간에 어떤 경우에도 행위의 결과는 행위의 도덕적 평가에 있어 아주 중요한 의미가 있다. 그러므로 이 개념을 설명하는 것이 꼭 필요하다.

123__ 행위는 인과성의 한 형태이다. 행위자는 신체의 움직임을 통해 세계의 발생 맥락에 관여한다. 여기에서부터 첫 번째 넓은 의미의 '행위 결과'라는 개념이 나온다. 즉 행위의 결과란 행위가 발생하지 않았다면 진행되지 않았을 모든 변화 혹은 상태, 즉 행위가 필요조건이 되는 것을 말한다.

행위 결과에 대한 이 개념에 의하면 스탈린이나 히틀러의 범죄는 부모에게 귀책된다. 부모가 그들을 낳지 않았다면 그들의 범죄가 발생하지 않았을 것이기 때문이다. 누군가가 나와 함께 있다가 교통사고로 죽었다. 나는 교통신호를 잘 지켰고, 사고에 대해 어떤 잘못도 저지르지 않았다. 그럼에도 나의 행동은 사고의 필요조건이다. 내가 그와 함께 가지 않고 집에 있었다면 그런 사고가 생기지 않았을 것이다.

이러한 예들을 보면 위의 정의에 따른 결과의 개념이 너무 광대하다 124
는 것을 알 수 있다. 행위의 도덕 판단을 위해서는 예측 가능한 결과만이 의미가 있다. 무엇보다 어느 정도까지 부정적인 결과를 예측할 수 있는지 그리고 예측할 수 있었는지를 물어야 한다. 행위자가 행위 결과를 실제로 예측했는가? 일반적인 지식 수준에서 보아 결과를 예측할 수 있었는가? 행위자는 왜 일반적인 지식 수준에 도달하지 못하는가? 행위 결과를 예측하지 못했던 것이 행위자의 책임인가? 행위자는 결과를 예측했어야만 했는데 못한 것인가? 필요한 지식을 갖추지 못한 것이 행위자의 책임인가? 행위자는 사태가 얼마나 중요한지 알고 있었는가? 행위의 결과를 조망할 수가 있었는가? 지금까지 알려지지 않았던 결과를—예를 들어 새로운 기술의 적용으로—예측했어야만 했는가? 여기에서 다음의 구별이 중요하다. ① 부정적인 결과가 발생한다는 것을 알지 못했다. 현재의 지식 수준으로는 어떠한 부정적 결과도 알려져 있지 않았다. ② 어떤 부정적인 결과도 발생할 수 없다는 것을 알았다. 현재의 지식 수준으로 부정적 결과가 확실히 배제될 수 있다. ①과 ②는 구별된다. 문제가 되는 선이 더욱 기본적인 것일수록(예를 들면 인간 생명의 생태학적인 전제), 부정적 결과가 더욱 확실히 배제되어야 한다. 한스 요나스[《책임의 원칙》(*Das Prinzip der Verantwortung*), 1979]는 이러한 요구를 충족시키기가 얼마나 어려운지를 다음과 같이 지적했다. 기술의 가능성과 결과에 대한 우리의 예측 사이에는 커다란 심연이 있다. 그는 가까운 예측과 가까운 예측에 따른 안전성이 도저히 접근할 수 없는 먼 예측을 구별한다. 그는 어떤 전산 기술로도 측정할 수 없을 정도로 사회적 · 생물학적 범위 전체가 복잡하다는 것을 이 불확실성의 이유로 든다. 이 불확실성 때문에 기술의 발전에 따르는 부정적인 결과들을 반박할 가능성이 생긴다. 요나스는 새로운 기술의 가능성과 먼 미래의 결과에 대한 예측 사이의 갭에서 새로운 도덕적 정언명법을 제시한다. 즉 행위 결과의 비인지성을 인정해야 하며, 그 이면에 사태의 중요성을 알아야 할 의무가 있다는 것이다.

125 예측 가능한 결과는 행위의 동기에서 나온 결과와 대가를 치르기로 한 결과(의도된 결과의 부작용 혹은 부수 작용)로 나눌 수 있다(짐을 바다에 버리는 사람의 예와 비교). **행위의 동기에서 나온 결과**(생명을 구하는 것)는 행위의 필요조건이다. 이때 행위는 결과를 위해 실행된다. 행위자가 결과를 달성하려 하지 않았다면 행위는 실행되지 않았을 것이다. **대가를 치르기로 한 결과**(짐을 잃어버리는 것)는 동기에서 나온 결과의 부수 작용으로 예측할 수 있고 긍정된다. 그러나 행위자는 결코 이 부수 작용을 목적으로 행위를 실행하지는 않는다. 이 문제에 관해 몇 가지 예를 들어 구분하면 다음과 같다.

㉑ X는 Y에게 진통제를 주는데, 이는 동시에 Y의 생명을 단축시킨다. 그의 목적은 Y의 고통을 완화시키는 것(행위의 동기에서 나온 결과)이며 이에 따른 부수 작용은 생명을 단축시키는 것이다.

㉒ X는 Y에게 진통제를 주는데, 이는 동시에 Y의 생명을 단축시킨다. 그는 비밀이 폭로되는 것을 막기 위해(행위의 동기에서 나온 결과) Y의 생명을 단축시키려고 한다. 부수 작용은 통증의 완화이다.

㉓ X는 Y에게 진통제를 주는데, 이는 동시에 Y의 생명을 단축시킨다. 그는 Y의 고통을 덜어주기 위해 Y를 죽이려고 한다.

㉔ X는 Y에게 진통제를 주는데, 이는 동시에 Y의 생명을 단축시킨다. 그는 Y의 고통을 덜어주기 위해 Y를 죽이려고 한다. 기대와는 달리 Y는 진통제를 맞고도 살아남았고 동시에 통증이 확실히 완화되었다. X는 다시 진통제를 주사하지 않았다.

이 예들은 오로지 행위이론적인 측면에서 고려되어야 한다. 문제가 126
되는 것은 서로 다른 행위가 다루어지는가이다. 가치 평가의 문제는
확정지어 말할 수 없다. 행위가 서로 다를 경우에만 서로 다른 가치
평가를 내릴 수 있다. 우선 ㉑과 ㉒의 예를 보자. 여기에는 각각 서로
다른 동기에서 나온 행위 결과들이 있다. 즉 ㉑에서는 고통의 완화이
고 ㉒에서는 생명의 단축이다. 행위의 동기에서 나온 결과들이 다르기
때문에 두 행동 유형도 서로 다르다. ㉑에서 X가 고통을 완화시키고자
하지 않았더라면 생명을 단축시키는 약을 주지 않았을 것이다. ㉒에서
는 그가 생명을 단축시키려고 하지 않았더라면 그 약을 주지 않았을
것이다.

이와 반대로 두 행위의 외적인 진행은 동일하다는 반론이 제기될 수 127
있다. X가 상이한 의도를 가지고 있었다는 것은 알아차릴 수 없다. 따
라서 행위의 동기에서 나온 결과는 두 사람에게 물어보아야 알 수 있
는 전적으로 주관적인 것이다. 이러한 반론에 대해 행위의 동기에서
나온 결과에 객관적인 기준이 있다고 대답할 수 있다. 예를 들면 〔1〕
목적과 수단에 대한 고려의 출발점이 다르다. ㉑에서는 통증 완화의
측면에서 목적이 고려된다. 이에 상응하여 약이 선택되고 조제된다.
이와는 달리 ㉒에서는 확실히 생명을 단축시킬 수 있는 수단을 찾는
다. 〔2〕 행위의 동기에서 나온 결과는 포괄적인 목적의 맥락 속에 있
다. ㉑의 경우에 해당되는 기준은, 예를 들면 의사가 호스피스 운동에
참가하고 있다는 것이다. ㉒에서는 의사가 마피아와 모종의 관계에 있
을 때이다. 〔3〕 무엇을 행위의 성공과 실패로 간주해야 하는가? X는
어떤 전제하에서 행위를 반복할 것인가? 행위를 실행할 때 새로운 상
황이 나타날 수 있다. ㉑에서 약은 환자의 몸에 부담을 주어서 죽음에
이르게 하지만 기대했던 정도로 통증을 완화시키지 못한다. ㉒에서 약
은 통증을 경감시키지만 생명 단축의 작용은 기대했던 것보다 미미하

다. 의사는 그의 조치를 어떤 방향에서 수정할 것인가? 만약 통증이 기대와 달리 줄어든다면 약을 끊거나 줄일 것인가? 아니면 환자가 죽음에 이를 때까지 약을 줄 것인가?

128 그러면 이제 이러한 전제들로부터 ㉑, ㉓, ㉔의 예를 살펴보자. 이 세 가지 예에는 아무런 차이가 없는 것처럼 보인다. 결과는 통증 완화와 생명 단축으로 동일하다. 행위의 동기에서 나온 결과는 세 경우 모두 통증 완화 내지 더 이상의 고통을 덜어주는 것이다. 각각의 경우에 모두 해당되는 것은 X가 Y에게 불필요한 고통을 덜어주려고 하지 않았더라면 X는 Y에게 진통제를 주지 않았을 것이라는 점이다. 이는 ㉔에서 의사가 치명적인 주사를 반복해서 놓지 않았다는 점에서 확실히 알 수 있다. 환자는 더 이상 통증이 없었고 의사가 한 행위의 목적이 달성되었다. 세 경우 모두 고려의 출발점은 어떻게 하면 그 상황에서 환자의 고통을 덜어줄 수 있는가이다. 따라서 이 행위들 사이에는 차이가 없는 것처럼 보인다. 이 문제에 대해 확실히 알아보기 위해 다른 분야에서 두 가지 예를 들어 살펴보기로 하자.

㉕ X는 기업인 Y의 5,000유로짜리 수표를 위조하여 콜롬비아의 아동구호 사업을 도와주었다.

㉖ X는 기업인 Y에게 5,000유로의 기부금을 부탁하여 콜롬비아의 아동구호 사업을 도와주었다.

행위의 동기에서 나온 결과는 물론 같은 것이다. 두 경우 모두 콜롬비아의 아동을 도와주고자 하지 않았더라면 이러한 행위를 하지 않았을 것이다. 결과 또한 동일한 것이다. 즉 두 경우 모두 Y가 소유한 동일한 액수의 돈이 X에 의해 콜롬비아의 아동들에게 보내졌다.

129 우리의 질문은 이것이 서로 다른 행위인가이다. 이를 다음과 같이 다르게 표현할 수도 있다. X는 ㉓과 ㉔에서 무엇을 하였는가? 그는 고통을 줄였는가 아니면 환자를 죽였는가? X는 ㉕에서 무엇을 하였는

가? 그는 수표를 위조하였는가 아니면 콜롬비아의 아동들을 도와주었는가? 행위의 동기에서 나온 결과(동기)는 일반적인 행위를 서술할 뿐이며, 그 행위를 충분히 상세하게 서술하지는 않는다. 동기는 행위자가 의도한 모든 것을 포함하지는 않는다. 행위에 대한 서술은 선택된 방식과 선택된 수단 또한 포함해야 한다. 동기는 도달해야 할 선과 관계가 있다. 수단은 선을 위해 치를 준비가 되어 있는 대가를 분명하게 보여준다. 이때 비로소 도덕적 판단이 가능해진다. 동기와 의도는 구분되어야 한다. 동기는 행위에서 추구되어야 할 목표이며 실제적인 고려의 출발점이다. 동기는 목표가 어떻게 달성되어야 하는가에 대해 결정을 내리지 않는다. 이에 비해 의도는 목표 이외의 수단까지도 포함한다. 나는 언제나 의도를 근거로 하여 행위할 수 있으며 결코 동기를 근거로 하여 행위할 수 없다. 나는 어떤 단계를 거쳐 목표에 도달할 수 있는지를 알 때, 내가 어떤 단계를 우선적으로 실현할 때 그리고 내가 그 단계들을 취하기로 결정할 때에만 행위할 수 있기 때문이다. 목표가 달성된다는 것은 필요조건이기는 하지만 의도의 충족을 위한 충분조건은 아니다. 의도는 목표가 의도된 방식으로 달성되었을 때에만 실현되는 것이다. ㉔에서 의사는 자신의 목표를 달성했지만 의도는 실현되지 못했다.

행위는 다양한 법칙을 통해 그 결과와 연결되어 있다. **관습**: A는 특 130
정한 상황에서 그의 이름을 쓴다. **물리적 법칙**: B는 다리 위에서 차들이 빽빽하게 달리는 고속도로에 돌을 던진다. **화학적 법칙**: 의사가 처방하는 약에는 특정한 부작용이 있다. **경제적 법칙**: C는 그의 영업 행위를 통해 경쟁자를 파산시켰다. 행위와 그 결과가 연관되는 방식에 대해서는 특별한 언급이 필요하다. 결과와 행위의 연관은 제3자의 행위를 통해 이루어진다. A가 한 행위의 결과는 B의 행위를 매개로 해서만 일어난다. 여기에는 A가 (그의 성격이나 심리적 규칙성들을 근거로 하여) B의 태도를 예견하고 있다는 것이 전제되어 있다. 짐은 스스로 인질 중 한 명을 쏨으로써 피터가 아무런 잘못이 없는 20명의 인질을 쏘지 않도록 해야만 한다(§ 359 참조). 짐은 이를 거부하였고 피터는 인질 20명을 쏘았다. 이 경우 문제가 되는 유일한 측면은 인질 19명의 죽음이 제3자의 행위와 연계되지 않은 결과가 문제가 되는 경우에서와 마찬가지 방식으로 짐의 행위에 대한 평가를 위해 중요한 것이었는가이다. 이는 분명히 부정되어야 한다. 20명의 죽음에도, 구출에도 인과관계가 없다. 부정적인 혹은 긍정적인 작용은 제3자, 즉 피터의 행위와 결정을 통해 짐의 행위와 연관되어 있다. 그러므로 우리는 짐이 19명을 도왔다고도 말할 수 없고 20명의 죽음을 불러왔다고도 할 수 없다. 인질들을 죽이거나 살리는 것은 피터이다. 짐에게 주어진 대안은 한 사람을 죽이고 19명을 살리는 것이 아니라 그와는 독립적인 행위자인 피터가 다른 19명을 죽이지 않을 거라는 기대에서 한 사람을 죽이는 것이다. 또는 피터가 20명을 죽일 것이라는 두려움 속에서 타인을 스스로 죽이지 않는 것이다. 고메즈-로보(Gomez-Lobo 2002, 49면 이하 참조). 짐이 인질 하나를 죽이지 않는다 하더라도 그가 20명의 죽음에 인과적인 책임이 있는 것은 아니다. 그가 아니라 피터만이 살인자이다. 그러나 짐이 피터의 행위를 막을 수 있었음에도 막지 않았다는 의미에서 부정적인 인과적 책임이 있다고 말할 수 있는 것은 아닌가? 이에 대해서는 § 376에서 자세히 다루기로 하겠다. 대립된 입장에서의 부조리한 결과는 다음 예에서 잘 나타난다. C는 전체주의 국가에서 살고 있다. 그는 인권을 위해 투신하고 정부를 비판하는 것이 상황을 개선하는 유일한 가능성이라고 생각한다. 이때 그가 예상할 수 있는 것은 자기의 생명이 위태롭다는 것이다. 우리가 위에서 본 차이가 도덕적으로 중요하지 않다고 본다면 C가 그의 생명을 잃는 것은 자기의 책임이라고 판단해야만 한다. 그럼에도 나의 책임은 나 때문에 야기된 인과관계의 사슬에 제한되며 나는 어떤 경우에도 다른 사람의 행위에 책임이 없다고 일반적으로 주장할 수 없다. 교도관의 부주의로 성 범죄자가 교도소를 탈출했다면 의심할 바 없이 담당 공무원은 새로운 범죄에 대해서 공동 책임이 있다. 어떤 경우에 그리고 어떤 대가를 치를 때 다른 사람의 행위를 막아야 할 도덕적 필연성이 있는가?

3. 작위와 부작위, 행동과 방임

131 작위와 부작위의 구분은 의학 윤리에서 죽이는 것과 죽게 내버려두는 것의 구분에서 중요하게 대두되는 문제이다. 이는 특히 안락사를 도와주는 것과 심한 장애가 있는 신생아를 진료하지 않는 것에 대한 토론에서, 그리고 부유한 국가와 가난한 국가의 상황에서 문제가 되고 있다. 내가 굶주린 사람들을 구하기 위한 구호기구에 기부금을 내지 않는다면 나는 가난한 나라의 한 사람을 죽이는 것인가?

132 우선 용어에서 부작위와 허용하는 것은 구별되어야 한다. 부작위는 ① 해야만 하고 할 수 있는 것을 하지 않는 것, ② 해서는 안 되고 할 수 없는 것을 하지 않는 것을 의미한다. 이 두 경우 모두 행위가 전에 있는가 없는가에 대해서는 가능성이 열려 있다. ②의 의미는 해서는 안 될 일을 하지 않으며 결코 도덕적으로 잘못된 행동을 하지 않을 때 아무런 문제가 되지 않는다. 이때 부작위는 그것이 행위인지 아닌지와는 관련이 없다. 그러나 이러한 문제가 ①의 경우에는 어떻게 결정될 것인가? 이때 기준이 되는 것은 행위자가 했어야만 하고 할 수 있어야 했다는 것을 알았는가, 그리고 그것을 하지 않겠다고 결정했는가이다. 행위자가 그것을 알고 있었고 하지 않겠다고 결정했다면 그것은 하나의 행위이다. 행위자가 둘 중 하나 혹은 둘 다를 몰랐다면 그것이 (행

위자에게) 책임이 있는 무지(§ 118 참조)인지를 물어야 한다. 이와 관련하여 부작위에 대해 도덕적인 평가를 내릴 것인지 결정해야 한다.

133__ 이에 비해 허용은 어떤 경우에도 하나의 행위이다. 여기에서 '행위'라 함은 상위 개념이며 이 상위 개념 안에서 행동과 허용이 구분된다. 허용이란 어떤 발생이 행위의 동기에서 나온 결과로서 의도된 것일 때를 의미한다(예를 들면 어떤 이의 죽음). 행동과 허용의 차이는 이 발생이 어떤 방식으로 일어나게 되었는지에 따라 나타난다. 허용의 경우 행위자는 의도한 결과에 이르는 인과관계에 개입할 수 있음에도 개입하지 않는다. 따라서 행위자는 행동하지 않음으로써 의도한 결과에 도달한다. 여기에서 다음과 같은 문제, 즉 한 사람의 죽음과 같은 나쁜 일이 행동을 통해 일어나는가, 혹은 행동하지 않는 것을 통해 일어나는가 하는 것이 도덕적인 차이를 의미하는가의 문제가 제기된다.

134__ 허용이란 행동하지 않는 것을 통해 의도한 결과를 일으킨다는 진술은 더 세분화될 필요가 있다. 다음과 같은 예를 살펴보자(Bennett 1995, 67면). ① 자동차가 언덕을 굴러 내려가 절벽을 향해 가고 있다. 안나는 돌멩이를 자동차가 가는 길목에 놓아서 차를 세울 수 있다. 하지만 그렇게 하지 않는다. ② 자동차가 언덕을 굴러 내려가 절벽을 향해 가고 있다. 돌멩이가 길에 놓여 있고 그것이 차를 세울 수도 있다. 그러나 안나는 돌을 차버린다. 이 두 가지 경우 안나는 불행을 야기하지 않았다. 그녀는 자동차가 굴러가도록 밀지 않았다. 그러나 그녀는 불행을 허용하였다. 첫 번째 경우에는 하나의 행위인 행동하지 않는 것을 통해 그리고 두 번째 경우에서는 행동을 통해서였다. 이때 행동하지 않는 것과 행동한 것은 도덕적으로 차이가 있다고 평가할 수 있을까?

135__ 이 문제를 해결하기 위해서는 다음 두 가지를 구분해야 한다. ① 도덕적인 평가와는 무관하게 순수한 서술적 · 행위이론적 측면에서 행동과 허용의 구분을 개념적으로 분명히 규정할 수 있는가? 이에 대해서

는 이미 답이 주어져 있다. 즉 행동의 경우 행위자에 의해 과정이 유발되는 반면, 허용의 경우 행위자는 자신이 개입할 수 있고 개입할 수 있다는 것을 알고 있음에도 다른 원인으로 일어난 과정에 개입하지 않는다. ② 서술적으로 파악 가능한 이러한 차이는 도덕적으로 어떻게 평가될 수 있는가? ㉑ 인과성에서 차이가 나기 때문에 행위자가 허용에 대해서보다 행동에 대해서 더 많은 책임이 있다는 의미에서 볼 때, 이 차이는 그 자체로서 그리고 언제나 도덕적으로 중요한 것인가? 표시이론(Signifikanzthese)은 이 질문에 '그렇다'로, 대등이론(Äquivalenzthese)은 '아니오'로 대답한다. ㉒ 또는 이 차이는—절충이론에서 주장하듯이—그 자체로서가 아니라 특정한 맥락에서 특정한 상황하에서 도덕적으로 중요한 것인가? 절충이론을 위해서는 부정적인 의무와 긍정적인 의무의 구별에 대해(§ 298–301 참조) 논쟁을 할 수 있을 것이다. 즉 행동을 통해 부정적인 의무가 방해를 받고, 행동하지 않는 것을 통해 긍정적인 의무가 방해를 받는다. 살인을 하지 않아야 한다는 부정적인 의무는 생명을 유지해야 한다는 긍정적인 의무보다 더 무겁다. 부정적인 의무는 긍정적인 의무와는 달리 어떤 경우에도 실현되어야 한다. 부정적인 의무는 단지 부작위를 규정하기 때문이다. 이 문제는 다음과 같은 네 가지 사례를 통해 토론될 것이다(Zimmermann-Acklin 1997, 4장 참조).

• **사례 1**: 1996년 6월 취리히에서 한 의사가 부주의로 사람을 죽게 136
해 집행유예 14일을 선고받았다. 그는 왕진을 가서 환자를 자세히 진찰하지 않고 나팔관 임신이라는 사실을 간과해 다음날 결국 환자가 사망하였다.

여기에서 우리는 행동하지 않는 것과 허용하는 것의 예를 볼 수 있다. 의사는 환자를 죽게 할 의도가 없었다. 그는 환자를 철저하게 진찰하는 행위를 하지 않았던 것이다. 환자의 사망에 대한 충분조건은 나팔관 임신이었다. 그러나 의사는 이 진행 과정을 종료할 수 있는('할 수 있는'이란 능력과 기회 모두를 가리키는 이중적인 의미) 유일한 사람이라는 점에서 이 진행 과정에 인과적으로 관여되어 있다. 의사가 행동하지 않았던 것은 환자의 죽음에 대한 필요조건이다. 그가 환자를 세심하게 진찰하고 진료를 했더라면 환자는 죽지 않았을 것이다. 행동하지 않는 것은 도덕적 판단의 기초가 된다. 왜냐하면 의사는 그가 환자를 세심하게 진찰해야 하고 그렇게 할 수 있다는 것을 알고 있기 때문이다.

137 • **사례 2**: 어떤 아이가 태어날 때부터 심각한 척추 손상에 폐렴 증상이 있었고, 그 결과 사망하였다. 의사들은 항생제를 쓰면 폐렴이 쉽게 치유된다는 것, 즉 단순한 수단으로 아이의 죽음을 막을 수 있다는 사실을 알았음에도 적절한 시도를 하지 않았다. 즉 그들은 아이가 죽게 내버려둔 것이다.

인과관계(외연적 서술)는 사례 1과 같다. 폐렴은 아이의 죽음에 대한 충분조건이고 의사가 아무런 개입을 하지 않은 것은 필요조건이다. 그러나 이때 의사의 행위는 얼마나 고의적으로, 즉 의도를 고려하여 서술될 수 있는가? 여기에서 나는 두 가지 가능성을 본다. ① 행위 동기에 의한 결과는 아이의 죽음이다. 그러나 이 결과는 행동이 아니라 행동하지 않아서 초래되었다. 행동하지 않는 것은 죽이는 것과 마찬가지로 목적을 위한 수단이다. 그리고 이 수단은 주사 한 대를 놓아 죽이는 것과는 달리 아이에게 더 큰 부담을 주는 것이다. ② 의사는 환자를 도와야 할 의무가 있다는 점에서 출발해보자. 의사가 아이의 폐렴을 치료하지 않으면 이 의무를 어기는 것인가? 의사는 폐렴을 치료할 수 있다. 그에게는 그렇게 할 수 있는 능력과 기회가 있다. 그러나 의사에게 폐렴을 치료해야 할 의무도 있는 것일까? 그에게 어떤 대가를 치르더라도 인간의 생명을 연장해야 할 의무가 있는 것일까? 이로써 우리는 다시금 '할 수 있음'이라는 문제로 돌아오게 된다. 그는 이러한 상황에서 아이를 도울 수 있는가? 그가 할 수 있는 유일한 일은 아이의 고통을 연장하는 것이다. 그가 폐렴을 치료하면 그는 아이의 고통을 연장시킬 것이다. 의사는 폐렴을 치료하는 행위를 하지 않았고 그럼으로써 아이의 죽음을 허용하였다. 그는 부정적인 결과가 따르는 행위, 즉 그가 할 수 있지만 해서는 안 되는 무엇인가를 하지 않았다. 따라서 우리는 여기에서 긍정적으로 평가해야 하는 부작위와 관련되어 있다. 그는 아이의 고통을 연장하는 행위를 하지 않았다. 그리고 아이의 죽음을 감수하였다. 그가 아이의 죽음을 허용한 것은 그가 아이의 죽음을 감수하는 방식을 통해서만 아이가 더 오래 고통 받는 것을 막을 수 있었기 때문이라는 것을 의미한다.

• **사례 3**: 뇌를 심하게 다친 환자가 얼마 전부터 식물인간 상태로 138
중환자실에 누워 있다. 상태는 좋아지거나 변화할 전망이 없으며 인공호흡을 하고 있다. 이 환자의 담당 의사는 가족들과 협의한 후 인공호흡기의 작동 스위치를 끄기로 결정하였다. 의사는 인공호흡기를 작동시키지 않으면 환자가 사망할 가능성이 아주 크다는 것을 분명히 알고 있었다.

사례 2와 마찬가지로 여기에서도 환자는 질병, 즉 호흡중추의 장애로 인해 사망하게 된다. 사례 3은 의사가 특정한 행동 즉 인공호흡기를 끄는 행동을 한 것이며, 사례 2는 의사가 진료를 하지 않은 것이 두 경우의 차이라고 할 수 있다. 만약 사례 3에서 약간의 변화가 주어진다면, 즉 기계를 매일 아침 다시 켜야만 하는 것인데 어느 날 아침, 의사가 기계를 다시 켜지 않은 경우라면 이런 차이는 사라지게 된다. 사례 2는 치료가 전혀 시작되지 않은 반면, 사례 3은 치료의 성공을 전혀 기약하지 않는, 한번 시작된 생명 연장의 조치가 중지된 것이다. 여기에서도 의사가 환자를 도와야 할 의무가 있는지를 물어야 한다. 이러한 의무는 도움이 가능한 경우에만 존재하며 사례 2와 마찬가지로 사례 3도 도움의 가능성은 거의 없다.

139— • **사례 4**: 후두암 말기 환자가 죽어가고 있고, 통증 치료로는 더 이상 치료할 수 없는 극심한 고통으로 괴로워하고 있다. 그는 며칠 내에 죽을 것이 확실하다. 그러나 그는 주어진 상황에서 더 살기를 원하지 않았으며 결정 능력이 있을 만큼 의식이 또렷할 때 가족들의 동의하에 의사에게 치명적인 주사를 놓아 자신의 생을 마치게 해달라고 부탁했다. 이 예를 든 제임스 레이철스(James Rachels, 1986, 107-111면)에 따르면 이런 상황에서 의사에게는 세 가지 가능성이 있다. 의사는 환자에게 치명적인 주사를 놓아줄 수 있다. 또는 의사가 진료를 중단해서 하루 정도 지난 다음 환자가 죽게 할 수 있다. 또는 환자가 5일 정도 살 수 있도록 생명을 연장하는 조치를 취할 수 있다. 세 번째 가능성은 아마 아무도 선택하지 않을 것이다. 행동과 방임 사이의 구별이 도덕적으로 중요하다고 여기는 사람은 두 번째 가능성을 지지할 것이다. 레이철스는 그것을 모순적이라고 본다. 즉 환자의 죽음은 이미 결정된 것인데 죽음을 구체화할 수 있는 두 가지 가능성 중에서 더 큰 고통을 유발하는 경우를 선택한다는 것이다. 레이철스에 따르면 죽음에 이르게 하는 것보다 죽이는 것이 더 우선이다. 이러한 결정을 실행에 옮기는 것이 더 인간적인 방법이라는 것이다. 이 예에서 우리는 행동(죽임)과 방임(죽도록 둠) 사이의 구분이라는 도덕적 문제에 첨예하게 직면한다.

레이철스의 입장은 한스 요나스의 입장과 대립한다. 즉 "환자를 죽이는 역할은 절대로 의사에게 주어지는 일이 아니다. 어떠한 경우에도 그러한 권리가 그에게 없다. 그럴 경우 사회 내에서 의사의 역할은 위협을 받거나 없어질 수 있기 때문이다. 적극적인 살인이 의사의 직업적 과제에 속해서는 안 되는 것이다. 치료하는 사람, 고통을 덜어주는 사람이라는 기존의 역할에서 더 나아가서는 안 된다. 환자는 결코 그의 의사가 자신의 사형집행인이 될까봐 두려워하는 일이 있어서는 안 된다." 예외적인 상황들은 생명 보호를 무너뜨릴 것이다. 그것은 살인에 대한 사람들의 입장을 변화시키는 발걸음, 즉 살인의 수단이 "특정한 긴급 상황을 끝내기 위해 일상적으로 사용할 수 있는 길"을 향해 내딛는 발걸음이 될 것이며 살인에 대한 생각과 실천에 급진적, 누적적으로 익숙해질 것이다(Jonas 1993, 72면). 살인의 직접적인 의도는 "의사의 무기고 안에 틀에 박힌 진료처럼 자리를 잡게 될 것이다"(Jonas 1993, 69면). 요나스의 논점은 댐을 무너뜨리는 것과도 같이 수많은 논쟁을 불러일으킨다. 우리가 이런 긴급 상황에서 살인의 수단을 사용한다면 왜 다른 긴급 상황에서도 그렇게 하지 않겠는가? 우리가 처음 사용을 허용하고 나면 이처럼 극단적인 경우만으로 제한시킬 수 없는 수단을 택하게 되는 것이다.

4. 인간의 행위와 인간적 행위

140 이제까지 알아보았던 개념들을 정리해볼 때 행위는 다음과 같이 서술할 수 있다. 즉 행위는 하나의 변화인데 그것의 시작은 하나의 목적을 상상하는 것으로부터 규정된 이끌림이다(§ 117 참조). 여기에서 강조되어야 할 것은 목적의 인과성이다. 행위를 하는 존재는 하나의 운동을 이행하는데, 그가 무엇인가를 욕구하기 때문이다. 나는 여기에서 특별히 인간에게 해당되는 행위 또는 도덕적 판단의 일차적 대상인 도덕적인 행위의 개념을 발전시켜 보고자 한다. 전통적으로 인간적인 행위 혹은 도덕적 행위를 인간적 행위(actio humana)라 하고 이를 인간의 행위(actio hominis)와 구별한다(S.th. 1-2 q.1 a.1). 존 서얼[1983(1991, 113-115면)]은 행위 이전에 형성되는 의도(선행 의도)와 이에 해당되지 않는 의도(행위 의도)를 구분한다. 서얼은 행위 의도는 있으나 선행 의도가 없는 두 종류의 행위가 있다고 하였다. 첫 번째 행위는 즉흥적인 행위

이다. 나는 이 자리에 서서 행위이론에 대해 말하고 있다. 그런데 갑자기 나는 교탁을 떠나 연단 위를 왔다 갔다 한다. 누군가가 보란 듯이 신문을 읽고 있다. 나는 강연을 중단하고 화를 낸다. 서얼에 따르면 이것은 의도적인 행위이다. 그러나 이는 선행 의도를 필요로 하지 않는다. 두 번째 종류의 행위는 '부수 행위'이다. 부수 행위는 선행 의도에 나타나 있지 않으나 그럼에도 의도적으로 실행된다. 나는 슈타른베르거 호수로 갈 선행 의도를 가지고 있다. 탈키르헨에서 이자르탈 거리를 떠나 17도 경사의 11번 국도를 가며 자전거의 가장 낮은 기어를 작동시킨다. 서얼의 이론에 의하면 내가 슈타른베르거 호수로 가려는 의도를 가졌을 때 위의 행위는 의도적인 것이라고 한다. 그럼에도 나는 이에 대해 조금도 생각지 않았다. 인간의 행위는 선행 의도로부터 기인한다. 반면에 인간의 행위는 행위 의도에 의해서만 진행된다.

선행 의도가 있는 곳에는 행위 의도도 있으나(즉 부수 행위에서), 행위 의도가 있다고 해서 항상 선행 의도가 있는 것은 아니다. 토마스는 인간적 행위를 숙고한 의지에 의해 발생하는 행위들로 규정한다. 여기에서 넓은 의미의 행위 개념에서 두 가지 점이 강조된다. 즉 그것은 더 이상 단순히 이끌림(inclinatio)에 관한 것이 아니고 의지에 관한 것이다. 상상의 개념은 숙고의 개념에 의해 더 자세히 규정된다.

141 여기에서 관련 용어를 전부 개관할 수는 없다. 인간적 행위에서 중요한 역할을 하는 세 가지 개념은 의도, 결정, 동기이다. 나는 용어 설명에서 시작하지 않고 아리스토텔레스까지 거슬러 올라가며 지금까지도 계속해서 현실성이 있고 칸트의 행위이론의 배경이 되기도 하는 도식, 즉 실천적 삼단논법에서 시작하고자 한다. 아리스토텔레스의 실천적 삼단논법의 예 중 하나는 다음과 같다. ① 나는 덮을 것이 필요하다. ② 외투는 덮을 어떤 것이다. ③ 나는 외투가 필요하다.

① 내가 필요로 하는 것은 생산되어야 한다. ② 나는 외투가 필요하

다. ③ 외투는 생산되어야 한다(《동물의 운동에 관하여》(*de motu animalium* 7, 701a17-19). 중요한 것은 또다시 목적론적인 행위의 구조이다. 실천적 숙고의 시초에는 욕구가 있다. 숙고와 그에 상응하는 활동을 하게 하는 것은 바로 이 욕구이다. 왜 A는 외투를 생산하는가? 덮을 것이 필요하기 때문이다.

우리는 삼단논법의 대전제뿐만 아니라 결론 또한 '의도'로 표현할 수 있다. 토마스는 첫 번째 의미, 즉 대전제에 서술된 목적의 욕구로 의도(intentio)를 사용한다. 이 목적에는 하나의 수단이 따라야 한다. 의도는 다른 인간적인 능력이 목적을 향해 움직이도록 하는 의지의 행위이다(S.th. 1-2 q.12 a.1). A는 외투를 생산한다. 이러한 행위로 그는 어떤 의도를 이루려 하는가? 대답은 대전제에 주어져 있다. A는 다른 의도, 예를 들면 외투를 판다든가 누군가에게 선물할 수도 있다. 우리가 결론을 의도로 표현한다면 '의도'(여기에서 우리는 의미의 차이 없이 '결정'이라는 용어를 사용할 수 있다)는 실행된 행위와는 반대되는 개념이다. 아리스토텔레스는 결론이 행위와 일치한다고 주장하고 있기는 하나 그것이 필수적인 것은 아니다. A는 외투가 필요한데 지금은 다른 일을 하고 있기 때문에 외투 생산을 겨울이 오기 직전까지 미루고 있다고 말할 수도 있다. A는 중간에 자기의 결정을 바꿀 수도 있다. 겨울이 아주 따뜻해서 어쩌면 새 외투 없이도 겨울을 날 수 있을지도 모른다.

실천적인 숙고는 두 가지 관점을 향해 있는데 하나는 목적성이고 다른 하나는 가능성이다. 목적성이란 대전제에 표현된 욕구를 충족시키기 위해 합당한 수단을 찾아야만 한다는 것이다. 그러고 나서 내가 양복을 재단할 수 있는지, 양복을 만드는 데 필요한 옷감을 마련할 수 있는지 등의 가능성이 있는지 묻게 된다. 내가 불가능하다고 여기는 내용의 결론에 도달하면 숙고는 결단과 행위로 이어지지 않는다. 내가 옷감을 살 돈이 없으면 나는 내 욕구 충족을 포기해야 한다. 숙고를 거쳐 내 스스로 실현할 수 있다는 결론에 도달할 때에만 행위를 할 수 있을 것이다.

5. 생산과 행위, 일과 행위

142 그러나 하나의 외투를 생산하는 것이 인간적 행위라는 의미에서의 행위인가? 아리스토텔레스는 이러한 맥락에서 '행위'(praxis)라는 말을 사용하고 있으나 '생산'(poiesis)이라고 하는 것이 더 낫지 않을까? 이 질문에 대답하기 위해 공작과 행위의 차이를 분명히 해야 한다. '생산'이라는 단어는 예 "외투를 생산해야 한다"에 나온다. 이 예는 생산의 두 가지 특징을 보여준다. 즉 ① 생산의 목적은 하나의 생산물 즉 생산자에 의한 여러 가지 물건들 중 하나인 외투이다. ② 이 생산물에는 중간 목적 혹은 수단의 성격이 있다. A는 자기가 입기 위해 외투를 생산한다.

②를 좀더 살펴보자. 중간 목적이나 수단은 실천적인 삼단논법의 전제들 중 하나이다. A가 외투를 필요로 하는 것은 다음 순서를 고려하기 위한 출발점이다. 그러나 중간 목적은 가장 상위의 전제는 아니다. 우리는 그에게 왜 외투가 필요한지 물을 수 있고 이 질문을 오래 계속해서 더 이상의 질문을 무의미하게 만드는 대답을 얻을 수 있다. 이런 대답 중 가장 진부한 형태는 예를 들면 "그가 행복하기를 원하기 때문에"라는 것이다. 그러면 그가 왜 행복하기를 원하는지 묻는 것이 아무런 의미가 없다. 실천적인 삼단논법이 대전제를 가지고 이것이 또 다른 근거에 능력이 있거나 부족하거나 하지 않고 최종적이고 그 자체로서 원하는 목적을 구성하고 있을 때 우리는 '행위'에 대해 이야기할 수 있다. 아리스토텔레스와 칸트는 이 점에서 일치한다. 아리스토텔레스

가 언급한 것처럼 생산은 목적을 추구하며 이것이 다시 수단이 되는 반면, 행위는 "단지 목적만을"(NE VI 2, 1139b2) 향하고 있다. 칸트에 따르면 우리는 항상 격률(Maximen), 즉 실천적 삼단논법에서의 마지막 대전제에 따라 행위한다.

실천적 삼단논법의 대전제는 우리의 의도가 향하고 있는 목적을 표현하며 이 목적은 우리가 다음 순서를 밟도록 동기를 부여한다. 행위가 더 이상 근거를 제시할 수 없는 대전제에 의해 규정되어 있으면 행위 그 자체는 최종 목적들을 지향한다. 최종 목적들은 행위의 동기를 부여하며 최종 범주들을 표현하여 우리가 그에 근거하여 결정을 내릴 수 있도록 한다. 또한 각각의 생산은 행위의 부분을 이루고 있다. 우리는 아리스토텔레스의 예에서 A가 어떤 의도로 외투의 생산을 추구하는지 묻는다. 그리고 우리가 실천적 삼단논법에서 더 이상 근거를 제시할 필요가 없는 가정에 도달할 때 비로소 이 질문에 대답할 수 있다. 따라서 선행하는 의도에 위계가 존재한다. A는 아침마다 일정한 시간에 일어난다. 왜냐하면 특정한 지하철을 타야 하기 때문이다. 그는 아침마다 그 지하철을 탄다. 제시간에 출근하기를 원하기 때문이다. 그는 제시간에 출근하기를 원한다. 왜냐하면 일자리를 잃기를 원하지 않기 때문이다. 그는 일자리를 잃기를 원하지 않는다. 왜냐하면…….

실천적 삼단논법에 대한 성서의 예는 거지에게 자선을 하는 바리사 143
이파 사람과 착한 사마리아 사람이다. 바리사이파 사람은 거지에게 자선을 한다. 그들에게 자선은 주어진 상황에서 주어진 적합한 수단이며 자기의 선행에 대해 사회적 인정을 얻기 위한 행위이다(마태 6,2). 착한 사마리아 사람은 측은지심에서 강도를 당하거나 부상당한 사람을 돌봐준다(루카 10,30-37). 이 예들은 행위와 생산에 대한 아리스토텔레스의 구분이 좀더 넓은 의미에서 이해될 수 있다는 것을 보여주며 도덕적인 판단을 위한 최상위의 실천적 전제들의 의미를 분명하게 해준다. 바리사이파 사람의 행위는 어떤 기준으로 판단해야 할까? 그가 한 행위의 결과는 의심할 바 없이 좋은 것이다. 불쌍한 사람이 어려운 상황에서 좀더 나아진다. 그러나 그의 의도나 동기가 나쁘다고 가정해보자. 즉 바리사이파 사람이 자만심에서 행동을 한 것이라면 가치판단에서 좋은 결과와 나쁜 동기 중 중요한 것은 무엇인가?

위의 두 예에서 두 개의 목적 관계, 즉 기술적 목적과 윤리적 목적에 대해 말할 수 있다. 바리사이파 사람의 경우 행위의 기술적인 목적은 거지가 자선금을 소유하게 되는 것이고, 사마리아 사람의 경우 강도를 만난 사람이 길에서 피를 흘리며 죽지 않도록 하는 것이다. 이 두 경우 기술적 목적은 선이다. 기술적 차원이 윤리적 가치판단을 위해 의미가 없는 것은 아니다. 사마리아 사람은 강도를 만난 사람에게 상황에 맞게 비전문적으로 응급처치를 해줄 수 있다. 그러나 기술적 가치는 행위의 도덕적인 가치에 대한 충분조건인가? 바리사이파 사람의 예는 이에 반대된다. 기술적 목적은 다양한 도덕적 목적에 의해 추구된다. 기술적인 목적에만 시선을 돌린다면 우리는 행위(Handlung)에 대해서가 아니라 일(Tun)에 대해 말하게 된다. 기술적 목적과 관련된 것들, 즉 진술, 의도의 설명, 바람 등으로 우리는 다음과 같이 대답할 수 있다. "너 지금 뭐 하니?", "나는 책을 쓰고 있어", "내일은 뭘 할 거니?", "소풍을 가려고 해" 그러나 행위하다(Handeln)라는 동사로는 위와 같은 대답을 할 수 없다. 우리는 "그 사람이 무엇을 행위했는가?"라고 물을 수 없다. 그러나 "그 사람이 어떤 동기에서 (그렇게) 행위했는가?" 또는 "그가 어떻게 행위했는가?"라고 묻는 것은 의미 있는 일이다. 두 번째 질문에 대해 우리는 '올바르게-틀리게', '좋게-나쁘게', '정의롭게-불의하게', '이기적으로-이타적으로' '용감하게-비겁하게'와 같은 부사를 써서 대답할 수 있다.

다시 한 번 아리스토텔레스의 예로 돌아가보자. 대전제는 "나는 덮 —144
을 것이 필요하다"이다. 이는 욕구, 즉 얼어 죽고 싶지 않다는 욕구를 드러낸다. 여기에서 우리는 행위를 이끄는 최상위의 문장을 대하고 있는 것인가? 한편으로는 더 이상의 목표에 이르기 위한 수단이 문제가 되는 것이 아니다. 즉 왜 그가 얼어 죽지 않으려는 욕구를 가지고 있는가를 묻는 것은 무의미하며, 그 사람에 의한 다양한 생산물이 중요한 것이 아니라 행위자의 상태가 중요한 것이다. 다른 한편으로는 우리가 행동하는 모든 것이 얼어 죽지 않으려는 욕구에 의해 규정된다는 의미에서 행위를 이끄는 최상위의 문장과 관련이 있다고 주장하는 것은 우스운 일이 될 것이다. 그러면 이 두 가지는 어떻게 서로 일치될 수 있는가? 해답은 자유의 문제와 관련되는 중요한 결정, 즉 "그는 얼어 죽지 않으려는 욕구를 가지고 있다" 그리고 "그는 얼어 죽지 않으려는 의지를 가지고 있다"로부터 나온다. 단순한 욕구는 인간에게 있어 행위의 원인, 즉 실천적 삼단논법의 최상의 대전제로서는 부족하다. 그것은 욕구를 충족하고 싶은 의지에 이른다. 그것은 욕구를 충족할 의도를 가져야 하는 것이다. 또 의도는 의지의 행위이다. 그는 욕구를 충족시키고자 하는 의지를 가지고 있다. 그러므로 더 나아가 우리는 그가 왜 이러한 의지를 갖는지 물을 수 있다. 아리스토텔레스는 이에 대해 "그가 행복하기를 원하기 때문"이라고 대답할 것이다. 여기에서 오해해서는 안 되는 것은 사람이 얼어 죽지 않는 것은 행복을 위한 수단이라기보다는 행복에 속한다는 것이다. 필수적인 욕구를 충족시키는 것은 행복의 요소 중 하나이다. '그가 왜 얼어 죽지 않으려 하는가'라는 질문에 대해 칸트는 다음과 같은 격률, 즉 "나는 나의 필수적인 자연적 욕구를 충족시키기를 원한다"라고 답할 것이다.

6. 실천적 준칙들

145 인간적 행위는 그것이 여러 가지이든 하나이든, 그 자체 때문에 욕구하는 목적들을 전제로 한다. 목적들의 질서에서 무한 소급이란 있을 수 없다. 무엇인가가 욕구된다면 그것은 필연적으로 그 자체 때문에 욕구된다. 이러한 최상의 욕구(Fiat)를 표현하는 문장들의 논리적 위상은 처음에는 확정되지 않는다. 즉 처음에는 그것이 이끌림이나 입장의 표현인지 또는 가치판단인지 의무 판단인지의 여부가 중요하지 않다. 인간은 자신에 의해, 그 자체로 추구하는 목적들을 매 순간 변경하지 않는다. 인간적 삶은 상호 관련이 없는 개별적 결정들의 연속이 아니며 행위들은 서로 연관되어 있다. 그는 어떤 일을 결정할 때 지속적인 관점들을 갖고 있다. 이 관점들은 그의 도덕적인 성격을 보여준다. 그 속에 행복하고 살 만한 삶에 대한 그의 이해가 표현된다. 물론 이러한 주장에서 최상의 욕구 변화—예를 들면 회심에서 나타나는—가 배제되는 것은 아니다. 중요한 것은 이러한 관점이 개별적인 결정들에 반해 상대적으로 지속적인 것이라는 점이다. 그 때문에 아리스토텔레스는 윤리적 기본 태도에 관해, 칸트는 실천적 준칙들에 관해 말하고 있다. 두 개념 사이의 관계는 더 자세히 논의되지는 않을 것이지만 준칙은 근본 태도를 표현한다고 말할 수 있다. 실천적 준칙들은 한 인간이 그 자체 때문에 추구하는 마지막 목적을 표현한다. 실천적 준칙들은 우리가 왜 특정한 방식의 태도를 취하며 특정한 의도를 추구하는지에 대한 최종적 대답을 한다. 이 준칙들은 무엇이 인간으로 하여금 행동하도록 하는지에 대해 언급한다. 몇 가지 예를 들자면 인색, 검약, 관대, 낭비 등의 근본 태도들은 돈과 관련된 결정들을 규정한다. 인색한 사람의 실천적 준칙은 가능한 한 돈을 적게 쓰는 것이다. 저축한 돈을 다른 목적에 사용하고자 하는 것이 아니라 가능한 한 많은 돈을 소유

하는 것이 최종 목적이기 때문에 그의 욕구는 채워질 수 없다. 허영, 건전한 자의식, 민감성 등은 명예와 관련된 상황에서 결정을 하기 위한 마지막 관점들이다. 민감한 사람은 무시당하는 것을 결코 그냥 넘기지 않는 것을 실천적 준칙으로 삼고 있다고 할 수 있을 것이다.

여기에서 다시 바리사이파 사람의 예로 돌아가 행위의 판단을 위해 146
(좋은) 결과와 (나쁜) 동기 가운데 무엇이 더 중요한가를 물어보자. 우선 행위에 있어 의도되고 예상된 (또는 예상할 수 있는) 결과와 실제로 도달된 결과를 구별해야 한다. 실제로 일어났으나 예상할 수 없었던 결과는 행위를 판단하는 데 중요한 것이 아니다(§ 123 이하 참조). 행위자가 자신의 결정을 이행하기 위해 자신이 보유한 힘의 한도 내에서 모든 것을 했다면, 의도된 결과에 실제로 도달했는지 아닌지는 중요하지 않다. 행위자에게 가능한 것만이 판단의 대상이 될 수 있으나 예상할 수 없는 상황에서 결정의 실행이 방해를 받을 수도 있다. 그러므로 가치판단을 위해서는 의도된 결과만이 중요할 뿐 실제 도달된 결과가 문제 되는 것은 아니다. 결정의 진지함은 행위자가 행위의 실행을 위해 자신의 가능한 힘의 한도 내에서 최선을 다했는가를 보고 측정할 수 있다. A가 길 건너편 강물에서 한 아이가 물에 빠지는 것을 본다. A는 아이를 구하기 위해 길을 건너다가 갑자기 커브를 도는 차에 치인다. 그는 아이의 죽음에 책임이 있는가?

바리사이파 사람의 예에서 제기된 문제, 즉 동기의 중요성이나 행위의 가치 평가를 위한 실천적 준칙들은 아직 거론되지 않고 있다. 내가 행위이론에만 근거해서 주장하고자 하는 테제는 다음과 같다. 즉 어떤 행위에 대한 도덕적 판단은 준칙들에 대한 평가 없이는 불가능하다는 것이다. 올바른 행위와 결정이 무엇인가 하는 문제는 올바른 행위 준칙이란 무엇인가에 대한 대답이 주어져 있지 않다면 설명될 수 없다.

인간은 결정에 따라 행위한다. 결정은 여러 행위 중 하나의 행위를 147

우선시하는 데서 이루어진다. 그러므로 결정은 실천적 숙고의 결과이다. 실천적 숙고는 실천적 준칙에서 나오며 그 준칙이 주어진 상황에서 실현될 수 있는가를 묻는다. 따라서 결정은 실천적 준칙에 의해 규정된다. 결정은 실천적 준칙의 실현을 위한 수단이다. A가 Z라는 준칙에 따라 살지 않는다면 그는 그러한 방식으로 결정하지 않을 것이다. 준칙은 행위자가 어떤 상황에서 여러 행위의 가능성들 중 하나를 선택하는 관점들을 규정한다. A는 사고의 목격자이다. 그는 희생자를 도울 수도 있고 그냥 지나갈 수도 있다. 희생자를 도와주면 A는 만나기로 약속한 고객과 만날 수 없고 좋은 사업 기회를 놓치게 된다. 사업이라는 관점은 그에게 결정적인 것이다. 그래서 그는 사고당한 사람을 인적 없는 길에 남겨두고 떠난다. 이론적 삼단논법에서 대전제의 진실이 진실한 결론을 위한 필수적인 조건이듯 올바른 실천적 준칙이 올바른 결정을 위해 필요불가결한 조건이다. 그릇된 준칙에 근거한 결정은 그릇된 대전제에서 출발한다. 그것은 그릇된 기준에 입각해서 어떤 행위가 우선하는지를 판단한다. 물론 준칙의 적합성만이 결정의 적합성을 보장하는 것은 아니다. 옳은 대전제에서 출발하지만 잘못된 소전제 혹은 형식적 오류 때문에 잘못된 결론이 뒤따를 수 있다.

148 실천적 준칙들은 행위들 사이에서의 우선적인 선택을 규정할 뿐만 아니라 내린 결정을 어떻게 이행해야 하는지에 대한 숙고에도 영향을 미친다. 뮌헨에 사는 A는 함부르크에 사는 친구 B에게 가려고 한다. B는 직장에 문제가 있어서 A에게 조언을 구하고 있다. A는 어떤 교통수단을 선택해야 할지 고민하고 있다. 비행기를 타고 가야 할까, 자기 차로 가야 할까, 아니면 특급열차를 타고 가야 할까? 이런 고려를 할 때에도 그의 준칙들은 중요하다. 즉 그가 자신의 편안함을 얼마나 중시하는지, 그가 검약한 사람인지, 인색한 사람인지, 또는 가족들을 위해 불필요한 지출을 하지 않으려는 것일 수도 있다. 직업에 대한 그의 입

장이 나타나 있다. 그는 명예욕이 있어서 매 시간을 직업상의 경력을 위해 이용하고자 한다. 또는 환경에 대한 입장도 나타날 수 있다. 그가 자연보호가여서 교통수단의 자연 친화성이 유일한 관점일 수 있다.

7. 규칙들

준칙에 대한 판단이 행위의 판단을 위해 필수적인 조건이라는 것은 149
우리가 행위이론에서 중요한 규칙의 개념을 살펴보면 분명해진다. 윤리학에서 규칙 개념의 의미는 이미 많은 사람에게 확산되어 있는 기대로부터 생겨난다. 윤리학은 우리가 무엇을 해야 하며 무엇을 해서는 안 되는지를 말해야 한다. 우리는 윤리학에 대해 다음과 같은 규칙들을 기대한다. 즉 사람은 결코 약속을 어겨서는 안 된다, 사람은 언제나 진실을 말해야 한다, 사람은 결코 남의 재산에 손을 대서는 안 된다 등의 규칙들이다. 윤리학은 이 기대를 충족시킬 수 있는가? 규칙들과 실천적 준칙, 규칙들과 결정들은 어떤 관계에 있는가? 우선 다음과 같은 몇 가지 예를 들어 규칙의 개념에 대해 알아보기로 하자.

㉗ 나는 매일 아침 6시에 일어나려고 한다.

㉘ 약속은 결코 깨져서는 안 된다.

㉙ 빨간 불 앞에서는 꼭 멈추어야 한다.

㉚ 모든 교통 규칙은 지켜져야 한다.

위의 예들을 보면 다음과 같은 세 가지 요소가 중요하다는 것을 알 수 있다. (1) 규칙은 욕구가 표현된 문장이다. 이 문장에서 더 정확한 논리적 위상은 ㉗과 같이 화자의 의지 표현이거나, 다른 예와 같이 의무판단이라는 의미에서 열린 채로 남아 있다. (2) 규칙은 보편적 상황 서술을 포함한다. 예를 들어 ㉘ X는 약속을 했다, 또는 ㉚ X는 교통 상황 속에 있다. ㉙와 ㉚의 비교를 보면 상황 설명이 보편적일 수도, 특수할 수도 있다는 것을 알 수 있다. ㉙에는 특수한 상황이 서술되어 있고 이 상황은 ㉚에 서술된 상황의 보편적인 개념하에 해당된다. (3) 규칙은 상황 유형에 대해 특정한 태도를 지시한다. 요구된 태도에 대한 서술 또한 일반적이거나 특수한 것일 수 있다.

150 그러나 이 규칙 개념은 아주 광범위해서 실천적 준칙들도 규칙에 해당한다. 그러므로 나는 규칙을 두 가지로 분류하고자 한다. 하나는 실천적 준칙들이다. 마지막 목적들이 표현되고 따라서 그것의 준수 근거에 대한 물음이 더 이상 제기되지 않는 규칙들을 말한다. 이 규칙들은 아주 보편적인 것이라고 할 수 있다. 다른 하나는 준칙들 안에 표현되어 있는 목적을 실행하는 데 기여하고 매우 일반적인 준칙을 특별한 상황 유형에 적용하는 규칙들(좁은 의미의 규칙)이다. 위에서 언급한 사람들의 기대는 이 규칙들을 지향한다. 윤리학이 이러한 종류의 규칙들을 정하지 않는 데에는 두 가지 원인이 있다. 첫 번째 원인은 칸트의 《실천이성 비판》 앞부분에 다음과 같이 표현되어 있다. "실천적 준칙들은 의지의 일반 규정을 포함하는 문장들로서 더 많은 실천적인 규칙들은 이 준칙 아래에 있다"(§ 1). 이 준칙은 여러 규칙들에 의해 실행될 수 있다. 예를 들어 부자가 되고 싶은 사람은 목적을 달성하기 위해 여러 가지 규칙을 따를 수 있다. 반대로 같은 규칙이 여러 목적의 실현에 기여할 수 있다. 그는 왜 매일 아침 6시에 일어나고자 하는가? 더 오래 자고 싶어 하는 이웃들을 괴롭히기 위해서인가? 유명해지기 위해서인가? 다른 사람을 위한 시간을 더 많이 가지기 위해서인가? 행위자가 지키고 있는 규칙들을 판단하기 위해서는 그가 실현하고자 하는 준칙들을 알아야만 한다. 두 번째 원인은 규칙 엄수를 통해 모든 상황에서 준칙이 실행되는 것은 아니라는 것이다. 누군가가 다른 사람의 생명과 건강을 어떤 상황에서도 불필요하게 위협하지 않는 것을 준

칙으로 삼고 있다. 그가 교통 상황 속에서 움직이면 일반적으로 이 목적에 맞게 교통 규칙을 지킨다. 그러나 교통 규칙의 위반을 통해서만 이 목적이 도달될 수 있는 상황(이런 경우는 예외라고 하는 것이 더 나을 것이다) 또한 생각할 수 있는 것이 아닐까? 규칙에 대한 요구는 안전에 대한 욕구로부터 생겨난다. 여기에는 독립적인 결정에 대한 두려움이 표현되어 있다. 그 때문에 칸트는 규칙을 "미성숙한 사람의 보행기"라고 하였다(Reflexion 1164, Akad.-Ausg. 15권 2편, 515면). 규칙의 가치는 부담을 덜어주는 기능에 달려 있다. 규칙을 따르는 것은 한번 내려진 결정을 같은 종류의 상황에 적용하는 것이다. 그러나 규칙은 보편적 유효성을 가지고 있지는 않다. 모든 상황을 고려할 수 있는 결정과는 달리 규칙들은 변화된 상황을 간과할 수 있다.

| 참고문헌 |

Hart/Honore, 1985

Zimmermann-Acklin, 1997

v.Wright, 1963, § III 8

Green, 1980

Birnbacher, 1995

Müller, 1982

MacInerny, 1992

Rhonheimer, 1994

Westberg, 1994, 119–183면

Aristoteles, NE VI 2와 4

Thomas von Aquin, S.th. 1–2 q.18 a.2–4

Ebert, 1976

Aristoteles, NE I 1–5; III 4–7; VI 2와 13

Thomas von Aquin, S.th. 1–2 q.12와 13

Kant, Kritik der praktischen Vernunft, § 1

Beck, 1960, 6장

Bittner, 1974

Höffe, 1977, 1부

Siegwart, 1984

3장— 공리적 차이

행위이론은 올바른 결정과 올바른 행위에 대한 물음이 올바른 실천 —151
적 준칙들에 대한 물음으로 연결된다는 것을 보여주었다. 그렇다면 준칙들이 어떻게 판단될 수 있을까? 나는 우선 부정적인 기준을 들어보겠다. 내용적 준칙들은 필연적으로 주관적이고 따라서 행위 판단에 있어서 객관적 기준이 될 수 없다. 내용적 준칙은 특정한 내용이 행위의 최종 목적이고 가치 기준임을 표현한다. 이러한 내용의 예는 생명, 건강, 부, 안락함, 즐김, 환경보호, 경제적 발전에의 기여 등이다. 이러한 준칙의 내용은 합목적적 숙고의 출발점으로 기여할 수 있도록 서술적으로 규정되어야만 한다. 서술적인 기준에 근거하여 준칙이 어느 정도로 실현되어야 할지 확정지어야만 한다. 내용의 서술 또는 준칙의 표현은 의무적 표현이나 가치를 부여하는 표현을 포함할 수 있다. 예컨대 재화의 정의로운 분배는 내용이 될 수 없고, 혹은 "나는 올바른 방식으로 재산을 소유할 것이다"라는 것은 그러한 준칙의 표현이 될 수 없다. 이 테제의 주장에 의하면 그러한 내용의 준칙들은 모두 주관적이다. 이 준칙은 욕구나 자의적인 결정을 표현한다. 이는 합리화될 수 없으며 결정을 위한 올바른 기준이 될 수 없다. 합리화되지 않은 결정이 비도덕적인 결정이라면 그러한 준칙으로부터 나온 모든 결정은 비도덕적이다. 서로 다른 내용이 담긴 예들을 살펴보았는데, 이에 대해 다음과 같은 반론이 제기될 수 있을 것이다. 즉 한편으로는 안락함 또는 즐김, 다른 한편으로는 인간의 생명과 훼손되지 않은 환경이라는 내용들 사이에 차이가 존재한다고 주장할 수 있을 것이다. 전자의 내용에서는 주관적 목적이 중요하다면 후자에서는 선들이 중요하며 선들을 목적으로 설정하는 준칙이 중요하다. 여기에서 준칙은 선들이 다루어지고 있다는 것을 통해서 정당화된다. 이에 대한 반론으로 주장되는 명제는 선들을 내용으로 가지고 있는 준칙들도 주관적이라는 것이다. 따라서 내용이 주관적 목적을 다루는가, 혹은 선들에 관한 것을 다루는가는 이 명제에서 중요하지 않다.

152 목적들 혹은 선들은 목적이나 선의 실현이 다른 목적이나 다른 선들을 배제할 수 있을 때 서로를 제한한다는 것이 첫 번째 논점이다. 이것은 한 사람이 추구하는 갈망(인격 내적)에도 해당되며, 여러 사람의 갈망(인격들 사이에서)에도 해당된다. 인격 내적 갈등의 예를 들면, 직업상 경력의 성취와 조화로운 가족생활, 소유를 확대하기 위한 노력과 안락한 생활이 서로를 배제하는 경우이다. 인격 상호 간의 갈등의 예는 한 사람의 외적 복지가 다른 사람의 복지를 방해하는 경우이다. 한 사람의 건강이 다른 사람의 건강을 희생하여 얻을 수 있다. 자신의 삶의 안전을 다른 이의 불안전한 삶을 통해 보장받을 수 있다. 경제적 관점과 환경 친화적 관점은 서로 갈등 관계에 놓일 수 있다. 내가 내용적인 목적 혹은 하나의 선(이것이 선이지만 단지 하나의 선에 불과함)을 나의 개별적 결단의 마지막 관점으로 삼자마자, 나는 다른 목적들 혹은 선들과 갈등 가능성을 염두에 두지 않는다. 그런데 나의 결단 안에 있는 선이 다른 선들의 실행을 배제한다는 사실을 고려하지 않는다면 나는 나의 선에 대해 정당화되지 못한 근본 결정을 한 셈이다. 이러한 근본 결정에 대해서는 책임을 질 수 없게 된다. 그것은 실천적 합리성

을 무시하는 것이다. 행위자가 왜 다른 내용이 아니라 바로 이것을 결정했는지에 대한 해명을 할 수 없으면 자신을 하나의 내용에 고착시키는 것이다.

두 번째로 고려해야 할 점은 개별적인 선들은 자기 입장에서는 다시 153
한 번 상위의 관점에 기대어야 하기 때문에 최종적 관점이라 할 수 없다는 것이다. 모든 선들은 그들이 다양하게 사용될 수 있다는 의미에서 차이가 없다. 선이 특정 내용을 행위에 대한 최종 목적으로 삼은 경우에도 대부분의 내용에는 근본적으로 이 내용을 다양한 방식으로 사용할 가능성이 있다(그가 어떤 범위에서 사용할 것인가 하는 것은 또 다른 문제이다). 개별적 선들은 자신들의 올바른 사용에 관한 물음에 대해 열려 있다. 플라톤, 아리스토텔레스와 칸트는 이와 같은 중대한 사태를 지적하였으며 플라톤과 아리스토텔레스는 선들과 선의 차이를 구별했다. 칸트는 《도덕형이상학을 위한 기초 놓기》에서 '선 의지' 외에 어떤 것도 제한 없이 유효한 선으로 여길 수 없다고 주장하는 것으로 시작한다. 아리스토텔레스는 본성적(자연적) 혹은 제일 본성적(prima-facie) 선들에 관해 이야기한다. 이들은 즉자적으로 볼 때 그리고 자신들과 대조되는 대립 항과 비교해보면 선들이다. 그러나 그것이 곧 모든 상황에서 모든 이에게 유익하다는 것을 의미하는 것은 아니다. 선들은 그것을 올바로 사용할 때 비로소 유익하다. 칸트는 선들을 다음과 같이 세 가지로 분류한다. 첫째는 정신의 능력, 예를 들면 오성과 판단력이다. 둘째는 기질의 특성이고 셋째는 권력, 부, 명예, 건강과 같은 복이다. 이 모든 것은 제일 본성적 선들이며 선한 의지 또는 나쁜 의지의 사용이 이 선들을 결정한다. 선들을 올바르게 사용하는 선한 의지를 통해서 비로소 이 선들은 칸트의 표현처럼 "보편적이고 목적에 맞는" 것이 된다. 다시 말해 이 선들은 선한 의지를 통해 비로소 특정 상황에서 모든 당사자들에게 유익을 주게 된다는 것이다. 각각의 선은 선하게 혹은 나쁘게 사용될 수 있다. 그러므로 선들은 결정을 위한 최종적 관점을 부여할 수 없다. 우리가 선들을 가지고 있다고 하더라도 우리가 그것을 어떻게 사용해야 할 것인가에 대한 질문은 열린 채로 남는다.

이 두 가지 논점은 실천적 합리성의 세 형태의 차이를 분명하게 보여준다. 기술적 합리성은 특정한 선을 목적으로 한다(의학, 경제, 에너지 생산, 이동성을 높이는 기술 등). 우리는 그 중 여러 사람 사이에서 일어나는 선 갈등의 가능성과 관련된 합리성을 구별할 수 있다. 그것을 공리적 합리성 또는 현명함이라고 부를 수 있다. 윤리적 합리성은 다른 사람들의 선들과의 갈등 가능성을 염두에 두며 어떻게 하면 선들이 '보편적이고 목적에 맞게' 사용될 수 있는지를 묻는다.

154 고대 철학자들의 (윤리적) 선과 선들 사이의 차이와 연관시켜 나는 선들은 서로 배제할 수 있고, 선들의 사용에 대해 관심이 없다는 두 가지의 사태를 앞으로 '공리적 차이'라는 개념으로 설명할 것이다. 그 의미는 이 개념에 명백하게 반대하는 이론의 논점을 살펴보면 드러날 것이다. 〈인간애 때문에 거짓말을 하는, 오해된 권리에 관하여〉라는 논문에서 칸트는 다음과 같은 경우에 대해 토론한다. "살인자가 나의 집으로 찾아와서 그가 쫓고 있는 나의 친구가 도망 왔는지를 물으면 거짓말을 할 수 있는가?"(Akad.-Ausg. 8권, 423-430면) 칸트의 논쟁 상대인 뱅자맹 콩스탕(Benjamin Constant)은 다음과 같이 논변한다. "진실을 말하는 것은 의무이다. 의무의 개념은 권리의 개념과 분리될 수 없다. (…) 따라서 진실을 말하는 것은 의무이다. 진실에 대한 권리를 소유하는 자만이 그러한 의무를 진다. 그러나 어떤 사람도 타인을 해롭게 하는 진리에 대한 권리를 가지고 있지 않다"(같은 곳, 425면). 칸트는 나에게 불의하게 진술하도록 요구하는 범인에게 내가 진실을 말하지 않는다 하더라도 부당한 일이 아니라고 한다. 그럼에도 "모든 설명에서 진

실되게 하는 것은 신성하고 무조건적으로 명령하고 있는, 어떤 인습에 의해서도 제한될 수 없는 이성의 명령"이라고 주장한다(같은 곳, 427면). 거짓을 통해서 나는 의무에 맞지 않는 일을 행하기 때문이다. "나의 진술(설명)은 믿음을 얻지 못하고 따라서 계약에 기초를 둔 모든 권리들이 그와 함께 사라지고 그것의 효력을 상실한다"(같은 곳, 426면). 슈스터(J. B. Schuster)도 비슷한 취지로 다음과 같이 주장한다. "확실한 상호 신뢰의 유지는 인간 공동체의 필요불가결한 선이다. 이 목적을 성취하는 유일한, 본성에서 근원된 필연적인 수단은 그 어떤 예외도 허락하지 않는 보편적 진실성이다. 따라서 거짓은 그 자체로(intrinsecus) 악(malum)이다"(1950, § 195). 칸트와 슈스터는 하나의 선, 즉 상호 신뢰를 절대적으로 보았다. 그들의 견해에 따르면 어떤 대가를 치르더라도 이것이 침해되어서는 안 된다. 그러나 칸트는 내가 살인자에게 진실을 말하는 것도 인류에 해악을 가져온다는 사실을 간과하고 있다. 이 상황에서는 거짓 진술을 함으로써 무죄하게 쫓기는 사람을 보호할 유일한 가능성을 저버리고 인간의 생명을 보호할 수 없게 된다. 만약 칸트가 상호 간의 신뢰, 권리와 계약에 대한 무제한의 보호가 무죄한 인간의 생명 보호보다 더 우선하다는 것을 논증한다면 그의 주장은 적절할 것이다. 슈스터에게도 절대적으로 확실한 상호 신뢰가 유일한 선인지 그리고 필요불가결한 선들의 경쟁 상황에서 인간이 어떻게 행위해야 하는지를 물어야 한다(칸트의 견해에 다음과 같은 반론도 가능할 것이다. 내가 살인자에게 쫓기는 무죄한 사람의 존재를 알리는 행위를 통해서도 상호 간의 신뢰를 깨트리게 된다. 슈스터에게도 상호 간의 신뢰가, 모든 경우에 진실을 말하라는 예외 없는 규칙을 통해 실제로 보호될 수 있는 것인지를 물을 수 있을 것이다).

| 참고문헌 |

Platon, Laches, 195c; Euthydemos 280b–281e; Gorgias 511c–512b; Staat 505ab

Aristoteles, Eudemische Ethik VIII 3(=VII 15)

Kant, Kritik der praktischen Vernunft, § 2

4부 — 보편화와 언어화용론적 규범 근거

들어가기 전에

§ 151-153에서 전개된 실천적 준칙 판단을 위한 부정적인 기준은 첫 155
윤곽으로 이제 긍정적인 기준은 무엇을 요구해야만 할지를 드러내고 있다. 행위자는 내용적 목적성에 대한 모든 고착에서 자유로워야 하고, 결정에 중요한 모든 관점을 기꺼이 고려할 준비가 되어야 한다. 행위자는 하나의 초개인적인 입장을 수용하고, 자신의 결정에 의해 관계되는, 자신은 물론 타인의 선들과 목적들을 고려해야 한다. 어떻게 이런 기준을 구성하고 근거 지을 수 있을까? 답은 칸트와의 토론 속에서, 그리고 그와 연결하여 계속되는 보편화 토론이 전개되어야 한다. 그것을 위해 우선 칸트 윤리학의 몇몇 기본 개념과 테제들을 비판적으로 소개하는 것이 요구된다.

1장 — 칸트의 정언명법

1. 격률과 실천 법칙

156 우리가 칸트에 의해 실천적인 숙고에서 우선 만나는 것은 주관적 실천 준칙 혹은 격률, 우리의 경향성 혹은 주관적 결정의 표현이라 할 수 있다. 칸트는 객관적 실천 준칙, 혹은 유일하게 이성적 의지 그 자체를 규정할 수 있는 실천적 법칙을 주관적인 실천 준칙과 구별한다(KpV, § 1). 어떤 기준에 따라 객관적 준칙은 주관적 준칙과 구별되는가? 그 구별은 준칙의 내용에 의해 주어지는 것이 아니다. 더 깊이 고려하지 않고 오로지 그 내용 자체만 한 사람에게 중요하기 때문에 그 사람이 자신의 것으로 만드는 모든 준칙은 주관적이다(KpV, § 2). 차이가 내용, 즉 질료에 있는 것이 아니라면 단지 준칙의 형식에 있다(KpV, § 4). 행위자는 자기의 격률이 보편적 형식을 가지고 있는지, 즉 그것을 모든 사람에게 규범화할 수 있는지를 물어야 한다. 이 조건을 만족시키는 격률은 객관적 실천 준칙이 되는 것이다. 격률에서 보편성의 형식이 왜 자신의 의지를 규정해야 하는지에 대한 근거라면 이 행위자는 이성적으로 행동할 수 있다. 객관적 실천 준칙에 따라 행동하라는 요구를 칸트는 정언명법(Kategorischen Imperativ)으로 표현한다.

2. 가언명법과 정언명법

명법에 대한 칸트의 개념은 우리가 헤어(§ 51)에서 보았듯이 문법적 157
인 명령법과는 구별된다. 칸트에 따르면 명법은 의지 표명이 아니고, 술어 '해야 한다'를 뜻하는 의무론적인 판단인데, 이는 다시 술어 '실천적으로 필연적인' 혹은 (같은 의미로) '실천적으로 좋은'을 통해 설명된다(GMS, B 36 이하). '실천적으로 필연적' 혹은 '실천적으로 좋은' 것은 이성의 상상력이 수단이 되어, 단지 주관적인 원인에서가 아니라 객관적인, 즉 모든 이성적 존재에게 그 자체로 유효한 근거들 때문에 의지를 규정하는 모든 것이다(GMS, B 38). 순수 이성적 의지는 오로지 선만을 선택한다. 인간의 의지는 그럼에도 순수 이성적이지만은 않다. 그것은 경향성(욕구)으로 인해 영향받을 수 있다. 두 가지 규정 근거들은 서로 충돌을 일으킬 수 있다. 경향성은 특정한 행위 양식이 실천적으로 필연적이라는 입장에 맞서게 된다. 그런 경우에 우리는 "나는 그렇게 행동해야만 한다. 그러나 나는 그것을 하고 싶지 않다"라고 말한다. 선의 욕구는 당위로서, 또한 비이성적인 본능에 의해 규정되도록 방치하는 의지에 맞서 자신을 내세운다. 당위로 여겨진 것은 그것이 요구로서 비이성적인 본능을 통해서 규정되도록 할 수 있는 의지에 맞서고 있다는 점에서, 이성적으로 의욕된 것이다. 명법 혹은 당위판단은 "어떤 것을 행하는 것이, 혹은 어떤 것을 행하지 않는 것이 좋다고 말하고, 오로지 이들만이, 그가 그것을 행하는 것이 좋다고 상상되기 때문에 행하는 것이 아닌 의지에게 말한다"(GMS, B 37 이하).

칸트는 명법을 가언과 정언으로 나눈다. 가언명법은 행위자가 추구 158
하는 목적에 도달하기 위한 수단으로서 하나의 행위는 실천적으로 필요하다고 표현한다. 행위의 실천적 필연성은 따라서 행위자의 목적으로부터 한정된다. 여기에서는 이 목적이 모든 인간의 자연적 욕구 때문에 추구되는지 혹은 개별인의 자의성을 초월하는 목적을 다루고 있는지는 중요하지 않다. 또한 주관적인 목적 혹은 선들을 다루는지도 중요하지 않다. 예컨대 모든 사람은 기꺼이 건강하고 싶다거나 건강은 선이라는 명제에서 모두가 건강을 위해서 (모든 것을 동원해서) 돌봐야 하는 것이 실천적으로 필요하다는 명제가 도출되지 않는다. 이것은 공리적 차이에서 발생한다. 사람에 따라 건강 혹은 선이 목적일 수 있다. 따라서 이 목적에 공헌하는 수단의 실천적 필요성은 이 목적을 위한 행위자의 결정에 의해 제한된다.

159 이에 반해서 정언명법은 하나의 행위가 그 자체로, 그것과 상이한 어떤 목적과 관계하지 않고 실천적으로 필요하다는 것을 표현한다 (GMS, B 39 이하). 칸트는 정언명법 표현을 이중적으로 사용한다. 그는 경우에 따라 **하나의 정언명법**(*einem* Kategorischen Imperativ) 혹은 **정언명법**(*dem* Kategorischen Imperativ)에 대해 언급하고 있다. 전자에 따르면 정언명법이 복수로 있고, 후자에 따르면 하나의 정언명법만 있다. 전자의 의미에서는 모든 도덕적 당위판단은 하나의 정언명법이 된다 (GMS, B 44). 예컨대 "너는 어떤 경우에도 거짓을 말해서는 안 된다" (KpV, A 38 참조), "살인하지 마라" 등이다. 가언명법과 정언명법을 구별하기 위해서 우리는 문법 유형에 주의를 빼앗겨서는 안 된다. 문법적으로는

㉛ "그를 방문하기로 약속했다면 너는 그것을 지켜야 한다"는 가언적 명법이고 ㉜ "너는 매일 한 시간 산보를 해야 한다"는 정언적 명법 형식이다. 그러나 실제적으로는 ㉜가 암묵적인 가언명법이고 ㉛이 정언명법이다. ㉛은 '범주적'이라는 서술어를 통해서 모든 조건을 다 배제하는 것은 아님을 나타낸다. 행위의 실천적 필요성이 발생하는 의지의 규정으로서의 내용적 갈망은 배제되며, 그 밖의 다른 조건들, 우리가 넓은 의미로 상황이라고 표현하고 행위의 결과라고 계산해야 하는

조건들은 배제되지 않는다. 예컨대 아래 두 경우는 정언명법이다.

㉝ 어느 누구도 정당방위가 아니라면 인간을 죽여서는 안 된다.

㉞ 어느 누구도 이웃이 무시된다면 자신의 집에서 피아노를 연주해서는 안 된다. ㉝과 ㉞에서 거론된 조건들을 통해서 작위 및 부작위의 객관적 실천적 필요성은 없어지지 않는다. 이를 통해 필요성은 규정 근거로서 행위자의 목적에 의해 좌우되지 않는다. 이 조건들은 이보다도 실천적 필요성이 주장되는 작위 및 부작위를 특화시키는 데 기여한다. 행위자의 욕구의지 또한 이 특화시키는 조건에 해당한다. A가 긴급한 위기 상황에서 B에게 일정한 금액을 요청한다. B는 이 금액을 빌려줄 수는 있지만 휴가를 위해 쓰고 싶어 한다. 이런 목적은 행위를 특화시키고, 행위가 실천적으로 필요한 것인지, 즉 B가 이 상황에서 A에게 돈을 빌려주어야 할지를 결정하기 위해서 고려되어야만 할 상황 중 하나이다. 이로써 B는 A를 도와야 할지, 혹은 그렇지 않는지가 B의 임의에 달려 있음을 뜻하지 않는다. 객관적 실천의 필요성에 대한 기준은 B의 목적의 급박성과 A의 긴급 상황과 비교되어야 한다(§ 293 이하 참조).

'범주적 정언명법'이 절대적으로 유효하다는 말은 모든 상황과 무관하게(상황에는 행위 결과, 행위자의 목적이 속한다) 적용되는 도덕 규칙이 있다는 말이 아니다. 각각의 조건하에서 지금 여기에서 실천적으로 필연적인 것이 무엇인지가 규정될 수 있다는 것이다. 칸트가 의지를 규정하는 조건과 특화시키는 조건 사이의 이런 구별을 항상 충분히 고려했는지는 여기에서 논외로 한다.

3. 정언명법

복수의 정언명법들에서 하나의 정언명법으로 논점을 옮겨보자. 우리 160

는 우선 실천적 숙고를 위한 기능에 대해 질문을 던진다. 나는 실천적 준칙과 이를 각 상황에 적용하는 결정들 또는 규칙들을 구별했다(§ 149 이하). 정언명법은 실천적 숙고에서 최상의 법칙이다. 그것은 준칙 판단을 위한 칸트의 기준이다. 그것은 스스로 어떤 내용적 목적을 가지지 않고 따라서 행위에 직접적으로는 규정할 수 없다. 행위는 내용적인, 실행해야 하는 목적을 전제로 하기 때문이다. 정언명법은 행위자의 마지막 주관적 · 내용적 목적을 표현하는 격률을 위해 존재하는 기준이다. 칸트에 기대어 실천적 근거 짓기를 고려하면 세 가지 종류와 지평의 실천 명제, 즉 정언명법, 실천적 준칙 그리고 결정들을 구성하고 있는 규칙을 구별할 수 있다. 이 세 지평에 상응하여 두 단계의 실천적 숙고가 있다. 첫 번째 단계는 정언명법을 통한 격률의 판단이다. 이는 객관적 실천 준칙으로 이끈다. 두 번째 단계는 객관적 준칙을 상황에 적용하는 것이다. 이는 결정으로 이끈다. 이 두 가지 근거 지음 단계의 구별은 하나의 윤리이론에 어떤 요구를 할 것인지 분명하게 해주고, 이는 동시에 칸트 윤리학의 한계를 의미한다. 칸트 이론은 첫 단계, 즉 준칙 판단의 해명에 대해서 중요한 공헌을 하고 있다. 두 번째 단계, 즉 준칙에서 결정으로 가는 단계에 대해서는 충분한 표명을 하고 있지 않다. 칸트는 인간은 정언명법으로부터 특별한 도덕규칙, 예컨대 살인 혹은 거짓말 금지가 추론될 수 있다고 이해했는가, 이 추론은 유효한가, 이 규칙은 예외 없이 타당하다고 보는 것이 그의 입장인가, 그가 예외를 허용했다면 예외가 있는지를 행위자는 어떤 관점에서 결정해야 하는가 등의 질문은 여기에서는 토론될 수는 없겠지만 칸트 해석에 있어서 어려운 질문들이다.

161__ 칸트는 《도덕형이상학을 위한 기초 놓기》에서 하나의 정언명법과 그것의 여러 형식을 구별한다. 정언명법의 의무론적 명제는 여러 가지로 구성될 수 있다. 《도덕형이상학을 위한 기초 놓기》는 여러 형식을 소개

하고 있는데 그것의 정확한 수와 체계적인 질서는 서로 논쟁의 여지가 많다. 칸트 자신의 통찰은 무엇보다 이 책의 2부 § 79-81에서 분명하게 제시된다. 그것은 그가 '일반 형식'으로 지칭하는 기본 형식과 세 가지 하위 형식으로 구별된다. 가장 잘 완성된 기본 형식의 구성은 "네가 보편 타당한 법칙이 되기를 동시에 바랄 수 있는 격률에 따라 행위하라"(GMS, B 52)이다. 하위 형식은 칸트가 이해하듯이 "이성의 관념을 직관에(일정한 유비에 따라), 그리고 그를 통해 감정에 더욱 가까이 가기 위해서 그때마다 실천적 법칙의 특정한 면을 강조한다(GMS, B 79 이하). 첫 번째 하위 형식, 즉 자연법 형식은 객관적 실천 준칙의 형식을 강조한다. "너의 행위의 격률이 너의 의지에 의해 보편적인 자연 법칙이 되어야만 하는 것처럼 행위하라"(GMS, B 52). 두 번째 하위 형식, 즉 자기목적 형식은 그것의 내용 혹은 목적과 관련짓는다. "네가 인간성을 네 자신의 인격에서든 다른 사람의 인격에서든 언제나 동시에 목적으로 여기고, 어떤 경우에도 단지 수단으로 여기지 않는 방식으로 행위하라"(GMS, B 66 이하). 세 번째 하위 형식, 즉 목적 왕국 형식은 질료와 형식을 일치시키고 두 가지 다른 하위 형식을 하나로 통합한다. "모든 격률이 자기의 고유한 법 제정에서 자연의 왕국, 즉 가능적인 목적 왕국에 서로 일치해야 한다"는 것을 칸트는 요구한다(GMS, B 80). 하나의 해석이 해명해야 할 비판적 질문은 칸트가 주장하듯이 사실적으로 오로지 유일한 법칙을 위한 여러 가지 유형들을 다루고 있는지, 혹은 여기에서 여러 가지 기초가 있는지에 관한 것이다.

1) 기본 형식

우선《도덕형이상학을 위한 기초 놓기》에 있는 기본 형식의 추론을 162
파악해보자(B 51 이하). 칸트는 두 가지 질문을 구별하는데, 정언명법의 형식에 관한 질문과 그것의 효력에 관한 것이다. 나는 여기에서 첫 번째 질문에 관해서만 토론하겠다. 텍스트의 핵심은 칸트가 일상적인 도덕의식에서 출발하고 있다는 점이다. 이 의식은 '우리는 무엇을 행해야 하는가', '행할 수 있는가' 혹은 '행해서는 안 되는가'라고 우리에게 묻는다. 다시 말해 이 의식은 정언명법으로 표현한다. 칸트는 하나의 정언명법 개념으로부터 정언명법 형식을 연역하는 과제를 제기한다. 그는 정언명법의 형식을 도덕 판단의 형식적인 특징으로부터 연역하려 한다. 칸트는 이 형식적 특징을 '법칙의 보편성'이라는 개념과 함께 파악한다. 행동이 격률에 따라 윤리적으로 허락되어야 한다면, 다른 말로 표현하자면 행위자가 격률이 규정한 방식으로 행위를 할 수 있다고 판단할 수 있으려면, 격률은 법칙의 보편성 형식을 나타내야 한다. 행위자는 법칙의 보편성 형식을 갖춘 격률에 따라서만 행위를 할 수 있다. 이 요청은 "네가 보편 타당한 법칙이 되기를 동시에 바랄 수 있는 그런 격률에 따라 행위하라"라는 형식으로 표현된다. 나는 다음에서 연역의 각 단계를 재구성하고, 동시에 칸트 법칙의 보편성 개념을 설명하려는 시도를 하고자 한다.

163 도덕적 판단은 결정을 단행하는 데 기여한다. 그것은 각 개인의 의지에 달려 있고 의지가 결정에 이르도록 요구한다. 모든 의미 있는 요구는, 그것이 규정하고 있는 내용이 규정하고 있는 사람에게 가능하다는 점이 전제되어 있다. 의지를 향해 있는 요구는 그렇기 때문에 의지가 원할 수 없는 어떤 내용도 가지고 있어서는 안 된다. 이 단계는 규정하는 계기를 법칙의 개념에서 강조해야 한다. 법칙의 보편성은 어디에 놓여 있는가? 하나의 보편 타당한 법칙은 모든 사람이(개별적으로 이해된: 모든 개별적인 사람) 원하게 될 수 있는 어떤 것을 규정하는 법칙이라고 우리는 우선 대답할 수 있다. 여기에서 '모든 사람'이라는 표현이 설명될 필요가 있다. 도덕적 판단에 따라 행동하기를 열망하는 사람들의 집단이 어떻게 규정될 수 있는가? 법칙이 적용되는 사람들의

집단, 즉 어떤 것이 명령되고 금지되고 혹은 허용되는 집단에 의해 갈망되는, 요구의 성격으로부터 파생하는 것이 틀림없다. 둘째로 명령되고 금지되며 혹은 허용되는 행동양식에 의해 만나게 되는 해당 집단에 의해 갈망되어질 수 있음이 분명하다. 판단 행위가 중요 쟁점이므로 요구되는 자는 동시에 잠재적인 해당자가 될 수 있다. 실천을 요구받는 자는, 그가 만약 이 행동양식에 의해 당사자가 된다면 그것의 결과를 바랄 수 없는 그 행동양식이 그에게 허용, 명령, 금지되는 것을 바랄 수 없다. 그가 ab라는 상황에서 cd라는 이유로 fg의 결과를 갖는 방식으로 행위를 할 수 있다는 전제에 동의한다면, 그는 이로써 ab라는 상황과 cd라는 이유를 만나는 사람들의 전체 집단이 설령 결과 fg를 얻게 된다 하더라도 행위를 허용한다는 명제에 동의하는 것이다. 그가 이 결과에 의해 해당될 수 있지만 그것을 원하지 않을 수 있다면, 그는 이 방식으로 행위를 허용하는 명제에 동의하지 않을 수 있다.

그것이 요구받는 자[5]와 해당자에 의해 갈망되어질 수 있는지의 문 164
제에서 더 나아가 검증되어야 하는 것은 의무론적 술어의 대상인 행동양식이다. 이것은 그 자체로, 즉 판단자가 처한 우연적인 상황과 무관하게 갈망될 수 있는 것이어야 한다. 우리가 어떤 것을 원할 수 있는지를 좌우할 상황들은 명제에서 명문화되어야 한다. 요구되는 자가 또한 잠재적 해당자인지에 대한 것은 오로지 명제에 의해 결정되어야 한다. 그렇기 때문에 칸트는 "von der du wollen kannst"(그것에 관해 네가 원하는 격률)가 아니라 "durch die du zugleich wollen kannst"(그것을 통해 네가 동시에 원하는 격률)라고 기본 형식에서 표현한다. 예컨대 우리가, 긴급 상황에 있는 사람은 지원되지 않는다는 명제를 외적인

5) 격률에 의해 요구받는 자는 격률을 만드는 본인으로서 실행의 주체를 말하고, 해당자란 그가 격률에 따라 실행할 때 그 결과가 미치는 타인들이다.—역주

상황으로 볼 때, 어떤 원조도 필요하지 않고 전혀 도움이 필요하지 않다고 믿기 때문에 동의할 수 있다면, 욕구의 가능성은 명제에 포함되어 있지 않은 상황에 의해 좌우된다. 판단자가 스스로 자신이 타인의 원조를 필요로 하는 상황에 결코 처해지지 않을 것이라는 점에 대해서 명제는 어떤 것도 언급하지 않는다. 오히려 이 가능성은 어떤 경우에도 배제되지 않는다.

165__ 나는 기본 형식의 해석으로 우리의 성찰을 요약한다. 칸트는 객관적으로 주관적 실천 준칙과 구별되는 기준에 대해 질문을 한다. 그는 그것을 객관적 실천 준칙 형식 안에서 찾는다. 객관적 실천 준칙은 행위자에게, 가장 단순하게 인용하자면 그가 어떻게 행위를 해도 좋은지를 말한다. 이는 도덕적 허용 판단이다. 기본 형식은 격률의 내용이 허용 판단의 내용이 될 수 있는 조건, 즉 행위자가 자기 격률에 따라 행동해도 좋을 조건을 제공한다. 이 내용은 허용 판단의 형식에 상응해야 한다. 따라서 이 내용은 요구되는 자의 집단과 해당자 집단이 갈망할 수 있어야 한다. 행위가 요구되는 자의 전체 집단의 격률에 따라 허용된다는 사실을 행위자는 갈망할 수 있어야 한다. 요구되는 자가 그로써 자신에게 발생하는 결과를 원할 때, 즉 그가 이 행동에 의해 잠재적인 당사자 집단에 속할 때만 이것은 가능하다.

166__ 비판을 제기해야만 하는 기본 형식에 관한 결정적인 개념은 '갈망할 수 있음'의 개념이다. 요구되는 자와 당사자 집단에 의해 무엇이 갈망될 수 있는가? 기본 형식에 갈망할 수 있음의 기준이 포함되도록 할 때 기본 형식은 격률의 판단을 위한 기준을 암시하게 된다. 이 결정적인 점에서 기본 형식은 그러나 침묵하고 있다. 갈망의 어떤 개념을 가지고 기본 형식이 작동하는지 우선 질문을 던진다면 두 가지 가능성이 제공된다. 실제적 갈망, 즉 사실적인 목적, 관심, 경향성이 다루어질 수 있고, 혹은 이성적 갈망이 다루어질 수 있다. 우리가 사실적 갈망에

서 출발한다면, 이 형식은 요구되는 자와 당사자의 관심 사이의 갈등이 어떻게 결정될 수 있는지에 대한 기준이 암시되어야만 한다. 긴급 상황에 있는 사람의 거짓 약속의 격률에 관한 칸트의 예를 들어보자. 우리가 사실적인 갈망의 개념을 바탕으로 한다면 약속이 이익이 되는, 요구되는 자는 이 행동양식을 갈망할 수 있고, 이 약속을 통해서 피해를 입는 당사자는 반대로 갈망할 수 있다. 기본 형식은 이 갈등을 어떻게 해결해야 할지에 대한 어떤 기준도 포함하지 않는다. 그에 반해서 우리가 이성적 갈망의 개념에서 출발한다면 이 형식은 명백히 순환적이다. 행위가 요구된 자와 당사자의 격률에 따라 이성적으로 갈망될 수 있다는 것은 무슨 의미인가? 당사자가 이 양식으로 다루어지기를 자기 자신에 대하여 정당화시킬 수 있다는 의미이다. 칸트는 기본 형식이 객관적 준칙을 위한 기준으로서 작용한다는 주장을 제기한다. 그것은 따라서 허용 판단의 근거 지음으로 작용해야 한다. 격률이 이 형식의 기준에 상응한다면, 이것은 그에 따라 행위하는 것이 왜 허용되는지에 관한 근거이다. 그러나 기본 형식이 이 주장에 정당화되는가? 허용 판단은 당사자가 이 행위양식을 이성적으로 갈망할 수 있으면, 즉 그가 이 방식으로 대우되는 것이 자기 자신에 대하여 정당화되도록 허락한다면, 근거 지어진다. 그러나 그에게 어떤 대우방식이 정당화될 수 있는가? 실천적 근거의 기준을 제시해야 한다는 주장을 강조하고 있는 형식은 스스로 자기 자신을 전제로 하고 있다.

2) 자연법 형식

첫 번째 하위 형식으로 볼 때 칸트는 위의 비판에 동의하지 않고 있 167
으며, 그가 어떻게 이 비판에 대해 방어할 것인지를 추측할 수 있다. 하위 형식을 통해서 특정한 관점에서 각각 발전되어가는 기본 형식은 갈망할 수 있음의 기준을 내포하고 있다는 견해를 칸트가 가지고 있음을 이 형식은 나타낸다. 도덕 판단의 형식적인 특징은 갈망할 수 있음의 부정적인 기준인데, 즉 이를 통해 무엇이 허용 판단의 내용으로서 갈망될 수 없는지를 결정하도록 한다는 점이 자연법 형식으로부터 추론된다고 칸트는 생각한다. 자연법 형식은 하나의 시험을 암시하는데, 이를 통해 우리는 격률이 정언명법에 상응한지를 검증할 수 있다. 자연법에게는 도덕 법칙과 구별되게 예외 없이 지켜진다는 특징을 갖는다. 이로써 우리는 우리의 격률이 당사자의 집단에 의해 예외 없이 지켜지는 하나의 세계를 상상해야 한다. 그런 세계가 생각될 수 없거나 갈망될 수 없다면 격률에 따른 행동은 허용 판단의 내용이 될 수 없다. "네가 계획하는 행위가, 그것이 너 자신도 그의 부분인 자연법에 따라 일어나야 한다고 한다면, 너뿐만 아니라 너의 의지를 통해서도 가능하다고 여겨질 수 있는지를 자문하라. (…) 만약에 행위의 격률이 하나의 자연법 형식에서 시험을 통과하지 않는 것으로 되어 있으면 그것은 윤리적으로 불가능하다"(KpV, A 122 이하). 이 과정을 칸트의 예를 가지고 더욱 자세히 보기로 하자. 나는 두 번째 예를 선택하겠는데, 여기에서 칸트의 관심사가 가장 분명하게 표현되고 있기 때문이다. "누군가가 돈을 빌리는 긴급 상황에 봉착되어 있다. 그는 되돌려줄 수 없음을 잘 알지만 또한 그가 그것을 특정한 시간에 돌려주겠다고 확실히 약속하지 않으면 한 푼도 빌릴 수 없다는 것도 알고 있다. 그는 그런 약속을 하고 싶은 욕구가 있다. 그러나 또한 그는 충분히 양심적이어서 다음과 같이 자문한다. 이런 유형에서 긴급 원조를 받는 것은 허용되지 않고 의무감에 반하는 것이 아닐까?"(GMS, B 54) 행위의 격률은 다음과 같다. 내가 돈이 궁하면, 비록 내가 그것을 행할 수 없다는 것을 알더라도 그것을 상환하겠다고 약속함으로써 돈을 빌리겠다. 그것은 보편적인 자연법으로서 다음과 같이 표현된다. 돈이 궁한 모든 사람은 그가 비록 약속을 결코 이행할 수 없음을 알더라도 그것을 상환하겠다고 약속함으로써 돈을 빌린다. 그런 자연법은 그 자체로 모순이기 때문에 생각할 수 없다. 그것은 수단과 목적 사이의 모순을 내포하고 있다. 만약에 누가 그것을 결코 이행하지 못할 것이라는 사실을 알고도 돈이 궁해서 약속을 한다면 어느 누구도 이런 약속을 행하는, 돈이 궁한 사람을 신뢰하지 않고 돈을 빌려주지 않을 것이다.

나는 이제 자연법 형식에 이르는 단계를 재구성하도록 하겠다. 어떤 168
조건에서 격률에 따른 행동이 허용 판단의 내용이 되는가? 허용 판단은 다음과 같아야 한다.

㉟ 나는 긴급히 돈이 필요하면 약속을 결코 이행하지 못한다는 사실을 안다 하더라도 상환하겠다는 약속을 하고 돈을 빌릴 수 있다.

이 단일한 판단이 어떻게 근거 지어지는가? 그것은 보편적인 판단에서 연유된다.

㊱ 돈이 긴급히 필요한 모든 이는 그가 약속을 이행하지 못한다는 사실을 안다 하더라도 상환하겠다는 약속을 하고 돈을 빌릴 수 있다.

㊱이 옳다면 ㉟ 역시 옳다. ㊱이 옳을 때에만 비로소 ㉟가 옳은지에 대해서는 의문을 던져야 한다. 칸트는 명백히 이 전제로부터 출발한다. 그는 따라서 ㊱이 옳은지를 묻는다. ㊱처럼 보편적인 허용은 허용에 상응하여 행동할 가능성이 있으면 이성적으로 동의할 수 있고, 요구되는 사람들의 전 집단이 예외 없이 허용한다면 성립이 보존된다는 점에 자연법 형식의 특별한 사유가 존재한다. 이 조건하에서 요구되는 모든 이는 격률을 일반적으로 허용된 법칙으로서 이성적으로 갈망할 수 있다. 집단적인 준법의 가능성이 ㊱에서 표현하고 있는 보편적 허용의 필요조건이다. 요구받는 자의 전체 집단이 예외 없이 허용을 주장하는 것이 가능하지 않다면 ㊱의 보편적 허용은 가능하지 않다. 자연법 형식이 요구하는 집단적 준칙의 상상은 보편적 허용의 가능성에 대한 물음에 답해야 한다. 이 시험은 두 번째 예에서 부정적인 결과가 된다. 집

단적 준수에서 수단과 목적 간의 모순이 발생한다. 격률은 "모순 없이 (…) 일반 자연 법칙으로서 생각될 수 없다"(GMS, B 57). 여기까지 소개된 것은 보편적인 허용 판단은 어떤 집단에 해당한다는 사실에서 추론된다. 칸트는 이제 마지막 단계를 완성하고, 보편적 허용의 불가함에 관하여 보편적으로 예외 없이 유효한 금지와 연결한다. 모든 이가 (집단적으로 이해하여) 그렇게 행위할 수 없으면 어느 누구도 그렇게 행위해서는 안 된다. "행위의 격률이 자연법 형식에 온전히 시험 통과하도록 되어 있지 않다면 그것은 윤리적으로 불가능하다"(KpV, A 123). 자연법으로서 생각될 수 없는 격률의 반대는 일반적인 (금지되는) 법칙이라고 《도덕형이상학을 위한 기초 놓기》에서 언급한다. 이 법칙에 따르는 일반성은 예외가 발생하는, 일반적으로 유효한 규칙의 그것이 아니고(generalitas), 엄격한, 모든 예외를 금지하는 보편 타당성(universalitas)이다. 칸트의 주장이 어떤 결론으로 이르는지 우선 상세히 살펴보자. 이 주장과 함께 다음의 기준에 든, 모든 행위는 금지되어 있다는 점이 논증된다. ① 모든 구성원 혹은 과반수의 구성원이 행위 A를 실행하고자 관심을 가지고 있다. ② 모든 구성원 혹은 이 집단의 과반수의 구성원들이 개인으로서 행위 A를 실행할 가능성을 가지고 있다. ③ 그러나 모든 구성원 혹은 이 집단의 과반수의 구성원이 행위 A를 집단적으로 실행하는 것은 불가능하다.

두 가지 예를 들면 다음과 같다. 수백만 명의 주민이 사는 대도시의 경기장에서 금요일 저녁 TV에서 중계하지 않는 세계적으로 유명한 두 팀의 축구 경기가 열린다. 12세에서 80세까지의 건장한 남성 주민 집단(혹은 이 집단의 과반수 사람들)이 이 경기를 기꺼이 보고자 한다. 그런데 각자는 개인적으로 이 경기를 관람할 가능성이 있다. 그러나 단지 소수만이 경기장에 자리를 잡는다. 이로써 어느 누구도 이 경기를 관람할 수 없다고 연역되는가? 자가용 때문에 큰 불편함을 감수해야 하는 수백만 인구의 대도시에서 12세 이상의 모든 주민은 대중교통 수단을 사용할 수 있기를 바란다. 그들은 동시에 대중교통을 위해 되도록 적게, 가장 좋게는 한 푼도 내고 싶지 않은 심정이다. 사용자들이 막대한 경비를 스스로 내주어야 재정적으로 가능하다. 모든 사람 혹은 대다수의 사람이 돈을 내지 않으려는 집단적 실천은 따라서 불가능하다. 이로부터 어느 누구도 예외 없이 대중교통 수단을 공짜로 사용할 수 없음이 추론되는가?

칸트는 마지막 단계에서 실수를 범한다. 보편적 허용의 불가능성에 —169
서 집단이 이러한 유형의 행위를 단체로 하는 것이 금지된다는 것을 추론한다. 그러나 집단의 각 개별 구성원이 이렇게 행동하는 것을 금지하게 된다는 것은 다른 전제가 없는 한 결코 추론되지 않는다. 집단적인 행동이 이런 형식으로 행동할 가능성을 중지한다는 사실에서 금지는 발생한다. 개인의 행동은 이러한 불가능성으로 귀결되지 않는다. 즉 금지의 근거는 없다. 자연법 형식이 규정하는 집단적 실천의 고정은 두 개의 결정적인 물음을 제기한다. 하나의 집단에서 몇 명이 이 행위양식이 불가능해지지 않고 이 형식으로 행동할 수 있는가? 누구는 이 행동에 적합하고 누구는 그렇지 않은가? 이 두 질문 중 첫째는 우리로 하여금 여기에서 더는 논의할 필요성을 주지 않는다. 그것은 경험적으로 답변이 가능할 수 있다. 도덕적 문제는 둘째 질문에 있다. 칸트의 자연법 형식의 도움으로 이 질문을 해소할 수 있는가? 하나의 격률이 이 형식의 요구에 상응하기 위해 어떻게 만들어져야만 하는지 생각해보자. 형식은 단지 격률에서 언급된, 요구되는 집단(칸트의 예에서 긴급 상황에 있는 모든 사람)이 격률에 따라 집단적으로 행동한다면 격률에 따라 행동할 가능성이 지양되지 않을 것을 요구한다. 이제 이 요구를 충족시킬 단순한 가능성이 있다. 우리가 요구되는 집단을 제한하여 행위 유형의 가능성이 여전히 남아 요구받는 자들이 집단적으로 격률에 따라 행동하게 된다면 이 가능성은 성립한다. 어떤 술어를 통해서 이 집단이 제한되는지는 여기에서 중요하지 않다. 그것은 임의의 사태이다. 축구의 예를 들어보자. 우리는 요구되는 집단을, 경기 관람을 위해 입장권을 산 사람으로 제한할 수 있다. 다른 가능성은 1940년, 1960년 그리고 1980년에 태어난 모든 사람만 경기를 관람할 수 있도록 제한하는 것이다. 혹은 키가 180센티미터 이하인 사람들은 경기를 관람할 수 없도록 제한할 수도 있다. 요구받는 사람의 수가 필요한 규모로 축소된다는 것을 전제로 한다면 모든 이러한 축소는 격률이 자연법 형식을 통한 시험에 통과하는 결과를 낳게 될 것이다. 모든 요구받는 자들이 집단적으로 격률에 따라 행동한다면 행동의 가능성은 성립하여 유지된다. 따라서 자연법 형식의 기준에 따라 허용 판단은 해당 집단에게 가능하다.

170 이 숙고는 자연법 형식이 올바른 행동 기준으로서 적합하지 않다는 것을 가리킨다. 이 형식으로부터, 그것의 집단적 준수가 불가능한 격률에 따라 행하는 행동은 요구받는 자들의 모든 개인에게 금지되어 있다고 추론되지도 않고, 이 방식으로 행동해도 좋은 그것의 부분 집단이 어떻게 탐구될 수 있는 것인지에 관한 기준이 주어진 것도 아니다. 형식의 유일한 관점은, 집단적 준수의 가능성이 성립하여 지속될 정도로 요구받는 집단은 제한된다는 것이다. 어떤 술어를 통해 그것이 일어날 것인지에 대해 형식은 어떤 기준도 암시하지 않는다. 개인은 단지 포괄적인 집단의 성원이 아니고 격률에 따라 항상 집단적으로 행동할 수 있는 제한된 부분 집단의 소수자의 성원이다. 그러나 격률에 따라 행동해도 좋은 부분 집단은 어떻게 심사될 수 있을까? 여기에서 특수화와 근거 지음 사이의 구별이 지시되어야 한다. 근거를 통해 요구받는 자 집단의 특수화에 대해 질문이 가해져야 한다. 자연법 형식의 요구는 자의적인 특수화만으로 충분하다. 형식은 요구받는 자의 집단

이 집합적으로 성취할 수 있는 모든 것이 다 허락되어 있는지 그 기준은 이런 의미에서 어떤 암시도 주지 않는다. 이로써 형식이 임의적 제한을 허락한다는 것이 발생한다. 두 번째 예로 다시 돌아가보자. 사용자의 0.001퍼센트가 돈을 지불하지 않아도 공공교통 수단의 재정이 폐해를 입는 것이 아니라고 전제해보자. 가장 적은 수입을 가진 사용자들이 이 혜택을 누리도록 한다는 규정이 자연법 형식과 일치한다. 자연법 형식에서 칸트의 근본적인 오류는 그가 판단의 형식적 성질이 그것의 내용적 올바름을 위한 기준으로서 작용한다고 믿는 데 있다. 보편적 허락 판단은 필수적인 조건이라는 의미에서 모든 대상자가 허락을 주장할 수 있다는 점이 전제되어 있다. 우리는 집단적 준수의 가능성을 허락의 충분조건으로 간주할 수 없고, 집단적 준수의 가능성으로부터 해당 행위방식의 허락을 추론한다.

3) 자기목적 형식

기본 형식과 자연법 형식은 격률 판단을 위한 어떤 기준도 구체적으 171
로 주지 못한다. 어떤 갈망 가능성의 기준을 그들로부터 추출할 수 없기 때문이다. 인간을 목적 자체로 여기는 두 번째 하위 형식은 도움을 줄 수 있을까? 우선 관심을 가질 만한 점은 칸트가 자기목적 형식에 도달하게 된 여러 가지 길이다. 그가 기본 형식과 자연법 형식을 도덕 판단의 형식적 성질에서 연역한 반면, 자기목적 형식에서는 행위 이론적 숙고에서 출발한다. 의지는 자신을 규정하기 위해서, 즉 갈망할 수 있기 위해서 하나의 목적을 필요로 한다고 칸트는 전개한다(아래 내용은 GMS, B 63-67 참조). 우리가 원한다면 필연적으로 무엇을 원한다. (칸트는 내가 목표점에 관해 이야기하는 곳에서 목적에 관해 말한다. 나는 자기목적 형식에 관한 이 장에서 칸트가 사용한 말을 그대로 제시하겠다.) 아무튼 순수이성에 의해 주어진 목적이 있을까? 그러한 것, 오로지 그러한 것만이 모든 이성적 존재에 의해 필연적으로 욕구되어질 것이다. 그것은 객관적 목적일 것이고 정언명법의 근거가 될 수 있을 것이다. 그런 객관적 목적은 무조건적인 가치를 가져야 한다. 그것은 제한 없이 선해야 한다. 영향을 일으킬 수 있는 모든 목적은 특정한 내용을 가지고 있다. 그것은 따라서 주관적이고 제한 없이 선할 수 없다(§ 151-153 참조). 그것은 따라서 단지 가설적 명법의 근거일 수 있다. 따라서 객관적 목적은 하나의 영향을 일으킬 수 있는 목적이 될 수 없다는 사실을 칸트의 이 숙고가 보여준다. 그것은 단지 자립적인 목적으로, 즉 자신의 존재 자체가 절대적인 가치를 지닌 존재자로서 생각될 수 있다. 그러한 존재자만이 그 자체로 목적으로서 정언명법의 근거가 될 수 있다. 그렇다면 무엇이 목적에 관한 이야기를 진행시키는가? 어떤 의미로 자립적인 존재자가 의지를 규정할 수 있는가? 자립적 목적은 행위의 모든 내용적인 목적 설정에서 고려해야만 할 것이다. 행위의 모든 주관적인 목적은 그것과 일치해야 한다. 인간은 "그리고 무릇 모든 이성적 존재는 그 자체로 목적으로서 존재하고, 단지 이것 또는 저것의 의지를 위한 임의적인 사용 수단으로 존재하지 않으며, 자기 자신에게나 혹은 다른 이성적 존재에 향해진 모든 자신의 행위 안에서 매 순간 동시에 목적으로 간주되어야 한다"(GMS, B 64 이하)라고 칸트는 주장한다. 인간은 이성적 본성 때문에 그 자체로 목적으로 표현되기에 인격으로 불린다. 그로부터 칸트는 "네가 너의 인격에서뿐만 아니라 타인의 인격 안에 있는 인간성을 항상 동시에 목적으로서 대할 뿐, 어떤 경우에도 단지 수단으로 대하지 않도록 행동하라"라는 형식을 도출한다(GMS, B 66 이하). 형식의 해석으로서 두 가지 질문에 답변할 수 있다. ① 칸트는 어떻게 인격의 무조건적 가치를 근거 짓는가? ② 자기 목적 형식에서 격률의 판단을 위한 어떤 기준들이 도출되는가? 다시 말해 언제 나는 한 인간을 목적 자체로 대해야 하는가?

①을 살펴보자. 인간의 자기목적성은 선 의지의 무제한적 가치에서 172
기인한다. 인간은 윤리적 존재이기 때문에 인격이다. 그의 존엄성은 그가 홀로 정언명법의 이성 법칙을 통해서 행동으로 규정될 수 있다, 즉 자율적 존재라는 사실에 있다. "이제 도덕성은 조건인데, 이 조건하에 이성적 존재는 홀로 목적 자체일 수 있게 된다"(GMS, B 79). 자립적 목적은 "이것은 동시에 가능적인 순수한 선 의지의 주체이기 때문에 모든 가능적 목적의 주체 이외에 다른 어떤 것이 아니다. 그렇게 되면 이것은 모순 없이 어떤 다른 대상보다도 뒤에 설정될 수 없게 된다"(GMS, B 82). "즉 그것은 그의 자유의 자율 덕분에 도덕법의 주체이다(…)"(KpV, A 156).

②를 살펴보자. 자기목적성이 선 의지의 무조건적 가치에서 기인한 173
다면 자신의 행동 안에서 타인의 선 의지를 고려하는 사람은 자기목적 형식에 상응하도록 행동한다. 이 대답으로 우리는 명백히 다시 기본 형식의 어려움에 봉착하게 된다. 왜냐하면 타인의 선 의지를 고려한다는 것은 그들이 이성적으로 취급되기를 바라는 방식으로 그들을 취급한다는 것을 뜻하기 때문이다. 이로써 명백히 자기목적 형식도 이성적 갈망의 기준에 대한, 답변되지 않은 질문을 전제하고 있다. 자기목적 형식과 기본 형식의 이러한 관계는 칸트 텍스트를 통해서 분명히 논증된다. 인간을 목적 자체로 대하라는 것은 그를 "고통을 당하고 있는 주체의 의지에서 나오는 법칙에 따라서는 가능하지 않는, 어떤 의도에도 내던지지 않겠다는 것이다"(KpV, A 156). "모든 이성적인 존재와의 (…) 관계에서 그가 너의 격률에서 동시에 목적 자체로 대우되도록 행동하라는 (…) 법칙은 모든 이성적 존재에 대한 그들의 고유한 보편 타당성이 동시에 그 자체에 내재하고 있는 격률에 따라 행동하라는 준칙과 근본에 있어 동일하다. 왜냐하면 나는 (…) 나의 격률이 하나의 법칙으로 모든 주체에 대해 그것의 보편 타당성의 조건이 해당되어야 한

다는 것은, 목적의 주체, 즉 이성적 존재 자체는 (…) 항상 동시에 목적으로서 행위의 모든 격률에 대해서 기초로 설정되어야 한다는 정도를 말하고 있다"(GMS, B 82 이하). 따라서 자기목적 형식은 이성적 존재가 이성적인 존재로서 자기 행위의 격률과 일치될 수 있도록 그를 대우해야 한다고 요구하고 있다. 타인이 대우받는 방식이 그 자신에게 정당화될 수 있다면 그는 그 자체로 목적으로서 대우받는다. 그러나 이것은 정당화의 어떤 내용적인 기준을 언급하지 않은 순수한 형식적 요청일 뿐이다.

174__ 자기목적 형식의 진술은 그럼에도 이 형식적인 정당화 요구에서 소진되지는 않는다. 그것은 칸트가 같게 취급했음에도 그것은 정당화의 내용적 기준을 추출할 수 있는 영역을 최소한 경계 짓기 때문에 기본 형식을 넘어선다. 행위이론적 사고로 더 깊이 발전시킬 수 있다. 즉 목적 자체인 존재는 동시에 모든 가능한 목적들의 주체이고, 그 자체로 가능한 순수 선 의지의 주체이다. 내 행위양식에서 동의할 수 있는 인격이란 자신을 목적들로 설정하고 그를 성취하고자 하는 행동하는 존재이다. 순수 선 의지의 주체란 선 의지로 행동하려는 마음으로 실천하고, 그런 가운데 타자로부터 방해를 받을 수도, 격려를 받을 수도 있다. 이 기준은 우선 순환적이다. 즉 도덕률은 자기의 도덕적 목적을 실행하려는 타인을 방해하지 않도록 명령한다. 타인의 도덕 행위에서 그를 방해하지 않는 사람은 도덕적으로 행위하는 것이다. 그렇게 해석한다면 자기목적 형식은 목적의 판단을 위한 기준을 이미 전제하고 있다. 그러나 우리는 한 걸음 더 나아갈 수 있다. 선 의지의 주체는 모든 가능한 목적들의 주체이다. 자신을 목적으로 설정하는 능력은 선 의지의 충분조건은 아닐지라도 필요조건이다. 그리하여 자신을 무릇 목적으로 설정하고 그것을 실행하려는 타인을 방해하는 사람은 이로써 순수 선 의지와 그것의 실행을 방해하는 것이다. 이런 의미로 한 사람의

결정과 행위의 자유를 침해하는 모든 공격은 선 의지의 무조건적인 가치에 충돌한다. 그러나 그것은 결정과 행위의 자유에 대한 모든 공격은 무조건 인격의 존엄성에 반한다는 것을 의미하지 않는다. 인간의 자유는 항상 제한된 자유이다. 우리가 더 자세히 보겠지만(§ 266), 인간의 결정의 자유와 행동의 자유는 서로 제한한다. 그리하여 우리는 정당화될 수 없는 결정과 행동의 자유를 공격하는 것은 선 의지의 무조건적 가치를 침해하는 것이 아니라고 말한다. 자기목적 형식은 무엇이 홀로 자유를 공격하는 근거일 수 있는지를 암시한다. 그것은 주관적 목적 때문에 인간의 자유를 제한하려는 자기목적성에 모순된다. 자유를 공격하는 근거는 단지 자유를 가능하도록 하기 위함일 수 있다. 자유는 단지 자유 때문에 제한될 수 있다.

여기에서 다시 한 번 칸트의 텍스트로 돌아가보자. 모든 이성적 존 175
재가 자신을 그리고 모든 타인을 결코 수단으로서가 아니라 항상 목적 자체로 취급한다면 그것은 칸트에 따르자면 단지 이상일 뿐인 목적들의 왕국에 이르게 된다. 이 왕국에서 모든 내용적인 목적들 역시 "체계적인 연결하의 하나의 전체"(GMS, B 74)를 형성한다. 즉 그 안에서 모든 내용적인 목적들은 서로 일치한다. 자기목적 형식이 요구하는 이상은 따라서 각 개인의 행동의 목적이 닫혀 있지 않고 서로 보충하고 협조한다는 것이다. 자기목적 형식은 모든 행위들의 협동을 요구하고, 그리하여 여기에서는 각자가 자기목적의 성취를 통해서 타인의 결정과 행동의 자유를 되도록 확장하고 타인의 목적을 성취하도록 공헌한다.

| 참고문헌 |

Kant, GMS, B 36-44

Beck, 1957; 1960, 6장 § 6

Cramer, 1972

Wimmer, 1980, 1장(3.4)

Ebbinghaus, 1948; 1959

Singer, M.G. 1961, 8~9장

Bittner, 1974

Höffe, 1977; 1993

Wimmer, 1980, 1장(3.5)~7장(3.3)

Ricken, 1993

Koorsgard, 1996

Willaschek, 1992, § 10, 11

Schönecker/Wood, 2002

2장— 의미론적 보편화 개념
R. M. Hare

칸트가 기본 형식과 자연법 형식에서 그러했던 것처럼 헤어도 도덕 —176 판단의 근거 지음은 도덕의 형식적 특징들로 규정된다. 헤어에 따르면 도덕 판단은 첫째, 규정적이다. 그것은 결정과 행위를 선도하는 과제를 가지고 있는데, 이것에 관해서는 앞에서(§ 51 이하) 다루었다. 둘째, 도덕 판단은 보편화될 수 있다. 이것에 관해서는 이 장에서 다룬다. 도덕 판단은 이 특징을 규정적 판단을 가지고 나눈다. 이 특징은, 도덕 판단은 술어를 필요로 한다는 점에서 유래한다. 헤어가 주장한 보편화의 가능성 개념을 우선 규정적인 술어를 통해 이해해보자. 하나의 대상에 특정한 술어를 붙여 말하는 사람은 이를 통해 하나의 특정한 성질이 그 대상에 해당된다는 것을 표현한다. 예컨대 우리는 하나의 특정한 대상에 대해 그것의 빨간 색깔 때문에 그것은 빨갛다고 주장한다. 이를 통해서 '빨간'이라는 단어에 관한 한, 우리가 빨갛다고 표현하는 대상이 왜 그를 빨갛다고 표현했는지에 대한 바로 그 근거였던 성질 안에서 동일하다면, 모든 동일한 것을 빨갛다고 불러야 한다고 우리는 확신한다. "'이것은 빨갛다'는 말은 '중요한 성질들 안에서 이것과 동일한 모든 사물은 빨갛다'라는 의미를 내포한다. 어떤 것이 빨갛다고 주장하고, 그리고 동시에 이 중요한 성질들 안에서 이것과 동일한 다른 사물도 빨갛다는 것을 부정하는 것은, '빨간'이라는 단어를 잘못 사용했기 때문이다"(1963, § 2.2). 판단의 보편화 가능성은 술어의 일관된 사용에서 기인하고, 일관된 서술어 사용은 다시 이해의 전제가 된다. 따라서 일관된 용례의 요구는 도덕 안팎의 적용에서 '좋다'와 '해야만 한다'의 서술을 위해서도 유효하다. 헤어에 따르면 이 서술어들은 대상과 행위를 추천하거나 규정하는 데 쓴다. 그에 따르면 가치나 당위판단의 경우 판단자는 묘사하는 서술어를 추천 혹은 규정의 근거로서 제시할 능력이 있다. 따라서 '좋다'와 '해야 한다'는 대상, 행위와 같은 것들에 관해서 특정한 규정적인 성질들 때문에 진술된다. 헤어는 이런 이유로 해서 도덕 판단의 보편화 가능성을 다음과 같은 의미로 정립한다. 즉 특정한 수식적 특징에 근거한 하나의 행위를 도덕적 서술어의 도움을 가지고 규정하거나 금지하는 사람은 그를 통해서 다음을 주장한다. 해당되는 수식적인 성질로 규정되거나 혹은 금지된 대상이 동일한 모든 행위는 그것을 이행하고 싶은 사람, 혹은 이행하는 사람에 상관없이, 규정하고 금지해야 한다.

177__ 위에서 헤어의 보편화 개념이 도덕 논변에서 어떤 의미를 가지고 있는가? 그는 1963년 저서 《자유와 이성》(*Freedom and Reason*)의 6장에서 마태오 복음 18장을 예로 들면서 설명하고 있다. A는 B에게 빚졌고, 다시 B는 C에게 빚졌다. 법은 신앙인들이 채무자를 감옥에 넣어 그들의 빚을 징수할 수 있도록 허용한다. B는 A에 대해서 이와 같은 방법으로 행하는 것이 도덕적으로 옳은지 숙고한다. 그는 다음과 같은 전제에 동의할 수 있을지 자문한다.

㊲ 나는 A를 감옥에 넣어야 한다. 왜냐하면 그는 빚을 갚지 않았기 때문이다.

만약 그가 ㊲에 동의한다면 그는 필연적으로 다음과 같은 보편적인 전제에 동의한다고 헤어는 주장한다.

㊳ 모든 신앙인은 자기 빚을 갚지 않은 채무자를 감옥에 넣어야 한다.

그러나 B는 자기 자신이 자기 빚을 갚지 못한 부류에 속한다는 사실을 인식한다. 그런데 그가 ㊳에 동의한다면 C로 하여금 자기를 감옥에 넣으라고 요구하는 것이 된다.

㊴ C는 나를 감옥에 넣어야만 한다.

왜냐하면 ㊴는 B가 C에 대한 빚을 갚지 않은 사실이 수단이 되어 ㊳에서 도출되기 때문이다. 이 단순화시킨 예는 중요한 점에서 세분화된다. 이 예는 A와 B가 사실적으로 같은 상황에 있음을 전제하고 있다. 헤어에 따르면 이것은 그럼에도 불구하고 도덕적 주장을 위해서 요구되는 것이 아니다. B가 단지 A의 상황에 처해보는 것으로 족하다. 따라서 B는 자신의 기본 명제에 해당되는 사람들의 집단에 자신이 속한다는 사실을 인정한다. 그는 이 기본 명제에 의해 타인에게 규정하거나 허락된 행동이 자신에게 해당될 때, 자신의 도덕 판단에 포함된 기본 명제에 동의할 수 있을지를 자신에게 묻는다. 타인의 행위 양식이 자신의 입장에서 거절된다면, 그는 기본 명제와 더 나아가 검증해야 하는 도덕 판단도 동의할 수 없다. 도덕을 근거 짓는다는 것은 헤어에 따르면 다음과 같은 요소를 갖게 된다. ⓐ 사실 ⓑ 도덕 판단의 논리(보편화의 가능성 그리고 규범성) ⓒ 욕구들 ⓓ 해당 상황에 자신을 대입할 수 있는 능력 등이다.

보편화의 가능성이라는 헤어의 개념은 도덕 판단의 형식적 일관성, 178
혹은 비당파성을 요구한다. 그는 판단자에게 유리하도록 하는 예외를 금지한다. 헤어의 이론은, 중요한 성질에서 서로가 동일한 행위들에 대해 상이한 도덕 판단을 내리는 것은 모순이라고 옳게 지적하고 있다. 하나의 도덕 판단을 한 사람은 타인이 이 판단에 상응하여 행동한다면 자신에게 해당하는 결과를 감내할 준비가 되어 있어야 한다. B는 특정한 방식으로 행동해도 좋다, 그러나 동일한 주요 관계에 놓여 있는 C가 그것을 해서는 안 된다고 주장하는 것은 도덕적인 술어, 즉 '해도 좋다'라는 술어의 올바른 용법에 충돌한다. 서로 상이한 도덕 판단은 상황의 규범적 구별을 지적하여, 즉 규범적인 술어를 통해서 정당화되어야 한다. 서로 다른 사람이 문제가 되는 사실, 즉 논리적 고유명사의 요구는 동일한 행위 양태에 대한 서로 다른 판단을 결코 정당화할 수 없다. 헤어의 보편화 가능성 개념은 그럼에도 불구하고 도덕준칙을 판단하는 필요조건도 충분조건도 아니다. 그는 단지 그것의 일관된 적용을 주장할 뿐이다. 보편화의 가능성에 대한 부정은 논리적 형식이지, 도덕적 형식이 아니라고 헤어는 쓰고 있다(위의 책, 1963, § 3.2). 보편화 가능성에 반대하는 사람은 다음과 같은 유형의 명제를 주장하게 되는 것이다.

㊵ 나는 이러이러하게 행위할 수 있으나, 다른 사람은 비슷한 상황에서 그렇게 행위해서는 안 된다.

㊵은 다음을 명확하게 한다. 보편화 가능성에 대한 충돌이 오류인 것은 두 개의 도덕적 명제의 연접(그러나로 연결된 접속사)이지 각각의 명제가 아니다. 따라서 보편화 가능성 테제는 명제가 유일하든 혹은 보편적이든, 각각의 명제에 대한 기준이 아니고, 논리적으로 결합되지 않은 도덕 명제이다. "그것(보편화 가능성 테제)은 모순 없이는 동시에 주장할 수 없는 두 개의 판단 중에 선택하도록 우리에게 강요한다. 따라서 이 테제로부터는 어떠한 내용적인 도덕 판단 및 도덕법칙이 연원되지 않는다"(위의 책, 1963, § 3.2).

그렇다면 헤어는 어떤 준칙을 위한 기준을 전개하고 있는가? 판단하는 사람은 자신의 욕구에 충돌하는 결과가 발생하는 어떤 준칙에 동의할 수 없다고 우리는 본다. 그는 당사자의 상황에 자신을 세우고 그가 이 상황에서 자신의 준칙에 상응하여 대우받기를 원하는지 숙고해야 한다. 이 역할 교환을 생각해보면, 판단자의 또는 해당자의 요구가 기준인지 헤어의 주장에서는 분명하지 않다. 판단자는 자기 자신의 욕구를 가지고 해당자의 상황에 자신을 대입해야 하는가, 혹은 그가 자신을 상황에 대입할 뿐 아니라 해당자의 욕구에도 대입해야 하는가? 자기 준칙들의 결과를 감내하기로 작정한 사람에게 더 이상 도덕적으로 논변할 수 없다고 보는 헤어의 입장은 첫 번째 해석에 동조한다. 모든 유대인을 독가스로 처형해야 한다고 주장하고, 그가 유대인이라면 스스로 가스실에 들어갈 준비가 되어 있다는 인종차별주의자에게는 도덕적으로 논변할 수가 없다. 헤어에 의하면 그럼에도 불구하고 그것은 요구되지 않는다. "인간과 세계가 존재하고 있다는 것을 우리가 확신하는 것처럼, 이 도주로가 그 누구로부터도 대낮에 펼쳐지지 않을 것이라고 확신하는 것으로 족하다"(위의 책, 1963, § 6.9). 헤어의 근거 지음에서 볼 때, 어떤 준칙들이 보편적으로 규정될 수 있을지에 대한 기준은 결국 판단자의 욕구라고 할 수 있다. 헤어의 보편화 개념에 따르면 판단자가 준칙에 의해 발생한 결과를 감내할 준비가 되어 있다면 어떤 자의적인 준칙도 보편화할 수 있다.

헤어에 따르면 보편화 가능성의 요청은 이해를 위해 요구되는 의미 179
의 지속성에서 발생한다. 도덕 언어를 사용하는 사람은 자신의 판단에 내포된 준칙의 결과를 받아들일 준비가 되어 있어야 한다. 그러나 '도덕적인 언어를 사용해야 할 필연성이 있는가' 하고 질문을 던져야 한다. 혹은 행위자는 도덕적 판단에 이르는 것을 피함으로써 보편화 가능성의 요구에서 벗어날 수 있을까? 보편화 가능성의 요구는 게임을 할 것인지 하지 않을 것인지가 각 개인의 임의에 맡겨져 있는, 단지 언어 게임의 일관성인가? 헤어의 답변은 이 방향을 지시한다. 가령 한 판 승부를 꺼리는 상대방을 장기로 이길 수 없는 것처럼, 어떤 도덕 판단도 자신에게 내리는 걸 거부하거나, 도덕적인 것은 중요하지 않다고 주장하는 사람들에게 도덕적으로 이의를 제기할 수 없다. 헤어에 의하면 그런 태도에 유일하게 이의를 제기할 수 있는 것은, 당사자는 자기 자신의 관심이 중요한 그러한 곳에서 도덕의 보호 역시 거부해야 한다는 것이다(위의 책, 1963, § 6.6). 도덕적 논변을 꺼려 하는 사람에게 논변하지 말라는 헤어의 주장은 어떤 이의도 제기하도록 두지 않는다. 그러나 그의 주장은 결국 도덕은 자의적인 결단일 뿐, 어떤 정당화도 가능하지 않고, 필요로 하지도 않는다는 테제에 필연적으로 이르게 하는 것인가? 도덕적인 언어 게임에 입장하는 것을 선택할 것인지, 반대할 것인지의 결정은 모든 판단을 벗어난 것인가? 여기에서 헤어의 입장을 넘어 전개되는 답변이 가능할까? 자신을 도덕적 논변에 세워야 할 필연성이 지시될 수 있을까?

180__ 보편적인 규정주의에 관한 자신의 이론을 일상적인 도덕 이해와 결합시키기 위해서 헤어는 위와 아래의 관계로 구성된 도덕 근거의 두 차원을 구별한다(1981). 하나는 성문화된 '비판적' 사유이고 또 다른 하나는 일상적 직관 사유이다. 헤어는 '비판적' 사유를 초인간적 존재, '대천사' 안에서 인격화시킨다. 즉 그는 모든 상황에서 주어진 행동 가능성들의 전체 결과를 파악하고 이 지식을 기반으로 매번 하나의 새롭고 완전한, 합리적인 결정을 하게 된다. 따라서 그는 어떤 제일 본성적 원리들이 필요하지 않다. 직관적 윤리 인식의 인격화된 존재는 비판적 사유에는 완전히 무능한 '천박한 놈'이다. 그는 교육과 추종을 통해서 타인에게서 받은 전제들과 제일 본성적 원리들에 의존하고 있다. 대천사와 천박한 사람의 대비는 단호한 헤어의 합리주의적인 토대와 도덕적 직관(일상 판단)의 가치를 명백하게 한다. 그는 윤리 인식의 원천으로서 도덕적 직관을 아주 단호하게 거절한다. 직관들은 선입견에서 발생한다. 그것들은 교육과 환경에 의존하고 있다. 그것들은 많은 상황에서 단지 보조자의 역할을 할 수 있고 또한 그래야만 한다. 직관들은 단지 비판적 사유에 의해 검증된 만큼만 정당화된 행위 지침을 줄 수

있다. 비판적 사유는, 우리가 대부분의 경우에 지향할 수 있는 제일 본성적 원리들 중에 최상의 것들을 찾는 과제를 갖는다.

| 참고문헌 |

Hare, 1954/55; 1963; 1981, 6장

Ricken, 1976a; 1987a

Kambartel, 1978

Hegselmann, 1979, 3장(1)

Wimmer, 1980, 2장(1)

Fehige/Meggle, 1995

3장— 일반화의 주장
M. G. Singer

181— 도덕적 판단을 내리는 사람은 동일한 주요 관계에 있는 사람들을 염두에 둔다. 그는 해당 행위를 모든 사람에게 허용, 명령, 금지로 설명한다. 행위는 그것의 결과에 따라 평가된다면, 이 도덕 판단의 형식적인 성격으로부터 다음이 도출된다. 즉 행위에 대한 판단은 각개 행위의 결과들에 따라서만 판정되어서는 안 된다. 도덕적 판단 중에 있는 타인들이 해당되는 사람들과 함께 그들에게 귀속되어 있는 허용으로 이용하고, 혹은 약속된 요구를 따른다는 사실을 염두에 두어야 한다. 따라서 판단자는 잠재적인 집단 실천의 결과를 고려해야만 한다. 이미 개별적인 행위의 결과가 부정적인 곳에서는 이러한 고려는 필요가 없다. 그러나 집단 실천의 결과를 개별적인 행위의 결과와 다르게 평가해야 하는 곳에서 숙고는 의미를 띤다. 환경보호의 영역에서 하나의 예를 든다면 다음과 같다. 한 강가의 주민이, 식수에 이용하는 커다란 호수에 정화되지 않은 폐수를 흘려보낸다면 크게 문제되지 않는다. 그러나 이것이 수천의 사례가 되면 부정적 결과를 가져온다. 따라서 행위 양식을 판단하는 데 각개 행위의 결과가 부정적이지 않다는 주장으로 만족해서는 안 된다. 그보다 더 각개 행위의 결과뿐만 아니라 집단 행위의 결과도 평가해야 한다. 이것이 대략적인 일반화에 관한 싱어의

논변이다.

이 주장을 다루기 전에 그의 적용을 위해 충족되어야 하는 조건들을 182
대략 요약하고자 한다. (1) 보편화 주장이 유효하게 제기될 수 있는 사람들의 집단은 내용에서 특정한 공동 이익, 예컨대 오염되지 않은 자연, 효율적인 교통 체계, 기능적인 지방 행정과 국가 행정 등을 통해서 제한된다. (2) 집단의 모든 구성원에게는 이 공동 이익과 사적 이익 사이에 긴장이 놓여 있다. 공동 이익은 단지 사적 이익을 비용으로 실행된다. 환경에 대한 유의는 불편함, 이익 단념, 재정적 부담과 연결되어 있다. 공동의 제도들은 개인들의 재정적 기여를 통해 유지되어야 한다. 따라서 모든 구성원은 비용을 부담하지 않으면서도 오염되지 않은 환경, 공동 제도 등의 장점을 주장하는 이해를 가지고 있다. 공동 이익은 그럼에도 불구하고 사적인 것보다 중요하다. (3) 개인이 공동의 이익을 비용으로 치르며 사적 이익들을 추구하는 개별 행동의 결과와 상응하는 집단 실천의 결과는 다르게 평가해야 한다. 개별 행동은 공동 이익의 실행을 방해하지 않으면서 개인에게 이익을 가져다준다. 그에 반해 집단 실천을 통해서 이것(개인의 이익)은 가능하지 않다. (4) 공동 이익의 실행을 위해, 집단의 모든 구성원이 사적 이익을 단념하는 것은 요구되지 않는다. 모든 개인이 공동 목적을 실현하기 위해 기여할 필요는 없다. 몇 사람은 부담에 참여하지 않으면서 오염되지 않은 환경, 공동 제도의 혜택을 누리는 것은 가능하다.

각 구성원은 이런 전제들 아래 어떻게 행동해야 할까? 누구도 부담 183
을 함께 지지 않고서는 공동의 혜택을 주장할 수 없는가? 주장할 수 있다면 그것을 할 수 있는 사람들의 집단을 어떻게 심사할 수 있을까? 싱어의 보편화 주장은 이 물음에 어떻게 대답하는가? 싱어에게 있어서 이 논변은 두 가지 서로 다른 형식을 가지고 있다.

첫째 형식은 다음과 같다[1961(1975, 91면; 111면) 참조].

(F) **결과 원칙**: A가 x를 행하는 것의 결과가 소망할 가치가 없으면, A는 x를 행할 권리를 갖고 있지 않다.

(VF) F의 **일반화**: K 집단의 각 구성원이 x를 행한 결과가 소망할 만한 것이 아니면, K 집단의 모든 구성원이 x를 행할 권한이 있는 것이 아니다.

(PV) **일반화의 법칙**: K 집단의 각 구성원이 φ를 행할 권리를 가지고 있는 것이 아니라면, K 집단의 어떤 구성원도 φ를 행할 권리를 가지고 있지 않다.

둘째 형식은 세 번째 단계에서 첫째 형식과 구별된다.

(PVa): "각자가 모두 특정한 형식으로 행위하거나, 대우받아서는 안 된다면, 어떤 근거 혹은 정당화가 주어지지 않고서는, 이러한 방식으로 어떤 이도 행위하거나 대우받아서는 안 된다."

싱어에 따르면 (PVa)는 단지 (PV)의 다른 표현일 뿐이다.

이것이 맞는지 질문을 던져야 할 것이다.

184 우선 첫 번째 양식에 관해 토론해보자. (F)는 전제로서 받아들여진다. 우리가 위에서 언급한 적용 조건들에서 출발한다면 (VF) 역시 어떤 어려움도 주지 않는다. 집단이 이행한 행위는 일반의 이익에 배치된다. 이것은 몇 사람이 φ를 행하지 않기만 하면 성취된다. 최소한 한 사람은 φ를 행해서는 안 되기 때문이다. 논변은 어떤 특정한, K 집단의 구성원이 이행해서는 안 되는지에 관해 어떤 근거들을 제공하고 있지 않다고 주장하는 것은 중요하다. 임의의 몇 사람과 적어도 K 집단에서 임의의 한 구성원이 φ를 실행하지 않는 것만 요구된다. 문제는 (PV)에 있다. 싱어는 "(적어도) K 집단의 한 구성원이 φ를 행할 권리가 없다"로부터 "K 집단의 어떤 구성원도 φ를 행할 권리가 없다"라는 결론을 내리고 있다. 그는 이 단계에서 일반화 법칙을 근거로 댄다. 이 법칙의 가장 명확한 표현은 다음과 같다. "한 인격에게 옳은 것은 유사

한 개별 전제들을 가지고, 유사한 상황에 있는 각각의 다른 인격에게도 옳다"[1961(1975, 50면)]. 전제들과 상황에서 유사성의 기준은 여기에서 판단자가 행위 양식은 옳다고 주장하기 위해 제기하는 근거들이다. 따라서 준칙은 다음과 같다. a b c의 근거들로 인해서 φ를 행하는 것이 A에게 옳다면, a b c에 해당하는 다른 모든 사람에게도 φ를 행하는 것이 옳다. 이 준칙은 도덕 판단의 논리적 형식에서 기인한다. 모든 도덕 판단은 근거 지음의 가능성을 요구한다. 화자는 A가 φ를 행하는 것이 왜 옳은지에 대한 근거를 제시할 능력이 있어야 한다. 그가 근거를 제시하는 것을 통해서 그것에 해당하는 모든 이가 φ를 행하는 것이 옳다고 말하는 것이다(1961, III 3 § 1 참조). 일반화 법칙으로 인해서 "어떤 이가 권리가 없다"라는 것으로부터 "모든 이가 권리가 없다"라는 결론은 왜 특정한 사람이 φ를 행하는 권리를 가지고 있지 않은지에 대한 근거를 제시하는 경우에 한해서만 허용된다. 예컨대 A가 언어 결함을 가지고 있기 때문에 외교관이 될 권리가 없다고 한다면 언어 결함을 가지고 있는 그 누구도 외교관이 될 권리가 없다. 근거들은 φ를 행할 권리를 가지고 있지 않은 사람의 집단을 규정한다. 따라서 일반화 법칙의 적용은 도덕의 형식 판단, 즉 특정한 사람이 특정한 근거에 의해 φ를 행할 권리를 가지고 있지 않다는 것을 전제로 한다. 싱어 논변에서 첫 번째 형식의 오류는 이 전제가 일반화 법칙의 적용을 위해 주어진 것이 아니라는 점에 있다. (VF)는 단지 임의의 사람이 φ를 행할 권리를 가지고 있지 않다는 것을 보여준다. 이 임의의 사람은 일반화 법칙의 적용을 가능하게 만드는 어떤 서술어를 통해서 규정되어 있지 않다. 임의의 사람이 (집단적 실천의 소망스럽지 않은 결과 때문에) φ를 행할 권리를 가지고 있지 않다는 명제는 명백하게 일반적이지 않다. 이 명제는 어떤 법칙도 포함하지 않는다. 이 명제를 통해 φ를 행할 권리를 가지고 있지 않은 사람들의 집단이 규정되지 않았다. "한 사람이 권리를 가지고 있지 않다"에서 "어떤 이도 권리를 가지고 있지 않다"는 것으로의 결론은 이 경우에 오류이다. 일반화 법칙을 적용하는 전제가 주어져 있지 않기 때문이다. 일반화 주장의 적용 조건들은 φ를 행할 권리가 없는 사람들의 집단을 규정하지 않는다. 첫째 형식의 논변은 단지 모든 이(집단으로)가 φ를 행할 권리를 가진 것은 아니라는 것을 보여준다. 어떤 이도 φ를 행할 권리가 없다는 것을 보여주는 것이 아니다.

185__ 이제 논변의 두 번째 형식으로 눈을 돌려보자. 우선, 싱어의 이해와는 상반되게 (PV)와 (PVa)에서, 같은 법칙의 상이한 두 개의 표현을 다루고 있는 것이 아니고, 두 개의 상이한 법칙을 다루고 있다는 것을 견지해야 한다. (PV)는 도덕 판단의 논리 형식으로부터 발생한 일관성 요구이다. 그것은 어떤 근거 지은 도덕 판단이 이미 선재한 곳에서 적용될 수 있다. 그에 반해서 (PVa)는 하나의 전제와 근거 요구를 구성한다. "모든 이가 그렇게 행위하는 것을 소망할 수 없는 방식으로 항상 행위하는 사람은 자기의 태도를 정당화시켜야 한다. 모든 이가 이 방식으로 행동하는 것을 소망스럽게 여길 수 없다는 사실은 수용을 시사하지만, 그 태도가 옳지 않다는 판단에 어떤 결정적인 근거가 되지는 않는다. 자기 행위의 상황이, 중요한 양태에서 옳지 않다는 행위들과는 상이하다고 논증함으로써 우리는 자신을 합리화하거나, 예외가 있음을 지적할 수 있다"〔1961(1975, 93면)〕. (PVa)는 따라서 어떤 근거 지은 도덕 판단을 전제로 하지 않는다. 일반화 논변의 적용 조건들을 전제한다면, (PVa)는 아래의 숙고를 통해서 용인된다. 즉 예외 혹은 차별성은 근거를 요구한다. 타인처럼 비용을 부담하지 않으면서도 오염되지 않은 환경 혹은 기관들의 혜택을 요구하는 사람은, 이 태도를 정당화시켜야 한다. 같은 혜택을 받지만 부담의 배분은 동일하지 않으면 근거가 있어야 한다. 논변의 둘째 형식은 논리에 합당하다. 이로써

싱어가 논변의 적용 조건들 중에 예외를 어떻게 근거 지을 수 있을지 하나의 절차를 제공할 수만 있다면 도덕 판단의 근거를 위해 어떤 것이 얻어진다. 논변의 둘째 형식이 표현하는 근거 지음의 요구는 그것을 어떻게 해소할 수 있는가의 물음과는 구별되어야 한다. 구별이 예외를 정당화하고 있다는 의미에서 이 구별은 중요하다는 것을 어떤 기준으로 결정하는가? 싱어의 답은 다음과 같다. 즉 "기준은 제시된 근거가 반복 가능한 것인지 혹은 그렇지 않는지"이다. 근거는 그것이 모든 이로부터 유효하게 만들어질 수 있다는 것을 배제해야 한다. "상황 구별을 위한 근거는, 자신으로부터 볼 때 상황에 관한 모든 임의적인 변화가 중요한 그런 종류여서는 안 된다. 그런 경우라면 그것은 전혀 근거가 아니다. 그것은 모든 것이 예외라는 사실을 가리킬 것이다〔1961(1975, 113면)〕.

싱어의 기준을 그의 몇 가지 예에서 실사해보자. 어떤 사람이 자기 186
는 세금을 낼 필요가 없다는 주장을 각각의 발에 6개의 발가락을 가지고 있다는 사실에 근거를 댄다. 각각의 발에 6개의 발가락을 가진 사람은 누구나 세금을 내지 않는다면, 그런 경우에도 필요한 조세 수입은 안정되어 있다고 받아들여진다. 싱어는 이런 근거 짓기는 반복 가능한 것이라고 여긴다. 모든 임의의 타자는 유사한 주장을 제기할 수 있다. 모두가 타인이 가지지 않은 어떤 성질들을 가지고 있기 때문이다. 다른 이는 특정한 집에 살고 있다는 사실을 근거로 댄다. "이 집에 사는 모든 이는 어떤 세금도 내지 않는다면 이 결과는 결코 소망스럽지 않은 것이 아니다. 나는 이 집에서 살고 따라서 어떤 세금도 내지 않아도 되는 권리가 있다"〔1961(1975, 116면)〕. 싱어에 따르면 이 주장은 어떤 집에 대해서도 반복 가능하다. 결론적으로 모든 이가 자기는 예외이고 어떤 세금도 내지 않을 권리가 있다고 주장할 수 있다. 그에 반하여 싱어는 특정한 경계 이하에 놓인 수입에서, 반복 불가능성의 기준을 지탱하는 예외를 위한 근거를 본다. "그것이 발생하는 법칙은 모두가 예외라는 사실을 내포하지 않기 때문에 그러한 구별은 자의적이지 않다"〔1961(1975, 117면)〕. 수입의 크기야말로 누가 어떤 세금도 내지 않을 권리가 있는지를 위해 중요하다. 이 사실을 모두가 인정할 것이다. 질문은 여기에서 중요한 성질을 다루고 있다는 사실을 어떻게 보여줄 수 있을 것인가이다. 반복 불가능성은 기준으로서 쓸모가 없다. 그것은 스스로 기준을 필요로 하기 때문이다. 하나의 근거 짓기가 반복 가능한지 그렇지 않은지를 어떻게 주장하는가? 근거 짓는 서술어들은 그 자체로 그를 위해 어떤 근거들을 주지 않는다. 어떤 사람이 세금을 내지 않을 권리를 가지고 있다고 주장하는 것을 수입의 낮은 정도에 근거를 댄다. 이 근거 짓기는 다음과 같이 반복하게 된다. 즉 모든 납세자는 특정한 수준의 수입을 가진다. 그들 각자는 자기 수입의 높이에 근거를 댈 수 있다. 이 방식으로 각자는 예외에 대한 권리를 유효하게 만들 수 있다. 우리는 어떤 권리를 가지고 누가 수입의 크기에 근거를 대는지 계속해서 물을 수 있다. 그리고 우리가 같은 권리를 가지고, 자기 키에 근거를 댈 수 있다고 주장하는 등의 형식으로 근거 짓기를 반복한다. 싱어가 반복 불가능성에서 근거 짓기의 중요성에 대한 기준을 본다면, 본말을 전도하는 것이다. 사실적인 연관은 다음과 같다. 반복 가능성은, 예외를 근거 지어야 하는 차별의 중요성이 다른 근거 짓기를 통하여 증명되는 것을 통해서만 배제될 수 있다. 마지막 예에 머물러보자. 수입의 크기가 반복할 수 없기 때문에 중요한 차별성이 되는 것이 아니라, 그것이 중요한 차별성이기 때문에 반복할 수 없는 것이다. 이 예에서 최소의 수입을 받는 사람은 세금을 낼 능력이 없음을 통해서 그 중요성이 발생한다. 더 많은 수입을 받는 사람은 이 근거를 자기 자신에게 유효하게 만들 수 없다. 차이는 따라서 반복할 수 있는 것이 아니다.

| 참고문헌 |

Singer, M. G. 1961

Gewirth, 1964

Lyons, 1965

Hoerster, 1977a

Hegselmann, 1979, 3장(2)

Wimmer, 1980, 2장(2), 3장(3)

4장— 언어화용론적 규범 근거 K. -O. Apel, J. Habermas

1. 가치 중립적 학문의 도덕적 전제들

187— 초기 논리실증주의의 교설에 따르면 합리적 논변과 학적 대상은 분석적이고 경험적인 명제의 영역에 국한된다. 따라서 도덕 규범은 진리 능력이 없다. 도덕 규범은 주관적 견해 혹은 자의적인 결단의 표현으로 여겨진다. 이 이원론이 칼 오토 아펠(Karl-Otto Apel)의 언어화용론적 도덕 근거의 출발점이다. 가치 중립적인 학문의 대상은 상호 주관적인 도덕 규범의 효력이 전제된다고 그는 주장한다. 그것은 우선 인간에 대한 논변이다. 분석적이고 경험적인 명제의 상호 주관적인 효력을 주장하고 동시에 도덕 규범의 효력을 거부하는 것은 모순이라는 것을 보여준다. 증명된 것은 단지 도덕 규범들의 가설적 효력이다. 즉 도덕 규범들은 학문을 영위하는 사람들을 속박하는 것이다. 따라서 아펠은 테제를 "모든 합리적 논변은 보편적 윤리 규범의 효력을 전제한다"로 확장한다(1973, 397면). 이것은 그의 견해에 따라 진술의 효력은 검증된다는 방법론에서 유래한다. 아펠은 사유의 독백 개념에 반대한다. 한 진술의 정당성은 "원칙상 이해와 합의의 도출에 능력이 있는 사유 공동체를 전제하지 않고서는 가능하지 않다. 사실적으로 고립된 사상

가라 할지라도, 그가 비판적인, '자기 자신과의 영혼의 대화'(플라톤)에서 잠재적인 논변 공동체의 대화를 내부적으로 영위할 수 있는 한, 표현하고 검토할 수 있다"(1973, 399면). 이것은 다시 논변 공동체의 모든 구성원이 평등한 토론 상대로 인정된다는 도덕 규범의 결론을 전제로 한다. 아펠은 명제와 화자의 의사 표명 차이(§ 59 참조)를 제시함으로써 이 성찰을 명백히 하려 한다. 논변하는 사람의 의사표명(인간 언어의 실행적인 구성 요소)은 의사소통 공동체의 모든 구성원에게 도덕적 요구를 제시하는 일종의 의사소통 행위라고 한다. 주장의 발설 행위로 화자는 자신의 주장에 반대할 권리를 지닌 상대자로서의 논변 공동체 구성원을 인정한다. 그는 자신이 반대에 맞서 자기의 주장을 방어할 준비가 되어 있음을 언명한다.

나는 이 논의의 진행을 아펠이 아닌 하버마스에 따라서 토론하려 한 188
다. 여기에서는 단지 짧은, 그러나 다음의 진행을 위해 중요한 비판적 논평을 다룬다. 아펠이 논변의 도덕적 연관성들을 제시하기 위해 가져온 성찰에는 그의 고유한 견해와 상반되게, 두 가지 상이하고, 서로 독립된 증명 절차가 있다. 무언가 주장하는 사람은, 그가 그것을 올바르게 주장하고 있다는 것을 전제로 한다면, 이를 통해 근거 짓기의 가능성 요구를 강조한다. 따라서 주장을 실행하는 요소는, 이 점에서는 아펠에 동의할 수 있는 바, 위에서 서술한 대로 대화 상대자의 인정을 포함한다. 그럼에도 이것은 어떤 방법으로 근거 짓기 가능성의 요구가 해소될 수 있는지 그리고 무엇이 해결의 기준으로 즉 주장된 진술의 진리 기준으로 유효한지에 대한 질문과는 구별되어야 한다. 하나의 주장이 대화 상대자에 대해 정당화될 수 있어야 하는 소통 행위라는 사실은 이 정당화가 단지 타인과 함께 찾을 수 있는지에 대한 물음에 답을 주지는 않는다. 또한 이를 통해 진리에 관한 동의 이론의 의미에서, 즉 논변 공동체의 동의가 주장의 진리성 기준이라고 말하는지에 대해서도 분명하게 답변하지 않는다.

2. 행위와 담론

189 규범 근거에 대한 하버마스의 이론 소개와 토론의 출발점으로 행위의 개념이 중요하다. 이 단어는 우선 일상 언어의 사용에서 이해할 수 있다. 이 광범하고 세련되지 않은 개념을 농축하고 요소들을 전개하는 것이 중요하다. 하버마스의 행위 개념은 본질적으로 사회적 관계이다. 사회적 행위는 이해를 목적으로 한다. 의사소통 혹은 합의 행위와 전략 행위를 하버마스는 구별한다. 전략 행위에서 행위자는 당사자들의 이해를 추구하지 않고 자기의 목적을 따른다. 하버마스 윤리의 근본은 의사소통 행위가 전략 행위에 대해 근원적이라는 테제에 있다. 전략 행위의 여러 형태, 즉 투쟁 혹은 경쟁은 단지 이해 지향 행위의 파생어에 불과하다(1976, 340면 이하; 1976a, 174면 이하). 이해를 위한 특별한 매체는 언어이다. 언어는 행위하는 사람들이 목적과 행위를 연결할 수 있도록 힘을 준다. 따라서 소통 행위 중에 외형적으로 명백한 언어 행위가 매우 중요하다. 하버마스가 담론 개념과 대립해 내세운 것이 행위 개념이다. "'행위'라는 용어 아래 나는 의사소통 영역을 도입하고, 거기서 우리는 정보들(예컨대 행위와 관련된 경험들)을 교환하기 위해서 외형(주장에서도)으로 표명된 효력 주장을 말없이 전제하고 인정한다. '담론'이라는 용어 아래 나는 논변을 통해 특징지은 의사소통의 형식을 도입하고, 거기서 문젯거리가 된 효력 주장이 테마가 되고 그것의 정당성과 관련하여 심사된다." 담론은 "방해받은 상호작용의 상황에서 문젯거리가 된 효력 주장에 대한 합의를 다시 도출하는(대체 방안은 전략적 태도로 전환하거나 혹은 의사소통의 단절을 선택할 수도 있다)"

과제를 가지고 있다. 담론에서 "우리는 어떤 정보를 교환하는 것이 아니고, 문제가 된 효력 주장의 근거 짓기(혹은 거부)에 기여하는 논변을 교환한다"(1973a, 214면 이하).

하버마스에 따르면 모든 합의 지향적 의사 행위는 대화 상대자들 사 190
이에 배경의 합의가 전제되어 있다. 하버마스는 대화 참가자들이 강조하고, 이행을 상호적으로 제기해야 하는 네 가지 효력 주장을 말한다. 모든 화자는 ① 자기 진술의 명료성 ② 그에 의해 주장한 명제의 진리성 ③ 표명에 전제된 규범의 올바름 ④ 이해, 성향, 의도, 요구의 표명에서의 진실성 등을 필요로 한다. 명료성의 유효 주장은 대화가 성사되는 것을 통해 이미 이행된다. 진리성, 올바름 그리고 진실성에 대해서 이야기한다면, 대화 상대자들은 명료성이 가능하도록 하기 위해 서로 이 유효 주장들을 올바르게 제기하고, 즉 그것들이 이행될 수 있어야 함을 전제한다. 모든 합의 지향적인 언어 행위는(우리가 항상 이행된 명료성에 대한 주장을 배제한다면) 세 유효 주장 모두를 제기한다고 하더라도, 문장의 이행 요소로 표현할 수 있는 각각의 비관용구적인 기능으로부터 어떤 유효 주장이 화자에게 중요한지가 드러난다. "그(화자)가 진술을 하고, 어떤 것을 주장하면, (…) 그는 청자와 함께 진리성 요구를 인정하는 기초에 대한 동의를 찾는다. 화자가 체험 명제를 표명하면, (…) 진실성 요구의 인정을 위한 기초에만 동의가 이루어질 수 있다. 화자가 명령 혹은 약속을 하게 되면, (…) 동의는 참여자가 이 행위를 올바른 것으로 유효하게 허락할 것인지에 좌우된다"(1981, 1권, 414면). 이 네 가지 유효성 요구는 그 이행의 종류에 따라서 구별된다. 진실성 요구는 담론으로 이행될 수 없다. 진실성은 근거 짓지 않고, 하나의 표현과, 이것과 내적으로 연관된 행위들 간의 일치를 통해서 지시된다. 우리가 다시 명료성을 제쳐두면 진리와 올바름만이 담론에서 이행될 수 있다. 규범의 근거 짓기와 보편화 개념의 질문에 관해서 오로지 올바름 요구만이 관심을 갖는다.

191 소통 행위를 위해 요구되는 배경 일치가 방해받는 경우라도 담론이 일관성 있고 유일한 소통 행위가 계속되는 한, 효력 요구의 개념으로부터 합의 지향적인 행위와 담론 사이에 하나의 필연적인 결합이 존재한다는 사실이 도출된다. 본질적으로는 이런 경우 담론 이외에도 전략 행위나 의사소통 중지를 물론 선택할 수 있다. 의사소통의 행위자가 효력 요구를 제기한다는 사실은, 그럼에도 불구하고 방해받은 의사소통의 상황에서 담론, 즉 효력 요구의 이행을 유일하게 일관된 길로서 지시한다. 담론은 "다른 수단을 가진, 합의 정향적인 행위의 반성적 진행이다"(1981, 1권 48면). "우리가 담론으로 실행 가능한 효력 주장의 의미를 명백히 하는 한, 이미 합의된 행위 안에서 논변의 가능성을 전제한다는 것이 우리에게 의식된다"(1976, 340면). 의사소통 행위의 개념은 따라서 논변의 개념을 내포한다. 의사소통으로 행위하는 사람은 그의 행위를 정당화할 준비가 되어 있음을 선포한다. 실제 담론에서 이 주장이 어떻게 실행될까?

3. 보편화의 준칙

192 하버마스의 근거 짓기 과정은 진리의 합의 이론에서 기인한다. 이에 따르면 하나의 규범에 제기되는 올바름에 대한 주장이 정당화되는 기준은 모든 사람의 잠재적인 동의이다. 진리와 올바름의 기준인 '합의'는 우연히 만들어진 일치로 이해해서는 안되고 근거 지은 합의로 다루어야 한다고 하버마스는 강조한다. 담론은 합리적으로 동기화된 동의를 목적으로 삼는다고 한다. 무엇을 가지고 이와 같은 검증된 합의와 전적으로 사실적인 합의를 구별할 수 있는가? 기준은 담론의 형식적

성질이다. "진리의 합의이론은 담론의 형식적 성질을 통해서 더 나은 토론을 만들기 위한 고유한 강제를 설명하도록 요구한다. 이것은 문장의 논리적 일관성처럼 논변과 관련된 것에 놓여 있는 것들을 통해서라거나, 경험의 명증성같이 외부에서 논변에 유입된 것들을 통해 얻은 강제와는 다르다"(1973a, 241면). 하버마스는 이상적인 담론 상황이라는 개념에서 형식적 성질을 요약하는데 이 이상적 담론 상황은 모든 담론 참가자의 담론 행위를 선택하고 수행하는 데에서 기회의 균등을 통해 의사소통의 체계적인 파행을 배제한다.

그럼에도 불구하고 올바름의 기준에 대한 질문의 답은 마찬가지로 〈진리이론〉이라는 논문에서 발견되는 또 다른 하나의 것과 모순되는 것으로 보인다. 하버마스는 툴민(Toulmin)의 이론에 연결하여 추천의 정당화 방법을 제공하는데, 그곳에서는 위에서 인용한 진술에 모순되게, 명제들의 논리적 일치는 검증된 합의의 기준으로 보인다. 두 개의 해결이 어떻게 서로 일치할 수 있나? 그것을 위해 우선 하버마스의 예를 도움 받아 툴민의 근거 짓기 과정을 요약해보자(아래를 위해서 1973a, 242-244면 참조).

(C) 너는 A에게 주말까지 50유로를 갚아야 한다.

(D) A는 너에게 돈을 4주간 빌려주었다.

(W) 대부금은 주어진 기간 내에 회수되어야 한다.

(B) 대부는 부족한 자원의 유연한 투입을 가능하게 한다.

정당화가 필요한 권유 C(conclusion)를 위한 근거로서 사실 D(data)가 우선 제시된다. D에서 C로의 진행은 규범 W(warrant)에서 발생한다. 이 규범은, W의 준수가 일반적으로 인정한 욕구의 이행을 위해 갖게 되는 결과가 지시됨으로써 자신의 편에서 정당화된다(B=backing). 결정적으로 문제가 되는 단계는 B에서 W로의 진행이다. 이 진행에는 다리법칙의 역할이 중요한데, 이 원칙의 도움으로 우리는 하나의 규범을 일반적으로 인정된 욕구를 통해 납득하도록 만들 수 있다. 하버마스는 이를 "실천이성이 그 안에서 자신을 표현하는 유일한 준칙"(1973, 149면)으로 서술한다. 이것은 전개되는 연관성 안에서 우리의 특별한 관심을 불러일으킨다. 하버마스는 그것을 어떻게 표현하고 근거 짓는가? 그것은 어떻게 올바름의 합의이론과 관련되는가?

193 하버마스는 그의 새로운 논문에서(1983; 1991, 1장) 담론윤리학적 준칙(D)과 일반화 준칙(U)을 구별한다. 그들에 따르면(1983, 103면) 다음과 같다.

(D) 규범만이 "실천적 담론의 참가자인 모든 당사자의 동의를 찾거나 찾을 수 있는" 효력을 요구할 수 있다.

(U) 아직 다투고 있는 규범은 실천적 담화의 참가자 사이에서 "각 개인의 이익을 만족시키기 위하여 그것이 일반적으로 준수되어 발생하는 결과나 부작용이 모든 사람으로부터 강제 없이 받아들여질 수 있을 때" 비로소 동의를 얻게 된다.

(D)는 사실상 효력의 개념 분석이다. 우리는 아래의 표현과 비교할 수 있다. "효력의 의미는 적절한 환경에서 하나의 상호주관적인 인정이 창출될 수 있다는 보증에서 발생한다"(1976a, 178면). 따라서 (D)는 올바름의 합의이론과 함께 인식적인 기초에서부터 발생한다. 이것은 규범이란 근거 지울 수 있다는 것이 전제되어 있다. 이런 의미에서의 '보편화 가능성'은 '근거 지음의 가능성'과 같은 것을 말한다. 그러나 이 준칙은 규범들이 어떻게 근거 지어질 수 있는지에 대해 전혀 언급하지 않는다. 이것은 (B)에서 (W)로의 과정을 정당화할 수 없다. 그러나 (U)는 규범의 올바름에 대한 기준을 구체적으로 준다. (B)에서 (W)로의 이동을 보장하는 연결 원리라 할 수 있다.

하버마스는 (U)를 (D)에서 도출한다. (U)는 하버마스에게는 분석적으로, 정당화된 규범의 개념으로부터 발생한다. 논변에 입장한 모든 이는 전제들을 만들어야 한다. 전제들의 내용은 담론 규칙 형식으로 표현하는데, 예컨대 언어와 행위 능력을 가진 모든 주체는 담론에 참가할 수 있다. 모든 주체는 자신의 세계관, 갈망 그리고 욕구를 표명할 수 있다. 담론 안에서든 밖에서든 지배하는 강제를 통해서, 위에 표현한 권리들을 진정으로 취하는 데 어떤 화자도 방해받아서는 안 된다. 더 나아가 우리는 정당화된 규범에 "이 사회적 재료들은 가능적인 당사자의 이익 안에서 질서를 이룬다"라는 의미를 결합시킨다. 이 전제들이 옳다면, "규범적 효력 주장을 담론으로 이행하려고 성실하게 시도하는 모든 이가 암묵적인 'U'의 인정에 이르는 진행의 조건들을 직관적으로 허락하게 된다. 언급한 담론 규칙으로부터, 실제적인 담론의 참가자들 사이에 논란이 되는 규범은 단지 'U'가 유효해야만 합의를 찾을 수 있다는 사실이 도출된다"(1983, 103면).

하버마스의 기초를 포괄하는 마지막 심급 관청은 의사소통 행위의 194
생활세계 현상이고 우리들의 도덕적 일상 직관이다. 그것은 철학자들이 만든 근거에 의존하지 않는다. 여기에서 철학적 윤리는 후기 비트겐슈타인의 의미로서 병리치료의 과제를 갖는다. 이 마지막 심급은 일상적 도덕의식을 철학이 잘못하여 야기한 질병을 치료해야 한다. 인식적 입장은 하버마스에게 있어서 일상세계로서, 뒤로 물러설 수 없는 것이다. 의사소통 행위와 담론에 대한 회의적 거부는 단지 추상적 가능성일 뿐이다. 의사소통 행위와 전략 행위 사이에서 선택 가능성은 단지 개별적인 행위자의 우연한 관점으로부터 나온다. 이것은 경우에 따라 열려 있다. 합의를 지향하는 행위로부터 완전히 이탈하는 것은 하버마스에게는 생활세계로부터 자해적으로 이탈하는 것을 의미한다. "초지일관하는 이탈자라 할지라도 의사소통적 일상의 실천에서 이탈할 수 없다. 그는 실천의 대전제에 구속되어 있고,—그리고 이것은 다시, 최소한 부분적으로—논변의 전제와 일치하고 있다"(1983, 110면).

아펠 그리고 쿨만(Kuhlmann)과 다른 점으로 하버마스는 도덕 규범(즉, 담론 규칙)의 마지막 근거 짓기를 거부한다. 논변을 하고자 하는 사람은 담론 규칙을 지킬 수밖에 없다. 이것은 물론 그에게도 유효하다. "칸트의 의미에서 선험적인 연역은 그러한 논변 수단으로 실행될 수 없다"(1983, 105면). 우리가 논변을 펼칠 때 적용하는 규칙의 인식은 틀릴 가능성이 없다. 그럼에도 그것은 이론 이전의 지식을 재구성하고 표현하려는 시도이다.

4. 도덕의 좁은 개념

195 하버마스는 스스로 담론윤리학의 한정된 관심사를 나타냈다. 그는 "윤리이론의 겸손한 자기 이해에 상응하는"(1986, 32면), '윤리의 좁은 개념'에 관해 말한다. 이 좁은 개념은 반성적인 방법론 의식에 상응한다. 하버마스는 세 가지 문제 영역을 구별한다. 근거 짓기, 윤리적 판단의 적용과 이행이다. 담론윤리학에서는 오로지 첫 영역이 중요하다. 그것은 우리의 윤리적 제도의 '보편적 핵심'을 설명하고 이로써 가치 회의주의를 반대하려 한다. 이 방법론적인 구별을 위한 비용은 고도의 추상이다. 하버마스는 자신을 첫 번째 영역에 제한시키기 위해서 정의(正義)의 물음들을 좋은 삶의 그것과 구별한다. 그는 자신의 도덕철학의 형식적 성격을 강조한다. 모든 내용은 매우 기초적인 행위 규범들과 관계된다 하더라도 그들은 실재적인 (…) 담론들에 의존하도록 형성되어야 한다. (…) "예컨대 롤스의 정의론과 같이 내용적인 영역에 뻗치고 있는 윤리론은 국가시민들 사이에 전개된 담론에 하나의 기여로 이해되어야 한다"(1983, 104면). 판단 기준에는 어떤 내용도, 가치 혹은 선들처럼 포함하지 않는다. 내용들, 즉 내용적인 법칙 혹은 기본

규범은 그보다도, 그 안에서 칸트식 격률의 질료와 비교 가능하고, 예외 없이 검증의 대상이다. 하버마스는 스스로 이 추상이 결과에서 문제를 가져온다는 사실을 안다. 예컨대 정의의 물음은 좋은 삶의 그것으로부터 고립되는가(1983, 31면), 즉 그들은 어떤 선에 관한 이론도 없이 순수 형식으로 결정되는가?

하버마스의 근거 짓기 과정은 규범에 대한 개념에서 기인한다. 이 개념에서 다리 법칙(U)이 분석적으로 따른다. 따라서 '규범들을 어떻게 근거 지을 수 있는가'라는 질문은 궁극적으로 하나의 정의(定義)를 통해서 결정된다(하버마스의 자기 비판, 1985, 1042면). 사회 규범들은 필연적으로 일반적이다. 윤리 규범들은 고도로 특별하다. 충분히 특수화된 규범일 때 비로소 우리가 특정한 상황에서 어떻게 행동해야 할지에 대한 답을 준다. 여기에서 특수화는 규범의 적용과 구별된다. 자신의 특수성 때문에 윤리적으로 의무를 부과하는 규범들은, 법 규범처럼 사회적 합의를 통해 만들어지지 않는다. 이것은 그 자체로는, 아직 최종적으로 구속하는 어떤 성격을 갖지 않는 제일본성적 규칙(*prima-facie-*Regeln)이라면 항상 가능하다. 올바름에 대한 요구는 공동체적 관심이 탐구된다는 전제에서만 이행된다는 사실이 (U)로부터 파생한다. 이는 관심사 및 규범의 긴장들이 포괄적인 관심에 대한 반성을 통해 담론으로 해소될 수 있다는 것을 의미한다. 하나의 더 높은 지평으로 관심이 전환될 수 없는, 서로 상이한 관심사 간의 긴장 상태에서 하나를 다른 하나보다 더 우선적으로 여길 것인지에 대한 물음은 이 기반 위에서는 제기될 수 없다. "보편화의 준칙은 자기의 내용과 유효 영역이 특수하게 적용되는 규범들 모두가 합의 능력이 없는 것으로 배제하는 데 기여한다. 또한 그 밖에 일반화의 능력이 없는 규범들이 특정한 상황에서 합의가 도출될 수 있다면, 여기에서는 특별한 이해들 간의 협상이 중요하고, 논변으로 추구한 합의가 중요한 것이 아니다. 협상들은 슬기로운 행위와 교역의 결과이지 담론의 결과는 아니다"(1973a, 251면; 1986, 26면). 〔올바름 요구의 담론 실행을 전제로 하는 공동체적 관심의 요청 안에서 하버마스의 일반화 준칙(U)은 에어랑 학파(Erlanger Schule)의 윤리법칙과 일치한다는 점은 주의할 만한 것이다(Schwemmer 1971, 4장; 1974; Lorenzen-Schwemmer 1975, II장).〕

196 그럼에도 이 비판적인 질문들은 중요한 관심을 간과하도록 두어서는 안 된다. 하버마스는 자신의 기초를 한번은 '보편적 언어윤리학'으로 표현했다(1976, 84면). 그는 칸트 윤리학과의 차이를 다음과 같이 보고 있다. 칸트에 따르면 모든 개인은 독백으로 각각의 규범에 대한 일반화의 가능성을 심사해야 한다. 거기에 비해 보편적 언어윤리학의 단계에서는 욕구의 해석들 또한 실제적인 담론의 대상이 될 수 있다. "규범의 정당화의 원리는 이제 더 이상 독백으로 적용할 수 있는 일반화 가능성의 준칙이지 않고, 규범적 효력 주장에 대한, 공동체적으로 준수하는 담론 수행의 과정이어야 한다"(1976, 85면). 보편적 언어윤리학의 의미는 그것이 모든 도덕 판단의 필요불가결한 전제, 즉 당사자의 욕구들(Fiats)의 인식을 확실히 하는 데 있다. 이상적인 대화 상황은 당사자의 욕구들이 종결되지 않은 채 언어로 표현되고 인식될 수 있다는 사실을 보증한다. 이 상황에서는 욕구들에 관한 왜곡되지 않은 정보들과 함께 그것의 가치 혹은 숙고에 대한 물음이 아직 답변되지 않았다는 사실이 물론 확고히 유지되어야 한다. 따라서 이상적인 대화 상황은 기준의 기능을 행할 수 없다. 그것은 정확한 적용을 위한 필연적인 전제만을 보증한다. 사소한 것이지만 이상적 대화상황에서는 방법론적인 이상이 중요하다는 사실을 간과해서는 안 된다. 많은 결정에서 외적인 상황들은 행위자들에게 당사자의 욕구들에 관한 자기 해석에 따라 결정하도록 강요한다. 이상적인 대화 상황 외에 이 해석의 올바름을 검토하기 위한 기준들이 있을까?

하버마스도 《담론윤리학으로의 해명》에서 다음과 같은 반대 의견을 기술하고 있다. "논변 과정이 단지 의사소통의 전제조건 때문에 올바른 답의 선택을 보장할 수 있는 것은 아니다. 근거들을 평가하는 독립된 기준들이 보충되어야 한다. 이를 위해 상호 인격적인 논변의 교환을 올바른 절차를 통해 실천하는 것이 결정적일 수 없다. 왜냐하면 마지막에 모든 참가자가 자기 자신에게 좋은 것을 숙고할 수 있는 실체적 근거들만을 계산하기 때문이다." 나는 이것을 담론윤리학에 대한 결정적인 반론이라고 여긴다. 거기에 대해 하버마스는 논변이 그 근거들을 산출할 수 없다는 것을 인정한다. 그럼에도 불구하고 그는 주장하기를, "토론에 선행하는, 즉 토론을 통해 근거 지어야 할 필요가 없는, 어떤 명증성도 어떤 가치판단 기준도 있을 수 없다. 연역적인 논변만으로는 정보를 제공하는 것이 아니고, 경험 및 도덕적 감정은 해석과 독립된 어떤 기초도 만들지 못한다"(1991, 164면 이하). 나는 모든 사실이 해석을 필요로 한다는 사실을 거부하는 것이 아니다. 논변에 앞서는 어떤 명증성도 가치판단 기준도 없다고 주장하는 것은 그가 주장하는 인식적 기초와 일치하지 않는다. 모든 해석은 해석되는 것, 즉 해석하는 사람 이전에 존재하고, 해석의 올바름을 위한 규준이 되는 것이 전제되어 있다. 하버마스가 말하는 경험과 도덕 감정이 순수한 주관적인 어떤 것이라고 한다면 인식적 기초는 유지할 수 없게 된다. —197

| 참고문헌 |

Habermas, 1971; 1973, III 2; 1973a; 1976, 3장과 5장; 1976a; 1981, 1권 3장; 1983, 3장; 1991, 6장

Apel, 1973; 1976a; 1976b; 1979; 1986

Krings, 1978

Kuhlmann, 1985

Baumgartner, 1990

Tugendhat, 1993, 제8강

5부— 도덕법칙으로서 인간의 자기목적성

들어가기 전에

올바른 결정과 행위이론적 숙고들이 가리키는 올바른 행위에 관한 질문은 올바른 실천 준칙에 대한 질문으로 나아간다. 지금까지는 부정적인 답변만 주어졌다. 내용적 준칙들은 필연적으로 주관적이고 따라서 행위 판단을 위한 어떤 객관적 기준을 줄 수 없다(§ 151-153 참조). 실정적인 도덕법칙을 발전시키려는 아래의 시도는, 역사적인 해석이 되고자 함이 아니고, 목적으로서의 인간과 이성의 사실에 대한 칸트의 이론과 연결되어 있다. 나는 자기목적 형식(§ 171 참조)의 해석에서 두 가지 질문을 구별했다. ① 칸트는 어떻게 무조건적인 인격의 가치를 근거 짓는가? 《도덕형이상학을 위한 기초 놓기》에서 선 의지의 무제한적인 가치로 답변한다. 인간은 윤리적 존재이기 때문에 인격이다. 이 답변을 이성의 사실에 관한 이론의 도움으로 해석해보아야 한다. ② 어떤 판단 기준들이 자기목적 형식에서 발생하는가? 형식은 우선 타인에 대해 정당화될 수 있는 방식으로 타인을 다룰 것을 요구한다. 이것은 정당화의 내용적 기준들을 언급하지 않는 순수한 형식 요청이다. 나는 그것을 아래에서 자기목적성의 형식적 요청 혹은 형식적 개념으로 표시한다. 칸트의 자기목적 형식으로의 실행은 그럼에도 어떻게 내용적인 기준들을(아래에서 자기목적성의 내용적 개념 혹은 내용적 요구에 198

관해 언급한다) 얻을 수 있을지, 하나의 방향을 의미한다. 스스로 목적인 인간은 행동하는 존재이다.

1장— 인간과 인격

1. 보에시우스와 로크의 인격 정의

도덕철학의 토론을 위해 가장 중요한 두 가지 '인격' 개념은 보에시우 —199
스(Boethius)의 것과 존 로크(John Locke)의 것이다. 보에시우스의 정의는 "합리적 본성의 개별적 실체"(naturae rationabilis individua substantia)이다. 이 정의는 그리스어 'hupostasis'의 의미를 다시 부여한 것이다. 인격은 이성적 실체의 유에 속하는 한 개별자(제일 실체)라는 뜻이다. 그러나 이는 단순한 개별자가 아니고 '개별적 실체'이다. '실체'(substantia)는 그리스어의 '*hupostasis*'와 동의어이다. 두 단어는 '무엇 아래 서 있음(서 있는 존재)'을 의미한다. '개별자(개개인)'는 '보편자(일반인)'에 상대되는 개념이다. 실체는 우유에 대한 상대 개념이다. '실체'는 우연자 '아래에' '서 있는' 존재, 우연자를 데리고 다니고, 그들이 모름지기 존재할 수 있도록 돕는 어떤 것을 가리킨다. 그리스어 'hupostasis'의 번역어로서 '*persona*'는 따라서 이성적 개별자의 자기존재(Selbstand)를 강조한다.

토마스 아퀴나스는 보에시우스의 정의를 계수하여 설명한다(S.th. I q.29a1). '인격'은 이성적 생명존재 유의 개별자를 표현한다고 토마스는 해석한다. 그러나 왜 우리는 단순히 개별적인 사람에 대해 말하지 않고, 인격에 대해 말하는가? '인격'(Person)이라는 단어는 인간이 개별성의 위계에서 다른 제2의 실체와 구별된다는 것을 강조한다. 그는 식물이나 동물보다도 더 높은 위계에 있는 개별자이다. 더 높은 위계는 인간이 그를 통해 자기 자신을 자신의 행위로 규정할 수 있는 능력을 갖는, 자신의 이성적 본성에서 기인한다. 그것은 다른 말로 표현하자면 그의 자유에서 기인한다. 인격에 관해 이야기할 때, 우리는 자신을 자기 행위로 규정하는 능력을 갖추고 있다는 점에서 인간적 개별자를 의미한다.

보에시우스와 토마스에 의하면 '인간'과 '인격'의 개념은 인간이 아니면서 인격인 존재가 있는 한, 같은 외연을 갖고 있지 않다. 따라서 '인격'은 '인간'보다 더 넓은 외연을 가진다. 그러나 인간이라는 개념에 해당하는 모든 개별자는 인격이라는 개념에도 해당된다. 즉 인격이 아닌 어떤 사람도 없다. 따라서 인격 존재라고 할 수 있는 기준은 인간 유에 속하는 귀속성이다. '실체'라는 단어 역시 강조되어야 한다. 실체(Substanz)는 시간의 경과에 따라, 변화되는 상황들에서 스스로 유지하는 기체(Substrat)이다. 인격이 실체라는 것은 그가 시간의 경과에서 자기 자신과 일치하여 남아 있다는 것을 의미한다. 시간의 경과에도 동일한 인격을 다루는지에 대해 어떤 기준으로 주장할 수 있는지를 질문한다면, 인간의 동일성에 대한 기준들을 제시할 것이다. 동일한 인간을 다룬다면 또한 동일한 인격을 다루는 것이다.

200 로크가 수행한(*Essay* II 27), 추종하기 어려운 단계는, 그가 '인격' '인간' 그리고 '실체'의 개념들을 서로 분리한 데 있다. 동일한 실체, 동일한 인간, 동일한 인격이라는 것은 세 가지 완전히 다른 사물들이다. 인격, 인간 그리고 실체는 세 가지의 상이한 관념을 위한 표현들이기 때문이라고 그는 주장한다. 잠정적으로 실체의 개념을 무시하기로

하자. 인격의 개념은 인간의 개념과는 다른 어떤 것을 말하며, 결론적으로 인격의 정체성 기준은 인간의 그것과 다르다는 것이다. 그렇게 되면 '인격이 아닌 인간이 있을 수 있는가'라고 질문할 수 있다. 동일한 인간이 연속적으로 상이한 인격들로 구성될 수 있을까? 우선 로크의 인간과 인격의 개념을 살펴보자. 잘 알려진 대로 아리스토텔레스는 인간을 이성적 동물로 정의한다. 로크는 반대의 예로 지성적인 앵무새를 든다. 아리스토텔레스의 정의는 그에게 해당된다. 그럼에도 불구하고 어떤 누구도 이 앵무새를 인간으로 지칭하지 않는다. 우리는 인간이라는 개념으로 특정한 형태를 지닌 동물로 이해한다. 그 동물이 살아 있는 동안 더 이상 고양이 또는 앵무새만큼 이성을 소유하지 못한다 하더라도 우리는 이를 인간이라 부른다. 반면에 사유하는 고양이 또는 사유하는 앵무새를 단지 고양이 또는 앵무새라고 계속 표시한다. '인격'이라는 단어는 로크에 따르면 "이성과 숙고를 소유하고 자기 자신을 자기 자신으로 볼 수 있는, 사유하고 이해하는 존재"를 나타낸다. "즉 자신을 여러 상이한 시간에 그리고 상이한 장소에서 생각하는, (…) 동일한 사물로 파악한다는 의미이다. 이제 이 의식이 과거의 행위로 돌아가 전개될 수 있는 만큼, 이 인격의 동일성은 넓다"(*Essay* II 27 § 9). 결정적인 것은 이 정의의 마지막 단어들이다. 그것들은 인격의 개념에서 동일성 의식이 본질적이라는 사실을 말한다. 인격은 자기 자신을 여러 상이한 시간에, 상이한 장소에서 동일한 것으로 파악할 수 있다. 동일한 의식이 동일한, 혹은 상이한 실체 안에서 지속하느냐가 중요한 것이 아니다. 로크는 그것으로부터 인격의 동일성은 오로지 의식의 동일성에 있다는 결론을 내리고 있다. "실체의 수적인 동일성이 아니라 지속적인 의식의 동일성"이 "동일한 자아를 근거 짓는" 것으로 보아야 한다(*Essay* II 27 § 25). 로크는 자신의 이론을 방어하기 위해서 의문스러운 보조 가설에 의존한다. 예컨대 그의 인격 개념에서 오는 중요한 생명윤리적 결론을 생각한다면 이 가설은 드러난다. 만약 권리들, 특히 인간의 생명권이 그의 인격에서 기인하다면, 자신의 고유한 정체성에 대한 의식이 없거나, 더 이상 발전된 것을 가지지 않은 사람의 권리는 어떻게 될 것인가? 여기에서 로크는 그가 창조의 개념들과 신의 자기 피조물에 대한 소유권의 개념으로 합리화시키는, 종의 개념으로 되돌아가야만 한다.

2. 툴리와 싱어

201 현대 생명윤리의 토론에서 '인간과 인격'이 상이한 외연을 가지고 있다는, 로크식 인격 개념과 테제를 주장하는 사람들에게 눈을 돌려보자. 마이클 툴리(Michael Tooley)가 그와 같은 주장을 했고, 피터 싱어(Peter Singer, 1994, 130-134면)는 그의 주장을 계수한다. 툴리에 따르면 생명권을 가진 유일한 존재들은 자기 자신을 시간 안에 존재하는, 구별되는 실재로 파악할 수 있는 존재들, 즉 로크의 의미로 인격들이다. 싱어는 툴리의 주장을 다음과 같이 요약한다. 권리들은 갈망에서 발생한다. 따라서 생명권은 무엇보다 구별된 실재로 존재하고 싶은 갈망이 전제된다. (생명권을 가지기 위해 사람은 적어도 언젠가 한번은 지속적인 실존에 대한 상상을 가졌어야 한다. 이 세부사항으로 툴리는 잠과 무의식에서 발생하는 반대 의견들을 피하려 한다.) 그러나 자기 자신을 시간 속에 실존하는, 구별된 실재로 파악할 능력을 지닌, 즉 로크의 의미로는 단지 인격의 존재만이 이러한 갈망을 가질 수 있다. 그러므로 인격만이 생명에 대한 권리를 갖는다. 새로 탄생한 아기는 자기 자신을 구별된 실재로 파악할 능력이 없다. 따라서 생명권을 갖지 않는다. 이 결정적인 대전제는 권리들이 갈망에서 나온다는 것이다. 나는 명시적으로 내 권리를

포기할 수 있다는 사실이 옳다. 나는 내 권리들을 의지 행위를 통해서 효력을 정지시킬 수 있다. 거꾸로 모든 권리는 표명하는 갈망에서 발생한다는 것 또한 유효한가? 하나의 갈망이 권리를 위한 충분조건이 아니라는 것은 확실하다. 즉 나는 갈망하는 모든 것에 대한 권리가 있지 않다. 그러나 갈망이 권리를 위한 필요조건인가? 만약 그렇다면 호모 사피엔스 종의 모든 성원이, 그가 어떤 나이에 지속적인 실존에 대한 갈망을 항상 갖기 전에는 권리를 가질 수 없다. 그렇다면 이 갈망을 아직 갖지 않은, 호모 사피엔스 종의 모든 구성원을 죽이고, 이 갈망을 언젠가 가지게 될 것을 방해하는 것은 윤리적으로 허락된다.

인간과 인격 사이의 구별 뒤에는 이중의 관심사가 있다. 'X는 인격 202
인가?'라는 질문은, 그것을 받아들일 경우, 'X는 인간인가?'라는 질문에 비해 두 가지의 장점을 제시한다. 첫째로 인간 생명의 시작과 종료와 관련하여 불명확성을 피한다. 인격 개념은 언제 존재가 인격이며 언제 아닌지 분명한 기준을 구체화한다. 둘째로 우리는 인격 개념을 통해서 종차별주의를 극복한다. 종차별주의란 옥스퍼드 영어사전에 따르면 "인간의 우월성을 받아들이는 데 기초한, 인간에 의한 차별 혹은 특정 동물 종의 착취이다." 피터 싱어(1995, 221면)에 의하면 종차별주의는 종교에 기원을 둔다. 그것의 뿌리는, 하느님이 인간을 자신의 모상으로 창조했고, 그에게 모든 생물을 다스리도록 명령했고, 홀로 그에게만 죽지 않을 영혼을 주었다는 유대 그리스도교의 가르침에 있다. 인격 개념은 호모 사피엔스 종에 속한다는 것이 윤리적으로 중요하지 않음을 지적하는 것을 허용한다. 인격 개념을 정의하는 특성들이 다른 종에게서 발견된다면, 인간만이 아니라 그들 역시 인격으로 대우받아야 한다. 그와 반대로 그 특성들이 호모 사피엔스 종의 어떤 개체에게서 발견되지 않는다면 그에게는 인격권이 주어지지 않는다. "호모 사피엔스 종의 구성원이 모두가 인격인 것은 아니다. 그리고 인격들 모두가 호모 사피엔스 종의 구성원이 아니다"(Singer 1995, 221면).

3. 하나의 난제

203 이 성찰은 '인격 개념은 결국 난제에 봉착한다'는 것을 보여준다. 단순한 개념이 문제가 아니고, 이 개념에는 가장 중요한 도덕 법칙을 내포한다. 이 개념은 한 존재가 생명권을 갖는지 그렇지 않는지에 관해 결정 짓기 때문이다. 인격 개념은 하나의 서술적인 그리고 하나의 규범적 혹은 가치 평가적인 요소를 포함한다. 하나의 인격만이 생명권을 갖게 된다고, 싱어는 툴리에 기대어 주장한다. 그에 대해서 어떤 것도 반대할 수 없다. 그것은 개념의 규범적인 요소만을 표현하고 있는, 순전한 동어 반복이다. 우리가 이 개념을 한 개체에 적용하도록 허락하는 서술적인 기준에 대해 물을 때, 그리고 왜 다른 성질이 아닌 바로 이것이 인격 존엄성과 생명권을 근거 짓는지를 물을 때, 논쟁은 시작된다. 이로써 '인격' 개념이 '인간' 개념에 대해 약속한 두 가지 장점에 대한 대가가 명확해진다. 즉 인간의 기본권들, 그들 중 생명권은 철학적 논쟁의 대상이 되고, 철학적 입장들에 종속적이다. 우리가 인격이 아니라 인간을 이 권리의 주체로 하면 이에 상충한다. 탄생과 죽음은, 그것 역시 날카롭지 않게 구분되지만, 그럼에도 인격 개념보다는 훨씬 더 의견들의 논쟁에서 벗어난 자연적으로 주어진 경계들이다. 이 개념은 도덕적 기준을 제시하는 것을 거절하고 '인간' 개념으로 만족하는 것을 표현하는 한, 공리적 근거들은 이 개념을 찬성하는 듯이 보인다.

204 그러나 이 제안 역시 반대에 부딪힌다. '인간'은 우리가 '인격'이라는 단어와 결합시키는 기본적인 직관을 표현할 수 없어 보인다. 이 직관은 인간의 가치가 자신의 생물학적 가치, 재능, 사회적 지위, 영향

력, 소유 등등에 종속되어 있지 않다는 데 있다. 인격의 가치는 모든 다른 가치를 능가하는 가치이다. 우리는 여기에서, 윤리적 가치와 모든 다른 가치 사이의 구별에 상응하는 구별과 관계를 갖는다. '인간'이라는 단어는 이 가치를 표현하고 있는가? 혹은 이것은 단지 생물학적 종의 표현에 기여하는가? 자신의 모든 발전 단계에 있는 호모 사피엔스 종의 개체가 이 절대적 가치의 운반자인가? 만약 그렇지 않다면, 왜 특정한 종으로의 소속이 다른 종에게는 귀속되지 않는, 권리들의 근거가 되어야 하는가라는 물음에 직면하게 된다. 특히 그것 때문에, 특징들이 한 인간에게 생명권을 준다는 사실을 인정하게 되는 모든 특징, 혹은 연결된 특징들을 인간이 아닌 다른 동물에게서도 발견할 수 있다고 주장하는 싱어의 논변을 만나면 더욱 그렇다. 단지 다른 종으로의 귀속성이 중요하다면, "뇌성마비를 가진 유아의 생명은 신성불가침적으로 여기면서, 건강한 원숭이의 장기를 떼어내기 위해서 그를 죽이는 것에 대해서는 왜 자유롭게 느끼는가?"(Singer 1995, 183면)

4. 인간은 그 자체로 목적이다

철학의 전통이 여기에서 우리를 도울 수 있을까? 아리스토텔레스는 205
어떤 인격 개념도 가지고 있지 않다는 사실을 특별히 인용할 필요는 없을 것이다. 그는 '인간'이라는 단어의 여러 상이한 정의를 가지고 연구한다. 그에 반해서 토마스 아퀴나스는 보에시우스의 인격 개념을 계수했으나 그것을 그의 도덕철학에 적용하지 않았다는 사실은 주의해서 볼 가치가 있다. 《신학대전》 I-II와 II-II를 보면 사안에 따라, '인격' 개념을 추측할 수 있는 모든 곳에서 아리스토텔레스적인 개념을 볼 수 있다. 칸트의 도덕철학에서 인격의 개념이 서술적인 개념으로 없어도

된다는 점에서 칸트는 아리스토텔레스 그리고 토마스와 일치하고 있다. 《도덕형이상학을 위한 기초 놓기》, 정언명법의 둘째 형식은 인격을 가리키는 것이 아니라 그 자체로 목적인 인간성을 가리킨다. 이 형식을 준비하는 본문에서, "인간과 모름지기 모든 이성적 존재는 그 자체로 목적으로서 실존한다"라고 말한다. 인격 개념은 인간에게 해당하는 이성적 존재의 개념을 발전시키는 데 기여한다. 즉 이성적 존재는 인격으로 불린다. "인격은 자신의 본성 자체가 목적인 것으로, 즉 단지 수단으로 간주되어서는 안 되는 어떤 것으로 표현하고, 동시에 그만큼 모든 자의적인 것을 제한하기 때문이다"(GMS, B 64 이하). 인격과 본성은 서로 반대항에 서 있지 않다. 인격의 개념은 그보다 훨씬 더 인간이 자신의 본성 때문에 절대적 가치를 가지고 있음을 강조한다. 이 성찰은 칸트에게 있어 '인격'과 '인간'의 개념들이 동일한 외연을 가지고 있음을 나타낸다. '인격'은 '인간' 개념의 특징, 즉 그의 이성성을 강조하여 파악하고, 이 특징을 가지고 가치를 연결한다. 인간이 인격이라는 사실은 그에게 그의 이성성 때문에 절대적 가치가 있음을 말한다. 인격은 이런 의미에서 본성 때문에 모두 인간이다.

206 칸트는 《덕론의 형이상학적 기초》(MST, A 93)에서 두 개의 개념을 구별한다. 첫째 개념은 인간을 '본성의 체계'에서 관찰한다. 우리는 호모 사피엔스라는 종의 표현에 관해 말할 수 있다. 칸트는 '이성적 동물'이라는 용어를 사용한다. 이 첫째 개념을 칸트는 "인격으로 여겨지는 인간, 즉 그 자체로 목적이고, 절대적인 내적 가치를 소유한 윤리적 실천 이성의 주체"와 구별한다. 두 개의 개념은 동일한 외연을 갖는다. 그것들은 동일한 본성적 유를 관찰하는 방식에 따라 구별된다. 본성 체계 안에서 인간은 칸트에 의하면 "작은 의미의 존재이고 다른 동물과 함께 (…) 공통적 가치를 갖는다." 그가 이성을 가지고 자신을 목적으로 삼을 수 있다는 사실 역시 그것에 대해 어떤 것도 바꾸지 않는다. 따라

서 호모 사피엔스, 즉 본성의 영역에 있는 인간의 측면에서 칸트는 종차별주의를 결코 주장하지 않는다. 그러나 왜 그는 그것을 이 성찰에서 끝내지 않는가? 만약 그것이 유일한 가능성이라면 호모 사피엔스 종의 구성원이라는 것은 윤리적으로 중요하지 않다고 주장하는 싱어에 대해 칸트는 어떤 반론도 제기하지 않을 것이다. 칸트의 대답은 실제로 결정적인 관점, 즉 도덕적인 가치와 도덕 밖의 가치 구별을 표현한다. 만약 이 구별을 포기한다면, 즉 도덕철학이 행태 연구로 환원된다면, 오로지 인간의 자연주의적 시각만 남고, 모든 형태의 인간중심주의는 종차별주의로 판단되는 것이 옳다. 인간이 칸트의 의미로 인격인지에 대한 논쟁은 도덕철학에서 결정된다. "따라서 도덕성과 인간성은, 동일한 것에 대한 능력인 한, 홀로 존엄성을 가진 것들이다"(GMS, B 77)라는 문장은 인간의 자연주의적 시각과 비자연주의적 시각 사이의 경계선을 만든다. 자연과 예술은 도덕적인 가치의 지위에 놓을 수 있는 어떤 것도 내포하고 있지 않다고, 칸트는 계속해서 설명한다. 양 시각 사이의 구별을 위해서, 도덕적 가치와 도덕 이외의 가치 사이의 구별이 칸트의 개념, 혹은 그 밖의 다른 개념을 가지고 파악되는지는 중요하지 않다.

5. 실천적 관점에서 필요한 하나의 관념

두 가지 시각은 칸트에 따르면 인간 발전의 전체 단계와 연관된다. 207
그는 생물학적 발전의 어느 단계부터 인간이 도덕성에 능력 있는 존재가 되는지를 묻는 것은 의미 없는 것으로 여긴다. "왜냐하면 태어난 자는 인격이다. 그리고 자유의 재능을 갖춘 존재의 생산에 관해서, 물리적인 작용을 통해 하나의 개념을 만드는 것은 불가능하다. 우리가 하나의 인격을 그의 동의 없이 세상에 내고, 독립적으로 세상 이쪽으로 데려오는 생식 활동을 관찰하는 것은 실천적 관점에서 매우 올바르고도 필요한 관념이다"(MSR, B 111 이하). 우리가 보았듯이 '인격'이란 하나의 가치 개념이다. 이성적 존재는 "본성이 자신을 벌써 목적인 것으로 표현하기 때문에" 인격으로 불린다(GMS, B 65). "홀로 어떤 것이 목적 자체로 있을 수 있는 것은 단지 상대적인 가치, 즉 하나의 가격을 갖는 것이 아니라, 하나의 내적 가치, 즉 존엄성을 지닌다." 이 조건이 도덕성이다. "따라서 도덕성과 인간성은, 동일한 것에 대한 능력인 한 홀로 존엄성을 지닌 것들이다"(GMS, B 77). 인간이 인격이고 존엄성을 지닌다는 사실은 그에게 절대의 내적 가치가 있다는 것을 말한다. 절대적 가치는 모든 선식별(善識別)을 거부하는 가치이다. 어떤 조건에서도 그보다 우선시 될 만한 다른 가치가 유효하게 만들어질 수 없다. 그러나 칸트는 어떻게 이 절대적 가치가 인간에게 생식 순간, 즉 종결된 수정의 순간에 온다고 주장하는가?

하나의 절대적인 내적 가치는 수여될 수 없다. 한 존재는 그것을 갖거나 혹은 그를 갖지 않는다. 존엄성은 인정되거나 혹은 인정되지 않는 것이지, 승인될 수 없다. 목적은 "그것의 존재가 그 자체로 절대적 가치를 지닌 어떤 것"(GMS, B 64)이다. 존엄성은 한 존재에게 그의 성질과 무관하게, 더 나아가 그것의 발전 단계와 무관하게 있다. 그것은 존재가 생산되는 목적과(예컨대 연구의 목적) 무관하게, 그리고 그에게 계속적인 발전(착상을 통해)을 위한 조건이 보장되든지 혹은 거부되는 것과 무관하게 있다. 하나의 절대적인 내적 가치는 인간의 결정이나 목적 설정에 빚을 지지 않는다. 만약 그렇다면 그것은 절대적이지 않고 이러한 행위에 의해 조건 지워진다. 모든 인간적 결정으로부터 독립된 가치만이 절대적 가치일 수 있다. 따라서 인간 존엄성 사상은 언제부터 한 존재에게 이 절대적인 내적 가치가 오는지에 관하여, 모든 결정과 무관한 하나의 기준을 전재하고 있다. 이것은 이론적 논쟁의 대상이 될 수 없다. 만일 그렇다면 그 가치는 조건 지워져 있기 때문이다. 그것이 한 존재에게 해당하는지 그렇지 않은 것인지는 과학의 어떤 단계와도 무관하다.

칸트에게 있어 인간의 존엄성이 생식으로 시작된다는 사실은, 자연과학적인 인식이 아니고 신앙 혹은 형이상학의 진술도 아니며, 하나의 필연적인 실천적 관념으로, 인간은 그 자체의 목적으로 실존한다는 관념으로부터 필연적으로 발생한다. 생산 활동, 즉 완성된 수정이 하나의 과정을 계속 진행한다는 사실로 논쟁할 수 없다. 이 과정 중 각각의 단계를 어떻게 평가해야 하는지는 논쟁의 대상이다. 칸트는 이로써 다음과 같은 이중 선택으로 우리를 세운다. 우리가 절대적인, 모든 인간적 개입 혹은 결정과 무관한 인간 존엄 사상을 포기하든지, 혹은 우리가 생식 활동을 자기목적성이 시작되는 기준으로 인정하든지 해야 한다. 칸트의 필연적인 실천적 관념은 이성 윤리의 근거 짓기에 기여하는 것은 아니다. 이 관념은 자유롭고 평등한 이성적 존재들의 공동체 사상이 그와 함께 일치한다는 의미에서 이성윤리에 포함된다.

도덕성이란 "이성적 존재가 홀로 그 자체로 목적일 수 있는 조건이다. 왜냐하면 이 존재가 목적 왕국의 입법자가 되는 것은 바로 이를 통해서만이 가능하기 때문이다. 따라서 도덕성과 인간성은, 동일한 것에 대한 능력인 한, 홀로 존엄성을 가진 것들이다"(GMS, B 77). 윤리적으로 행위를 하는 인간은 그 자체로 목적이다. 왜냐하면 그의 행위는 합리적으로 모든 이로부터 욕구되어질 수 있기 때문이다. 이런 의미의 선의지에 무제한적인, 절대적 가치가 귀속된다. 또한 이러한 절대적 가치는 잠재력 논변의 도움으로 유(類)로서의 인류에게 인정된다. 인류는 윤리성이 가능한 한 존엄성을 갖는다. 선 의지의 절대적 가치는, 인류가 도덕성에 능력이 있는 한 존중되어야 한다는 방식으로 인정받을 수 있다. 의무의 개념은 어떤 경험의 개념이 아니기 때문이다. 인간이 의무에 따를 것일 뿐만 아니라 의무로부터 행위를 했다는 어떤 유일한 경우를 경험을 통해서 찾아내기란 불가능하다(GMS, B 27 참조). 우리가 인식할 수 있는 유일한 것은, 우리가 윤리적으로 능력이 있는 존재와 관계가 있다는 사실이고, 우리가 그것을 인식할 수 있도록 하는 유일한 기준은 인간이라는 생물학적 종에 속하는 것이다. 윤리성을 가능케 하는 능력 자체는, 윤리성이 활동하는 어떤 경우에도 우리가 완전한 확실성으로 결정할 수 없다는 점에서 하나의 관념, 즉 "경험의 가능성을 초월한"(KrV, A 320) 하나의 이성 개념이다. 칸트는 윤리성 능력의 여러 단계를 세분화하는 것을 거부한다. 그것은 존엄성 개념에 반한다. 윤리성은 하나의 실천적 관념이며 그 자체는 결코 경험으로 밝힐 수 없다. 우리가 여러 단계를 구별하면 그것을 경험의 경험으로 만들게 되고, 구별에 상응하는 판단을 이론적 가설로 만들게 될 것이다. 이성 도덕은 인간의 존엄성과 자기목적성 관념에서 발생한다. 이 관념이 없으면 "모든 가치는 조건 지어지고, 따라서 우연에 맡겨진다." 그래서 이성에게는 "어디에서든지 어떤 최상위의 실천 법칙과도 관계되지 않을 수 있기 때문이다"(GMS, B 65 이하). 존엄성의 존재 근거는 인간이 "도덕 실천적 이성의 주체"(MST, A 93)라는 사실이고, 우리가 그러한 주체와 관련되어 있다는 것에 대한 인식 근거는 생물학적 종에 대한 소속성이며, 태아도 인간 생물학적 종의 개체이다.

종에의 소속성이 윤리성을 가능케 하는 능력에 대한 기준이라는 전제에서만 "존재 자체로 하나의 절대적 가치를 갖는"(GMS, B 64) 어떤 것이 있을 수 있는 것이다. 종에 대한 소속성은 어떤 결정의 대상이 아니며, 모든 형이상학, 종교 혹은 과학과는 무관한 인식이다. 생식과 탄생의 관계에 대한 지식은 생활 환경의 근본 현상과 각 문화의 기초에 해당한다. 윤리성의 능력이 이와는 반대로 발생의 어떤 단계와 연결되어 있다면 이 존재의 현존 자체로 절대적 가치가 더 이상 있지 않고, 그보다는 그의 발생 상태와, 그의 발생 때문에 이 가치를 그에게 수여하는 사람의 판단에 조건지어진다. 이로써 모든 인간적 상황과 무관한 존엄 사상은 포기된다.

| 참고문헌 |

Ricken, 1998

Gillitzer, 2001

Sturma, 2001

Wieland, 2003

2장— 이성의 사실

208— 자기목적성(§ 198 참조)이라는 도덕법칙에 직면하여 제기된 첫 번째 근본적인 질문은 '우리는 왜 그렇게 행위해야 하는가'이다. 정언명법과 같은 도덕법칙은 근거 지어질까? 내가 타인을 목적 자체로 대우해야 한다는 사실을 어떻게 근거 지을 수 있을까? 그것은 우리가 근거 지음을 어떻게 이해하느냐에 달려 있다. 우리가 도덕법칙을 다른 더 상위의 전제로부터 연역하려는 방식으로 근거 짓는 것은 불가능하다. 이런 의미로 도덕은 근거 지어지지 않는다. 그런 명제가 어떻게 통찰력 있게 설명될 수 있는지를 묻는 것이 더 낫다. 다음의 성찰을 광범한 기초 위에 설정하기 위해 우선 자기목적성의 모든 특수성을 배제하고, 정언명법의 여러 형식 안에 내포되어 있는 추상적이고 일반적인 요구에만 선택하여 집중한다. 이것은 초개인적인 입장의 요구이다. 초개인적 입장은, 우리가 이를 자기목적성 형식에 관련하여 표현하자면, 나는 이 세상에 유일하게 있지 않고, 나처럼 개인적인 이해를 가진 타인들 중 하나라는 통찰에 놓여 있다. 따라서 나는 우선 초개인적 입장을 어떻게 명백히 할 수 있을지 문제를 제기한다.

209— 칸트는 실천이성 비판 제7절에서 순수 실천이성의 준칙을 표현한다. "네 의지의 격률이 항상 일반적인 입법의 법칙으로서 유효할 수 있도

록 행동하라." 그리고 이것의 효력에 대해 질문한다. 자신의 조건으로서 욕구된 결과에 매여 있는 실천 규칙으로부터 이 준칙을 칸트는 구별한다. 준칙은 실천적인 무조건적 규칙이고, 의지가 직접, 말하자면 욕구된 결과를 조건으로 하지 않고 규정된, 선험적인 실천 명제이다. 이 의지의 규정은 객관적이고 혹은 보편 타당하다. 즉 모든 이성적 존재는, 자신이 이성적인 한, 그가 이 법칙에 따라 행동할 수 있다는 사실을 통찰한다. 칸트는 이 준칙의 자각을 '이성의 사실'로, 더욱 정확하게는 '순수이성의 유일한 사실'로 표현한다. 이 준칙의 자각 속에서 우리는 순수 실천적 이성이 법을 만드는 것으로 경험한다. 이 준칙에 대한 의식은 본래 주어진 것이다. 이것은 이성의 다른 주어진 것으로부터 연역되지 않는다. 도덕을 근거 지을 수 있는지에 대한 대답은 부정적이었다. 도덕의 아르키메데스의 지렛점은 논쟁의 여지가 없는 주어진 것 혹은 사실, 즉 이미 서술한 순수 실천이성의 법칙에 대한 의식이다. 초개인적인 입장의 요청을 다른 명제에서 연역하려는, 엄격한 의미의 근거 지음은 순환적이든지, 혹은 환원적이다. 즉 그것은 도덕적 이성을 합목적적 이성으로 되돌린다. 도덕 형이상학에서 칸트는, 한 도덕 법칙은 "실제로 이성의 기초에서 모든 인간과 함께 거하는, 불명확하게 사유된 형이상학과 다름 아니고"(MST A VI), 그리하여 철학의 과제는 불명확하게 사유된 형이상학을 의식으로 들어올리는 데 있다고 적고 있다.

이성의 사실은 이성에 대한 하나의 사실(ein Faktum für die Vernunft), 210
즉 이성이 더 이상 그 배후를 물을 수 없는 최종적인 실천적 명제가 아니라, 이성의 사실(das Faktum der Vernunft)이다. 이는 우리가 순수 실천이성, 즉 경험적으로 먼저 주어진 목적에 의해서는 좌우되지 않는 실천이성을 의식한다는 것이다. 우리 행위는 경험적으로 미리 주어진 내용에 의해서가 아니라 이 내용에 대한 우리의 판단에 의해 규정된다. 우리는 내용을 이성의 판단에 맡긴다. 우리는 원하거나 갈망하는 것이 무조건적인 의미에서 좋은지를 묻는다. 판단은 모든 이성적 존재에 적용한다. 모든 이성적 존재는 진리의 판단에 동의할 수 있다.

211 순수 실천이성의 준칙은 초개인적인 입장을 요구하며, 여기에서는 단지 이렇게 이해해야 한다고 칸트는 주장한다. 칸트에 따르면 초개인적 입장은 모든 도덕 판단에 내포되어 있고, 이는 철학의 발견이 아니다. 철학은 단지 이를 표명된 의식으로 고양시키고 개념으로 가져올 뿐이다. "경험적 규정 근거와 혼합되지 않고, 홀로 실천적인 순수이성은 가장 일반적인 실천이성의 사용에서 다음을 통해 입증할 수 있을 것이다. 우리는 최상의 실천 준칙을, 모든 자연적인 인간 이성을 완전히 선험적으로, 어떤 감각적 인상과는 무관하게, 의지의 최상 법칙으로 인식하는 그런 것으로 증명한다. 준칙을 사용하기 위해서 학문이 이를 가공하기 전에 우리는 이 준칙을 우선, 근원의 순수성에 따라 일반 이성의 판단에서 벌써 증명하고 합리화한다.

칸트의 예(KpV, A 163)를 관찰해보자. 두 개의 교수대에 관한 것이다. 하나는 일반 주거지역 앞 홍등가에 서 있다. "어떤 사람이 자신의 향락적인 경향성에 사로잡혀 있다고 가정해보라. 그에게 가장 탐욕스런 대상이나 기회가 오면 그는 거의 맞설 수 없다. 그는 이런 기회가 오기 때문에, 자신이 즐겼던 욕구 직후에 그것과 연결시키기 위해 집 앞에 교수대를 설치해두면, 그가 자신의 욕구를 강제할 수 있지 않겠는가라고 묻는다. 우리는 그가 무엇을 답할 것인지 오래 조언해서는 안 된다." 여기에 욕구 대 욕구가 맞서 있고, 살아남고자 하는 욕구가 다른 불가항력적인 욕구보다 더 강하다. 다른 또 하나의 교수대는 영주 궁의 정원에 서 있다. "그에게 자신의 영주가 사형의 위협을 하면서, 그가 기꺼이 꾸민 구실로 해를 끼치고 싶은, 죄 없는 어떤 사람에게 불리한 거짓 증언을 하도록 강제한다면, 어떻게 해야 할지, 생명에 대한 그의 애착이 매우 크더라도 그것을 극복하는 것이 가능하다고 생각하는지 물어보라. 그가 그것을 행할 것인지 그렇지 못할지 확실히 하는 것을 아마도 감히 행하지 못할 것이다. 그것이 그에게 가능할 것이라는 사실은 주저 없이 인정해야 한다." 여기에 첫 번째 교수대의 예에서 더 중요한 것으로 논증한 생명에 대한 욕구와, 그리고 무죄한 인간에 대해 어떤 거짓 증언을 해서는 안 된다는 윤리 규범의 요구가 서로 충돌하고 있다. 질문을 받은 사람은 어떤 욕구에도 조건지어지지 않고, 그보다 가장 기초적이고 강한 욕구에 반하는 요구를 의식하고, 그가 이 요구에 상응하고 욕구에 대항할 수 있다는 사실을 판단한다.

칸트는 하위와 상위의 욕구 능력을 구별한다. 하위의 욕구 능력은 212
감각적인 능력이다. 이것은 상상이 쾌감을 자극하는 방식으로 작용한다. 그 다음 이 쾌감은 상상의 내용을 실현시키도록 하위의 욕구 능력을 규정한다. 이 상상이 자신의 뿌리를 감각에 혹은 오성에 두고 있는지는 여기에서 의미가 없다. 중요한 것은 단지 이 상상이 어느 정도로 쾌와 불쾌를 하위 욕구 능력에서 야기하느냐 하는 것이다. "동일한 사람이 사냥에 늦지 않기 위해서, 자신에게 교훈을 풍부하게 줄 책을 읽지 않은 채 되돌려줄 수도 있고, 식사시간에 너무 늦지 않기 위해서 아름다운 연설 중간에 나갈 수도 있다"(KpV, A 42). 따라서 칸트는 하위와 상위 욕구 능력 사이의 이원론을 주장한다. 성벽은 어떤 경우에도 이성적이지 않다. 그것은 오로지 주관적이다. 본능(Begierden)과 성벽(Neigungen)이라는 한 측면과 순수 실천이성이라는 다른 측면은 서로 상이한 원천을 갖는다. 본능과 성벽은 육체적인 근원에서 발생한다. 인간은 이것들에게 감각적 욕구존재로서, 그러나 이성 존재로서가 아닌 자연의 부분으로서 종속되어 있다. 성벽들은 이성과의 어떤 긍정적인 관계를 가지지 않는다. 순수 실천이성과 성벽의 관계는 도덕적 강제의 관계이고, 이성에 대한 성벽의 기꺼운 순종의 관계는 아니다

(KpV, A 149 참조).

213_ 칸트의 이성과 감정의 이원론은 극복되어야 한다. 이성의 사실은 그의 격리에서 해방되어야 하고 더 광범한 인간학적 기초 위에 세워야 한다. 플라톤, 아리스토텔레스, 애덤 스미스 그리고 피터 스트로슨에 관한 아래의 분석들은 도덕법칙들이 우리의 감성적인 반응에 깊이 파묻혀 있고, 성찰과 분석을 통해서 그것으로부터 고양될 수 있다. 도덕은 추상적인 원칙에 있는 통찰에서 기인하는 것이 아닌데, 이는 논변을 가지고 논쟁할 수 있다. 그보다도 감정과 그것이 내포하는 도덕적 반응은 우리 삶에 깊이 뿌리내려 있고, 도덕 규범의 의미를 반대하는 어떤 이론적 성찰을 통해서도 저해될 수 없다. 그들은 성찰 전에 존재하고, 우리가 도덕 규범을 묻도록 하는 단초를 만든다.

3장—도덕 감정의 분석

1. 플라톤

플라톤은 《국가》 제4권에서 본능, 감정 그리고 이성이라는 영혼의 —214
세 부분에 관한 그의 유명한 가르침을 전개한다. 전술한 것과의 관계에서 중요한 것은 이성이 아니라 감정이다. 플라톤은 인간에게 가해지는 육체적인 악과, 불의를 겪고 있는 의식을 구별한다. 누가 굶주림과 추위를 감내해야 하고, 이때 그가 스스로 불의를 행했기에 이러한 것이 그에게 가해진다는 사실을 안다면 감정은 일어나지 않는다. 이와는 달리 이 악이 불의로 그에게 가해졌다고 생각한다면 감정이 끓어오르고, 그가 옳다고 여기는 것을 위해 투신하며, 그가 자신의 뜻을 관철하기까지, "혹은 목자의 개처럼, 그에게 내재하는 이성에 의해 침잠하도록 요구받고 부드러워지기까지"(440d) 포기하지 않는다. 이성과 감정은 잘 구별되지 않는다. 이들은 두 개의 상이한 세계에 속하지 않는다. 감정은, 나에게 불의가 생겼다는 판단을 전제하고 있는 한 이성적이다. 윤리적 의식은 성찰하는 실천이성에서야 표현하는 것은 아니다. 그것은 고통받는 불의에 대한 상상을 통해서 감정적 반응에 깊이 연결된다. 감정은, 내가 스스로 불의한 것에 당황할 때, 분출한다는 점에서 이기적이다. 그럼에도 불구하고, 객관적 규범의 침해 하에서 고통받아야 하는 이가 바로 나일지라도, 그것은 그 규범의 자각을 포괄한다.

2. 아리스토텔레스

215 플라톤의 감정에 대한 이론은 아리스토텔레스의 《수사학》 제2권에서 발전된다. 나는 화의 정의를 "실제로 무시되지 않았지만, 한 자아 혹은 그의 어떤 것에 대한 외견상의 무시로 인하여 고통이 수반된 복수에 대한 갈망으로"(Rhet. II 2, 1378a30-33) 파악한다. 두 가지 요소가 강조된다. 첫째로 감정은 선의 보호를 목적으로 삼는다. 자기 인격의 존경과 존중이 중요하다. 둘째로 그것은 불의의 자각을 포함한다. 무시가 정당화되지 않는다는 사실에서 화는 발생한다. 화는 긍정적 혹은 부정적으로 평가될 수 있다는 점에서 중립적인 감정이다. 그것은 타당할 수도 혹은 타당하지 않을 수도 있다. 정의(definition)는 평가의 기준이 화 내부에 있고 성찰을 통해 표현될 수 있다는 사실을 보여준다. 화는 외견상 침해를 받고 있는 정의 규범의 의식을 포함한다. 이 규범을 명백히 만들고, 추정적으로만, 혹은 사실적으로 이에 반하여 충돌했는지를 묻는 것은 성찰의 과제이다.

216 화는 하나의 자아에 가해진 불의에 반하여 정향된다는 점에서 자아와 관련된 감정이다. 그에 반해서 동정심은 우선적으로 다른 사람이 당하고 있는 불의에 관계한다. 정의는 "어떤 이가 부당하지만 만나게 되는, 외견상 파괴하거나 고통스런 악에 대한 고통"이다. 정의의 둘째 부분은 여기에서도 감정을 가진 인간 관계가 주어진다는 점을 나타낸다. "우리가 우리 자신, 혹은 우리의 어떤 것에 해당된다고 기대할 수 있고, 거기에 가까이 있다고 보이는 '악'"이다(Rhet. II 8, 1385b13-16).

화와 동정심에서와 같이 분개에서도 정의 감정이 표현된다. 이 감정의 기초는 한 사람이 불의하게 잘되는 것이다. 그 정의는 "마땅치 않은 잘되어감에 대한 탄식"(Rhet. II 9, 1387a9)이다.

3. 애덤 스미스

애덤 스미스(Adam Smith)의 《도덕 감정 이론》(*The Theory of Moral* 217
Sentiments, 1759, ^{6}1790)은 다음과 같은 주장으로 시작한다. "우리는 인간을 아직도 매우 이기적으로 여길 수 있다. 그러나 타인의 운명에 참여하도록 규정하고, 타인의 행복을 자신의 욕구로 만드는, 본성 안에 특정한 법칙들이 명백히 있다. 우리는 이때 이로부터 이것의 증인이 되고자 하는 즐김 이외의 다른 이익을 갖지 않는다. 이런 종류의 원리는 자비 혹은 연민, 즉 우리가 이를 스스로 보거나, 혹은 이것이 우리에게 실감나게 서술되어, 우리가 따라 느끼게 되자마자 타인의 곤경 때문에 받게 되는 감정들이다. 타인이 근심에 가득 찼기 때문에 우리도 자주 근심을 느낀다는 사실은 이를 증명하기 위해 어떤 예가 필요하기엔 너무 명백한 사실이다. 왜냐하면 이 감수성은 다른 원천적인 인간의 감정처럼 결코 덕성스럽고 인간적인 감성을 가진 자(이들은 이 감수성을 가장 섬세한 감정으로 경험하겠지만)로 제한되지 않고, 가장 사악한 사람, 공동체 법의 가장 의심받는 사람도 이 감정에서 완전히 배제되지 않는다"(1977, 1면 이하).

여기에서는 인간의 기본적인 반응이 서술된다. 우리는 근거에 대한 모든 물음이 의미 없는, 현상들의 바닥에 있게 된다. 어떻게 그러한 것들이 명백하게 될 수 있을지가 관건이다. 덕에 대한 이야기가 아니라는 것은 확실히 해야 한다. 우리가 '양심'이라는 단어로 표시할 수 있을 도덕적 경험 혹은 도덕 감정에 관한 것이 아니다. 그보다 스미스가 강조하듯이 양심 없는 사람일지라도 갖고 있는 기본적이고, 문화화되지 않은 인간의 반응과 우리는 관계한다. 그럼에도 덕이란 이 반응에서부터 계발된다. 덕은 이 기본적 감정이 예민성에 있어 높은 정도로 발전한 것이다. 아리스토텔레스가 이 관계를 설명하고 있듯이(NE II 1, 1103a23-26), 덕이란 본성적으로 주어진 것이 아니고, 또한 자연에 반하는 것도 아니다. 그보다도 우리는 덕으로 나아갈 수 있는 자연적 기초이며 습관에 의해 완성될, 위에서 서술한 반응을 가지고 있다.

1) 연민(동정)

218__ 이제 이 기본적 반응에 집중해보자. 우리는 타인의 감정에 직접 경험을 할 수 없기 때문에 연민은 단지 우리가 타인의 입장에 있었다면 받게 될 것을 상상하는 방식으로 가능하다. 우리가 타인과 자리를 바꾸고, 그의 상황에 우리 자신을 끼워 넣어, 그가 이 상황에서 무엇을 느끼는지를 뒤따라 느끼도록 노력하는 데서 연민은 발생한다. 따라서 연민은 기본적인 형태로, 우리가 도덕의 구별되는 특징으로 표시할 수 있는 것, 즉 초개인적 입장을 포함한다. 우리는 고유한 입장을 떠나 타인의 입장을 받아들인다. 위에서 인용했던 내용에서는 자비(pity) 혹은 동정(compassion)이 주요한 것이었다. 그러나 타인의 경험에 대한 참여는 그것에 국한되지 않는다. 따라서 스미스는 모든 종류의 감정에 대한 참여를 표현하는 고유한 용어, 즉 '공감'(sympathy) (1977, 4면)을 제시한다. 모든 형태의 공감은 우리가 자신의 입장을 떠나 타인의 것을 받아들인다는 사실이 전제된다.

게다가 연민은 타인의 감정으로 단순하게 참여하는 것 이상이다. 스미스는 오성을 잃어버린 사람에 대한 연민과 병든 자신에 대한 어머니의 연민, 두 가지 사례를 보인다. 정신중장애자는 웃고 노래하지만 자신의 비참함을 의식하지 못한다. 연민이 단지 타인의 감정에 참여하는 것이라면 이 경우에 연민은 불가능하다. 우리는 그보다 이 불행에 기뻐할 것이다. 그럼에도 우리가 연민을 느낀다는 사실은 이 분석이 오류임을 가리킨다. 연민은 객관적 요소를 포함한다. 우리는 타인이 당하고 있는 악을 본다. 연민을 일으키는 것은 이 악이지 타인의 감정이 아니다. 관찰자의 연민은 "그보다도 (…) 그가 같은 불행한 상황에 놓여 있고 그때 (…) 이 상황을 그의 현재적 이성과 판단력으로 관찰할 수 있는 능력을 가진다면 그가 스스로 느낄 수 있는 것을 숙고함으로써 발생한다"(1977, 7면). 병든 아이는 현재의 고통을 느끼지만 자신의 미래에 대해 어떤 걱정도 없다. 어머니의 연민은 그 고통에 대한 공감에 다 소진하지는 않는다. 이 연민은 그가 병이 가져올 중대한 결과를 의식한다면 일어날 만한 감정과 연결되어 있다. 여기에서도 공감은 단지 감정에 참여하는 것이 아니고 그보다도 타인인 당할 수 있는 악에 대한 상상을 포함한다.

2) 초개인적 입장

초개인적 입장은 감정들과 연관되어 있다. 동시에 그것은 감정들의 219
판단을 위한 기준으로서도 작용한다. 이로써 그것은 도덕 원리가 된다. 스미스는 우리가 서로에게 공감을 요구한다는 사실에서 출발한다. 그리고 우리가 초개인적인 입장을 받아들일 때만이 그것이 가능하다고 지적한다. 공감은 기쁨을 증가시키고 근심을 던다. 우리의 근심에 참여하는 것은 우리의 기쁨에 참여하는 것보다 훨씬 더 만족감을 준다. 우리에게 가까이 있는 사람들이 우리의 근심에 어떤 공감도 갖지 않을 경우 우리가 느끼는 화는 그들이 우리의 기쁨에 동참하지 않을 때보다 훨씬 더 강하다. 타인이 관심 있게 청취하고 공감하면 우리 자신의 걱정이 경감하는 것으로 체험하고, 어려운 상황에서 우리에게 가까운 사람들이 동참하지 않을 때 모욕과 비인간성을 느낀다는 의미에서, 우리는 서로에게 공감을 요구한다. 반대로 우리가 타인의 고통을 공감할 수 있을 때 우리는 기뻐한다. 그리고 우리가 이러한 공감 능력이 없다고 느껴질 때 그것을 심각한 인간적 결함으로 생각한다(1977, 11-13면). 나와 다른 이가 그림, 시 혹은 철학에 대해 다른 의견을 가지면 그것이 우리의 인간 관계를 나쁘게 만들지 않는다. 그것 때문에 우리가 서로 진지하게 논쟁에 이르게 하는 위험도 전혀 없다. 이처럼 의견의 상이성에도 불구하고 서로 좋은 관계를 유지할 수 있다. 우리는 상이한 의견을 갖는 일에 대해서 이야기할 수 있다. 나에게 인격적으로 닿아 있는 사건, 예컨대 나에게 닥친 불행, 혹은 나에게 가해진 불의가 문제가 될 경우에는 그것이 달리 보인다. 여기에서 나는 타인에게 공감을 요구한다. 타인이 그것을 꺼리면 우리의 관계는 깨진다. 우리는 더 이상 이 사건에 대해 이야기할 수 없게 되고 서로 못 견디게 된다. "우리는 서로 감당하지 못하게 된다. 네가 나의 것을 대하듯이 나도 너의 우정을 아주 적게 감내할 수 있을 것이다. 그리고 나는 너의 차가운 무감각과 너의 감정 결핍에 대해 분노할 것이다"(1977, 23면).

220 상호 공감에 대한 요구는 우리가 초개인적 입장을 받아들일 때만 충족될 수 있다. 연민의 예로부터 시작해보자. 우리는 불행을 당한 사람과 불행을 당하지 않은 관찰자 두 사람을 대상으로 그것을 행해야 한다. 당사자는 관찰자에게 자신의 상황에 와서 불행을 느껴보도록 요구한다. 그가 요구할 수 없는 것은 관찰자가 자신의 불행 아래에서 자신처럼 똑같은 정도로 고통을 당하라는 것이다. 그는 관찰자가 그를 따를 능력이 있는 정도까지만 자신의 고유한 감정을 낮게 잡는다면 관찰자의 공감을 기대할 수 있다. 당사자와 관찰자가 서로 사이좋게 지내고 서로 감내하기 어렵게 되지 않을 때, 그들의 감정 일치가 요구된다. 그 일치는 관찰자뿐만 아니라 당사자도 초개인적 입장을 받아들여야만

도달할 수 있다. 이때 공감의 상호 관계가 중요하다. 관찰자는 당사자와 공감을 지각하고 당사자는 관찰자와 공감을 지각한다. 당사자는 자신의 상황을 관찰자의 눈으로 바라봄으로써 자신의 상황으로부터 거리를 얻어야 한다. 자기 자신의 감정은 '성찰'된다. 즉 그것은 타인의 거울로 보이고 그를 통해 균형이 잡힌다.

따라서 초개인적 입장은 이중적인 감정의 기반 위에서 파생한다. 하나는 당사자와 관찰자의 공감이다. 당사자는 관찰자에게 자신의 관점에서 세상을 보도록 요구하지 않고, 자신의 고통과 완전히 동일화되도록 요구하지 않는 형식을 받아들인다. 다른 하나는 당사자가 타인의 참여를 기대하는데, 이는 타인이 참여할 수 있도록 자신의 감정을 어느 정도 낮출 때 기대할 수 있다. 그리고 그는 타인의 눈으로 이 감정을 바라본다. 초개인적 입장은 외로운 철학자의 독존적인 반성에서 얻어지는 것이 아니다. 그보다도 다른 이들이 어떻게 우리의 상황을 실제로 보고 있는지 그들의 반응들과 대화를 경험하기 위해서, 그들과 함께 있어야 한다. 친구와 함께 하는 것은 우리에게 안정과 이탈심을 다시 제공한다. "즉시 우리에게 어떤 빛으로 그가 우리의 상황을 관찰하는지에 대한 생각이 밀려오고, 스스로 우리의 상황을 같은 빛으로 보기 시작한다. 왜냐하면 공감의 작용은 순간적인 (…) 관계이고, 그러기에 사람들과의 대화는, 한번 불행히 잃어버렸을 때, 정서에 안정을 다시 가져다줄 수 있는 가장 강력한 치유제이다. 또한 대화는 자기 만족과 삶의 기쁨에 필수적인, 침착하고 행복한 정서를 유지하기 위한 가장 좋은 방어막이다"(1977, 26면).

3) 비당파적인 관찰자

연민은 이중적인 배경을 갖는 단순한 감정이다. 첫째로 두 인격, 즉 221
고통을 가지고 있는 인격, 그리고 연민을 느끼는 인격이 등장한다. 둘째로 이 감정은 타인의 단순한 주시 속에서 일어날 수 있다. 우리는 그의 근심 띤 얼굴을 보고 무엇인가가 그를 억누르고 있다는 것을 안다. 이 근심의 원인과 대상을 아는 것이 연민을 위해서 필요한 것은 아니다. 화에서 이 관계들이 좀더 복잡하게 얽혀 있다. 여기에서는 세 인격체가 등장할 때 비로소 공감이 주제가 될 수 있다. 첫째로 화를 내는 사람(모욕을 당한 사람), 둘째로 화가 지향하는 사람(모욕을 준 사람) 그리고 셋째 어떤 것에도 해당되지 않는 관찰자인데, 그는 모욕을 당한 사람도 모욕을 준 사람도 아니다. 그는 화를 느끼지도 화의 희생자도 아니다. 따라서 그는 '비당파적인' 관찰자이다. 그의 공감은 두 사람 사이에 나뉘어 있으나 더 강한 공감대는 화가 지향하는 사람 쪽에 있다. 그는 어떤 폭력적 일들이 이 사람을 위협하고 있는지를 본다. 스미스는 화, 미움 그리고 보복심을 비사회적 감정들로 표현한다. 이것들은 우리가 자연적으로 거부하는 것의 대상이다. 어떤 전제하에 비당파적 관찰자가 화를 내는 사람에게 공감을 느낄까? 그는 무엇이 화를 자초했는지를 알아야 한다. 그러면 그는 이 화가 정당한 것인지를 판단할 능력을 갖게 된다. 우리가 화를 내는 사람과 공감할 수 있는 기초는 타인에게 가하는 모욕들에 대한 감정을 우리가 갖는 것이다. 그러나 모든 사소한 모욕이 화를 정당화하지는 않는다. 모욕은 우리가 어떤 반응도 없이 받아들일 경우 자기 자신을 무시할 것으로 여겨지는 방식으로 존재해야 한다. 비당파적 관찰자는 모욕을 당한 사람의 성질에 연루시킬 것이다. "그에게 성질에 있어 명백히 부족함이 없고, 혹은 두려움이 그의 평형의 동기가 아니라는 것이 전제되어 있다면, 당사자의 인내, 겸손 그리고 인간성이 크면 클수록"(1977, 45면; 5면과 44-51면) 비당파적 관찰자의 보복 감정은 더 강할 것이다.

222__ 도덕적 숙고는 사소한 일상의 차원에서 시작한다. 이것을 타인은 어떻게 볼까, 하고 우리는 묻는다. 이런 모욕을 당하지 않은 어떤 이는

이것을 어떻게 볼 것인가? 우리는 본성적인 통찰로 자신을 보듯이 하지 않고, 타인이 우리를 보듯이 우리 자신을 본다.

우리 중 누군가는 자신을 세계의 전부로 여길지 모른다. 타인들은 우리를 어떻게 볼까 하고 묻는 순간, 우리는 더 이상 세계의 중요하지 않은 부분이 아니라는 것은 분명하다. 자기 자신의 행복이 우리 모두에게는 타인의 행복보다 더 중요하다 하더라도, 타인의 관점에서는 그것이 모든 다른 사람의 행복보다 더 중요하지 않다. "그가 잘 알듯이, 타인들이 그를 관찰하는 그 빛에서 자신을 관찰한다면 그는 이들에게는 대중 중의 하나에 불과하고, 어떤 관점에서도 이 대중 중의 다른 개인보다 더 낫지 않다는 사실을 보게 된다"(1977, 123면). 따라서 초개인적인 입장은, 내가 첫 번째 인격의 관점을 버리고 자신을 제삼자적 인격의 관점에서, 즉 나는 단지 타인 중 한 사람이라는 일상적이고, 냉정하며 실제적인 통찰에서 관찰한다는 사실에 놓여 있다. 창을 통해 바라보는 사람에게는 시야에 있는 광활한 평야와 산들이 창으로서의 자리를 더 이상 차지하지 않는 듯이 보인다. 실제 외연의 비교는, 관찰자가 두 개의 객체를 동일한 거리를 두고 조망할 수 있을 때 비로소 가능하다. 실천적 관점을 위해서도 상응한 것이 유효하다. 자기 자신의 작은 손해 혹은 장점은 우리가 전혀 가까운 관계를 맺고 있지 않은 타인의 중요한 장점 혹은 손해보다도 더 중요하게 보인다. 여기에서도 우리는 우리의 입장을 변경하고 당사자가 아닌 사람의 눈으로 충돌하고 있는 이해들을 보아야 한다(1977, 202면).

비당파적 관찰자는 자기 자신의 편에서 다시 자신의 주관적 시각에 223
서 판단하는 자의적인 인격이 아니다. 그는 그보다 훨씬 더 감정의 원인에 대해 묻는다. 다시 말하자면 그는 근거에 정향되어 있다. 따라서 비당파적 입장은 객관적 입장이다. 비당파적 관찰자 시각에서 관찰한다는 것은 어떤 감정적 반응이 올바른지를 묻는 것이다. 관점의 착각

이 일어나는 경우 우리는 실제 크기의 균형을 확정시키기 위해서 두 대상 사이에 입지를 마련해야 한다. 스미스는 두 일반기준을 언급하는데 이들을 가지고 비당파적 관찰자는 한 감정을 판단한다. 그는 우선 이 감정을 일으킨 원인에 대해 묻는다. 화의 예에서 그것은 모욕이다. 두 번째 관점은 감정이 목적으로 하는 바, 결과이다. 앞의 예의 경우에 그것은 화를 내는 사람이 모욕을 준 사람에게 가하는 폐해이다. 우리는 감정이 자신의 맥락에 적절한지를 묻는다. 그리고 우리는 감정에서 발생하고, 감정이 목적으로 하는 행위들을 그것이 영향을 끼치는 이익과 손해에 따라 판단한다(1977, 17면 이하). 내가 여기에서 더 나아가지 않을 한 가지 문제는 우리가 어떻게 감정의 적절성을 인식할 수 있는지에 대한 질문이다. 스미스는 여기에서 비당파적 관찰자의 고유한 감정을 제시한다. 우리가 "자신들 안에 상응하는 정서의 움직임" 이외의 다른 규범을 이용하는 것은 불가능하다. "우리가 온 마음으로 이 경우에 감정이입하고, 그(비당파적 관찰자)가 피심의자 안에서 강조하는 감정들이 우리의 고유한 감정들과 합치하고 일치한다는 사실을 발견하면, 우리는 그 감정들이 그것의 대상들에 온전히 적절하기 때문에 우리는 그것들을 필연적으로 인정하게 된다"(1977, 18면 이하). 이것은 주관주의적으로 들리지만 필연적으로 그렇게 이해할 필요는 없다. 비당파적 관찰자 개념과 윤리적으로 옳은 것에 대한 질문이 의미가 있다면, 스미스는 참가하지 않는 관찰자들의 경우에 판단을 위한 규준을 제공하는 가치판단의 공통점과 같은 것을 인정해야 한다. 이와 관련해서 이미 제기된 인식론적 문제는 2부(§ 92-99 참조)에서 다루었다.

4. 피터 스트로슨

스트로슨(Peter Strawson)은 그 내용들이 순환적으로 서로 영향을 끼 224
치는, 세 가지 유형의 인간 태도와 반응을 구별한다. 첫째로 '인격적인 반응 태도'는 감정을 느끼는 인격의 이해가 직접 해당된다. 예로써 화냄과 감사를 든다. 스트로슨은 플라톤처럼 나에게 가해진 악 또는 나에게 제공된 선의 물리적이고 도덕적인 질의 차이를 강조한다. "어떤 이가 나를 도우려고 노력하는 가운데 고의 없이 내 손을 밟는다면 고통은 만약 그가 무시하느라 나의 존재를 무관심하거나, 나를 다치게 하기 위한 사악한 의도를 가지고 손을 밟는 경우 못지 않게 아플 것이다. 그러나 나는 그것을 첫 번째 경우와 달리 두 번째 경우에는 일반적으로, 방식과 정도는 다르더라도 화를 낼 것이다"(1978, 206면). 나에게 유용한 타인의 태도에 대해서도 마찬가지로 말할 수 있다. 그가 나에게 호의를 가지기 때문에 나에게 소용되게 하려는 의도를 가지고 있다면 나는 감사의 정을 느낄 것이다. 그러나 목적을 가진 그의 행동 계획에 의해 나의 이로움이 우연히 발생한다면 그렇지 않을 것이다. 반응들은 기대와 요구들을 표현한다. 첫 번째 유형에서 그것은 나의 고유한 관심 속에서 타인에 대하여 세워야 할 요구이다. 나는 타인으로 하여금, 그들이 나를 고려하고 나에게 도움이 되게 하려는 것을 기대한다. 둘째는 "감정이입하거나, 대리하거나, 혹은 비인격적이거나, 비참여적이거나 혹은 일반화시키는 반응 태도의 유사(類似)"이다. 나에게가 아니라 제삼자에 대한 타인의 의지의 질이 어떠한지에 대한 반응이 여기에서는 문제가 된다. 예컨대 분개 또는 불용이 그것이다. 우리는 제삼자의 이름으로 어느 정도 화를 내지만 우리 자신의 이해와 인격이 직접 해당되지 않는다. 인격적 반응의 태도들은 우리 자신들에 대한 호의와 고려의 기대와 요구들로 돌아간다. 그러나 대리하는 유사는 우리가 동일한 요구를 일반화된 형태로 강조하고 있음을 표현한다. 우리는 호의와 고려를 우리 자신을 향해서 뿐만 아니라, 모든 사람을 향해서도 요구한다. 우리는 제삼자의 관심 속에서 타자에 대해 요구한다. 셋째로 '자기 반응적 태도'이다. 이들은 우리가 타자의 이해 속에서 우리 자신들에게 제기하는 요구에서 파생한다. 예컨대 의무감, 책임 의식, 양심의 가책, 죄의식, 후회 그리고 부끄러움 등이다. 감정이 정상적으로 발전한 사람은 이 세 가지 반응 태도가 서로 연결되어 있다. 인격적 반응 감정만 느끼는 사람은 자기 중심적인 사람일 것이다. 그는 자기 자신을, 배려를, 그것도 다른 모든 사람의 배려를, 받아야 하는 유일한 인간으로 간주한다. 자기반응적 태도만 발달된 사람은 도덕적 독단자일 것이다. 그는 자신을, 타인을, 그것도 모든 타인을 배려해야 하는 유일한 사람으로 간주한다. 일반적으로 우리는 타인에 대하여 호의와 배려를 가져야 하며 이와 마찬가지로 타인들도 우리 자신과 타인에 대하여 호의를 가져야 한다고 주장한다.

225 스트로슨의 분석은, 우리가 즉발적이고 전반성적(前反省的)인 통찰에서 타인으로 하여금 그들이 우리를 목적 자체로 존중하고 대해주기를 기대한다는 사실을 보여준다. 우리의 반응은 타인에 의해 야기된 물리적인 선 혹은 악에 의해서가 아니라, 행위에서 표현하는 태도를 통해서 결정된다. 즉 선이 우리 자신을 위해서 행해지는지, 혹은 타인이 그가 우리에게 진정으로 악을 가하는 것을 통해서 우리에 대한 그의 무시를 표현하고 있는지에 의해 결정된다. 여기에서도 우리는, 이 요구가 우리 자신의 인격적 관심에 묶여 있지 않다는 의미에서 하나의 초개인적 입장을 만나게 된다. 우리는 이 요구를 다른 사람들을 위해서도, 즉 제삼자뿐만 아니라 우리 자신들에 대해서도 제기한다. 우리가 요구들을 제기하여 배려하는 사람들의 범위는 우리에게 가까운 사람들로 한정되지 않는다. 우리는 모르는 사람에 대한 학대를 들을 때에도 똑같이 반응한

다. 위에서 서술한 인격 간의 태도와 반응들은 성찰된, 근거 지은 확신에서 연원하는 것이 아니다. 그것을 비트겐슈타인의 말을 빌자면(Zettel § 541) 그들은 '원초적'이고, 즉 그들은 '사유양식의 전형'이고 '사유의 결과'가 아니다. 스트로슨은 '이런 인격 사이의 태도에 대한 우리 인간 본성적 기초 사실'에 관해 말한다. "이러한 기초는 인간 생활의 일반적 관계틀의 부분이고", 우리가 그러한 틀 때문에 판단할 수 있는, 이미 주어진 틀 안에 있는 어떠한 것은 아니다(1978, 216면 이하).

| 참고문헌 |

Ricken, 1976, 4장

Tugendhat, 1993, 20-22면; 282-309면

Nussbaum, 2001, 297-454면

4장— 자기목적성의 형식적 요구

1. 감정에서 담론으로

226— 아리스토텔레스는 《정치학》의 시작에서(I 2, 1253a9-18) "왜냐하면 우리가 주장했던 대로 자연은 목적 없이 어떤 것도 행하지 않는다"라고 적는다. "그러나 인간은 언어를 가진 유일한 동물이다. 단순한 소리는 편안한 것과 불편한 것을 표현하고, 이는 다른 동물에게도 해당한다(왜냐하면 편안한 것과 불편한 것을 인지하고 서로 간의 지각에 관해 신호를 주는 그들의 본능은 그만큼 풍요롭다). 언어는 이와 달리 유익한 것과 해로운 것들, 그리고 옳은 것과 그른 것들 역시 명백히 표현하는 데 특화되어 있다. 인간은 동물과 반대로 선과 악, 정의와 불의 그리고 이와 비슷한 것들에 대한 지각을 유일하게 갖는다는 점에서 특징을 보이기 때문이다. 이러한 것들의 공통점이 가족과 정치를 창출한다."

《정치학》의 본문은 우선 편안한 것과 불편한 것의 지각에 관해 이야기한다. 이 특징은 인간과 동물이 공통적으로 갖고 있다. 두 번째 능력은 언어이다. 그것은 인간이 유익한 것과 해로운 것을 구별하는 능력을 준다. 유익한 것과 해로운 것에 대한 물음은 옳은 것과 불의한 것에 대한 물음과 분리될 수 없다. 실천이성은 하나의 분리되지 않는 차원이다. 유익과 해의 개념으로 피해를 회피하고 유익을 추구하라는 요구가 불가피하게 세워진다. 정의(正義)에 대한 물음은 재화와 의무가 인간 사이, 즉 언어를 사용하는 존재 사이에 분배되어야 하는 곳에서 제기된다. 그러한 분배에는 근거가 필요하고, 분배가 정당하다는 말은 그것이 근거 지어졌거나 정당화되었다는 것이다. 언어 혹은 이성은 하나의 초개인적 입장을 받아들이고, 그 자체로 피해와 이익, 장점과 단점을 자신들이 만나는 사람들과 무관하게 관찰할 수 있는 능력이다. 셋째로 아리스토텔레스는 정의로운 것과 불의한 것의 지각에 대해 말한다. 이 단어는 편안한 것과 불편한 것의 지각에서와 같이 동일한 것이다. 따라서 초개인적 입장은 명백히 언어 혹은 이성의 일만이 아니다. 그것은 인간의 다른 능력에도 관련된다. 아리스토텔레스는 여기에서 고통 혹은 불의에 대한 분노를 주목한다. 그는 도덕적 자각에 관한 그의 이론을 희생자의 관점에서 발전시킨다. 불의에 고통을 당하고 있다는 지각은 하나의 초개인적 입장에 대한 요구를 포함한다. 어떤 불의도 없다면 정의에 대한 물음은 제기되지 않을 것이다. 불의는 기각될 수 있고, 감정과 느낌은 이 불의에 대해 반응할 수 있다. 마지막으로 가족과 국가 공동체는 인간이 지각 혹은 정의 개념을 갖는 데서 연유한다는 내용을 다룬다. 정의, 즉 초개인적 입장은 모든 인간 공동체의 필수적인 조건이고, 인간은 공동체 없이는 살 수도, 인간으로서 계발할 수도 없다.

초개인적 입장은 인간 삶에서 삼중의 방식으로 관계된다는 것이 이 본문의 테제이다. 그것은 언어 혹은 이성과 함께 주어진다. 또한 그것은 지각에 관해 암시한 것처럼 인간의 느낌, 인간의 감정에서 기초를 갖는다. 그리고 마지막으로 그것은 인간의 모든 공동체의 필수적인 전제이다.

감정은 정의 규범이 침해되었다는 사실을 수용하는 것과 연루되어 227

있다. 정의 규범이 단지 추정적으로 혹은 실제로 침해되었는지를 석명하는 것은 이성과 대화의 과제이다. 비당파적 입장이라는 것은 근거 지을 수 있는 판단을 말한다. 내가 태도를 근거 지을 준비가 되어 있으면 그때 나는 초개인적인 입장을 얻게 되는 것이다. 따라서 초개인적 입장은 상호적인 근거 짓기와 행위에 대한 책임의 입장이다.

228 나는 만나는 사람들에 대하여 내 행위를 책임져야 하고, 즉 근거 지을 수 있어야 하고, 그리고 타인은 그것이 나에게 해당하는 한, 나에 대하여 자신의 행위를 책임질 수 있어야 한다. 인격은 해당자에 대해 자신의 행위를 책임질 의무를 가지고 있다. 타인의 행위는, 그것이 인격에게 해당하는 한, 그에 대하여 책임질 권리를 인격은 가지고 있다. 인간은, 자신에게 해당하는 모든 것이 자신에 대해 책임 지워질 수 있어야 한다는 점에서, 그 자체로 목적이다. 여기에서 형식적 관점과 내용적 관점은 구별되어야 한다. 즉 인격은 책임에 대한 상호간의 요구 아래 존재한다는 사실과 무엇이 내용적으로 책임 지워질 수 있는지에 대한 물음은 구별해야 하는 것이다. 형식적인 요구는 도덕 명제들의 근거 지을 가능성 요구에서 연유한다. 내가 올바르게 행동한다고 주장한다면 나는 이 판단을 근거 지을 수 있어야 한다. 내가 그것을 근거 지을 수 있다면 근본적으로 모든 사람을 대상으로 근거 지을 수 있는 것이다. 나는 올바르게 행동한다는 판단으로 모두에게, 특히 나의 행위에 의한 당사자들에게 근거 지을 가능성 요구의 이행을 나에게 요구할 권리를 인정한다. 내 행위의 정당성에 대해 묻지 않고, 이런 의미로 내 행위를 책임지지 않고서는, 내가 초개인적 입장을 받아들일 수 없다. 따라서 형식적 근거 짓기의 요구는 서술된 감정에 대한 성찰에서 파생한다. 그것에 관해 플라톤이 말하는 고통당하는 불의에 대한 의식을 우리는 다음과 같이 정의할 수 있다. 나는 나를 위해, 정당하게 다루어야 한다는 요구를 제기한다. 타인의 행위는, 그것이 나에게 해당

되는 한, 나에 대해 책임 지워질 수 있어야 한다고 나는 요구한다. 내가 다른 인격의 행위에 의해 당사자가 된다면, 왜 그가 이런 방식으로 나를 다루는지 나에게 변명할 수 있음을 그에게 요구한다. 타인이 나의 행위에 의해 당사자가 된다면, 그는 같은 방식으로 반응한다. 내가 타인에게 요구하는 것을 타인은 나에게 요구한다.

2. 대응적인 논변

행위에 대한 상호 책임 요구가 감정 분석과 무관하게, 논변적으로 229
제시될 수 있을까? 우리는 여기에서 이론적 회의주의와 비교할 수 있는 상황에 있다. 자신의 회의주의를 테제로 주장하는 교조주의적 회의주의자는 자신을 대응적인 논쟁으로 논박하도록 내버려둔다. 어떤 판단도 하지 않는 퓌론주의자(Pyrrhoneer)[6]에게는 대응적인 논쟁이 가능하지 않다. 그의 태도에 있어 생활 세계적인 결과를, 즉 무엇보다 그의 판단 중지 때문에 토론에 부쳐진 명제의 진리 가치에 대해 어떤 것도 귀결되지 않는다는 것을 지적할 수 있다. 퓌론주의자는 어떤 테제도 제시할 수 없다. 그는 논변할 준비가 되어 있을 때만 제시할 수 있을텐데, 그렇게 되면 우리는 그를 대응적인 논변을 통해 그를 반대할 수 있다. 내가 나를 변호할 수 있어야 할지에 대한 질문에 관계하지 않는다는 사실에서 나는 그것을 할 필요가 없다는 사실이 도출되지 않는다. 우리는 다음과 같은 언어 게임을 생각할 수 있다. 즉 A는 하나의

6) 퓌론(Pyrrhon)은 헬레니즘 시대의 회의주의자로 영혼의 평화를 위해 지식을 거부했다. 퓌론주의자들은 판단 중지가 가장 현명한 선택이고, 침묵하는 것이 최고의 덕이라 생각한다.—역주

테제를 제출하고, B는 이에 대하여 입장 표명을 꺼린다. (우리는 이 게임에서 하나의 반대 대상에 대해서가 아니라, 제안 대상에 대해서 이야기할 수 있다.) B가 게임을 함께 하는 것을 꺼려함으로써 A는 어떤 경우에도 게임에 지지 않았다. B가 공격하지 않는 한, A의 테제는 건재하다. 그러나 B가 공격하자마자 우리의 경우에는 A가 승리했다.

230 이제 상호적인 책임 혹은 형식적 자기목적성의 요구를 거부하는 '교설적인' 회의주의자에 대한 대응적인 논변을 보자. 화자가 다음과 같은 실천 명제에 대해 입장을 내는 언어 행위에서 시작한다. "나의 행동은 전제조건 없는 의미에서 정당화될 수 있어야 한다." 이행적인 요소는 주장, 반대, 질문 혹은 의문의 행동일 수 있다. 명제의 내용은 무조건적 의미에서 올바른 행동의 요구, 즉 무제한의, 가설적인 정당화만 가능한 것이 아닌 행동의 요구이다. 이 실천적인 명제에 대한 모든 이행적인 의사 표명은 근거 지을 수 있어야 한다. 내가 질문을 한다면 나는 나에게 주어진 답에 대해 의사 표명할 준비가 되어있어야 한다. 의심에 대해서도 근거가 제출되어야 한다. 이런 의미에서 논변 상황은 퇴보할 수 없다. 행위자는 실천 명제에 직면하자마자 근거 지은 의사 표명을 피할 수 없는 것이다.

명제에 대한 논쟁은 수행적 자기 모순을 이끈다. 내가 근거를 가지고 나의 행위는 정당화될 수 있어야 한다는 것을 부인한다면, 이를 통해서 나의 행위는 정당화될 필요가 없다는 것을 정당화하고 만다. 수행적 모순은 요구를 부인하는 모든 사람은 그것을 통해 요구를 실행한다는 점에 있다. 그는 자기 행동을 책임질 수 있어야 한다는 명제에 반대함으로써 그는 이 명제에 포함되어 있는 요구를 성취한다. 책임에 대한 형식적 개념, 그것도 명제에서의 형식적 개념이 중요하다는 것이 이 논거의 관계를 위해 본질적이다. 명제를 부인하는 사람은 그가 자기 행동을 위해 변명할 필요가 없다는 것을 위해서 변명한다. 그리고 그가 그것을 위해 변명함으로써 그는 형식적 요구를 성취한다. 여기에 무엇이 내용적으로 책임질 수 있는지는 완전히 해결되지 않는 채 있다. 그런데 형식적 숙고는, 책임지어야 할 모든 것이 강자의 권리, 즉 우리가 플라톤 이래로 비도덕주의라는 이름으로 이해한 것이라는 점을 배제하지 않는다. 그가 그것을 위해 해명한다면 그 행동은 책임지게 된다. 나는 초개인적 입장 혹은 상호 책임의 요구가 유효한지 혹은 그렇지 않는지에 대한 질문을 여기에서 다루지 않겠지만, 질문의 유효성에 대해서는 이의를 제기할 수 없다.

담론을 위해 속일 수 없는 규범 혹은 규칙을 구성하도록 한다는 의 —231
미에서 오류가 없는 최종 근거 짓기가 가능한지에 대한, 논쟁의 여지가 있는 물음(Kuhlmann 1985)은 여기에서 논외로 칠 수 있다. 중요한 것은 하나의 의사 행위로서 담론의 비기만성이다. 담론의 규칙을 재구성하는 동안 오류를 저지를 가능성은 배제될 수 없다. 그러나 다툴 수 없고 발전하는 기초를 위해 결정적인 것은 모든 재구성 혹은 그것의 대립은 다시금 실천적 담론에 의존되어 있다는 점이다. 내가 주장했던 것은, 의사 행위는 담론이 되어야 할 의무가 있으며 이는 논쟁의 여지가 없다는 것이다.

한 인간이 다루어져야 할 방식과 방법은, 그 인간에 대해 근거 지을 —232
수 있어야 한다는 사실은, 이성적 본성 때문에 모든 인간에게 귀속되는 권리이다. 이 형식적 권리는 모든 내용적 권리의 기초이다. 다른 사람이 상호 책임의 형식적 요구에 맞춰 행동할 준비가 되어 있지 않다는 사실이, 내가 그를 상대로 정당화시킬 수 있는 방식으로 그를 대우해야 할 필요성에서 나를 제외시키지 않는다. 자기목적성이라는 형식적 요구에 맞춰 행동할 준비가 되어 있지 않는 사람 역시, 나에게는 내가 그에 대하여 합리화할 수 있는 방식으로 그를 대우해야만 한다는 의미로 목적 자체이다. 나의 행위가 정당화될 수 있어야 한다면 그것은 원칙적으로 모든 이성적 존재에게 정당화될 수 있어야 한다. 타인을 그 자체로 목적으로 대우하지 않고 그의 권리를 유린하는 사람 역시, 그에 대해 정당화될 수 있는 방식으로 대우하도록 요구할 권리를 갖는다. 이런 의미로 그도 그 자체로 목적인 것이다. 이로써 물론 무엇이 그에게 정당화될 수 있을 것인지에 대한 내용적 물음은 여전히 답변된 것이 아니다.

3. 결단주의적 반론

233__ 나는 이제 형식적인 자기목적성 요구의 객관적 유효성을 부인하는 하나의 반론을 다루겠다. "타인에 대한 책임은 타인을 그 자체로 목적인 것으로 인정하기 때문에 발생하는 것이지 그 반대는 아니다" (Gosepath, 1993, 606면). "따라서 규범의 유효성은 어떤 경험적 의미를 가지고 있지 않고… 그것은 선험적으로 있기 때문이 아니고 나의 의지에서 기인하기에 그러하다"(Tugendhat, 1993, 95면). "나를 그렇게(말하자면 도덕 공동체의 성원으로서) 이해하도록 나를 강제하는, 나의 생명에 속한 어떤 것도 없다. 내가 하나의 것을 원하고 이것은 다른 것과 연결되어 있을 때, 나는 다른 것 역시 원해야 한다는, 간접적인 강제만 있을 뿐이다"(1993, 92면). 자신이 도덕 공동체에 속할 것인지에 대한 물음을 제기하는 사람은 투겐트하트에 따르면 다음과 같은 질문을 해야 한다. "누가 나 자신이기를 원하는가, 내 삶에 무엇이 중요한가, 그리고 내가 나 자신을 도덕 공동체에 속하는 것으로 이해할 것인지에 따라 무엇이 좌우되는가?"(1993, 96면).

234__ 두 개의 주장에 대해 어떤 의심도 없이 내가 하나의 도덕 규범을 위해 결단을 내릴 때 비로소 그 규범은 나에게 효력이 있다는 사실은 옳

다. 내가 규범을 위할 것인지 반할 것인지를 결정할 수 있다는 것은 도덕 규범의 개념에 속한다. 내가 책임을 질 것인지 혹은 그렇지 않은지의 대상을 갖는 도덕적 근본 결단에 관해서 우리는 말할 수 있다. 인용한 명제에 대해 당황케 만드는 것은, 규범의 유효성, 즉 요구에 책임을 지는 것은 나의 의지에 의해 비로소 결정된다는 의미에서 결정주의이다. 나는 다음과 같은 구별을 중요하게 여긴다. (1) 하나의 규범은 객관적으로 볼 때, 그 자체로 효력이 있다. 그러나 나는 그것을 인정하기를 꺼려한다. (2) 하나의 규범은 그것의 타당성을 오로지 나의 의지 행위를 통해서 얻는다. 내가 그것을 원하기 때문에 그것은 유효하다. 도덕적 근본 결단에 어떤 의미가 오는가? 결단은 도덕의 근본 규범에게 두 번째 가능성의 의미에서 책임성을 구성하는가? 타자는 인정 행위를 통해서 비로소 그 자체로 목적이 되는가? 즉 나는 타인에 대해서 단지 내가 그것을 결단하기 때문에 책임을 지고, 그리하여 내가 그것을 결단하지 않으면 책임을 지지 않는 것일까? 아니면 어떤 경우에도, 즉 내가 이 책임을 인정하지 않는다 하더라도 책임이 있을까?

결단주의자들의 테제 (2)는 이미 감정적 대응에서 분명해진, 관계의 —235
상호성을 간과하고 있다. 내가 도덕 공동체의 일원이 될 것인지에 대한 물음뿐만이 아니라, 타인들이 내가 도덕 공동체의 성원임을 원하는지에 대한 물음도 중요하다. 배타적인 주관적 관점이 상호 대화적 관점으로 대체되어야 한다. 타인이 나에 대해 책임을 지는 것을 내가 원하는 것만이 문제라면, 나는 이 요구를 폐기하는 것도 가능하다. 이런 경우에 우리는 투겐트하트와 함께 질문한다. 무엇이 나에게 있어, 내가 이 요구를 올바르게 유지할지, 폐기할지에 좌우되는 것인가? 항상 가치인 것은, 비록 내가 그것을 지불할 준비가 되어 있다 하더라도, 나에 대한 타인의 요구로서 항상 남아 있다. 타인이 그 자체로 목적인 것은 내가 그를 인정하기 때문에 그런 것이 아니고, 그가 나에 대해 주장하는 것을 통해서이다. 나는 이러한 요구에 대해 행동할 두 가지 가능성을 가지고 있다. 즉 나는 이를 무시하거나 나를 이와 관계 맺는다. 투겐트하트는 이제 이것은 나의 결단의 문제라고 주장할 것이다. 나는 단지 이 결과를 수용할 준비가 되어 있어야 한다. 이 답변의 오류는 여기에서 인정과 유효성의 차이를 간과한 점에 있다. 물론 나는 타인의 주장을, 내가 그를 무시한다는 의미로 인정하지 않을 수 있다. 그러나 그렇다고 해서 유효성의 문제가 해결된 것은 아니다. 이 유효성은 타인의 요구가 나에게 정당한지에 대한 물음을 제기함으로써만 해명될 수 있고, 타인의 형식적 주장을 인정하지 않고서는 내가 이 물음을 제기할 수 없다.

4. 형식적 자기목적성과 도덕적 동기

236 이제까지 윤곽이 드러난 기초는 스캔론(T. M. Scanlon 1998)이 발전시킨 계약주의와 공통점이 있다. 몇 가지 참고사항은 내 자신의 입장을 명확하게 하고 보충하는 데 기여할 것이다. 계약주의의 테제에 따르면 타인들이 하나의 행위를 인정할 것이라고 내가 기대할 수 있는 사람들에 대해서 내가 이유를 들어 이를 합리화시킬 수 없다면 이 행위는 도덕적으로 옳지 않다. 도덕적 판단이란, 이성적으로 거부될 수 없는 원칙들 때문에 허용되는 것들에 관한 판단이다. 우리는 행동을 위해, 다른 비슷한 상황의 사람들이 이성적으로 거부할 수 없는 원칙들을 찾는 것이 중요하다(Scanlon 1998, 4면). 정당화 가능성(justifiability)의 요구는 스캔론의 계약주의에게는 이중적인 고려하에서 기본적이다. 그것은 첫째로 도덕의 규범적 기초를 이룬다. 즉 그것은 최상의 규범적 원칙이다. 둘째로 그것은 "자기 내용의 가장 보편적 특성화"(Scanlon 1998, 189

면)이다. 즉 그것은 무엇이 윤리적으로 옳은지에 대한 가장 보편적인 내용 기준이다.

한 행위의 윤리적 정당성의 기준은, 모든 이가 그것을 원하거나 모든 237
이가 그에 동의할 수 있다는 의미에서 행위의 원칙은 보편화가 가능하다는 사실이다. 그러나 계약주의는 이 통찰을 다른 많은 이론과 함께 나눈다. 즉 스캔론은 누구보다 칸트, 헤어 그리고 하버마스를 든다. 그의 계약주의는 이들과 두 가지 특이사항으로 구별한다. 즉 도덕적으로 정당한 행위 기준에 대한 질문과 동기에 대한 질문을 긴밀히 연결하고, 이성 혹은 오성 개념 자리에 이성성의 개념을 대신한다(Scanlon 1998, 189-191면). 두 번째 구별의 특이사항은 정당화 가능성의 형식적 개념이 특수한 내용의 원칙으로 어떻게 올 수 있을지에 대한 질문이다. 여기에서 스캔론의 이성성 개념을 숙고하는 이성(§ 267 이하) 개념과 비교할 수 있지만, 거기에 대해서 다루지 않겠다. 나는 첫 번째 특이사항에 한정하고, 스캔론이 정당화 이념과 도덕적 동기 이념 사이의 관련성에 제기하고 있는, 몇 가지 성찰을 통해서 나의 소개가 형식적 자기목적성에 이르도록 보충한다.

우리는 BGB(민법) 혹은 StGB(헌법)와 같은 실정법에서 두 종류의 238
근거를 구별할 수 있다. 즉 법률 내용을 위한 근거들, 즉 법률에 의해 규범화된 규정들을 위한 근거, 그리고 규정과 연결된 벌, 즉 법률을 준수하도록 우리를 강제하는 동기이다(§ 81 참조). 도덕에서는 이 두 가지 종류의 근거가 하나의 공통적, 일반적인 근거에서 파생한다. 즉 "타인들도 이 이념에 의해 동기화되어 있는 한, 이성적으로 거부할 수 없는 조건하에서 우리가 그들과 함께 살아야 하는 근거"(Scanlon 1998, 154면)이다. 우리가 이 근거를 가지고 있기 때문에, 어떤 행위가 도덕적으로 옳고 그른지에 대한 질문에 고민해야 할 근거를, 다시 말해서 타인들이 이성적으로 거부할 수 없는 원칙에 대해 추구해야 할 근거를 가지고 있고, 이 원칙들에 상응해서 행동해야 할 근거를 가지고 있다. 상호 정당화의 이념은 이성적인 근거에 의해 규정된 함께하는 삶의 이념이다. 우리는 그것을 칸트의 목적 왕국의 이념(§ 175 참조), 그리고 정의는 모든 성공적인 인간 공동체의 필요조건이라는 아리스토텔레스의 테제(§ 226 참조)와 비교할 수 있다.

239__ 스캔론은 도덕적 동기이론을 어떻게 근거 짓는가? 그는 이 이론에서 도덕의식의 현상학적 서술을 보고 있다. 즉 상호 정당화의 이념은 우리의 일상적 도덕 신념을 개념화한 것이다. 우리가 도덕적으로 그른 행위를 행해서는 안 되는 이유가 무엇인지에 대한 근거를 묻는다면, 이것은 다른 사람들과의 관계에서 발행하는 우리 행동의 효과이다. 즉 타인은 내가 행하는 것에 반하여 이성적으로 이의를 제기할 수 있다. 스캔론은 일상의 실천적 성찰들을 제시한다. 일상에서 우리를 움직이는 것은 특정한 행위가 도덕적으로 정당하거나 그른지의 사실만이 아니다. 그보다도 그것은 '그녀는 나를 염두에 두는 것이다', '그는 나의 도움이 필요하다' 혹은 '내가 이것을 행하면 그를 위험에 빠뜨리게 된다'와 같은 구체적인 숙고들이다. 우리는 이 숙고들에서 타인들이 우리에 대해 가지고 있는 구체적인 이성적 기대들에 직접 관계한다. 도덕적으로 훌륭한 사람은 가끔 의무의식에 의해서, 그러나 자주 이 구체적인 숙고를 통해 그것이 도덕적으로 그르다고 생각할 필요 없이, 달리 행동하도록 동기화된다.

240__ 상호 정당화의 이념은 '프리차드의 딜레마'(Prichards Dilemma)(Scanlon 1998, 149; 155; 161면)를 해소하도록 가능성을 준다. 하나의 행위가 도덕적으로 그르다는 사실이 왜 그것을 행하지 않을 근거를 제공하는가? 이 질문은 우리를 딜레마에 빠트린다. "행위를 해서는 안 되는 이유는 그것이 도덕적으로 그르다는 사실이다"라는 답변은 질문할 것이 전제되어 있다. 이에 반해 우리가 도덕 밖의 근거, 즉 거짓말

은 오래 가지 못한다거나 사회에 의한 추방을 내세우면, 우리는 도덕적인 행위를 하나의 수단으로 만들고, 그것의 자기 가치를 강조하게 된다. 스캔론은 도덕적 태도를 우정과 비교함으로써 이 딜레마를 극복한다. 우정의 관계는 그 자체로 가치이다. 즉 그것은 그 자체 때문에 욕구되고 감동받을 만하다. 친구는 그 자체 때문에 정당화를 보장해야 하는 자율적 존재이다. 그러나 우정은 기쁨 혹은 상호 협력 등과 같은 장점을 가져온다. 프리차드의 딜레마의 오류는 우정의 두 가지 본질적 관점이 동일한 질문에 대해 서로 배타적인 답변들로 관찰되고 있다는 점이다. 우리는 친구에게 왜 신의를 가지고 행동해야 하는가? 우정은 그 자체로 가치이기 때문에, 혹은 친구는 유용하기 때문에? 친구가 유용하기 때문에 그에게 신의를 다해 행동해야 하는 사람은 진정한 친구가 아니다. 우정의 자기 가치는, 친구 때문에 고통과 자기 부정을 받아들일 충분한 근거이다. 그러나 우정의 장점을 보지 않고 그것들에 기뻐하지 않는 사람 역시 진정한 친구가 아니다. 그는 단지 '냉정한 명령'을 따를 뿐이다. "친구가 된다는 것은 두 가지를 의미한다. 우정의 요구를 느끼고 그것의 장점들을 즐기는 것이다"(Scanlon 1998, 162면).

따라서 상호 정당화의 이념은 동시에 상호 협력의 이념이기도 하다. 241
상호 정당화 가능성은 기본 규범이고, 우정의 자기 가치처럼 상호 장점들과 필연적으로 연결된, 그 자체 때문에 추구할 만한 가치이다. 스캔론의 성찰들은, 정의는 그 자체 때문에 그리고 그것의 결과 때문에 존중할 만하다는 플라톤의 테제를 찬성하는 논변으로서 읽힐 수 있다(《국가》 Platon, 358a). 플라톤도 장점이 많은 결과를 올바른 행위의 부가적인 동기로서 지시한다. 그리고 우리는 그것을, 이념의 자기 가치에 손해를 끼치지 않고, 상호 정당화 요구의 부가적인 지지로 간주해도 좋다. 타인은 그 자체로 목적이고, 나는 그 자신 때문에 그에 대하여 내 행위를 책임질 수 있어야 한다. 그러나 그는 동시에 내가 일치하여 함께 살고 싶어 하는 동료이고, 그는 내가 의존하고 있는 인간사회의 성원이다. 내 자신을 행위의 정당화 가능성의 요구에서 벗어나게 하면, 나는 타인의 자기목적성에 반하여 충돌하고, 동시에 나를 인간 공동체로부터 고립시킨다.

| 참고문헌 |

Ricken, 1991 ; 2000

Scanlon, 1998

Adams, 2001

5장— 자기목적성의 내용적 요구

위에서 다룬 상호 책임의 개념은 순전히 형식적이다. 인격들은 서로 책임질 수 있어야 한다고 주장하지만, 그들이 무엇을 서로 책임질 수 있는지에 대한 내용적인 물음은 여전히 답변하지 않았다. 이에 답변할 수 있기 위해 우리는 행복이라는 개념을 연구해야 한다. 내가 한 사람에게 무엇을 책임질 수 있을까를 묻는다면 우선 나는 그가 무엇을 원하는지 물어야 하고, 거기에 대한 답변은 그의 행복이다. 이 테제는 세분화해야 하고, 첫 단계로서 칸트, 롤스 그리고 아리스토텔레스와 함께 행복의 개념을 해명해야 한다. 242

1. 행복의 개념

1) 임마누엘 칸트

칸트에게 있어서 행복은 없앨 수 없는 필연적인 인간의 목적이다. 243
"행복하다는 것은 이성적이면서 동시에 유한한 모든 존재의 요구로서 필연적이다. 따라서 그의 갈망 능력의 불가피한 동기이다. 자기의 전 존재에 대한 만족은 그것을 욕구하기 때문에, 본래의 소유물도, 독립적 자기 만족의 자각이 전제된 지복이 아니며, 그의 유한한 본성을 통해서 그에게 요구하는 문제이다"(KpV, § 3 각주 2). 여기에서 이야기하고 있는 필연성이란 도덕적 필연성이 아니라 본성적 필연성이다. 인간은 욕구 존재이고 자기의 욕구가 충족된다는 필연적인 요구를 가지고 있기 때문에, 행복이란 모든 인간이 실제로 갈구하는 마지막 목적이다. 인간은 이성적 본성 존재 혹은 욕구 존재로서 그 자체로 목적이다. 나는 인간이 행복하기를 필연적으로 요구하는 존재라는 것을 고려하지 않고, 타인을 그 자체로 목적인 존재로 대할 수 없다. 그러나 칸트에게 있어서 지복은 단지 사실적인 목적이 아니다. 즉 욕구 본성과 함께 주어진 본성의 필연성이 아니다. 지복은 그보다 비당파적 이성의 판단에서의 목적이다. 즉 그것은 이성적 욕구 존재의 이성적 목적이다. 칸트는 최고(supremum)선과 선 이외에 지복이 요구되는 완전(consummatum)선을 구별한다. 또한 지복을 갈구하고 지복을 받을 만한 존재가 실제로 행복하다는 것은 이성의 요구이다. "왜냐하면 지복을 갈구하고 또한 그것을 받을 만하지만 그것에 참여하지 못하다는 것은 이성적 존재의 완전한 욕구와 (…) 전혀 합치하지 않는다"(KpV, A 199). 이성은 행복을 향한 질서 잡힌 노력의 정당성을 인정해야 한다. 이성은 인간이 욕구하는 존재이며, 그 자체로 행복을 필연적으로 요구하고 있다는 사실을 간과해서는 안 된다.

244__ 여기까지 우리는 칸트를 따를 수 있다. 다음 단계에서는 그의 행복 개념을 비판적으로 심사해야 한다. "지복은 자기의 전 존재 안에서 모든 것이 갈망과 의지를 따라 진행되는, 세상에 있는 이성적 존재의 상태이다"(KpV, A 224)라고 칸트는 정의한다. "지복은 모든 욕구의 해소(동일한 것의 다중성에 따라 확장적일 뿐만 아니라, 정도에 따라 집중적이고, 기간에 따라 영속적인)이다"(KrV, A 806). 두 언급에서 분명한 것이 두 가지 있다. (1) 유토피아적(신학적 종말론) 행복 개념을 다룬다. 이 개

념에 따르면 어떤 사람도(이승에서) 자신이 행복하다고 말할 수 없다. 고통, 병고, 실망, 한계 체험은 삶에 속하고 이 개념에 따른다면 모든 것은 행복을 배제한다. 이 개념은 진정 논리적으로 모순이 없는지 질문을 던질 수 있다. 삶 안에서 모든 것이 갈망과 의지에 따라 진행될 수 있을까? 그것은 우리가 상호 대립적인 어떤 갈망과 욕구들도 가지고 있지 않다는 것을 전제해야만 한다.

(2) 이 개념에 의하면 행복은 우리를 거슬러가는 어떤 것 안에 있다. 우리는 '수동적인' 행복 개념과 관련된다. 한 사람이 행복한지는 그가 무엇을 행하느냐에 달려 있지 않고 세계의 진행에 달려 있다. 즉 세상의 모든 것이 우리가 원하는 방식으로 진행하는지에 달려 있다. 행복은 욕구 해소의 느낌으로 이해된다. 우리가 행복하게 되는지는 결코 우리의 손에 달려 있지 않다. 그것은 사물의 경과가 우리의 욕구와 갈망이 채워지는 식인지에 달려 있다.

(3) 세 번째 요점은 《도덕형이상학을 위한 기초 놓기》에 있는 다음과 같은 부분과 관계된다. "그런데 아무리 통찰력과 능력이 있다고 해도, 유한한 존재라면 여기에서 (그가 지복을 욕구한다면) 그가 진정 무엇을 원하는지에 대한 특정한 개념을 갖는다는 것은 불가능하다. 만약 그가 부를 바란다면 그것 때문에 얼마나 많은 근심, 시기, 속임수를 짊어져야 할 것인가? 만약 그가 높은 학식과 통찰력을 바란다면 아마도 눈이 점점 더 예민해져서, 비록 지금은 숨겨져 있지만 피할 수 없이 악을 더 끔찍하게 보게 되고, 이미 충분히 성취한 욕망보다 더 강렬한 욕구로 시달려야 할 것이다. 그가 오래 살기를 바란다면 그것이 오랫동안 비참하게 사는 것이 아니라고 누가 보증하겠는가? 그가 최소한 건강을 바란다면 얼마나 자주 방탕으로부터 육체의 절제를 유지해야 하겠는가? 거기에 덧붙여 무제한의 건강을 이야기한다면 어떻겠는가? 요컨대 인간은 그에게 진정으로 행복하게 만드는 것을, 어떤 근본법칙

에 따라 완전한 확실성으로 규정할 능력을 갖고 있지 않다. 왜냐하면 이를 위해서 모든 것을 알아야 하기 때문이다"(GMS, B 46 이하). 여기에서 행복은 갈망의 충족으로 이해된다. 따라서 두 가지 문제점이 도출된다. 첫째, 갈망이, 오랜 인생 후에 충족되었을 때에서야 비로소 행복하다고 말해야 한다. 따라서 행복은 우리가 미래에 노력하고 생을 마칠 무렵에나 도달하는 어떤 상태이다. 우리가 이러한 상태에 도달하지 못하는 한 우리는 행복하지 않다. 이와 반대로, 행복하게 되는 것이 중요하지 않고, 행복한 것이 중요하다고 나는 주장한다. 우리가 갈망하는 것은 전체 인생의 질로서의 행복이다. 둘째의 문제점은 우리가 행복하게 되지 않고서는 갈망이 충족되지 않는다는 점이다. 갈망의 충족은 실망이 될 수 있다. 갈망이 채워져야 비로소 우리는 충족과 결합되어 있는 비용을 본다. 우리는 어떤 특정한 목적에 도달하기 위해 수년간 노력한다. 그리고 그것에 도달하고 나면 우리는 의기소침해지고 공허해진다. 우리 인생은 이러한 목적을 성취함으로서 의미를 잃어버린 것처럼 보인다.

2) 존 롤스

245__ 롤스(John Rawls)는 '인생 설계'라는 개념을 가지고 행복 개념을 발전시킨다. 그는 관념주의자이자 공리주의자였던 요시아 로이스(Josiah Royce, 1855-1916)의 사상에 기대어, "인격이란 계획에 따른 인간 생명으로서 간주할 수 있다. 로이스에게 있어서 한 개인은 인생에서 무엇을 의도하는지 이 의도의 목적과 원인을 서술함으로써 자신이 누구인지 말한다"(Rawls 1971, § 63)라고 파악한다. 인간은 많고 적고 간의 차이는 있지만 다소 좋은 조건으로 설정된, 합리적 인생 계획을 성공적으로 성취하고 있을 때, 그리고 그가 자신의 의도를 실행할 수 있음이 어느 정도 확실해질 때, 행복하다고 한다. "어떤 이의 이성적 계획들이

진보가 있고, 중요한 목적에 도달하고 있으며, 충분한 근거로 좋은 상황이 지속될 수 있는 것이 확실하다면 그는 행복하다. 사람이 행복에 도달했는지는 상황과 우연에 달려 있다"(1971, § 83). 인생 설계의 한계 상황이란 어떤 계획도 세우지 않겠다는 설계라기보다는 사태가 자기에게 닥치도록 내버려두는 설계이다. 행복은 그 자체로 충분하다('자발적'이다). 그것은 오로지 자기 자신 때문에 노력한다. 신뢰를 가지고 실행에 옮긴 이성적인 설계는 인생을 완전한 의미로 소망할 가치가 있도록 만들고 더 이상 어떤 것도 요구하지 않는다. 롤스의 행복 개념은 세 가지를 지시한다.

(1) 롤스는 행복에서 순수한 본성적(자연적)인 목적은 중요하지 않음을 분명히 하고 있다. 그에게 있어서도 행복을 발견하는 곳은, 칸트가 표현하고 있듯이 우리 각자의 쾌감과 불쾌감에 달려 있지 않다. 인생 설계 개념은 그보다 훨씬 자유의 계기 혹은 투신 그리고 행복과 관련된 창출 가능성을 더 강조한다. 우리는 여러 인생설계들 중에서 선택할 수 있다. 행복 형식이 다양하다는 점과 이것은 재능, 외적 조건과 같은 전제 조건과 결합되어 있음이 분명하게 드러난다.

(2) 롤스는 행복에 대한 노력을 이기주의와 혼동해서는 안 된다고 지적한다. 인생 설계를 실현하는 것이 중요하다. 그러한 인생 계획이란 사람이 이타적으로 타인의 복지를 위해, 혹은 그 밖의 이상을 위해 투신하는 것으로 구성되어 있다. 우리는 우리에게 익숙한 이해에 따라 그러한 사람에 관해, 그는 행복을 추구한다고 말하지 않는다. 롤스는 그런 예로 영웅이나 성인들의 인생을 든다(1971, § 83). 그들은 통상적인 이해로서 행복을 추구하는 것이 아니지만, 그들이 정의와 타인의 복지에 기여할 때 행복할 수 있다.

(3) 롤스는 어떤 유토피아적인 행복 개념을 주장하지 않는다. 그는 자족(Autarkie) 개념을 가지고 해석한다(1971, § 83). 자족은 사유할 수

있고 잠재적인 갈망은 모두 채워질 것임을 의미하지 않는다. 그것은 실현할 수 없는 목적이다. 행복하기 위해 우리가 필요로 하는 것은 인생 계획에 의해 규정되고 제한된다. 우리는 인생 설계를 실현하는 데 성공한 만큼 행복하다. 상황이 우리의 인생 설계를 이행하는 데 얼마나 유리하느냐에 따라 행복도 그만큼 완성될 수 있다. 롤스는 인생 설계를, 세부적인 것들이 다소 간에 성공할 수 있는 작문, 그림 혹은 시와 비교한다. 중요한 것은 구상한 기본 골격이 성취되는 것이다.

246__ 롤스에게도 행복이 욕구의 충족을 목적으로 하고 있지 않는지 비판적으로 문제를 제기할 수 있다. 행복은 욕구 충족을 목적으로 가지고 있는 과정이다. 그럼에도 이 개념은 다음과 같은 모순에 빠진다(Seel 1995, 95-99면). 과정은 목적 때문에 존재하고 그의 가치는 목적으로부터 얻는다. 그러나 목적에 도달하고 나면 과정은 끝나고 만다. 나는 목적이 성취된 만큼 행복하다. 그러나 동시에 목적의 도달과 함께 과정으로 이해된 행복은 끝이 난다. 나는 목적을 성취하기 위해서 모든 것을 행해야 한다. 이 과정 안에 행복이 있기 때문이다. 그러나 동시에 나는 그 목적에 도달해서는 안 된다. 그것에 도달하자마자 과정은 종료되기 때문이다. 롤스의 행복 개념에서 우리가 과정을 강조하지 않고 목적, 인생 설계의 이행을 강조하면, 이것은 다시 위에서(§ 211.3) 갈망 성취로서의 행복에 반하여 유효하게 만들어진 이의 제기들에 노출된다.

3) 아리스토텔레스

247__ 나는 위에서 논의한 행복 개념을 수정하는 데 중요한 두 가지 관점을 아리스토텔레스의 행복 개념에서 가져온다.

(1) 아리스토텔레스에 의하면 행복은 종합적인 것이다. 그것은 하나의 선 혹은 하나의 목적을 성취하는 데 있지 않고, 그 자체로 선택할 가치가 있는 많은 선으로 이루어진 전체이다. 나는 몇 가지 예만 들겠

는데, 타인과의 성공적인 공동체, 건강, 타인에 의한 인정, 항상 어떤 성질을 부여하는 창조적인 일, 미학적인 체험과 자연 체험 등이다. 인생 설계라는 것은 이 전체 틀 안에서 각각의 선들에 서로 다른 무게를 주는 것이라고 이해할 수 있다. 그럼에도 불구하고 그것은 이 선들 중 하나 또는 몇 개를 의식적인 목적 추구 안에서 완전히 배제되는 것으로 이해해서는 안 된다. 인생 설계는 이 틀 안에서 각각의 선들에 대해 서로 상이한 비중을 주는 데 있다.

(2) 아리스토텔레스는 하나의 현재적이고 실행적인 행복 개념을 주장한다. 이 두 가지는 욕구 충족으로서의 행복에 반대한다. 그는 행복을 생명 성취의 방식, 즉 현실태적인 힘(energeia)으로 이해한다. 과정(kinesis)과 달리 에네르게이아(energeia)는, 도달이 곧 종료와 일치하는, 자기와 구별된 어떤 목적에 관계하는 것이 아니고, 그 자체가 목적이다. 그것은 자기 안에 자기의 의미를 갖는다. 그것은 자기 자신 때문에 완성되며 미래의 욕구 충족에 봉사하는 것이 아니다. 그것의 목적은 모든 순간에 자기 안에서 성취된다. "시간 안에 살지 않고, 현재에 사는 사람만이 행복하다"(Wittgenstein, *Tagebücher* 8.7.16). 이로써 아리스토텔레스의 행복 개념은 과정으로 이해한 행복이 야기하는 모순에서 벗어난다. 우리의 갈망과 욕구를 해소하거나 혹은 해소하지 않거나 하는 세계의 진행에 행복이 의존하는 칸트의 '수동적인' 행복 개념과 달리, 아리스토텔레스에게 행복은 물론 전적으로는 아니지만 커다란 비중이 우리의 행위에 달려 있다. 행복은 힘이다. 우리 자신의 일, 소질 계발, 능력의 활동, 윤리적 행위, 우리에게 능력을 주며 어려운 상황도 극복하도록 만드는 삶에 대한 통찰을 통해서 우리는 행복하게 된다.

아리스토텔레스는(NE I 3) 행복을 특정한 '생활양식'과 결부시킨다. 248
이를 통해서 롤스에게서와 같이 개별적인 형상화 공간을 말한다. 동시에 다시 한번 행복을 미래의 충족으로 오해할 가능성을 차단한다. 우리는 여기에서 지금 특정한 방식으로 살 때 행복하다. 그러나 이 생각은 거부된 생활양식을 우리가 무시한다면, 아리스토텔레스가 두 가지 생활양식, 즉 정치 생활과 학문의 생활만을 구별하고 있다는 한도 내에서 매우 적게 전개되었다. 따라서 생활양식에 관한 아리스토텔레스의 학설은 키케로의 인격성 개념을 통해 보충되어야 한다.

4) 키케로의 네 가지 인격

249 'Persona'라는 단어는 연극 영역에서 유래하는데 '가면'이라는 뜻이다. 여기에서 배우가 연기하는 역할, 더 나아가 사회에서 한 사람이 행하는 역할로 전의되었다. 어원상의 배경은 철학적인 명제를 위해 중요하다. 아리스토텔레스의 생활양식은 키케로에게〔《의무론》(*De officiis*) I 107-120〕 있어서는 역할로 보인다. 따라서 인생은 연극의 은유적 도움으로 해명된다. 이를 통해 현재적인 성격이 강조된다. 연극은 그 자체로 자기 의미를 가진다.

첫 번째 두 가지 역할은 본성적으로 주어진다. 첫 번째 역할은 이성 본성, 즉 다른 모든 것을 위한 커다란 틀을 주는, 인간의 윤리적 이성이다. 둘째 역할은 본성적으로 주어진 개별적 특질, 개별 인간의 성격 성향, 소질, 기질이다. 키케로는, 윤리적 이성에 의해 이미 주어진 틀 안에서 모든 것을 유지하고 있는 수많은 개별적인 성향이 있음을 강조한다. 개별적 본성도 우리의 행동을 위한 규범이다. 우리는 개인적인 특질에 따라야 한다. 고유한 개별성으로 향하는 의무가 있다. 그 자체로 더 좋은 것이 문제가 아니다. 우리는 자기 자신과 다른 어떤 존재가 되는 것을 추구해서는 안 되고, 따라서 우리를 타인과 비교해서는 안 된다. 우리의 개별적 본성에 반대되는, 즉 우리에게 놓여 있지 않거나 어떤 재능도 없는 일들을 한다면, 그것은 헛수고가 된다. 모든 이가 자기의 고유성을 배워야 한다. 그는 자기의 약점에 대응하고 장점을 발전시켜야 한다. 우리 자신인 것과는 다른 타자가 되려고 시도한다면 우리의 개별적 본성과 충돌하게 된다. 특색 있는 것은 연극배우들과의 비교이다. 배우들은 최상의 작품이 아니라 자신에게 최상으로 맞는 작품을 선택한다. 두 가지 자연적으로 주어진 역할들은 아래의 두 가지 지적에 의해 보충된다. 셋째 역할은 우연적인 외부 작용, 특히 우리가 살고 있는 사회적 상황에 따라 규정된다. 출생 신분, 공직, 영향력, 부 등이다. 넷째 역할은 우리가 스스로 선택하는 것, 고유한 생활양식이다. "무엇보다 우리는 우리가 어떤 존재자로, 어떻게 존재하고자 하는지, 그리고 어떤 생활양식으로 존재하고자 하는지 결정을 내려야 한다. 즉 모든 것 중에 가장 어려운 것인 숙고를 해야 한다"(I 117). 이러한 인생 선택은 자주 낯선 영향에서 결정된다. 매우 드물게 성취된 이상은 선택이 둘째, 셋째 역할에 정향되는 경우이고, 이때 두 번째 역할이 가장 중요한 의미를 갖는다. 이상, 인격성은 전 생애 동안 자기 자신과의 합일이고, 선택된 생활양식이 우리의 개별적 본성에 상응할 때만, 이 합일은 성취될 수 있다.

롤스와 아리스토텔레스의 행복 개념은 키케로의 네 가지 인격 개념 250
을 통해 두 가지 점에서 보충할 수 있다. (1) 키케로는 롤스와 같이 인생설계 혹은 생활양식의 선택을 강조한다. 이 선택이 서로 상응해서 이루어져야 할, 우리 본성에 주어진 조건과 외적으로 우연히 주어진 조건들을 분명히 밝히고 있다. (2) 아리스토텔레스와 같이 우리는 현재적인 행복 개념을 갖는다. 우리에게 상응한 역할을 우리가 포착하고 역할을 할 때 우리는 행복하다. 행복은 자기 안에 의미를 갖고 있는 생활 형태이다. 아리스토텔레스와 달리 키케로는 이 생활양식이 무한히 다양하다는 것을 밝히고 있다. 이성적 본성을 통해 주어진 도덕법칙은 프로크루스테스의 침대가 아니라 모든 개인의 완성이 그 안에서 계발될 수 있는 더 큰 틀이다. 자신의 개별성에 대한 의무는 본성적으로 인간의 사회적 이성 본성에 의해 주어진 사회적 틀(맥락)과 깊이 관련되어 있다.

2. 책임과 행복

251__ 이로써 책임과 행복의 관계에 대한 질문 앞에 직면한다. 이 관계는 어떻게 보아야 되는가? 이 관계로부터 책임질 수 있는 것에 대한 내용적인 질문을 위해서 무엇이 파생하는가? 이 질문을 다루기 전에 아래의 전체적 기초에 근본적으로 놓여 있는 두 가지 구별을 발전시켜야 한다.

1) 그 자체로 목적인 선과 자기 밖의 목적을 위한 선

252__ 국가론의 둘째 권(357b-358a)에서 플라톤은 세 가지 선들을 구별한다. (1) 오로지 자기 자신 때문이고 그것의 결과 때문에 갈망하는 것이 아닌 선들이다. 이것을 그 자체로 선 혹은 자기 가치라고 부른다. 플라톤은 긍정적 결과도 부정적 결과도 갖고 있지 않은 쾌락 체험을 예로 든다. 이러한 선을 자기 안에 목적이 있는 선이라고 표현한다. (2) 오로지 그것의 결과 때문에 추구하는 선들이다. 자기 밖에 목적이 있는 선 혹은 사용 가치를 가지고 예로써 의학적 진료 혹은 경영 활동을 들 수 있다. 이들은 자기 밖에 목적이 있는 선이라고 부른다. (3) 우리가 그 자신 때문뿐만 아니라 그것의 결과 때문에 사랑하는 선들이다. 플라톤은 그러한 예로써 이성, 인식, 건강을 든다. 이들은 자신 안에 목적을 가질 뿐만 아니라 자기 밖에 목적을 가지는 가치이다. 예컨대 건강의 자기 가치는 안녕함이고 사용 가치로는 우리의 여러 목적을 추구할 수 있도록 능력을 주는 노동력일 것이다. 이러한 구별에서 두

가지 점이 중요하다. 첫째, 이 구별에서 인간의 자기목적성을 위한 행복주의의 시사점이 나온다. 그 자체로 선인 특정한 가치를 경험할 수 있고, 그가 홀로 이에 상응한 생명의 완성을 행할 수 있다는 점에서, 인간은 그 자체로 목적이다. 그 자체로 선인 객관적인 가치들, 예컨대 심미적 가치들은 인간이 체험함으로써 현실태적으로 실재한다. 그 자체로 목적인 특정한 선들은 동물들도 경험할 수 있다. 그럼에도 인간에게만 열린 넓은 영역의 경험들이 있다는 것에서 출발해도 된다. 모든 생활양식은 그 자체로 목적인 선, 즉 감성적 적용의 주고받음, 심미적 체험, 자연 체험, 창조적 구체화, 혹은 문제의 해결에서 오는 기쁨들을 포함한다. 둘째, 각각의 개인 안에 목적을 가진 선은 자기 밖에 목적을 지닌 결과에서 검증해야 한다. 이런 맥락에서 세 가지 선에 대한 가치는 주목할 가치가 있다. 자기 가치뿐만 아니라 사용 가치를 지니는, 다시 말해 여기에서의 체험 가치는 자연적 능력의 완성과 함께 주어지는, 세 번째 부류의 선이야말로 플라톤에 있어서 최고선의 지위를 얻는다. 이와는 반대로 부정적인 결과를 갖는 그 자체로 목적인 선도 있다. 예컨대 알코올 혹은 마약을 통해 얻은 황홀한 의식 상태가 그것이다.

'행복은 자신이 선택한 생활양식의 실현이다'라고 나는 이 개념을 253
특화시켰다. 행복은 각 개인이 이미 주어진 틀 안에서 강조점들을 만들어야 한다는 의미에서 통합적인 양태이다. 인간은 자기의 생활양식을 스스로 선택하고 스스로 실행해야 한다. 행복은 자기 안에 목적을 갖는 선들에서 실행된다. 이로써 어떤 행위를 내용적으로 책임질 수 있을지에 대한 물음에 어떻게 말할 수 있는가? 내용적인 기준은 타인의 행복일 수 없다. 행복은 자유와 연결되어 있다. 또한 해당되는 사람 자신만이 실행할 수 있는, 자기 안에 목적을 갖는 선을 내포하고 있다. 여기에서 타인을 행복하게 만들어야 하는 요구를 인간들의 관계에서 보편적 규범으로 삼기엔 그 자체로 모순이라는 사실이 확인된다. 이 범주의 모순은 자기 안에 목적을 갖는 선에 의해서가 아니라 오로지 자기 밖에 목적을 갖는 선들에 의해 해소될 수 있다. 따라서 한 사람을 위한 선이 어떤 사용 가치를 갖는지를 물어야 한다. 타인을 행복하게 만드는 것이 아니라 그가 자기 행복을 스스로 실행할 수 있도록 만드는 것이 중요하다.

2) 갈망과 필요

254 두 번째 구별은 갈망 혹은 애착과 필요, 어떤 이가 원하는 것과 어떤 이가 요구하거나 필요로 한 것 사이이다. 범주의 문제는 갈망에 의해서가 아니라 필요에 의해서 답변이 주어질 수 있다. 구별은 우선 한 예에서 보인다(Scanlon 1975). A라는 사람은 육체적으로 장애를 가지고 있다. 그가 보통사람들의 생활에 참여하려면 도움이 필요하다. B라는 사람은 엄청난 사치를 해야만 해소될 특별한 갈망을 가지고 있다. 우리는 한정된 수단을 어떻게 나누어야 할까? 우리는 A가 원조에 대한 도덕적 청구권과 이와 함께 요구되는 수단에 대한 청구권을 갖는 반면, B의 갈망은 도덕적으로 의미가 없다고 직관적으로 판단한다. 하나의 경우에 우리는 그것을 객관적 기준과 관련짓고, 다른 경우에는 주관적 기준과 관련짓는다. 이러한 직관적 구별은 개념적으로 다음과 같이 파악된다.

(1) 갈망 또는 애착은 제한적인 상상이다. 여기에 반하여 필요가 표현된 문장은 필수적인 조건 혹은 필수적인 수단에 관한 표현을 포함한다. 내가 X를 갈망하고 X는 Y와 동일하다면 나는 반드시 Y를 원하지는 않는다. 내가 연방재무장관과 약속을 원하고, 연방재무장관은 기독사회당 당수와 동일하다면, 나는 기독사회당의 당수와 약속을 필연적으로 원하는 것은 아니다. 그에 반하여 내가 X와 동일한 Y 또한 필요

로 한다면 나는 X를 필요로 한다. 의사가 나에게 마지막 진찰 때 처방해주었던 약을 내가 필요로 하고, 그리고 그 약이 제일 아래 서랍의 오른 쪽 앞 모서리에 있다면, 나는 제일 아래 서랍의 오른쪽 앞 모서리에 있는 약을 필요로 한다. 내가 갈망하는 것은 나의 상상에 좌우된다. 내가 이 그림을 고호의 진품으로 여기기 때문에 내가 이 특정한 그림을 구입하기를 원한다면, 이 갈망은 이 그림이 실제로 고호의 진품인지, 혹은 모조품인지에 달려 있지 않다. 갈망을 위한 충분조건은 내가 이것을 고호의 진품으로 여기는 것이다. 그에 반해서 그것이 F이기에, 예컨대 그것이 진통효과가 있기 때문에 내가 어떤 것을 필요로 한다면, 그것은 사실적으로 F여야 하고, 내가 그것을 F로 여기는지, 혹은 아닌지는 중요하지 않다. 내가 필요로 하는 것은 내 상상력에 달려 있는 것이 아니라 사실에 달려 있다.

(2) 필요의 대상은, 그것 때문에 이 대상이 필연적인 수단이 된, 특별한 종류의 목적에 의해서 다른 수단과 구별된다. 이 필연적 수단을 부정적으로 표현한다면 우리가 임의로 세우거나, 임의로 제거할 수 있는 목적을 말하는 것이 아니다. 이 목적들은 이미 우리에게 전제로 주어졌다. 일반적 상황에서 우리는 이들에 대해 자유롭지 못하다. 이러한 목적의 예로써 고통에서의 해방, 건강, 감각과 지체의 사용이다. 필요의 대상은 이 필수적인 목적에 도달하기 위해 우리가 사용하는 수단인데, 예를 들면 의 · 식 · 주와 약품들이다. 필요는 의심할 필요 없이 높은 정도로 문화에 제한된다. 그럼에도 불구하고 어떤 상대주의자라도 이것이 없으면 생명을 영위할 수 없는, 이러한 필요가 있다는 것을 부인하지는 못할 것이고, 마찬가지로 문화와 무관하게 어떤 인간도 그 자체로 원할 수 없는 고통과 장애도 있다. 우리는 문화적으로 제한된 것이 아닌, 이 핵심적 요소를 자연적으로 필연적인 목적 혹은 필요로 표시한다.

(3) 이 자연적으로 필연적인 목적(더 정확하게 그것의 충족)은 플라톤의 세 가지 선에 따르면 셋째 선으로 볼 수 있다. 이는 자기 안에 목적을 갖는 가치와 자기 밖에 목적을 갖는 가치를 지닌다. 스캔론(1975)은 중심적인 관심과 주변적인 관심들을 구별한다. 자연적으로 필연적인 목적은 자유롭게 설정한 목적 또는 부수적인 목적의 실행을 위해서 필수적인 조건이라는 점에서 중심적이다. 필요의 대상, 우리가 필요로 하는 사물들은 밖에 목적을 갖는 선들이다. 이들은 자기 밖에 목적을 갖는 선들 중에서 자연적이고 필연적 목적으로 가는 필수적인 수단이라는 사실 때문에 특별하다.

3) 논변

255 나는 행복 개념에서 올바른 행위의 내용에 대한 물음의 관계를 살펴보겠다. 무엇이 내용적으로 책임질 수 있는 것인가? 이제까지 살펴본 것들을 종합하면 다음과 같다. 내용적인 질문은 단지 자기 밖에 목적을 가진 선〔手段善〕의 차원에서 결정될 수 있다. 윤리적 요구는 타인을 행복하게 만드는 데 있지 않고, 그의 행복 조건, 즉 수단선들을 침해하지 않고 돕는 데 있다. 수단선들은 행복의 인격적인 형성을 위하고 책임질 수 있는 인간 행위를 위한 전제조건이라는 도덕적 의미를 얻는다. 행복은 생활양식의 실천에 놓여 있다. 생활양식은 인격에 자유로이 선택하고 마침내 인격 자신이 실현한다. 행복의 본질적 요소인 인격적 관계들의 상이한 형식들과 정도에 관해서도 상응한 것이 유효하다. 관계들은 인간이 자유롭게 상호 교환적으로 서로를 위해 결정한다는 사실에서 기인한다. 모든 인생 설계는 인격 스스로에 의해서만 성취될 수 있는, 자기 안에 목적이 있는 선들을 포함한다.

256 책임과 행복에 관한 관계를 어떻게 정리할 수 있는가? 무엇을 책임질 수 있는지에 대한 물음을 위해 이 관계로부터 무엇이 파생되는가?

도덕 근거 짓기의 아르키메데스적 점은 상호교환적인 책임의 형식적 요구이다. 한 인간의 자기목적성, 존엄성 혹은 근본적이고 불해소적인 권리는 그가 대우받는 형식과 방법이 그를 향해 책임질 수 있다는 점에 놓여 있다. 여기에서 모든 인간은 그가 다른 사람에 대해 책임질 수 있는 방식으로 행위할 도덕적 권리가 있다는 사실이 도출된다. 무엇이 한 사람에 대해 책임질 수 있는가? 여기에 대해 나는 그가 무엇을 원하는지 그에게 물어야 한다. "이성적 존재의 의지는 항상 동시에 법을 제정하는 것으로 간주되어야 한다. (…) 왜냐하면 그렇지 않으면 그들이 이 존재를 그 자체로 목적으로 생각하지 않을 것이기 때문이다" (GMS, B 76). 상호 책임 관계에 놓인 사람들은 서로 자신들이 무엇을 원하는지를 물어야 하고, 그리고 여기에 대한 보편적 대답은 행복이다.

그럼에도 불구하고 행복 추구 자체는 도덕적 권리를 근거 짓지 못한 257
다. 인간들이 서로에게 내세우는 주장은 자연적으로 주어진 행복의 목적에서 기인하지 않는다. 그보다는 칸트의 말을 빌리자면, 선 의지의 절대적 가치에서 기인한다. 상호적인 주장의 정당성은 인간은 자기 행복을 책임질 수 있는 방식으로 추구한다는 사실에 연유한다. 그들은 서로 그들의 행복에 대한 정당화되고 근거 지은 주장을 제기해야 한다. 그들의 권리는 서로 설정한 근거 지은 요구에서 기인한다. 그들이 자기의 행복을 인준된, 즉 정당화된 방식에서 추구할 때에야, 그들은 행복에 대한 주장을 갖게 된다. 한 사람이 자신의 행복을 올바른 방식으로 추구한다면, 어느 누구도 그가 이를 추구하는 데 방해할 도덕적 권리를 가질 수 없다. 행복을 추구하는 사람은 이로써 그의 행복을 성취하는 데 필요한 전제조건들을 원하고, 이는 자신의 생활양식의 실현을 위해 필요한 자기 밖에 목적이 있는 선들이다. 나는 이 선들을 후에 상세히 설명할 구체적 자유 개념에서 요약하겠다. 자신의 행복 추구가 타인의 그것과 일치한다면 이 사람은 자신의 행복을 책임질 만한 방식으로 추구하는 것이다. 그가 자신을 위해 주장하는 구체적인 자유가 타인의 구체적 자유와 합치한다면 이것이 바로 이 경우이다. 구체적인 자유에 있어 타인의 주장과 합치하는, 구체적 자유에 대한 주장이어야 정당화될 수 있다. 책임을 진 구체적 자유란 타인의 구체적 자유를 근거 없이 제한하지 않는 구체적 자유를 말한다.

3. 구체적인 자유

258__ 나는 이제 앞에서 진행한 논변에서 남겨둔 것들을 채우고 구체적 자유라는 개념 아래 무엇을 이해하고 있는지 설명해야 한다. '자유'는 여러 의미를 가져다주는 단어이다. 하나의 맥락 속에 숨겨진, 이 맥락 안에서 자유의 개념이 더욱 세분화된, 두 가지 의미를 우선 지적한다. 우리가 두 가지 개념을 위해 한 단어를 찾는다면 이미 문제는 시작된다. 이를 피하기 위해서 나는 잠정적으로 단순하게 첫 번째 그리고 두 번째 자유 개념에 관해 말하겠다. 첫 번째 의미에서 자유는 결정주의에 반대되는 개념이다. 자유는 내가 스스로 결정할 수 있는 데 있다. 이 자유는, 예컨대 신에 의한 운명의 예정을 주장하는 신학자 혹은 자연법에 의한 엄격한 결정주의와 같이 인간의 결단도 결정주의의 예외로 보지 않는 철학자에게 반격을 받는다. 두 번째 의미는 무엇보다 정치학에서 발견된다. 타인에 의한, 특히 국가에 의한 강제 혹은 침해와 반대되는 의미이다. 이 개념은 우리가 기본 자유에 대해 말할 때 존재하는데, 롤스(1971, § 11)의 목록을 소개하여 예를 들 수 있다. 언론 · 집회의 자유와 함께 정치적 자유(선거권, 공무 담임권), 양심 · 사상의 자유, 심리적 강박 그리고 육체적 학대와 절단으로부터 보호가 속하는 (인격의 불가침해성) 인격적 자유, 사적 소유권, 임의 동행과 체포로부

터의 보호 등이다. 나는 '구체적 자유'라는 개념으로 이해하는 것을 이 양자의 자유 개념의 관계를 연구하는 방식으로 발전시키려고 한다.

1) 선험적 자유

첫 번째 개념은 칸트에 의해서 '선험적 자유'로 표현된다. 나는 칸트 259
의 개념을 소개하고, 이를 해석해보도록 하겠다. 자유는 칸트에 의하면 인과법칙의 성격을 띤다. "의지는 그것이 이성적이라는 점에서, 살아 있는 존재의 인과법칙이다. 그리고 자유는 타자와 독립적으로 인과법칙을 규정하는 원인을 일으킬 수 있으므로, 이 인과법칙의 성격을 갖는다. 그래서 자연의 필연성처럼 타자 원인의 영향을 통해 활동으로 규정되는 모든 비이성적 존재의 인과법칙의 성격을 갖는다"(GMS, B 97). 선험적 자유는 자기 자신을 규정하는 인격의 능력이고, 말하자면 이 자기 규정은 자기편에서는 더 이상 다른 어떤 것에 의해 규정되지 않는 절대적 시작이다. 또한 칸트는 우주론적 오성 안에서, 혹은 실천적 오성 안에서의 자유를 말한다. 우주론적 오성 안에서의 자유는 "그것의 인과법칙은 계속해서 다른 원인 아래 있는 자연법칙에 따르지 않으면서, 한 상태를 자기 자신에 의해 시작하는" 능력이다. 실천적 오성 안에서의 자유는 "감각 본능에 의해 생긴 필연적 자의에서 독립하는 것이다"(KrV, A 533 이하). 자유와 무조건적 실천법칙은 칸트에 따르자면 서로 지시한다. 감각의 내용이 없는 순수한 이성법칙에 의해 규정될 수 있는 의지는 현상계의 자연법칙으로부터 독립한 의지뿐이다. 즉 선험적 의미로 자유로운 의지이다. 자유는 도덕법칙으로부터 인식된다. 즉 자유는 도덕법칙의 필요조건으로 이해된다. 우리는 도덕법칙을 의식한다. 도덕법칙은 현상계의 자연법칙으로부터 독립한 의지를 책임질 수 있다. 따라서 우리가 자유롭다는 이성의 사실에서 인식한다(KpV, § 5-6). 자유는 도덕법칙의 존재 근거이고, 도덕법칙은 자유의 인식 근거이다(KpV, A6 Anm.).

260__ 선험적 자유는 행위의 모든 귀책(책임을 귀속시킴)의 필요조건이다. 인격이 한 상태를 자기 자신에 의해 시작할 수 없다면, 행위는 인과적으로 연결된 사건의 연속에서 단지 한 부분이다. 그렇다면 도덕적으로 옳지 않은, 즉 순수 이성법칙에 의한 것이 아니라 질료의 내용에 의해 규정된 행위의 귀책은 어떻게 보일까? 이것은 그 자체로 인과 연결의 연속선상에 놓여 있는가? 인격이 이성법칙에 찬성 혹은 반대하여 결정할 능력을 가질 때, 다시 말하자면 인격이 질료의 격률에 의해 규정되도록 **의지할** 때 행위들을 행위라 할 수 있다. 의지는 순수이성에 의해 규정될 수 있을 때 선험적 의미로 자유롭다(KpV, § 5). 따라서 의지는 경험적 근거에 의해 규정되도록 할 수 있고, 바로 이 전제조건 하에서 윤리적으로 나쁜 행위를 분류할 수 있게 된다.

261__ 칸트의 선험적 자유 개념을 가지고, 행위의 귀책과 초개인적 입장을 수용하는 것, 두 가지 현상을 이야기했다. 행위자가 스스로 특정한 행위로 규정할 능력이 있을 때, 이 행위는 책임을 물을 수 있다. 선험적 자유의 방향에서 첫 단계는 사건 인과와 행위인의 사이를 구별하는 것이었다(§ 112). 행위 인과에서는 인과 사슬이 행위를 하는 사람 뒤로 돌아가지 않는다. 행위자는 자신의 행위의 원천이다. 행위의 귀책을 위한 필요충분조건으로서의 자유는 증명되지 않는다. 모든 도덕 언어는 이 자유를 전제로 한다. 증명 책임은, 각각의 경우에 하나의 특정한 행위는 자유롭다, 즉 행위하는 인격은 이에 책임이 있다고 주장하는 사람에게 있는 것이 아니고, 이 행위는 자유롭지 못하다고 주장하는 사람에게 있다. 이 일상적 의식은 자유의지에 관한 아리스토텔레스의 논술에서(NE III 1-3) 재구성되었다. 논술은 자유의지의 개념에서 시작하는 것이 아니라, 행위의 자유의지가 제기하는 조건들에서 시작한다. 따라서 자유의지는 전제되어 있고, 그것이 주어지지 않는 조건에 대해

질문한다. 초개인적 입장은 인간이 자기 관심에서 자신을 떼어놓을 수 있다는 것을 전제로 한다. 이것이 칸트가 자유와 실천법칙의 상호 지시에 관한 그의 테제를 통해 개념으로 가져온 통찰이다. 관심에 관한 토론은 우리가 자신의 관심에서 거리를 취하고, 객관적 기준에서 그것을 판단할 수 있다는 것이 전제되어 있다.

2) 결정의 자유

첫 번째와 두 번째 자유 개념 사이에 있는 첫 번째 중간 부분은 결 262
정의 자유라는 개념이다. 이것은 선험적 자유 개념과 어떤 관련이 있는가? 선험적 자유는 결정의 가능적 성질이다. 결정의 귀책은 결정이 선험적 의미로 자유롭다는 것이 전제되어 있다. 우리는 여러 지평의 결정을 구별해야 한다. 최상의 단계는 책임지는 행위에 찬성하거나 반대하는 근본 결정이다. 둘째 단계에서는 생활양식의 선택이다. 근본 결정은 인격을 아직 하나의 생활양식으로 확정짓지 않는다. 책임을 찬성하는 근본 결정 안에서 뿐만 아니라, 책임을 반대하는 근본 결정 안에서도 상이한 생활양식은 가능하다. 셋째 단계의 결정은 생활양식 안에서 선행된 의도들이다. 행위이론적 숙고(§ 145 참조)는 의도들이 격률에서 정점을 이루는 위계에서 정돈된다는 것을 지적했다. 무엇이 선행된 의도이고 무엇이 단지 행위 의도인지 결정하기가 종종 어렵다. 선험적 자유 개념은 '부정적'인 자유 개념이다. 이 개념은 "자유가 이성적인 한, 생명 존재의 인과법칙"의 성질을 표현한다. 즉 "자유는 타자와 독립적으로 인과법칙을 규정하는 원인을 일으킬 수 있기 때문에" (GMS, B 97), 의지의 인과법칙이다. 선험적 자유 개념은 귀책의 관점에서 결정과 행위를 관찰한다. 선험적 의미에서 자유인 의지는 선택의 능력이기 때문에 이러한 부정적 개념은 충분하지 않다. '결정의 자유'는 선험적 자유처럼 단순히 무엇으로부터의 자유가 아니라, 무엇으로의 자유, 즉 선택으로의 자유라는 점에서 긍정적 개념이다. 이제 우리가 근본 결정에서 눈을 돌리면 생활양식과 행위의 선택이 중요하다. 대안들 사이에서 선택하기 위해 우리는 우선 대안들을 가져야 한다. 선택의 순수 능력으로서 결정의 긍정적 자유는 추상적 개념이다. 이 능력은 대안들이 주어져 있고, 이들 사이에서 선택할 수 있을 때만 활동할 수 있다. 완전히 고립된 생활 속에 있는 사람도 선택의 능력은 가지고 있지만 그는 그것을 쓸 수가 없다.

3) 행위의 자유

263 논변은 이제 더욱 발전된 중간 부분, 즉 행위의 자유 개념으로 나아간다. 행위의 자유는 결정들을 실행할 수 있는 능력이고 가능성으로 이해된다. 우리가 한번 근본 결정에서 눈을 돌리고, 생활양식의 선택과 선행하는 의도를 다루게 되면, 결정의 자유는 행위의 자유가 전제된다. 더 상세히 말하자면, 내가 실행할 수 없다는 사실을 아는 어떤 것에 대해 결정할 수 없기 때문이다. 그것을 단지 갈망할 수 있다. 내가 이를 이행할 수 있다는 것을 알 때, 나는 하나의 의지를 파악할 수 있다. 그리고 내가 그런 삶을 영위할 수 있다는 것을, 즉 그것이 나의 능력과 나에게 주어진 외적인 관계에 상응한다는 것을 아는, 하나의 생활양식을 선택할 수 있다. 이로써 결정의 자유와 행위의 자유는 수단선의 개념으로 향한다. 결정과 행위의 자유는 가능성들과 연결되어 있는 능력이다. 따라서 이런 의미로 결정과 행위의 자유는 구체적 자유이다. 이 능력은 그 자체로 외부의 전제조건에 의존적이고, 그에게 외부의 가능성들이 자유롭게 쓰도록 주어질 때 비로소 활동한다. 그래서 예컨대 물리적 · 심리적 건강은, 능력으로서 결정과 행위의 자유를 위한 전제조건이고, 그들의 편에서 볼 때 다시금 물질적 · 사회적 조건들과 연결되어 있다. 결정의 자유 활동이 외적 가능성들과 연결되어

있다는 사실은, 행위하는 인격은 자신이 그것을 이행할 수 없다는 사실을 아는 어떤 것을 위해 결정할 수 없다는 사실에서 파생한다. 따라서 결정과 행위의 자유는 자기의 전제조건과 활동의 가능성인 외부 조건들의 충족과 연결되어 있다는 점에서 하나의 구체적인 자유이다.

구체적 자유 개념은 그 자체로 목적인 인간이 자기 밖에 목적이 있 264
는 선들과의 관계를 명확하게 하도록 만든다. 자유의 제한은 예컨대, 질병, 육체적 방해, 이주 자유의 제한, 질적으로 우수한 직업교육의 부족, 부족한 사회적 대우, 부족한 타인과의 관계, 부족한 정치적 권리 등이다. 우리가 이 목록을 긍정적으로 서술하면 우리는 다시 자기 밖에 목적을 지닌 선들의 개념에 이른다. 우리는 인간의 행위와 결정의 자유에 의해 전제된 모든 것과 그것이 확장된 모든 것을 선이라고 표현할 수 있다. 이런 의미로 선이란, 자유가 능력으로서 그리고 자신의 활동 안에서 연결되어 있는 조건들이다. 이 선들이 여러 목적을 실행하는 데 필요한 기본 전제조건들이라는 점을 강조하기 위해서 우리는 수단선 대신에 기본선에 관해서도 말할 수 있다.

구체적 자유 개념은 내가 거기서 출발했던 바, 두 가지 자유 개념 중 두 번째 개념, 즉 기본 자유라는 의미에서의 자유와 어떤 관계를 갖고 있는가? 하나의 공통점은 반대 개념에 있다. 즉 이 반대 개념이란 "타인을 통한 강제 또는 방해"이다. 질병과 방해는 구체적 자유의 제한이라고 나는 말했다. 두 번째 자유 개념과의 비교는 여기에서 중요한 세분화를 이끈다. 인간만이 자유 안에서 서로 제한할 수 있다. 구체적 자유에 대한 반대 개념은 타인을 통한 강제와 방해이다. 건강과 신체의 방해받지 않는 사용은 인간의 행위 가능성이 의존되어 있는 선들이다. '구체적 자유' 개념은 이 선들이 타인의 영향에 놓여 있다는 고려에서 선들을 관찰하고 있다. 이 영향이 부정적이어서 기본선들이 침해될 수도 있고, 긍정적이어서 타인의 도움으로 방해들을 제거할 수도 있다.

4. 내용적 자기목적성의 준칙

265_ 우리는 윤리적으로 올바른 행위의 내용적 기준을 모색하고 있다. 이제까지의 결과는 다음과 같이 요약된다. 행위에 의해 당사자가 되는 모든 사람의 이성적인 의지가 이 행위의 윤리적 올바름의 기준이 된다. 책임지기 위하여 존재하는 인격은 이 의지 때문에 구체적 자유에 있어 최대한의 범위를 요구하고, 그리고 이것은 다시 다른 모든 사람의 정당한 요구들과 합치하는 정도로 규정될 수 있다. 우리는 이것을 다음과 같은 내용적인 원리를 구성할 수 있다. **네가 행위를 통해서 네 행위의 당사자가 (적극적인) 결정과 행위의 자유를 근거 없이 제한받지 않도록 행위하며, 네가 타인이 너에게 의존되어 있는 정도에 따라 그리고 그것이 너에게 가능하는 정도에 따라 그를 돕도록 행위하라.**

자기목적성의 이 준칙은 모든 인간이 자신들의 구체적 자유를 최대한으로 원한다는 사실이 전제되어 있다고 반론을 제기할 수 있다. 생활에서 청빈을 요구하고, 구체적 자유에 있어서도 최소한의 것으로 만족한 사람이 많기 때문에 이 전제는 오류라고 한다. 이에 대해 다음과 같은 구별을 가지고 대답한다. 인격은 스스로 자신을 제한할 수 있는 권리를 가지고 있다. 그에게 불변으로 주어진, 삶의 가능성의 틀에서 어떤 요구들을 할 것인지는 그들 자신에게 맡겨져 있다. 이것은 타인이 그 가능성의 틀을 제한할 수 있는 도덕적 권리를 갖는다는 것을 의미하는 것은 결코 아니다.

| 참고문헌 |

Forschner, 1994

Seel, 1995, 2장

Wiggins, 1985

Griffin, 1986, 3장

Miller, 1999, 203-213면

Aristoteles, NE III 7

Thomas von Aquin, Quaestiones disputates de malo, q. 6

Siewerth, 1954

Beck, 1960, 10장

Geach, 1960

Krings, 1973; 1977

Ricken, 1977

Pothast, 1978

Haeffner, 2000, § 209-248

Allison, 1990

6부 — 숙고하는 이성

들어가기 전에

내용적 자기목적성의 원리는 공백을 보여준다. 언제 다른 사람의 자 266
유를 제한할 권리를 갖는가? 다른 사람을 돕는 것이 행위자에게 가능한지 그리고 요구할 수 있는 것인지, 어떤 기준에 따라 결정해야 하는가? 인간의 자유란 구체적 자유일 수밖에 없는데, 자유는 일련의 외적인 조건들과 연결되어 있을 뿐만 아니라 자신을 스스로 제한하는 대가를 치르고서야 실현할 수밖에 없기 때문이다. 그것은 결정할 때 분명해진다. 내가 어느 하나를 선택하여 행동할 때 내가 달리 선택할 수도 있었을 행동을 배제하게 된다. 모든 종류의 협동은 자유의 확장이면서 동시에 제한이다. 공동으로 추구하는 목표는 그에 해당하는 사람들과 연대하면서 우리 자유를 제한하기를 요구한다. 인간의 자유가 외적인 수단과 연결되어 있을 때 그 수단은 제한적이다. 한 사람이 자신을 위해 권리로 요구하는 것이 다른 사람에게는 빼앗기는 것이 된다. 예를 들면 환경자원과 인간의 노동력, 그리고 이 둘로 만든 경제적 가능성들이 그것이다. 이렇게 인간은 기본적으로 서로의 자유를 제한하지 않고는 행동할 수 없다. 따라서 윤리학에서의 문제는 인간이 서로의 자유를 제한해도 되는가에 관한 것이 아니고, 어떻게 그 자유 제한이 허락되는지에 관한 것이다. 도덕적 질문은 정당한 자유 제한에 관한 질문이다. 그에 대해 어떻게 대답할 수 있을까?

1장— 실천적 판단

1. 행위에서의 올바른 양자택일에 관한 물음

267 인간은 여러 행위에서 양자택일을 하게 된다. 그런 행위 선택에서 가장 간단한 경우가 행위를 하는 것과 하지 않는 것이다. 행위 선택은 결과를 낳고 그 결과로 인해 다른 사람의 구체적 자유를 건드리게 된다. 도덕적 숙고는 어느 것이 올바른 행위 선택인지 묻는다. 이러한 숙고에서 두 단계가 본질적이다. (1) 행동하는 개인은 그가 선택해야 하는 행위 가능성의 결과를 확실히 알아야 한다. 이 첫 단계는 경험적이며, 어떠한 가치 평가나 규범적 평가를 포함하지 않는 한 문제가 되지 않는다. 우리가 유한하고 시간에 제한되어 있으며 오류에 빠지기 쉬운 지식으로 결정해야 한다는 것은 분명하다. 최선의 지식과 양심에 따라 결정해야 하지만 이 지식은 경험적 지식으로 늘 오류를 범할 수 있다. (2) 결과가 평가되어야 한다. 이 평가는 두 개의 기준을 가지고 숙고의 과정 속에서 이루어진다. ① 선택된 것에 관계하는 선의 무게 ② 법과 정의.

268 숙고 개념은 어떤 결정이 지향해야 할 객관적 관점들이 있다. 그러나 그것의 도움으로 이 객관적 관점에서 정당한 결정이 도출될 수 있

는 형식화된 방식이 있는 것은 아니다. 대부분의 결정에서 이 관점들이 다양하게 작용한다. 이 관점들 중 모든 상황에서 우선할 수 있는, 형식화가 가능한 계산이나 더 상위의 법칙이 있는 것이 아니다. 따라서 올바른 결정은 이렇게 서로 다른 관점을 숙고하는 실천적 판단력의 도움으로 찾을 수 있다. 많은 경우에 판단할 여백이 주어진다. 이미 서로 다른 경험을 한 것만으로도 관점들이 서로 다른 비중으로 다루어진다. 한 개인이 하나의 결정에 중요한 관점들을 발견하는 가능성의 범위 안에서 노력하고, 그가 이 객관적 전제의 틀 안에서 어떻게, 어떤 근거로 식별하는지 설명할 수 있고 설명할 준비가 되어 있다면 그는 책임 있게 행동하는 것이다. 이론 판단에서와 마찬가지로 실천적 판단에서도 서로 다른 정도의 확실성이 존재한다. 여기에서도 우리는 자주 개연성을 넘어설 수 없다. 차이라면 실천적 개연성을 근거로 행위해야 하는 데서 찾을 수 있다. 똑같은 상황에서 올바른 여러 결정이 나올 수 있음을 배제해서는 안 된다. 실천 판단력은 경험과 훈련을 필요로 한다. 실천적 진리란 개별적인 실천적 판단과 비슷해지려고 노력하는, 규정적인 이념이다.

2. 숙고하는 이성과 보편 타당한 도덕 판단에 대한 물음

숙고하는 이성에 관한 이론과 도덕 명제의 진리 주장에 관한 테제는 269
서로 모순 없이 성립할 수 있는가? 이 물음은 다음과 같은 근거로 부정된다. 보편 타당한 의무론적 판단이 존재한다는 인지적 테제를 갖고 있기에 그러하다. A가 p와 q라는 이유에 해당하여 φ를 행해야 한다면 p와 q에 해당하는 모든 사람은 φ를 행해야 한다. 그러나 이러한 추론은 각 개인이 각각의 경우에 스스로 판단해야 하는, 숙고하는 이성의 이론과는 일치할 수 없다. 여기까지가 항변이다. 이 이의 제기는 보편타당한 의무론적 판단을 어떻게 규정하고 형식화할 수 있는지 묻는다. 다음의 세 경우를 관찰해보자. 첫 번째 경우다. A는 자동차로 네 시간 걸리는 거리에 떨어져 사는 친구를 방문하여 그 친구의 박사학위 논문과 관련된 몇몇 질문에 관해 토론하기로 며칠 전 약속했다. 그 날짜가 다가오자 A는 더 이상 갈 마음이 나지 않아 방문을 취소했다. 우리는 A가 마땅히 그의 친구를 방문해야 한다고(φ) 판단한다. 그것은 그 친구가 그의 도움을 필요로 하며(p) 또한 그가 친구에게 그렇게 하겠다고 약속했기 때문이다(q). 이렇게 p와 q에 해당하는 사람은 누구나 마땅히 φ를 행해야 한다고 추론할 수 있을까? 두 번째 경우다. B는 위에서처럼 자동차로 네 시간 걸리는 곳에 사는 친구와 똑같은 약속을 했다. 약속날짜가 다가왔는데 그의 어머니는 심하게 편찮으시고 그가 돌보아야 하는 상황이다. p와 q의 이유가 B에게도 해당하지만, 우리는 B가 그의 친구를 방문해야 한다고 판단하지 않을 것이다. p와 q에 해당하는 사람은 누구나 φ를 행해야 한다는 보편적인 판단은 두 번째 경우에는 명백히 유효하지 않다. B의 어머니의 위급한 처지(r)와 어머니에 대한 그의 의무(s)는 p와 q보다 더 중하다. 이러한 판단으로부터, p, q, r, s에 해당하는 사람은 누구나 B처럼 행동하는 것이 마땅하다고 추론할 수 있는지, 우리는 다시금 물을 수 있다. 다음은 세 번째 경우다. 두 번째 경우에 나타나는 모든 상황이 세 번째 경우에도 그대로 해당한다. 그러나 C가 친구의 청을 거절하자 이 친구가 몹시 우울해하고 심한 자살 충동까지 느끼고 있음을(t) 알게 된다는 사실이 추가된다. 사람들은 그가 친구를 방문함으로써 친구를 도울 수 있으며 그렇지 않으면 더 심하게 그 친구를 위험에 빠뜨릴 수 있다고(u) 확인한다. 우리는 C가 친구를 방문하는 것이 좋을 거라고 판단한다. t와 u의 이유가 r과 s보다 더 중하다. 따라서 p, q, r, s에 해당하는 사람은 누구나 φ를 행해야 한다는 보편적인 판단이 이 경우에는 명백히 유효하지 않다.

이러한 세 경우로부터, 보편 타당한 의무론적 판단에 관한 물음에서 270
무엇이 도출되는가? 보편적인 의무론적 판단은 제일 본성적 의무를 주장한다. 이것은 위에 제시한 이유들에 해당하는 사람은 누구나 변화된 상황에서 다른 이유들이 추가되더라도 똑같이 행동해야 한다고 말한다. 판단을 위해 제시한 이유나 관점을 판단하는 경우에 도덕적으로 중요한 유일한 것이라는 전제에서만 유효하다는 점에서 이것은 가설적 판단들이다. 따라서 첫 경우의 보편적인 의무론적 판단은 다음과 같아야 한다. "하나의 현실적인 의무의 근거가 되기 위해서 거기에 해당하는 의무론적 전제를 위한 충분한 근거들을 제시하는 것으로 충분하지 않다. 이것이 해당하는 경우에 고려해야 할 유일한 이유 내지는 관점임을 덧붙여 제시해야 한다. p와 q 때문에 A가 φ를 행해야 한다면 p와 q에 해당하는 사람은 누구나 φ를 행해야 한다고 추론하는 것이 아니라, 오직 이 이유에 해당하는 사람만이 φ를 행해야 한다는 추론이 나온다. 그러나 그것은 각각의 경우에 새로이 검토해야 한다.

3. 도덕적 갈등과 도덕적 딜레마

결정은 둘 중 하나를 택하는 행위 선택에 있다. 취사 선택이 도덕적 271
필연성의 성격을 갖고 있다는 전제로부터 시작해보자. 예컨대 두 사람 중 누군가를 그때그때 다른 위급한 상황에서 우리가 도와야 한다는 선택 앞에 있다. 우리는 항상 한 가지만을 선택할 수 있으며 행동할 수 있다. 그래서 현실화되지 않은 다른 하나는 의무적인 성격을 잃어버리는가? 우리는 두 사람 중 단지 한 사람만을 도울 수 있다고 변명할 수 있는가? 많은 경우 우리의 감정은 이러한 해결에 반대한다. 우리는 갈등을 느끼며, 다른 한 사람을 도울 수 없다는 사실이 우리에게 부담을 준다. 이러한 애석함으로 인식주의 윤리학에 반대하는 주장을 펼칠 수 있다(Williams 1973, 11장 § 6). 이 애석함은 우리가 하나의 의무를 손상시켰음을 보여준다. 따라서 우리의 결정은 정당하지 않다. 그 행위 선택은 오히려 하나의 의무 갈등 혹은 의무 충돌을 표현한다. 우리가 어떻게 결정하든, 우리의 감정은 모든 경우에 하나의 의무를 손상시킨다는 것을 보여준다. 이렇게 두 가지 도덕적인 고민 사이에서 단지 임의적인 결정만이 머무른다. 인식주의 윤리학의 의미에서 이성적이고 정당한 결정은 불가능하다.

272 앞의 예(§ 269)로 돌아가보자. B는 친구 C와 C의 학위논문에 대해 토론하기로 약속했다. 그의 어머니의 갑작스러운 중병이 그 약속을 지키는 것을 방해한다. C는 논문에 있어 B에게 의존하고 있다고 하자. B는 그 자료를 뛰어나게 잘 알고 있는 사람이다. 그의 비판은 논문에 큰 이득이 될 것이다. 학위논문을 완성하지 못하면 B는 실패하게 되고 자리를 얻을 전망은 현저히 나빠질 것이다. B가 나중에라도 약속을 이행한다는 것은 배제되어 있다. 어머니는 오랫동안 보살펴야 하며 논문의 제출기한은 코앞에 와 있다. B가 자신이 말한 형태로 약속을 지킬 수 없다고 해서 그의 의무적인 성격을 잃어버리는 것은 아니다. 도덕적 필연성이 변화될 뿐 사라지지는 않는다. B는 이런 상황에서 다른 방법으로 친구를 도울 수 있는지 숙고해야 한다. 아마도 B에게는 자기처럼 능력 있고 자신을 대신하도록 부탁할 수 있는 동료가 있을 것이다. 그것도 가능하지 않다면 그는 C에게 용서를 청해야 할 의무를 갖고 있다. 그러나 그것을 위해 어떤 기회도 없다고 해보자. B는 민감한 사람이다. 자기 때문에 C가 어떤 어려운 처지에 빠지게 되지 않을까, 그것이 그를 억누른다. 이러한 감정이 그가 도덕적 의무를 손상시켰다

는 어떤 표시가 될 수 있을까? 실천의 필연성은 실천의 가능성을 전제하고 있다. 뭔가 불가능한 것은 필연적일 수 없다. 당위는 능력을 전제로 한다. B가 두 가지 선택을 하는 것은 불가능하다. 따라서 그것은 반드시 그러해야 할 필요도 없다. 만약 그가 C에 대한 약속을 이행하지 않았다 하더라도, 주어진 상황에서 어머니를 도와야 할 더 큰 이유가 있다는 것이 전제되어 있으면, 그는 어떤 의무도 이행하지 않은 것이 아니다. 그 때문에 C가 겪어야 하는 손해는, 더 중요한 이유가 말하고 있는 것을 행하기로 결정함으로써 빚어지는 어쩔 수 없는 물리적 결과이다. 그 손해는 B가 이런 상황에서 실천적으로 필연적인 것을 행하지 않는 대가를 치르고서만 피할 수 있는 것이다. B의 유감은 어떤 도덕적인 감정이 아니다. B의 결정과 결코 연관성이 없는 다른 이유들로 C가 박사과정에서 탈락된다면, 그것 또한 B에게 부담을 줄 것이다. B는 C가 맞고 있는 물리적 해악에 반응하게 된다. 그 자신에게 책임이 있는 도덕적 해악이 아니다. 그는 C의 상황을 유감스럽게 생각하지만 그 자신의 결정을 후회하지 않는다.

문학에서 이따금씩 '비극적인' 딜레마에 대해 말한다. 모든 가능한 273
결정이 윤리적으로 그릇되는 상황이 그것이다. 많이 인용하는 예가 사르트르의 그것이다. 한 젊은 프랑스 청년은 과부가 되어 전적으로 그에게 의존하고 있는 어머니를 돌볼 것인가 혹은 저항운동에 가담해야 할 것인가 고민한다. 분명히 하기 위한 첫 단계는, 우리가 '비극적' 딜레마의 이 형태를 다른 형태와 구분하는 것이다. D는 죄 없는 인질을 쏴 죽일 것인지 아니면 자신의 아이들과 부모를 죽음에 넘겨줘야 하는지 선택해야 한다(NE III 1, 1110a5-8). 사르트르의 예에서 우리가 두 개의 선택을 독립적으로 바라보고 상호 경쟁에서 눈을 떼면 어떤 결정도 윤리적으로 틀린 것이 아니다. 반면 아리스토텔레스의 예에선 잘못이 없는 인질의 죽음을 떼어 관찰하면 그것은 도덕적으로 가능한 행동양식이 아니라는 데 차이점이 있다. 아리스토텔레스의 딜레마에 대해선 나중에 다룰 것이다(§ 375 이하).

274 사르트르의 딜레마에선 도움을 주기 위한 두 가지 경쟁적인 의무가 문제이다. 그가 어머니를 도와야 하는가, 혹은 시민들을 부당한 정권으로부터 해방시키는 데 기여해야 하는가? 합리적 결정을 위한 기준이 없다고 가정해보자. 각각의 선택을 변호하는 이유들은 아마도 동일한 무게를 가질 것이다. 각각의 선택을 올바르게 이해하고 있다는 의미에서 성공의 약속이 보장되고 있다는 관점에서도 동일한 무게를 갖는다. 청년은 그의 어머니를 잘 돌볼 수 있으며, 또한 레지스탕스 가담은 무의미한 것이 아니다. 그것은 조국의 해방에 기여하거나 저항의 명백한 표시가 될 것이다. 그렇게 우리가 사르트르의 딜레마를 구성하면, 모든 가능한 결정이 윤리적으로 그릇됐다고 말할 수 없다. 그렇다고 해서 상황의 비극성이 축소되지 않는다. 하지만 그 비극성은 행동하는 사람이 어떤 경우에든 윤리적으로 책임이 있다는 데 있는 것이 아니라, 서로 경쟁하는 선의 무게에 있다. 프랑스 청년은 두 가능성 중 하나만을 실현할 수 있다. 그는 어떤 경우에든 자신의 결정에 필연적으로 주어지는 부정적 결과 때문에 깊은 고통을 느낄지라도 어떤 경우든 올바르게 선택한 것이다. 우리는 아마도 두 가능성을 위한 이유들이 평형을 유지하도록 학위논문의 예를(§ 269 참조) 구성할 수 있을 것이다. 그러면 도덕철학적인 인식론을 고려할 때 사르트르의 딜레마와 어떤 차이도 없을 것이다. 여기에서 '비극적' 딜레마가 문제 되지 않음은 경쟁하는 선들이 사르트르의 딜레마에서처럼 동일한 무게를 갖지 않다는 데 근거하고 있다. 프랑스 청년의 선택은 학위논문의 예에서 B의 선택보다 비교할 수 없을 만큼 깊이 그의 삶에 영향을 미친다. 우리는 여기에서 인생 설계의 선택에 대해서도 말할 수 있다. 이것을 생각하더라도 사르트르의 딜레마는 다른 상황들과 비교할 만하다. 선택

앞에 서 있는 누군가가 있다고 가정해보자. 그는 의학적으로 미비한 개발도상국의 의사가 되어야 하는가 혹은 국제 인권기구의 활동가가 되어야 하는가를 선택해야 한다. 그의 활동은 두 영역에서 모두 급하게 필요한 것이다. 그의 능력과 성공에 대한 비전은 두 영역에서 모두 동일하다. 그는 아마도 두 영역 중 어느 영역에서든 평생 동안 활동하면서 많은 사람을 돕게 될 것이다. 그러나 그는 두 가능성 중 하나를 선택해야 하며, 그것은 그가 다른 영역에서는 도울 수 없음을 의미한다. 문제가 되는 선의 무게는 사르트르의 그것과 비교할 만하다. 여기에서 그가 어떻게 결정하든 책임이 있다고 말할 수 없을 것이다.

변경된 학위논문의 예에서와 같은 정도로 사르트르의 딜레마도 인식 —275
주의 윤리학에 이의를 표현한다. 숙고의 개념은 두 가지 선택이 동일한 무게를 지니고 있을 가능성을 열어놓는다. 중요한 관점이 도드라지고 행위 선택이 그쪽으로 가치 평가를 하면 인식주의 과정은 완결된다. 그런 숙고가 두 선택이 동일한 무게를 지니고 있다는 결과로 이끌 수 있음이 그것의 인식 성격에 대한 이의는 아니다.

| 참고문헌 |

Thomas von Aquin, Summa theologiae 1-2 q.94 a.4

Davidson, 1980, 2장

Ricken, 1990

Foot, 1983

Mason, 1996

2장 — 덕

276_ 올바른 숙고는 각각의 선과 법의 무게가 올바르게 평가되는 것을 전제로 한다. 그런데 이 저울질은 우리의 감정과 성격에 영향을 받는다. 이것은 특히 부정적인 예에서 분명해진다. 비겁, 인색, 탐욕, 명예욕, 방탕은 특정한 선—비겁이 안전의 욕구를 충족시키듯—혹은 욕구에 더 무게를 주어 올바른 숙고를 방해하는 마음가짐이다. 덕은 이러한 주관적인 요소들을 배제하고 윤리적으로 올바른 결정을 할 수 있도록 하는 인간의 상태이다.

1. 덕 윤리학

277_ 덕은 몇 년 전부터 많이 토론하는 도덕철학의 테마이다. 우선 독일어권에서 이루어진 20세기 전반기의 토론들—특히 막스 셸러(Max Scheler, 1928) 그리고 니콜라이 하르트만(Nicolai Hartmann, 1950)의 토론—을 제외하면 현대의 토론에서는 안스콤(G. E. M. Anscombe, 1958), 필리파 풋(Philippa Foot, 1978) 그리고 맥킨타이어(Alasdair MacIntyre, 1984)의 덕의 개념이 언급되었다. 이 저자들과의 연관 속에서 '덕 윤리

학'(Virtue Ethics)이라 명명되는 한 방향이 형성되었다. 이 방향은 두 개의 지배적인 윤리학, 즉 공리주의와 칸트의 윤리학을 상대로 하여 세 번째 새로운 유형이라고 주장하고 있다.

로잘린 허스트하우스(Rosalind Hursthouse 1999, 25면)는 (물론 상당한 세분화가 필요하겠지만) 덕 윤리학의 통용되는 특성을 다섯 항목으로 요약한다. (1) 덕의 윤리학은 '행위 중심적'이기보다는 '주체 중심적'이다. (2) 덕의 윤리학에선 행위보다는 존재가 더 중요하다. (3) 덕의 윤리학의 질문은 "내가 어떤 종류의 행동을 해야 하는가?"라기보다는 "나는 어떤 종류의 인간이 되어야 하는가?"이다. (4) 덕론적인(aretaisch) 개념들 (덕이 인간에게 넘겨주는 개념들: 정의로움, 감사할 줄 앎, 용감함, 사려 깊음)이 의무론적인(deontisch) 개념들(윤리적으로 올바른, 당위, 의무)보다 더 근본적이다. (5) 덕 윤리학은 윤리학이 특별한 행위 지침을 포함하는 규칙이나 원리로 문서화되는 사고를 거부한다.

뮐러(A.W. Müller)는 덕의 윤리학과 다른 한편에 있는 칸트와 공리주의 사이에서 다음과 같은 차이점을 본다. "공리주의에서 행위의 도덕적 가치는 행위 결과의 선에 있다. (…) 칸트에게도 궁극적으로, 나에게처럼 다른 사람에게도 법칙으로 유효하도록 내가 행하고자 할 수 있는 규칙과 행위의 일치가, 선한 의지를 드러내는 유일한 행위 근거이다. 그와 반대로 덕의 윤리학은 수많은 근거와 동기를 허용하는데, 이들을 명심하거나 무시하는 것이 행위와 태도 일체의 도덕적 질을 좌우한다"(Müller 1998, 88면 이하). "한편으로 덕 윤리학은 신념의 기준을 요구한다. 다른 한편으로 그것은 어떤 일치 동기도 요구하지 않는다. (…) 거기서 덕의 윤리학은 일상적인 도덕 이해와 일치한다. 예를 들어 누군가 행위의 동기가 외양이나 이익에 있지 않고 '올바른 신념'에 있다면 그는 바르게 행동하는 것이다. 그러나 우리는 이 올바른 신념을 윤리법칙 혹은 그와 같은 것에 대하여 모든 도덕적 태도로 동기화된 한번의 주의에서 찾지 않는다. 올바른 태도의 규범적인 동기는 예컨대 다른 사람의 권리에 대한 존중을 넘어서지 않는다"(Müller 1998, 37면).

2. 아리스토텔레스의 덕의 개념

278 이 테제를 위해 무슨 말을 해야 할까? 이 목적을 위해 아리스토텔레스의 고전적인 덕의 개념을 살펴보자. 아리스토텔레스는 성취를 하고 기능을 갖고 있는 존재와 기관으로부터 출발한다. 몇 개의 예들을 열거한다면 플루트 연주자, 구두 수선공, 조각가, 눈, 손 등이다.

(1) 아리스토텔레스는 이 성취 안에서 해당된 존재의 '선'이 있다고 주장한다(NE I 6). 여기에서 우리는 '선'의 명사적 용법을 갖는다. 플루트 연주자의 선은 플루트 연주이다. 눈의 선은 보는 것이다. 구두장이의 선은 그가 만들어내는 구두이다.

(2) 이제 플루트 연주자는 좋게 혹은 나쁘게 연주할 수 있다. 구두장이는 좋은 혹은 나쁜 구두를 만들 수 있다. 눈은 잘 혹은 잘못 볼 수 있다. 여기에서 우리는 '선'의 수식적이거나 혹은 부사적인 용법을 갖는다. 그는 잘 연주한다(부사적). 그는 좋은 신을 만든다(수식적).

(3) 잘 연주하는 플루트 연주자는 좋은 플루트 연주자이다. 좋은 신발을 만들어내는 구두장이는 좋은 구두장이이다. 잘 보는 눈은 좋은 눈이다. 여기에서 우리는 이제 생산물이 아니라 생산자에 대해 말하는 수식적 용법을 다시 한 번 갖는다. 이러한 좋음(좋은 상태)을 위해 아리스토텔레스는 덕(aretê)이라는 말을 사용한다. 리델 스코트(Liddell-Scott)의 그리스-영어 사전은 'goodness'의 첫째 의미로 좋음(좋은 상태)을 든다. 구두장이의 덕은 구두장이로서의 그의 선이다. 좋은 구두장이는 구두장이의 덕을 소유한다. 이러한 선(善)은 플루트 연주자로 하여금

잘 연주하도록 하거나 구두장이로 하여금 좋은 신발을 만들게 하는 상태이다. 눈의 덕은 눈과 그의 작품을 좋게 만든다. 좋은 눈은 잘 본다.

(4) 지금까지 묘사한 덕의 의미를 기술적 혹은 기능적 의미로 표현할 수 있다. 좋은 플루트 연주자는 그의 기술을 자유자재로 발휘하며, 좋은 구두장이는 그의 손재주를 마음껏 발휘하고, 좋은 눈은 그의 기능을 완전히 실현한다. 도덕적 용법은 이것과 어떻게 구분되는가? 아리스토텔레스는 인간이 단지 구두장이로서 혹은 플루트 연주자로서 선을 갖는지, 혹은 인간으로서도 명품과 선을 갖고 있는지 묻는다. 우리는 이러한 명품 혹은 선이 어디에 있는지 여기에서 답할 수 없다. 도덕적 이해 안에서의 덕은 상태인데, 그것으로 인간이 선한 인간이며 그것으로 인간으로서 그의 작품을 선하게 완성한다(NE II 5, 1106a22-24).

(5) 그러나 인간은 언제 선한가? 어디에 인간다운 선이 존재하는가? 우리는 인간의 작품이나 선에서 출발해야 한다. 인간에게 특별한, 다른 동물과 구분되는 삶의 방식 속에 그것이 있다. 아리스토텔레스는 이것을 언어, 이성, 숙고를 내포하는 로고스(logos)라는 용어로 특징짓는다. 인간은 이성 능력이 선한 상태에 있으면 선하다(NE I 6). 아리스토텔레스는 두 가지 서로 관련된 인간의 이성 능력을 구분한다. 아이가 아버지 말을 따르듯 이성을 따를 수 있는 능력, 숙고하고 아버지처럼 아이에게 지침을 줄 수 있는 능력이다. 하나는 정서와 감정, 예컨대 분노, 연민, 증오, 질투까지도 포괄하는 욕구 능력이다. 다른 하나는 인식과 숙고의 능력이다. 두 가지 영혼 능력에 맞게 아리스토텔레스는 두 종류의 덕, 즉 인식 능력의 덕(dianoetische Tugenden)과 욕구 능력의 덕(ethische Tugenden)으로 각각 구분한다(NE I 13). 인식 능력의 덕은 진리 인식을 보장한다. 이 덕 중에서도 윤리학에서는 특히 실천이성(Phronesis), 즉 실천적 진리나 혹은 윤리적으로 옳은 것을 인식하는 실천적 판단 능력이 중요하다. 욕구 능력의 덕은 아리스토텔레스가 표

현하듯 감정의 움직임, 행위와 관련되어 있다. 용기는 두려움과 관계 있으며 절제는 신체적 욕구(음식과 성)와 관련된다. 또 정의는 모든 사람이 가능하면 많이 가지려 하는 재화의 분배 그리고 가능하면 적게 가지려 하는 부담의 분배, 예컨대 돈, 직무 및 세금의 분배와 관련된다.

3. 세 가지 예

279__ 이론에서 현상으로 오기 위해 우선 세 개의 예를 든 다음에 아리스토텔레스의 일반적인 서술로 돌아온다. 끝으로 덕 윤리학에 대한 나의 이의를 표명할 것이다.

• 예 1: "피터는 친구 데틀레프의 장난감을 가지고 놀고 싶다. 데틀레프는 자신이 계속 가지고 놀고 싶고 그 장난감이 자신의 것이기 때문에 동의하지 않는다. 데틀레프의 누나 안나가 설득한다. 장난감으로 계속해서 놀 권리가 있지만 장난감을 갖고 있지 않으며 그걸로 놀고 싶어 하는 피터는 그의 친구이다"(Müller 1998, 103면). 장난감은 데틀레프의 것이다. 따라서 그는 그 장난감을 가지고 놀 권리가 있다. 그러나 동시에 데틀레프와 피터 사이에는 우정의 관계가 있다. 그것으로 데틀레프의 장난감 사용에 대한 독점권은 제한된다. 데틀레프의 정서적 출발점은 단지 놀이의 즐거움, 계속 놀고 싶은 바람, 장난감에 대한 권리의식으로 규정되어 있다. 데틀레프는 피터가 친구라는 걸 알고 있지만 이러한 앎이 그의 결정에는 아무런 의미가 없다. 안나는 이러한 앎이 감정적으로 작용하여 데틀레프의 결정을 바꾸는 요소가 되도록 시도한다. 그녀는 피터에 대한 데틀레프의 동정심을 일깨워 피터도 장난감을

갖고 놀도록 데틀레프의 마음을 자극한다. 그래서 데틀레프는 그 일을 감정적으로 다시 보게 된다. 지금까지는 데틀레프에게 중요하지 않았던 관점이 유효하게 된다. 이제 결정에 중요한 것은 장난감에 대한 권리와 계속 놀고 싶은 바람만이 아니라 우정의 관계와 친구의 바람도 포함된다.

예 2: "한 남자가 예루살렘에서 예리고로 내려가다가 강도들에게 습격을 당했다. 강도들은 그 남자가 가진 모든 것을 빼앗고 마구 때렸다. 그러고서 그들은 떠나갔으며, 그 남자는 반쯤 죽은 듯 길바닥에 누워 있었다. 우연히 한 사제가 그 길을 내려가게 되었다. 사제는 그 남자를 보았으나 그냥 가버렸다. 레위 사람도 같은 곳으로 왔다. 그도 그 남자를 보았으나 가던 길을 계속 갔다. 그 다음에 여행 중이던 사마리아 남자가 왔다. 사마리아 남자가 그를 보고는 가엾은 마음이 들어 그에게 다가갔다 등등"(루카 10,30-34). 결정해야 하는 상황을 보자. 치명적으로 맞은 그 남자는 아무도 없는 산길에 쓰러져 있다. 사람들은 그 앞에서 어떻게 행동해야 하나? 가던 길을 계속 감으로써 그를 죽게 내버려둬도 되는가, 아니면 그를 도와야 하는가? 세 사람 모두 이 남자를 보았지만 오직 한 사람만이 그 상황을 감정적으로 파악한다. 사마리아 사람은 자비의 덕을 갖고 있다. 그 자비심은 이 상황에서 그로 하여금 감정적으로 올바르게 반응하고 올바르게 행동하도록 만든다. 감정은 이 예에서 긍정적인 기능을 가진다.

예 3: "어느 날 저녁에 다윗은 침대에서 일어나 궁전 옥상을 거닐다가 목욕하고 있는 여인을 보게 되었다. 그 여인은 매우 아름다웠다. 다윗은 누군가를 보내어 그 여인이 누구인지 알아보게 했다. 그 여인은 암미엘의 딸 바쎄바인데 남편은 헷 사람 우리야라고 그는 보고했다. 다윗은 사령을 보내어 그 여인을 데려오게 했다. 등등"(사무엘하 11,2-4). 다시 결정을 위한 상황이다. 그것은 규범을 통해 규정되어 있다. 바쎄바는 우리야의 아내이다. 이 예에서 감정은 부정적인 기능을 갖는다.

280 이 예들로부터 다음과 같은 점들을 잘 살펴보자. (1) 우리는 객관적으로 주어진 결정 상황을 갖고 있다. 그 상황에서 다른 사람의 선과 권리가 중요하다. 마구 맞은 남자의 생명과 건강, 우리야의 결혼생활, 피터가 장난감을 갖고 놀아도 될 때의 기쁨 그리고 그가 데틀레프의 친구이기 때문에 그 권리를 갖는 기쁨. (2) 객관적인 상황에서, 어떤 행동이 윤리적으로 옳고 어떤 행동이 윤리적으로 그릇된 것인지 분명해진다. 마구 두들겨맞은 남자를 돕는 것이 옳다. 피터도 가끔씩 장난감을 갖고 놀게 하는 것이 옳다. 헷 사람 우리야의 결혼을 침해하는 것은 그르다. (3) 우리는 인식론적인 문제를 갖고 있다. 이러한 객관적인 결정 상황은 인식되는가 혹은 그렇지 않은가? 데틀레프는 피터가 자기 친구라는 사실을 의식하고 있는가, 그리고 그로부터 어떤 결과가 나오는지 인식하는가? 이러한 질문에 구분하면서 대답해야 한다. 물론 데틀레프는 피터가 그의 친구라는 것을 안다. 그는 그로부터 어떤 요구가 생겨나는지도 안다. 그러나 이러한 앎은 그의 행동에 어떠한 영향도 미치지 못한다. 사제와 레위 사람은 크게 다친 사람이 쓰러져 있는 것을 본다. 그들은 성서를 알고 있으며 따라서 레위기 19장 18절의 "너희는 이웃을 네 몸처럼 사랑하라"라는 계명도 알고 있다. 이 말은 비유의 시작 대화에서 율법 교사가 인용한다(루카 10,27). 그 여인이 누구인가 알아보려고 다윗이 보낸 시종은, 그 여인이 헷 사람 우리야의 아내라고 보고한다. 그러나 이러한 앎이 그들의 행동에 아무런 영향도 미치지 못한다. (4) 행위에 영향을 주지 않는 앎과 결정 사이의 균열을 덕이 메워준다. 그것은 상황이 감정적으로 파악됨으로써 작용한다. 결정 상황에 있는 사람들은 이러한 상황에 감정적으로 반응한다. 데틀레프는 안나의 설득으로 자기 친구의 바람을 느끼게 되고 사마리아 사람은 두들겨맞은 남자를 보면서 동정심이 든다. 반대로 다윗 왕에게서

는 정욕이 그가 바쎄바가 우리야의 아내임을 앎으로써 결정하는 것을 방해한다. (5) 어떤 덕이 필요한가는 상황의 유형에 달려 있다. 예루살렘에서 예리고로 가는 길에서는 자비와 친절함의 덕이, 다윗 왕의 궁전 옥상에서는 절제의 덕이 요구된다.

덕론적인(aretaisch) 혹은 의무론적인(deontisch) 술어 중 어느 것이 281
더 우선인가 하는 논란이 되는 질문을 위해 무엇이 귀결되는가? 나는 다음과 같이 그 연관을 본다. 어떤 결정이 이러한 상황에서 윤리적으로 옳은가는 객관적인 상황으로부터 나온다. 옳은 결정은 어떤 감정적 반응이 올바른가에 대한 기준을 제공한다(루카 10,30-35는 동일한 상황에서 감정적으로 옳은 반응과 그릇된 반응을 보여준다).이제야 우리는 덕의 개념에 도달했다. 덕은 감정적으로 옳은 반응과 이것을 통한 옳은 결정 그리고 올바른 행위를 가능하게 하는 내적 상태이다. 따라서 중요한 것은 옳은 결정과 옳은 행위의 개념이다. 해당하는 상황에서 어떤 결정이 옳은 것인지를 우리가 알지 못한다면, 사람이 과연 감정적으로 옳게 반응하고 있는지 그리고 과연 그가 덕을 갖고 있는지 그렇지 않은지 우리는 알 수가 없다.

4. 아리스토텔레스의 덕과 윤리 인식의 관계

질문을 심화시키기 위해 아리스토텔레스로 돌아가보자. 지금까지 우 282
리는 예들의 도움으로 덕이 정서와 행위에 관련하는 언술만을 파악했다. 이제 우리는 윤리적 덕(욕구능력의 덕)과 윤리적 인식(Phronesis)의 관계에 대한 두 테제, 즉 덕의 일치에 관한 테제, 그리고 윤리적 덕과 윤리적 인식의 상호 교환적인 조건 관계에 관한 테제를 고찰하려 한다.

덕의 일치에 관한 테제는, 하나의 덕을 갖고 있는 사람은 정도의 차 283

이는 있을지라도 모든 덕을 갖고 있다는 것이다. 반면에 한 가지 덕을 갖고 있지 않은 사람은 다른 어떤 덕도 갖고 있지 않다. 허스트하우스(Hursthouse 1999, 155면)는 특히 다음과 같은 예를 든다. 수입의 상당 부분을 집 없는 사람들을 위해 기부하는 사람이 거짓말로 죄 없는 사람을 감옥에 있게 한다. 이 예를 어떻게 해석할 수 있을까? (1) 실천이성(Phronesis)을 갖고 있는 사람은 모든 상황에서 옳게 결정한다. 모든 상황에서 옳게 결정하지 못하는 사람은 실천이성을 갖고 있지 않다. 거짓말로 죄 없는 사람을 감옥에 가두는 것은 오류나 과실로 처리될 수가 없다. 이것은 이 사람이 윤리 인식 능력을 갖고 있지 않음을 보여준다. 그 사람이 집 없는 이들을 위해 기부하는 것은 감정에 기초하고 있다. 실천이성에 근거하고 있는 것이 아니다. 아마도 이 감정은, 그 사람이 무죄한 사람을 거짓말로 감옥에 있게 함으로써 집 없는 사람들을 경제적으로 도와줄 수 있기 때문에 그가 무죄한 이를 거짓말로 감옥에 있게 하는 것에 대한 근거일 것이다. (2) 모든 상황에서 옳게 결정하는 것은 모든 상황에서 감정적으로 옳게 반응한다는 것을 전제로 한다. 따라서 그것은 모든 윤리적 덕의 소유를 전제한다. 왜냐하면 각각의 윤리적 덕은 특정한 감정에 대하여 옳은 결정을 할 수 있도록 능력을 주는 확고한 자세이기 때문이다. 누구나 사마리아 사람이나 다윗 왕의 상황에 상응하는 상황이 올 수가 있다. 그가 이웃 사랑이나 절제의 덕을 지니고 있을 때만 그는 옳게 결정할 수 있다.

284 상호 교환적인 조건 관계에 대한 테제는, 윤리적 덕은 실천 판단력이 없이는 불가능하며 실천 판단력은 윤리적 덕이 없이는 불가능하다는 것이다. (1) 윤리적 덕이 실천 판단력이 없이는 불가능함을 첫 테제에서 보았다. 다양한 유형의 상황에서 윤리적으로 옳은 것을 인식하는 사람만이 윤리적 덕을 갖고 있다. 윤리적 통찰이 없는 감정은 눈먼 것이며 그래서 손해를 불러올 수 있는데, 그 감정이 어쩌다 한번 선을

실현하더라도 그러하다. (2) 실천 판단력이 윤리적 덕을 전제한다는 것은 다음을 의미한다. 윤리적 인식은 그것의 완전한 형식 안에서 윤리적 덕을 통한 감정의 통합이라는 전제에서만 가능하다. 루카복음 10절, 30-35장에 나오는 사제와 레위 사람도 곤경에 처해 있는 이웃을 도와야 한다는 것을 알고 있으나, 이러한 앎이 결정에 어떤 영향을 미치지는 않는다. 반대로 덕을 갖고 있는 사람에게선 실천 이성과 감정이 일치를 이룬다. 그에게선 윤리적으로 옳은 결정을 하는 데 방해가 되는 감정, 즉 증오, 질투, 공포 혹은 욕정 같은 감정들이 일어나지 않는다. 그의 감정은 윤리적으로 옳은 것을 정서적으로도 긍정하도록 하는 구조를 갖고 있다. 감정과 욕구는 옳은 결정과 옳은 행동을 하는 데 온 힘을 기울인다. 사마리아 사람은 공격당한 사람을 도와야 한다는 것을 알고 있을 뿐만 아니라, "사마리아 사람이 그를 보았을 때 깊이 동정해 마지않았다"(루카 10,33 루터 번역)라고 느낀다. 실천이성은 사마리아 사람의 윤리적 인식이지 사제와 레위 사람의 윤리적 인식이 아니다. 아리스토텔레스는 프로네시스(Phronesis)를 '실천적' 파악으로 정의한다(NE VI 5, 1140b21). 이렇게 우리는 결정에 영향을 주는 인식과 관계하며, 그런 인식은 윤리적 덕이 없이는 불가능하다.

덕 윤리학이 공리주의와 칸트의 윤리학과 달리 수많은 근거와 동기 285
들을 설정하고 있다는 테제(§ 277 참조)의 상호 교환적 조건 관계로부터 무엇이 발생하는가? 실천 판단력은 이런 상황에서 어떤 결정이 옳은가를, 그리고 그 상황이 결정을 규정한다는 것을 인식하고 있다. 세 가지 예에서 각각 오직 하나의 결정만이 옳다. 상황은 서로 다르다. 상황이 다르기 때문에 그때마다 다른 윤리적 덕이 요구된다. 그러나 상황의 다름에도 불구하고 각 상황에서 단지 하나의 결정만이 옳다. 여러 근거와 동기를 갖고 있는 사람은 행동할 수가 없다. 이러한 여러 근거와 동기들 사이에서 결정한 사람만이 비로소 행동할 수 있다. 사제와 레위 사람은 계속해서 갈지 안 갈지(이기주의의 동기), 혹은 그들은 도우려 할지 말지(자비심의 동기) 결정해야만 한다.

외관상의 덕목 사이에 갈등이 올 수가 있다. 자비의 덕은 곤경에 빠진 사람을 도울 것을 명한다. 하지만 그것이 특정한 상황에서 정의의 덕목이 금하는 것인바, 제삼자의 소유권을 침해하는 식으로만 가능하다고 해보자. 두 가지 외관상의 덕목 중 한 가지만이 우리를 규정하게 한다면, 즉 우리가 한 사람의 궁핍만을 주목하거나 혹은 다른 사람의 권리만을 주목한다면 우리는 덕 있게 행동하지 못한다. 오히려 우리는 갈등을 결정하는 심급을 필요로 한다. 더 나아가 이런 상황에서 곤경에 처한 사람을 도우라는 엄명이 내려졌다고 가정하자. 숙고 가운데 정의의 관점도 포함되어 있다면, 그럴 때만 자비의 행위는 덕성스럽다. 즉 실천이성에 의해 행한 것이다. 아리스토텔레스의 윤리학도 윤리적 행위의 유일한 근거, 즉 결정이 윤리적으로 옳다는 사실을 안다.

윤리적 덕과 실천이성의 일치는 윤리학에서 행위뿐만 아니라 존재도 중요하다는 덕 윤리학의 관심사를 명백히 한다. 존재가 행위를 규정한다. 윤리적 성격은 결정에서 자신을 표현한다. 인간은 그가 선할 때만 선하게 행동할 수 있다. 그러나 그가 선한 것은 그의 결정에서만 인식될 수 있다. 덕인 선함만이 그가 지속적으로 그리고 어려운 상황에서도 선하게 행동한다는 것을 보장한다. 한 인간이 그의 행위에서 윤리적 규범을 따르는 것으로는 충분하지 않다. 오히려 그가 안정적으로 시간을 넘어서 지속되는 내적 일치에 있을 때, 말하자면 그가 욕구와 감정의 모든 차원에서, 온 마음으로 윤리적 요구를 긍정할 때 비로소 그는 선하다. 아리스토텔레스의 윤리학은 감정의 순화를 요구한다.

286 실천이성이 윤리적 덕을 전제로 한다는 아리스토텔레스의 테제는 덕이 없이는 결코 윤리적 인식이 없음을 말하는 것이 아니다. 그런 경우라면 사제와 레위 사람이 그런 상황에서 어떻게 행동해야 하는지 몰랐

다고 자신들을 변호할 수 있을 것이다. 그들의 태도는 그들 탓이며, 그것은 그들이 무엇을 해야 했는지 인식한다면 가능하다. 객관적 상황은 인식된다. 두 사람은 길 위에 한 남자가 누워 있으며 그를 돕지 않으면 죽는다는 것을 안다. 이러한 객관적인 상황은 그러나 사제와 레위 사람의 감정에는 호소하지 못한다. 그 상황은 그들로 하여금 행동하도록 동기를 부여하지 못한다. 그러나 그것으로 그들이 자신을 변호할 수 없다. 이렇게 책임은 행동뿐만 아니라 윤리적 성격에까지 확장된다.

5. 아리스토텔레스의 내향주의

도덕적 동기의 이론을 위한 아리스토텔레스 덕 이론의 의의에 관해 287
계속 시선을 던져보자. 우리가 보았듯이(§ 78 참조) 그것은 내향주의와 외향주의의 논쟁 대상이다. 내향주의자는 주장한다. 도덕 판단의 진실을 확신하는 사람은 이를 통해 그에 상응하게 행동하도록 동기가 부여되어 있다. 내가 하나의 행위에 윤리적으로 의무가 있다는 사실은 이러한 행위를 위한 동기이다. 외향주의자는 '근거'라는 단어의 두 가지 의미 혹은 두 종류의 근거, 즉 정당화하는 근거와 동기 부여하는 근거를 구분하지 못한다고 내향주의자를 비난한다(Frankena 1958, 51면). '왜 나는 홀로 사시는 늙고 병든 고모를 돌봐드려야 하나?'라는 질문에는 두 가지 대답이 가능하다. ① '그녀가 내 도움에 의존하고 있기 때문이다.' 이 대답은 윤리적 의무의 근거를 말한다. ② '그러면 그녀가 내게 그녀 재산의 상당 부분을 유산으로 물려줄 것이기 때문이다.' 이 대답은 행위의 동기를 말한다. 내가 도덕적 의무의 근거들을 말했다고 해서 동기에 대한 질문이 답변된 것은 아니다. 의무와 동기 사이에 '빈틈'이 있다(Frankena 1958, 71면). 의무에 대한 근거에 덧붙여 의무와는 다른 외적인 동기를 필요로 한다.

아리스토텔레스에 따르면 무엇이 윤리적으로 옳은지를 알며 그것이 윤리적으로 옳기 때문에 윤리적으로 옳은 것을 행하는 사람만이 윤리적으로 옳게 행동한다(NE II 3). 윤리적으로 옳은 행동은 그것이 이성적인 행동이고 이성적인 행동에 그 자신을 위해 추구하는 인간의 최종적 목적인 행복이 있기 때문에 동기가 주어질 수 있다(NE I 6). 이렇게 아리스토텔레스는 내향주의를 대표한다. 하나의 행동이 윤리적으로 옳다는 사실은 그렇게 행동하도록 동기를 부여한다. 인간이 자신을 위해 추구하는 것이 이성의 활동이며 이성적인 행동은 윤리적으로 옳은 행동이라는 두 전제로부터, 윤리적으로 옳은 행동은 그 자체로서 동기가 부여되어 있다는 결론이 나온다.

그러나 아리스토텔레스에게는 "윤리적으로 그릇된 행동은 오직 무지 때문에 가능하다"라는 소크라테스의 테제는 나오지 않는다. 아리스토텔레스는 다음과 같은 테제를 반대하지 않는다. 즉 한 인간이 윤리적으로 옳은 것을 인식하지만, 그럼에도 그에 반해서 결정할 수도 있다. 왜냐하면 윤리적으로 옳은 것에 의해서 주어진 동기가 "지향이 옳다"(NE VI 2,1139a24)라는 것을 전제로 하기 때문이며, 이는 지향이 윤리적 덕의 파악에 있음을 뜻한다. 윤리적 의무의 근거 인식과 동기들은 서로 갈라질 수 있다. 그러나 그것은 감정이 이성을 거스를 때만 그러하다. 외적인 동기는 아리스토텔레스에 따르면 오직 윤리적으로 나쁜 행위에서만 존재한다. 동기 부여된 윤리적 인식은 윤리적 덕을 전제로 한다. 실천 판단력은 이중적 의미에서 실천 인식의 지성적 덕(dianoetische Tugend)이다(NE VI 5,1140b5). 실천 판단력은 실천 명제의 진리, 즉 윤리적 의무를 인식한다. 그리고 실천 판단력은 이러한 의무가 결정을 단행하도록 작용한다. 그러나 후자(결정)는 지향 능력들이 윤리적으로 옳은 것의 인식을 통해 동기가 주어진다는 것이 전제되어 있고, 게다가 그것은 윤리적 덕의 파악 안에 있어야 한다.

윤리적 덕의 파악 속에 있는 사람에게 지향 능력은 이성과 '일치'한다(NE I 13, 1102b28). 근거들이 행위를 정당화할 수 있고 해명할 수 있다는 것이 외향주의자들이 강조하는 차이이다. 그래서 도덕적인 근거들과 도덕 외적인 동기들이 구분되어야 한다는 것이다. 루카복음 10절 30-35절의 예로 다시 한 번 돌아가보자. 사마리아 사람이 습격 받은 사람을 돌보았기 때문에 중요한 약속을 놓쳤다고 가정해보자. 이렇게 그는 자신의 행위를 정당화할 것이며, 그것을 위한 근거로 곤경에 빠진 사람을 돕는 의무를 들 것이다. 그러나 우리는 그의 해명에 대해서도 물을 수 있으며 동기로 대답할 수 있다. 그가 습격 받은 사람에게 연민을 느꼈기 때문에 그는 그렇게 행동했다. 이 예는 아리스토텔레스에게 있어 이성과 지향의 '일치'가 무엇을 의미하는지를 보여준다. 연민은 감정이다. 그 자체로 감정은 지향 능력에 속할 수 있다. 곤경에 빠진 사람을 도와야 한다는 판단은 이성의 일이다. '일치'는 두 가지가 동일한 행동을 규정하고 있는 데에서 드러난다. 이런 의미에서 행위를 정당화하는 근거와 행위를 해명하는 동기는 동일하다.

6. 덕 윤리학의 비판을 위해

덕 윤리학(Virtue Ethics)은 두 지배적인 윤리학, 공리주의와 칸트의 288
윤리학에 맞서서 세 번째 새로운 유형이기를 당연히 요구한다. 그것의 관심사는 다음의 테제로 요약된다. 덕론의 개념은 의무론의 개념보다 더 근본적이다(§ 277 참조). 이에 대한 반테제와 비판은, 덕의 개념은 첫째로 부차적이며 둘째로 행위를 이끄는 개념이 아니라는 것이다.

덕의 개념은 부차적인 개념이다. 왜냐하면 그것은 ① 옳은 결정과 289

옳은 행위의 개념을 전제로 하기 때문이다. 아리스토텔레스에 따르면 윤리적 덕은 옳은 결정을 가능케 하는 지향 능력의 체제이다(NE II 6,1106b36). 따라서 윤리적 덕의 개념은 그것이 올바른 결정을 통해 정의된다는 의미에서 옳은 결정에 비해 논리적으로 부차적이다. 덕이란 말이 의미하는 바를 알기 위해서 나는 무엇이 옳은 결정인가를 알아야 한다. ② 윤리적 성격은 결정에서 인식된다(NE III 4,111b6). 따라서 덕의 개념은 덕이 한 인간의 결정에 근거해서만 인식될 수 있다는 점에서 옳은 결정에 비해 인식론적으로 부차적이다. 이렇게 윤리적 덕에 관한 질문은 그 전에 윤리적 인식 및 행동의 본질과 기준에 대한 물음을 해명하지 않으면 토론할 수가 없다. 덕 윤리학은 올바른 결정의 윤리학을 넘어선다. 왜냐하면 덕 윤리학은 선한 행위뿐만 아니라 그것을 넘어서서 선한 존재를 요구하기 때문이다. 그러나 덕 윤리학은 올바른 결정의 윤리학을 전제로 한다.

290 덕의 개념은 행복과 의무의 개념과는 달리 행위를 이끄는 개념이 아니다. 우리가 행복론들을 받아들여서 어디에 행복이 있는지 규정할 수 있다면, 우리는 행복을 우리 행동의 목적으로 추구할 수 있다. 당위윤리학에서 나는 무엇을 해야 하며 무엇을 해서는 안 되는지 숙고할 수 있다. 덕에서는 일인칭과 삼인칭을 구별해야 한다. 내가 타인을 덕으로 인도하는 것을 목적으로 삼는 게 가능한지, 말하자면 아이를 교육하는 게 가능한지에 관한 질문은 열어놓아야 한다. 중요한 것은 내가 나 자신의 덕을 목표로 삼을 수 있는가 하는 것이다.

내가 타인을 돕는다면 내 자신의 덕—그것을 친절이라고 부르자—이 목적이 아니라, 타인의 위기 상황을 제거하는 것이다. 올바른 행위에서 나에게는 올바르게 되는 것이 중요한 것이 아니라, 타인에게 부당함을 가하지 않는 것이 중요하다. 덕은 인격의 근본 바탕인데, 여기에서 행동이 발생하고 또한 반복되는 행동의 결과로서 생겨나지만 이런 행동으로 의도된 목적은 아니다.

누군가 용감한 행동을 한다. 예컨대 그는 산악 여행에서 목숨의 위협을 느끼며 암벽에서 길을 잃은 동료를 구한다. 또는 전체주의 국가에서 공개적인 저항을 한다. 어떤 이유로 그는 그러한 행동을 하는가? 허스트하우스가 대답한다. 그 행동이 덕성스러운 한, 그는 덕 있는 행동을 선택한다(1999, 126; 136면). 따라서 그 행동이 용감스러운 한, 혹은 그 행동이 용감하기 때문에 그는 용감한 행위를 선택한다. 윤리적 행동은 오직 그 자체 때문에만 선택할 수 있으며 그 행동과 다른 목적을 위한 수단으로 선택할 수 없다는 데에는 이견이 없다. 자기 가게가 피해를 볼지도 모르기에 어린이 손님에게도 정직하게 대하는 상인은 영리하게 행동하는 것이지만 윤리적으로 행동하는 것은 아니다. 그는 장점을 위한 수단으로 정직한 행동을 이용한다. 문제는 우리가 어떻게 이 '행동 자체 때문에'를 보다 정확히 규정하는가이다. 등산가와 저항 운동가는 그 행동이 용감하기 때문에, 그리고 그 행동이 용감한 한, 용감한 행동을 선택하는가? 저항 운동가는 저항을 하지 않는 것이 비겁할지도 모르기에 생명을 거는 것인가? 윤리적으로 선한 행동은 '타인의 선'을 지향한다고 아리스토텔레스는 대답할 것이다(NE V 3, 1130a3). 그들이 그렇게 행동하는 근거는 낯선 선, 즉 동료의 구출 및 자유의 수호이다.

행동의 평가는 행동하는 사람의 평가에 비해 부차적이라고 덕 윤리 291
학의 대변자들은 주장한다. 행동의 윤리적 가치는 성격의 윤리적 가치에 기초하고 있다는 것이 그들의 견해다. 성격이 선하기 때문에 행동도 선하다는 것이다. 우리는 행동하는 사람이 선한지 아닌지를 알면 행동이 선한지 그렇지 않은지 결정할 수 있다(비교. Slote, in: Crisp/Slote 1997, 239면; Slote 1997, 177-179면; Ricken 1999, 392면). 그때 행동의 윤리적 가치가 결코 행동하는 사람과 별개로 평가될 수 없다는 것이 옳다. 그것은 생산과 행동 사이의 구별 중의 하나이다(NE II 3). 자동차의 질을 평가할 수 있기 위해서 우리는 그것을 조립하는 사람에 대해서 아무것도 알 필요가 없다. 우리는 생산품을 갖고 있는 것으로 충분하다. 자동차는 그 자체로 품질(品質)을 갖는다. 이와는 반대로 행동하는 사람의 윤리적 질은 행동의 윤리적 평가를 위한 필수불가결한 기준이다. 덕의 윤리학은 그것이 충분한 기준이라고 주장한다. 칸트의 용어를 빌어 그 차이점이 설명된다.

칸트는 행동의 도덕적 평가를 위한 세 개념을 갖고 있다. 바로 의무에 반하는, 의무에 합당한, 그리고 의무로부터 행하는 행동이다(GMS, Erster Abschnitt, Akad.-Ausg. IV 397). '의무에 반하는 그리고 의무에 합당한' 개념들은 행동이 행동하는 사람과 무관하게 다가오는 질을 나타낸다. 우리가 칸트의 용어를 빌리지 않고 표현한다면, 하나의 행동이 다른 사람에게 해를 끼칠 것인지, 혹은 다른 사람의 권리를 손상하는지, 혹은 그 권리가 그 사람에게 유용한지, 그 여부를 행동 자체에서 읽어낼 수 있다. 이러한 질은 행동하는 사람과 무관하게 행동에 귀속된다. 그 상인이 그 아이를 정직하게 대하는가 그렇지 않은가는 그가 그 아이에게서 가져가는 액수에 따라 확인된다. 그의 성격과 의도는 이 질문에는 의미가 없다. 그러나 의무로부터 행하는 행동은 윤리적 가치를 갖는다. 의무로부터 행하는 행동은, 그 행동 자체 때문에 행해지는, 의무에 합당한 행동이다. 말하자면 의무에 합당하기 때문에 행해지는, 의무에 합당한 행동이다. 하나의 행동은 그것이 의무에 합당하거나 혹은 행동하는 사람이 그것이 최소한 의무에 합당하다고 생각할 때만 의무에서 생길 수 있다. 그 행동이 의무에 합당한지 그렇지 않은지는 행동하는 사람의 성격과 의도에 따라 결정지을 수 없다. 성격과 의도에 따라 우리가 결정할 수 있는 것은 다만, 의무에 합당한 행동이 의무에서 나오는가 혹은 다른 동기에서 행해지는가 하는 것이다. 따라서 사람의 윤리적 성격은 행동의 윤리적 평가를 위한 충분한 기준이 되지 못한다.

| 참고문헌 |

Slote, 1997
Crisp/Slote, 1997
Müller, 1998
Nussbaum, 1998
Hursthouse, 1999
Ricken, 1999
Rhonheimer, 2001
McDowell, 2002, 2장

3장 — 선들

윤리적 결정에서 행위 선택의 결과는 객관적인 관점에 따라 평가된다. 우리는 이제 앞에서(§ 267 참조) 언급한 두 가지 기준 중에서 첫째 기준인, 양자택일적 선택으로 작용한 선들의 중요성에 시선을 돌린다.

1. 근본선의 분류

292 근본선의 분류를 위한 관점은 근본선의 침해가 한 사람의 구체적 자유에 닿는 직접성 정도이다. 달리 표현한다면 한 선이 임의의 목적을 추구하는 데 필요한 정도이다. 예컨대 사람의 몸과 생명에 발생한 손상이 소유물의 손해보다 더 직접적이다. 이에 따라 근본선을 직접적인 선, 간접적인 선으로 나눈다. 직접적인 근본선은 완전성에 대한 어떠한 요구 없이 세 가지로 분류된다. ① **자연선**: 생명, 육체의 온전함 그리고 육체적 · 정신적 건강 ② **사회선**: 사회적 관계, 타인과의 협력 가능성, 인정, 좋은 명성 ③ **습득된 능력**: 여러 소질과 재능의 계발을 말한다. 의사소통과 협력 능력, 수공 혹은 기술적인 능력, 응용 가능한 혹은 순수 이론적 지식, 음악 능력 등등. 나는 간접적 근본선을 분배선과

공동선으로 구분한다. 분배선에는 예를 들어 음식과 돈이 있으며 공동선에는 환경, 제도, 사회 설비가 있다. 늦어도 이 단계에서 정의의 문제가 나타난다. 이것은 분배선에서 명백해진다. 환경에서는 특히 세대 간의 정의가 중요하다. 기관들에게는 예컨대 국가에게 권리와 책무가 어떻게 분배되어야 하는가가 중요하다. 그리고 사회간접자본에서 예컨대 교통 체제에서는 부담을 어떻게 분배해야 할지가 중요하다.

이러한 구분은 아주 거친 유형화에 불과하다. 이것들은 정확히 경계지은 개념들이 아니고 이정표 정도이다. 예를 들어 이동의 자유는 어느 유형에 속하는가? 이동의 자유는 자연선인가, 혹은 사회에서 보장된 사회선인가? 혹은 이동의 자유의 정도가 사회간접자본에 종속되어 있는 한, 그것은 공동선인가? 상응하는 구분이 지식에서도 있을 수 있다. 습득 능력으로서의 지식, 공동선으로서의 지식, 제도로서의 지식 등.

이처럼 다양한 부류의 선들 사이에 갈등이 생길 수 있다. 예컨대 죄 없는 사람의 생명이 거짓 진술 덕분에 구해지는 경우, 생명에 대한 자연선과 인간적 의사소통의 제도 사이에서 갈등이 생길 수 있다. 또 경제와 생태계 사이에서, 그리고 자유로운 이동(개인 교통)의 선과 훼손되지 않은 환경 사이에서 갈등이 생길 수 있다.

2. 선 숙고의 관점

개략적인 유형화에서 선 숙고를 위한 다음과 같은 관점이 생긴다. 293
직접 선은 간접 선에 대해 목적론적인 우위를 갖는다. 간접 선은 직접 선을 목적으로 갖는다. 간접 선의 가치는 직접 선을 위한 필요불가결한 조건이라는 사실에 기초한다. 직접 선의 우위는 직접 선이 사람이 추구하는 모든 목적의 직접적인 전제조건이라는 사실에 근거한다. 그것은 자연선, 특히 생명에 대해서는 아무런 근거를 필요로 하지 않는다. 사회선에 대해서는, 모든 목적은 근본적으로 단지 타인과의 협력에서 실현될 수 있다는 점에서 그런 사실이 발생한다. 기관 또는 사회 기간설비와 같은 공동선 때문에 발생한 직접 선의 제한 또는 침해는 그것들이 (다른) 직접 선의 보호를 위해 불가피하다는 것을 통해서 정당화되어야 한다. 교육(양성) 또는 직업 훈련 선택의 제한, 혹은 교통 같은 기간설비로 인해 건강을 해치는 부담이 그 예가 될 수 있다. 예컨대 의사 직의 허가 제한은 의료 행위의 안전성을 위해 불가피하다는 점에서만 정당화될 수 있다. 사회 설비로 인한 부담은 그것이 없이는 직접 선, 즉 자연선이 보장될 수 없을 때만 허용된다. 직접 선은 다른 선을 위해서도 침해되어서는 안 된다. 이로부터 예컨대 인간의 자연선을 대가로 지식을 획득하는 것, 즉 인간의 육체와 생명을 해치는 인간 실험을 금지해야 한다는 사실이 도출된다(§ 369 이하 참조). 손대지 않은 온전한 환경은 인간의 자연선을 위해 필요한 전제이다. **온전한 환경이 그러는 한 그리고 그런 정도로** 다른 선을 위해 그것이 침해되어서는 안 된다고 생태 윤리학은 주장한다. 이 윤리학은 인간 중심이 최소한으로 제한되어 있다. 아마도 그렇게 경쟁하는 선들은 예를 들면 경제선, 자연을 파괴하는 사회 기간설비, 자연을 침해하는 사람들에게 속해 있는 권리, 장기적으로 자연선의 생태환경적 근간을 파괴하는 인구 성장 등이다.

294 직접 선의 관점은 부분적으로는 교차하기도 하는 조건을 다는 선과 조건 지은 선의 구별을 통해서 보충해야 한다. 간접 선은 직접 선을 위한 필수적인 조건들을 표현한다는 점에서 조건을 다는 선이다. **우선 생명이고 그 다음에 철학**(Primum vivere dein philosophari)이라는 격언은 직접 선 안에서도 다시금 조건을 다는 선과 조건 지은 선들 사이에 구분이 있어야 함을 보여준다. 생명과 건강은 '철학'의 전제조건이며 사

회선과 습득된 능력의 전제조건이다. 사람이 생명과 철학 중에서 선택해야 한다면, 생명이 철학의 필수적인 전제조건이기 때문에 생명이 우선권을 얻는다. 만일 그런 상황에서 생명 대신 철학을 선택한다면 생명과 더불어 철학도 잃어버릴 것이다. 배고픈 사람에게는 아리스토텔레스의 형이상학의 기본 개념 또는 요한 신학의 기본 개념을 가르치기 전에 우선 먹을 것을 주어야 한다. 조건 관계는 경험적으로 확인된다. 따라서 도덕철학적인 인식론에 특별한 문제는 없다.

3. 가능성의 관점

지금까지 언급된 관점들은 선과 관련되어 있다. 이러한 '객관적인' 295
관찰 방법은, 예상하는 선을 실현시킬 행위자의 가능성을 묻는 '주관적인' 관찰 방법을 통해 보충해야 한다. **가능성을 능가하는 것을 어느 누구든 가질 수 없다**(Ultra posse nemo tenetur)는, 잘 알려진 오래된 도덕법칙이다. 윤리적 의무는 행위자의 가능성에서 한계를 발견한다. 행위자의 가능성으로 당위는 제한되고 확장된다. 그러나 그것이 숙고하는 이성이 가능성으로 포함시켜야 하는 유일한 고려 사항은 아니다. 행위자의 가능성뿐만 아니라 피행위자의 가능성도 도덕적으로 중요한데, 행위자가 다른 사람을 도와야 할 의무를 갖고 있는지 묻는 곳에서 그러하다. 행위 대상자들은 그들 스스로 할 수 있는 것을 다른 사람이 그들을 위해 행할 때 그것을 당연하게 받아들이지 않을 수 있다. 행위자의 가능성에 대한 질문은 항상 행위 대상자의 가능성에 대한 질문이 부정적으로 결정되어 있을 때 비로소 제기된다. 내용적 자기목적성(§265)의 법칙에 표현되어 있듯이, 행위자는 자신에게 의존한 사람만을 의무로 도와야 한다. 이 의무는 다시금 가능성의 틀을 통해 한정된다.

피행위자 역시 그가 실행할 수 없는 것을 행위자로부터 요구받을수 없다. 행위자의 가능성엔 어떤 것들이 있는지, 몇 가지 예를 들 수 있다. 육체적 · 정신적 능력, 교육, 사회적 관계, 심리적 부담, 업무 능력, 소유와 재정적 가능성, 피행위자와의 공간적 거리, 거기에다가 나는 주어진 상황에서 행위자가 갈망을 실현할 개연성도 들고 싶다. 행위자와 피행위자의 가능성에 대한 질문도 기본적으로는 경험적으로 응답될 수 있다.

이 중 몇 가지 점은 더 상세히 다룰 것이다. 당위는 능력에서 한계를 갖는다. 기계공학을 공부하는 대학생이 수학 시험을 도와줄 누군가를 급하게 찾고 있다. 요구하는 지식을 마음대로 쓸 수 없는 사람에게는 그것이 의무일 수 없다. A가 사고의 목격자라면, 그리고 그가 의사 혹은 위생요원으로서 그곳에 있는 다른 사람보다 능력이 있다면, 그는 다른 사람보다 먼저 응급 처치를 해야 할 의무를 갖는다. 그것은 자신이 최대한 효과적으로 돕게 되기를 바라는 사고 피해자의 갈망에서 나온다. A가 예를 들어 의사라면 그는 B를 도와야 할지, 혹은 C를 도와야 할지 선택해야 한다. A는 둘 중 한 사람만을 도울 수 있는 상황이다. 다른 사정이 같을 경우에는 그가 더 잘할 수 있는, 즉 주어진 상황에서 성공의 더 큰 개연성을 갖고 있는 쪽을 우선 선택한다. 이러한 규칙은 우리가 능력 및 개연성의 극단적인 차이로부터 출발하는 방식으로 내용적 자기목적성의 준칙으로부터 근거 지을 수 있다. B에 대한 A의 도움이 성공으로 이끌 수 있고, C에 대한 A의 도움은 성공으로 이끌 수 없다는 확신에서 경계가 그어진다. 그러면 C는 A가 그를 도울 수 없기 때문에 그를 돕는 것을 이성적으로 원치 않을 수 있다. B는 A가 그를 도울 수 있기 때문에 A가 그를 돕지 않는 것을 이성적으로 받아들이지 않을 수 있다. 행위 선택의 시간이 급박함도 행위자의 가능성을 위해 중요하다. 우선 생명이 위독할 만큼 다친 사고 희생자를 도와야 하며 그 다음 그 장소에 신호등을 설치하도록 경찰에 요구해야 한다. 지체할 수 없을 만큼 급박한 선택 대신에 덜 급박한 선택을 하는 사람은 자신의 가능성을 다 쓰지 못한다. 왜냐하면 그렇게 함으로써 두 가지를 함께 실현할 가능성을 포기하기 때문이다.

능력이 당위를 제한한다면 사람들은 "나는 그것을 할 수 없어"라는 296
변명으로 많은 사태에서 발을 뺄 수 있다. 따라서 너무 많이 배우는 것을 경계하는 사람은 많은 의무에서 편안하다. 내용적 자기목적성의 준칙은 이러한 반발을 허용하지 않는다. 내용적 목적성에서 자기의 고유한 능력을 계발할 의무가 도출된다. 왜냐하면 행위자는 그에게 가능한 것을 오직 그렇게 행하기 때문이다. 물론 이 의무 역시 다시금 행위자의 가능성에 의해 제한된다. 사람들이 갖고 있지 않은 능력을 계발할 수는 없고, 갖고 있는 능력의 계발은 종종 행위자에게 영향을 미치는 여러 가지 외적 전제조건들과 연관되어 있다.

4. 양적 우선순위의 규칙

지금까지 묘사한 관점들에선 **여러 종류의** 선 사이에서 하는 숙고, 선 297
들과 가능성 사이의 관계가 중요했다. 이것과는 다르게 다음의 규칙들은, 오직 **특별한** 악 및 선이 문제가 되고 따라서 오직 양적인 관점에 따라 결정이 이루어질 수 있는 상황과 관련된다. 여러 종류의 악 및 선이 문제되는 한(예컨대 핵 에너지와 화석 에너지의 부정적인 결과들), 양적인 비교를 허용하는 더 상위의 척도가 전제된다(예컨대 다음 세대의 삶과 건강의 성취).

① 그 밖에 다른 것이 같은 상황에서 결과적으로 작은 개연성을 가지고 특정한 악이 발생할 행동방식이, 더 큰 개연성을 갖고 같은 악이

발생하는 행동방식에 우선한다. ② 그 밖에 다른 것이 같은 상황에서 불가피하게 올 해악이 (양적으로) 작은 것이 큰 것보다, 비교적 짧게 진행되는 것이 비교적 길게 지속되는 것보다 더 우선한다. 이 규칙의 특별한 경우는 이러하다. 갈등이 일어날 경우 그 밖에 다른 것이 동일한 상황에서 적은 사람을 위한 것이 아니라 많은 사람을 위한 것을 결정해야 한다. ③ 올바르게 선택한 행위가 부정적인 부작용들과 연결되어 있다면 그때그때 가능한 한 가장 작은 규모(범위와 정도)로 축소시켜야 한다. ④ 긍정적으로나 부정적으로 가능한 결과의 개연성은 긍정적으로나 부정적으로 가능한 결과의 범위와 정도를 곱해야 한다. 두 가지 예가 있다. ⓐ 원자핵 사고로 오백만 명이 사망할 개연성이 일어날 확률이 십억 분의 일이라고 해서 정치가가 이를 소홀히 해도 되는가? 딱 한 사람만 죽는다면, 이 개연성이 숙고 안에서 오백만 명의 가능한 죽음보다 더 가벼울지도 모른다. ⓑ 투표에서 각자는 자신의 표로 무언가 결과를 바꿀 개연성이 적다. 이 개연성은 이 경우에 해당하는 선에 곱해야 한다. 예컨대 한 표를 던짐으로써 그것의 결과로 한 독재자가 출현할 수도 있다.

| 참고문헌 |

Gewirth, 1978, 4장

Schüller, 1987, 116-132면

Forschner, 1995, 10장

4장— 정의와 법

1. 법의 의무와 덕의 의무

전통과 현대의 토론은 타인에 대한 의무를 말할 때 정의의 의무와 298
선행의 의무를 구별한다. 예컨대 키케로는 **정의**(iustitia)와 **자선**(beneficientia)을, 토마스 아퀴나스는 **정의**(iustitia)와 **사랑**(caritas)을 칸트는 법의 의무와 덕의 의무를, 그리고 오늘날의 토론에서는 필리파 풋이 정의의 의무와 자선의 의무를 구분한다. 두 개의 간단한 예가 이런 구분이 첫 눈에 의심스러움을 보여준다. A는 한 사람을 도울 수 있음에도 불구하고 그를 굶어죽게 한다. B는 수영을 잘하여 자기 생명을 잃을 최소한의 위험이 없이도 호수에 있는 한 아이를 구할 수가 있는데 그 아이를 호수에 빠져죽게 한다. 두 예는 정의의 의무, 혹은 사랑의 의무와 충돌하는가? 굶어 죽는 사람과 그 아이는 이런 상황에서 도움을 받을 권리를 갖고 있는가, 혹은 그들이 권리로 요구할 수 없는 선행이 그저 거부되고 있는가?

구별을 하고 있는 키케로에 의하면[《의무론》(*De officiis*) I 42 이하] 선 299
행은 정의에 의해 제한된다. 정의는 선행이 도덕적으로 가능한 테두리를 친다. 정의의 최상의 규범은 어떤 사람도 해쳐서는 안 된다고 요구한다. 선행이 제삼자 혹은 그것을 받는 사람에게도 해를 끼쳐서는 안 된다. 여기에서 정의는 오직 부정적인 의무로만 나타난다. 정의는 타인을 해치는 모든 것을 하지 않기를 요구한다. 이렇게 선행과 관련하여 이해된 정의의 우위는 그 밖에 다른 조건이 같은 경우의 규칙으로서 분명히 드러난다. 예컨대, 어떤 이가 B에게 마지막 남은 식량을 빼앗아 굶주려 죽어가는 A를 살리고 동시에 B는 굶어 죽게 된다면 이 행위는 올바르지 않다는 것이다.

300__ 그러나 이것으로 두 예를 따라 위에서 제기한 질문에 답변한 것은 아니다. 우리는 키케로의 부정적인 정의 개념으로부터 출발하여 물을 수 있다. 만일 A가 굶어 죽어가는 사람에게 먹을 것을 전혀 주지 않고 B는 아이가 물에 빠져죽도록 내버려둔다면, 위에서처럼 이해한 정의에 어긋나는가? 둘 다 아무도 해치지 않았다고 대답할 수도 있다. 그들은 단지 돕지 않았을 뿐이다. 그러나 그것은 순전히 말 때문에 일어나는 차이이다. 왜냐하면 두 희생자는 도움을 받지 못하여 심각한 해를 입기 때문이다.

키케로의 정의의 부정적인 개념을 전제로 한다면, 두 종류의 의무의 구별을 지금까지 의미 있는 것으로 증명하는 유일한 관련성은 갈등 상황이다. 내가 타인에게 필요한 물건을 제삼자에게서 빼앗아 필요로 하는 그에게 줌으로써만 나는 그를 도울 수 있다. 이 경우 나는 곤경에 처해 힘들어하는 사람을 돕기 위해 제삼자에게 해를 끼친다. 이 경우에 정의의 요구는 그 밖의 것이 같은 상황에서는 선행의 요구에 우선한다.

301__ 이제 사람이 누구에게도 해를 끼쳐서는 안 된다는 부정적 요구를 고찰해보자. 침해란 무엇인가? 두 예에서 이 질문은 무의미하게 나타난다. 여기에서 누구나 침해가 무엇을 의미하는지를 안다. 그러나 다음 예에서는 다르다. 누군가 사과나무에서 50킬로그램의 사과를 딴다. 그

때문에 그 사람이 해를 입는가? 그것은 소유관계에 달려 있다. 나무가 그 사람의 소유인지 아닌지, 나무가 빈 들판에 서 있어 누구나 사과를 딸 권리를 갖고 있는지, 나무가 다른 사람의 소유인지 아닌지 하는 것이다. 이 예는 침해 개념이 권리 개념을 전제로 한다는 점에서 부수적인 개념임을 보여준다. 이것은 § 299의 예에도 해당된다. 이 예는 A의 권리를 전제로 한다. 키케로의 정의의 부정적 개념은 이렇게 권리 개념을 주목하도록 지시한다.

2. 정의 · 공평 그리고 법

'공평한'이란 말은 여러 의미로 사용된다. 이것은 우선 한 사람의 윤리적 특성, 정의의 덕을 표현한다. 이 말은 사람들 사이의 태도 혹은 관계에서는 공평한 것을 특성으로 보여준다. 정의의 덕은 모든 행동에서 정의로운 것을 그 자체 때문에 목적으로 삼는 태도이다. 따라서 관계의 특성으로서의 정의는 사람의 특성으로서의 정의보다 논리적으로 먼저 있다. 그럼에도 불구하고 우리는 필요한 구분을 위해 우선 덕으로서의 정의를 개괄해야 한다. 302

아리스토텔레스와 토마스는 일반적인 정의와 특수한 정의를 구별한다. 일반적 정의는 타인에게 영향을 갖는 한, 모든 덕을 포괄한다. 이런 의미에서 타인을 침해하지 않거나 타인에게 유익한 것 그리고 이런 의미에서 윤리적 법칙과 윤리적 법칙에 정향되어 있는 실정법에 상응하는 모든 것은 정의롭다〔일반적 정의(iustitia generalis), 혹은 법적 정의(justitia legalis). 이러한 일반적 정의 안에서 키케로는 다시 한번 최상의 규범을 강조한다. "그러나 정의의 첫째 과제는 누구도 다른 사람을 침해해서는 안 된다는 것이다. 설령 부당하게 요구받을지라도 그러하 303

다"〔《의무론》(*De officiis*) I 20〕. 특수한 정의 개념은 일반적 정의 개념의 하위 개념이다. 구별하는 특징은 평등성이다. 평등에 저촉되는 모든 것이 도덕법칙에 어긋난다. 그러나 도덕법칙에 어긋나는 것이 다 평등에 저촉되는 것은 아니다. 모든 불의는 부당함이다. 그러나 모든 부당함 예컨대 비방, 모욕, 결혼 파기 등이 불의는 아니다. 평등에의 요구는 최근 비판을 받고 있다(Kersting 2002, Krebs 2003 참조). 사회복지 국가의 과제에 관한 것이다. 비판은 평등주의에 반대하고 있다. 평등주의에 따르면 분배 정의가, 개인적인 삶의 경력에서 원래부터 주어진 출발 조건의 모든 불평등을 해소하는 과제를 갖고 있다. 비판은 롤스의 요구, 즉 "사회적 공동작업의 결실과 부담에 대한 사람의 몫이 사회적 또는 자연적 우연성에 의해 규정되지 않도록 분배 정의가 배려해야 한다"라는 것을 반대한다(Kersting 2002, 60 참조). 평등이 정의에 관한 토론에서 무엇을 의미하는지 묻고 있다.

304 평등성에 관해 말하려면 무엇이 동일한 것이고 무엇이 동일하지 않은지 고찰하는 관점을 진술해야 한다. **교환 정의**(iustitia commutativa)에서는 그 관점이 상품 가치이거나 성과이다. 이 가치가 어떻게 확정되는가는 여기에서 답할 필요가 없다. 사람의 차이는 여기에서 아무런 역할을 하지 않는다. 중요한 것은 오직 상품 가치 또는 성과이다. 여기에서는 '평균적인' 동등, 즉 두 가지 크기의 동일함(a=b)과 관련이 있다. 이와 반대로 한 공동체에서 이익과 부담이 각 개인에게 분배되는 (*iustitia distributiva*; **분배하는 또는 사회적 정의**) 규범은 인간의 '가치'에 따라 정해진다. 여기에서는 네 가지 크기가 고려되어 있다(기하학적 동일함). 한 사람이 얻는 몫의 크기는 그 사람의 '가치'에 따른 것이다(a:b=c:d). 존 롤스(John Rawls 1975, 21면 이하)는 하나의 정의 개념과 다양한 정의 표상을 구별한다. 정의 개념은 권리와 의무의 분배에서 어떤 자의적인 차이가 만들어지지 않기를 요구한다. 정의 개념은 따라

서 동일한 것은 동일하게, 동일하지 않은 것은 동일하지 않게 다루어지기를 요구한다. 정의에 관한 표상은 아리스토텔레스가 가치(axia; NE V 6)라고 표현한 것을 규정한다. 정의 표상은 권리와 의무의 분배, 이득과 부담의 분배에서 어떤 유사점과 차이가 중요한지에 관한 질문에 답한다. 논쟁의 대상은 정의 개념이 아니라 정의 표상이다. 이득과 부담의 분배에서 어떤 차이가 중요한 것인지 어떻게 알 수 있는가. 욕구인가, 혹은 성과, 혹은 능력인가?

이 물음에는 일치된 대답을 줄 수 없다. 그래서 방금 언급한 여러 305
관점은 서로 배제하는 선택이 아니다. 분배 정의의 정의 개념과 구분되는 정의 표상은 여럿이지만 자의적이지는 않다. 그 표상은 공동체 형태의 목적 설정 및 포괄적인 국가 공동체의 여러 과제에 따라 다양하다. 정치적 권리와 (형법에 보장된) 기본적 자유권의 보호는 모두에게 같은 방식으로 존재한다(법치 국가). 기본적인 생활보장과 관련된 것은 욕구의 필연성에 따라 결정되어야 한다(사회복지 국가). 직업세계에서는 업적이 유일한 관점은 아닐지라도 중요한 관점이다. 주식회사의 분배 관점은 연대 공동체의 그것과 구별된다.

데이비드 밀러(David Miller 1999, 26-30면)는 사람들끼리 맺고 있는 306
복잡한 관계를 분석하는 것을 목적으로 세 가지 기본 형태를 구분한다. 연대 공동체(solidaristic community), 도구적 단체(instrumental association) 그리고 시민사회(citizenship)다. 연대 공동체는 공통된 품성과 함께하는 비교적 안정된 그룹의 일원으로서 공통의 정체성을 갖는 사람들로 구성되어 있다. 이것은 근대 이전 모든 사회에서의 공동체의 원래적 형태이다. 마을 공동체 그리고 현대 사회에도 약화된 형태로 존재하는 가족이 그 예들이다. 연대 공동체에서 정의 표상은 욕구에 상응하는 분배이다. 이 공동체의 기풍은 인간의 품위에 맞는 삶에 속하는 것이 무엇인지를 확정하고, 공정한 분배의 기준이 되는 욕구와 단순한 소망 사이에 경계를 짓는다. 밀러는 교육을 예로 든다. 공동체가 교육을 위한 척도를 정한다. 가족의 전통이 예컨대 아이들이 악기를 배울지 아닐지를 결정한다. 도구적 단체에서 사람들은 공동으로 혹은 공동으로 더 잘 실현시킬 수 있는 이익을 위해 연합한다. 특징적인 예가 경제적 목적이다. 예컨대 상품의 생산과 판매를 추구하는 공동체들이다. 정의 표상은 여기에서 공로, 말하자면 개인이 공동의 목적에 기여한 정도에 상응하는 분배다. 민주주의 시민사회에서 원래의 정의 표상은 평등이다. 모든 사람은 동등한 자유와 권리를 누린다. 평등주의에 관한 토론은 이러한 동등함이 어느 정도로 충족되고 있는지 논쟁의 여지가 있음을 보여준다. 평등주의가 형식적인 권리만 요구하는 것인지 또는 정치적 평등은 확실히 사회적 평등, 예컨대 수입과 소유의 평등, 교육에 대한 권리 요구의 평등 없이는 불가능한 것인가. 우리가 밀러의 세 유형을 기초로 한다면, 현대 서방 민주주의가 어느 정도로 아직도, 예를 들면 사회적 지원 등의 과제를 안고 있는 연대 공동체인지 질문해야 한다.

307 정의 요구의 근거 지음에서 세 가지 차원을 구분해야 한다. 제일 위의 첫 차원은 형식적인 자기목적성으로 주어진 형식적인 근거의 요구이다. 이것은 특정한 영역에 적용되는데, 이것이 둘째 차원이다. 정당화되어야 하는 것은 재화와 부담의 일정한 분배이다. 정의 개념은 입증 책임을 확립한다. 자의적인 차별이 있어서는 안 된다. 차별들은 근거 지어져야 한다. 셋째 차원이 정의 표상의 근거 지음이다. 이 차원은 불평등을 정당화하고 그것으로 근거 지음의 요구를 해소한다. 이 근거 지음의 차원은 정의가 모든 형태의 자유로운 협력에 필수조건임을 보여준다. 이득과 부담의 분배와 관련한, 근거에 대한 나의 요구가 이루어져야만 자유롭고 이성적인 존재로서 다른 사람과의 협력에 동의할 수 있다. 세 차원의 구분은 우리가 형식적인 평등 개념과 내용적인 평

등 개념을 반드시 구분해야 함을 보여준다. 형식적인 개념은 우리를 둘째 차원에서 만난다. 형식적인 개념은 입증 책임만 확립한다. 차별들을 근거 지어야 한다. 내용적인 개념은 셋째 차원에 속한다. 특정한 선, 예를 들어 정치적 권리가 동일하게 분배되어야 함은 근거에 대한 요구로부터 생길 수 있다. 평등주의자들로부터 요구되는 동등함은 셋째 차원으로 옮겨야 한다. 형식적 요구, 즉 정의 개념은 평등주의에 대한 비판으로부터 주어지는 것은 아니다.

정의 개념과 법 개념은 서로 어떤 관계에 있는가? 아리스토텔레스는 308
'법'에 대한 어떠한 용어도 사용하지 않는다. 그에게선 단지 **정의로운 것**(to dikaion)이란 용어만 발견된다. 토마스 아퀴나스는 **법**(ius)을 **정의로운 것**(iustum)과 동일시한다(S.th.2 2 q.57 a.1). 따라서 법의 원래 개념은 정의로운 것이다. 정의 규범은 개인이 어디에서 권리를 갖는지를 규정한다. 정의 개념과 법 개념의 동일한 관계는 롤스에게서 발견된다. 법들은 인간이 원시 상태에서 자유롭고 동등하고 이성적인 존재로서 동의하는 정의 준칙을 통해 규정되는데, 특히 다음과 같은 제일 준칙을 통해 규정된다. "모든 사람은 각자 동일한 기본 자유의 광범위한 체계에서, 동일한 체계로 다른 모든 사람을 위해서도 허용되는 동일한 권리를 가져야 한다"(Rawls 1975, 81면). **법**(ius)과 **정의로운 것**(iustum)의 이러한 동일시를 근거로 '권리'(recht)라는 말의 두 의미가 고정된다고 한다. 첫째 의미는 정의 **규범 전체**(ius normativum)이며, 둘째 의미는 정의 규범을 근거로 한 인간에게 속해 있는 그것, 즉 이러한 정의 규범을 근거로 한 인간에게 주어진 권리가 그것(*ius subiectivum*; **주체의 권리**)이다.

여기에서 전개된 정의로운 것의 개념은 평등성 문제가 제기되는 공 309
동체의 형태를 열어놓는 한, 광범위한 개념이다. 국가, 결혼, 가족, 정당, 학습 그룹, 스포츠클럽이 그런 형태의 예들이다. 정의가 모든 형태의 자유로운 협력의 필수조건이라는 사실로부터 출발한다면, 모든 형태의 공동체를 위해 특수한 정의 규범은 존재한다. 의심할 여지 없이 법의 개념은 정의로운 것의 광범위한 개념보다 협소하다. 그 개념을 어떻게 경계 지을지를 지금 당장 답할 필요는 없다. 윤리학은 정의로운 것의 광범위한 개념에 관심을 갖는다. 바로 이것에서부터 구체적 자유의 정당한 상호 제한에 대한 규칙이 생겨나기 때문이다. 이러한 광범위한 개념에는 예컨대 감사(Dankbarkeit)도 들어갈 수 있다. 여기에서도 동등성의 관점이 역할을 하며, 동등함을 통해 공유가 이루어진다.

310 이 광범위한 개념으로부터 정의와 선행의 차이가 다음과 같은 정도로 규정된다. 평등의 관점이 중요하지 않은 상태에서 한 인간이 내 도움에 의존하고 있고 내가 그를 도울 수 있다면 선행의 의무는 늘 있다. 도와야 할 도덕적 필연성은 공동체에 대한 나의 소속에서 연유하지 않고 타인의 긴급 상황, 그리고 그를 도울 수 있는 나의 가능성에서 연유한다. 나는 도와야 할 의무를 갖지만 이 의무는 도움이 필요한 사람의 권리에 상응한 것은 아니다. 우리가 정의의 의무와 선행의 의무 간의 구별을 이런 방식으로 규정한다면 다른 요인이 작용하지 않는 한 정의의 의무가 우선적이라는 사실이 도출된다. 이것에 대한 이유는 다음과 같다. 공동체에 사는 사람은 누구나 사회적 소속을 갖고 있다. 그 사람이 이 사회적 소속으로 인해 떠맡은 의무는 상응하는 정의에 대한 요구를 통해 확정되어 있다. 그런 사회적 소속이 선행의 의무에서는 없다. 사회적 소속은 다른 요인이 작용하지 않는 한 정의의 의무가 우선이라는 사실을 근거 짓는다.

3. 사회적 결속

인간의 구체적 자유는 사회에서 여러 방식으로 제한된다. 인간은 타 311
인과 관계를 맺음으로써만 많은 목적에 도달할 수 있다. 사람은 예컨대 약속을 하면서, 타인과 함께 여행을 하면서, 스포츠클럽 또는 정당에 가입하면서, 노동 관계를 맺으면서, 계약을 맺으면서, 회사를 차리면서, 환자 또는 소송 의뢰인을 받아들이면서, 고객과 상담하면서, 우정을 맺으면서, 결혼을 하면서, 아이를 낳으면서 사회적으로 연결된다. 이 연결은 정도의 차이는 있지만 자유롭고 명시적으로 이루어질 수 있다. 사회적 연결은 자유로운 결정의 필연적 결과로서 생길 수 있다. 사람은 집을 찾아다니며 선택할 수는 있으나 이웃을 모두 선택하기는 힘들다. 고작 몇몇 직업에서만 일터에서 동료들을 선택하는 것이 가능하다. 예컨대 공증인 앞에서의 계약 체결 또는 호적공무원이나 성직자 앞에서의 결혼과 같이 파트너 결정을 표현하는 공식적인 행위들이 있다. 배우자와 계약 파트너를 사람들은 어느 선 안에서 선택할 수 있다. 이와 반대로 사람은 가족이나 국가는 타고난다. 사람은 가족과 헤어지거나 혹 국가로부터 이주할 때, 명시적으로 자신을 그들로부터 구별하지 않음으로써 결속을 인정한다. 결속은 시험 준비를 위해 단지 며칠 계속되는 일 공동체에서부터 결혼과 가족의 삶의 공동체에 이르기까지 그 기간은 다양할 수 있다. 목표는 정도의 차이가 있을지라도 포괄적일 수 있고 다양한 무게를 지닐 수 있다. 결혼에서의 공동 삶의 목표, 또는 정당에서의 목표는 등산 클럽의 목표보다 더 포괄적이고 중요하다. 목표의 다양한 중요성으로부터, 상응하는 결속이 이루어지는 다양한 필연성이 생길 수 있다. 평균적인 관계에서는 직장생활을 하는 것이 카드클럽에 들어가는 것보다 중요하다. 사람은 하나의 국가체제에서 살지 말지 선택하지 못한다. 어떤 경우라 하더라도 어떤 국가에서 살게 된다. 사회적 결속에서 정의로운 것은 예컨대 한 국가의 헌법이나 법률에서처럼 문서로 기록될 수 있다. 예를 들어 이웃사랑, 우정, 또는 동료들에 대한 태도, 문서화되지 않은 습관에서 예식에 이르기까지 다양하다. 그리고 적용을 위한 판단 공간은 좁을 수도 넓을 수도 있다.

312__ 이러한 다양성을 암시하는 것은 꼭 필요했다. 왜냐하면 아래에서 왜 사회적 결속으로 주어진 정의 의무가 다른 여건이 동일한 상황에서 우선하는지, 단지 근본적이고 총괄적인 생각으로 윤곽을 그릴 수 있기 때문이다. 하나의 사회적 결속을 맺는 사람은 이로써 약속 행위를 완성한다. 그는 일정한 과제를 수행하거나 성과를 보여줘야 할 의무를 지닌다. 나는 정의 규범을 통해 확정되는 사회적 결속 내용을, 다른 것이 동일한 경우에 우선권을 근거 짓는 사회적 결속 행위와 구분한다. 병원에 일자리를 받은 의사는 이로써 동의한 체결 조건 안에서 환자들을 위해 일할 것을 약속한다.

313__ 약속한 것을 지켜야 한다는 의무는 어떻게 근거 지을 수 있을까? 약속의 성취가 정의의 요구일 정도로 종종 급부와 반대급부가 약속에 관계한다. 의사와 교사는 자신들이 일한 대가로 보수를 받고, 이 보수를 위해 일해야 한다. 이 관점은 다음의 논증에서는 중요하지 않다. 급부와 반대급부의 동등함은 오히려 파트너가 사회적 관계를 자유롭게 맺을 수 있는 전제조건이다. 무언가를 약속받은 사람이 약속한 사람에게 아무런 급부를 가져오지 않았거나 혹은 가져오지 않을 때라도 약속을 지킬 의무는 있다. 어떤 것이 약속되어 있는 사람은 약속의 성취에 대한 주관적인 권리를 갖는다. 타인이 약속을 믿고 신뢰하며 기대를 가질 때 약속은 성립된다. 타인이 약속을 신뢰한다는 것은 그가 약속한 사람을 염두에 두고 있음을 의미한다. 약속은 그를 위해 행위의 가능성을 묘사한다. 그는 약속을 그의 계획 속에 산입한다. 그는 약속 때문

에 약속이 없을 때 계획하는 것과는 다르게 일을 배치한다. 이런 전제에서 약속의 파기는 내적 준비에 대한 침해를, 더불어 타인의 행동의 자유를 침해하는 것을 의미한다. 간단한 두 예에서 이것을 명확히 해 보자.

스포츠클럽에서 열한 명의 회원은 토요일 오후에 다른 팀과 축구시합을 하기로 약속한다. 모두 열렬한 선수들이다. 그들은 공동의 목표인 시합을 위해 심지어는 가족을 위한 것까지, 다른 모든 것을 포기하고 그 시간을 비워놓는다. 그런데 한 사람이 합당한 이유 없이 약속을 지키지 않는다. 경기가 이루어질 수가 없다. 그는 공동의 목표를 실현시키는 데 그를 고려했던 다른 사람들을 방해한다.

네 명의 대학생은 중요한 시험을 앞두고 스터디그룹을 짠다. 그들 각자 시험 자료의 일부분을 떠맡아 그것을 준비하여 다른 사람들이 그것을 짧은 시간에 머리에 담을 수 있어야 그들 모두 시험에 합격할 수 있다. 시험 자료가 정당하게 나뉘어 있음이 전제된다. 그룹이 각자 준비한 것을 받아들이기 직전에 한 사람이 합당한 이유 없이 참여하지 않는다. 다른 대학생들이 모두 이미 다른 그룹에 참여했기 때문에 누가 대신 들어올 수가 없다. 약속의 파기는 다른 세 사람이 시험에 통과하지 못하는 결과를 낳는다. 지키지 못한 약속으로 인해 다른 세 사람의 상황은 약속 없이 시험을 준비했을 경우보다 훨씬 더 나빠진다. 그 학생이 함께 작업할 것을 약속하지 않았다면, 다른 세 학생은 제때에 그들 그룹을 위해 다른 사람을 찾아볼 수 있었을 것이다. 그들이 약속을 신뢰함으로써 그들은 이런 기회를 잃어버렸다.

이러한 숙고는 약속의 형식으로서의 사회적 결속에 그대로 해당된 314
다. 사회적 결속은 개인이 완수해야 할 과제와, 개인이 돌봐야 할 인격집단을 규정한다. 부모는 자녀의 건강과 교육을 돌보아야 한다. 의사는 자신을 담당 의사로 선택했거나 또는 자신이 담당의로 근무하는 병원에 입원한 환자를 치료하고 돌볼 책임이 있다. 사회적 결속을 통해 사람들은 과제를 분배한다. 이것은 상응하는 실행에 의존하고 있는 인격 집단(예컨대 환자들)과 다른 모든 사람이 실행을 받아들인 사람들에 의한 의무가 완수되리라는 것을 신뢰한다는 것을 뜻한다. A가 어떤 것을 돌보는 데 의무가 있다면, 다른 사람들은 당연히 그것을 돌볼 필요가 없다는 데서 출발한다. 따라서 A가 그것을 돌보지 않으면 우선은 아무도 그것을 돌보지 않는다. 누구나 이성이 있다면 부모가 자녀를 돌보고, 환자는 입원실에서 담당 의사와 간호인에게 치료받고 보살핌을 받는다는 가정에서 출발한다. 여기에 제도적으로 규정되지 않은 원조 실행과 차이가 있다. 보행인이 거리에서 정신을 잃는다. 거리에 있는 사람들 중 누구도 제도적으로 응급 처치를 해야 할 의무가 있다는 데서 출발할 수 없다. 모두 각자 자기 가능성의 범위 안에서 도울 의무가 있을 뿐이다.

315__ § 298의 두 예로 돌아가보자. A는 한 사람을 도울 수도 있었으련만 그를 굶어죽게 방치한다. 수영을 잘하는 B는 자신의 생명에 대한 털끝만치의 위협도 없이 한 아이를 호수에서 구할 수 있었으련만 그 아이를 빠져죽게 내버려둔다. 두 경우에 정의의 의무 또는 선행의 의무가 손상되는가를 우리는 물었다. 정의의 의무와 선행의 의무는 서로 다른 도덕적 무게를 가지는가? 정의 개념에 대한 숙고는 이런 형태로 제시한 물음에는 답할 수 없음을 보여준다. 우리는 오히려 부가적인 정보를 필요로 한다. 사회적 결속이 있는가? 첫 번째 예에서 한 아이가 굶주려 죽어가고 A가 그 아이의 아버지거나 엄마라면 그 경우에는 사회적으로 결속되어 있다. 둘째 예에서는 B가 해양 안전 요원이라면 그러하다. 이런 가정에서 정의의 의무 손상이 문제가 된다. 그런 관계가 없다면 선행의 의무가 손상된다.

316__ 그 밖의 것이 동일한 상황에서 어떤 경우에 정의의 의무가, 다른 경

우에는 선행의 의무가 손상되는 사실로부터 과오의 도덕적인(법과 구별되게) 무게에 차이가 생기는가? 나는 이 질문에 '아니오'라고 대답하고 싶다. 유일한 차이는 다음과 같다. 물에 빠져 죽어가는 사람을 구하는 것이 중요한 순간, 물가에서 얼마 떨어지지 않은 길에서 익사해서 죽는 것과 마찬가지의 확실성으로 한 사람이 교통사고로 죽게 될지도 모르는 상황이 벌어진다고 해보자. B는 물에 빠져 죽어가는 사람을 구해야 할지, 교통사고의 피해를 막아야 할지 선택해야 한다. 결과는 동일하며 두 선택에서 모두 인간의 생명이 중요하다. B가 해양 안전 요원이라면 그에게는 물에 빠져 죽어가는 사람을 구할 의무가 있다. 그것이 그에게는 정의의 의무이기 때문이다. B가 호수에 놀러온 보통사람이라면 그는 구하려는 사람을 선택할 수 있다.

4. 법의 개념

지금까지 숙고에서 법의 개념은 아직 충분히 규정되지 않았다. 나는 317
토마스가 법을 정의로운 것과 동일시한 《신학대전》 2-2 q.57a.1에서 시작했다. "그것은 정의롭기 때문에 법이라 한다"(ius dictum est quia est iustum). 모든 법은 정의 규범의 하위 체계라는 테제는 의심할 여지 없이 자연법론의 가장 중요한 테제 중에 하나로서 이를 통해서 자연법론은 법실증주의와 구별된다. 정의로운 것만이 법일 수 있다. 그러나 반대로는 유효하지 않다. 특히 정의로운 것의 광범위한 개념으로부터 출발한다면 그러하다. 정의의 모든 규범이 법은 아니다. 따라서 정의로운 것의 광범위한 개념 안에서 법의 협소한 개념을 어떻게 경계 지어야 하는지 물어야 한다.

생명권을 예로 들어보자. 여기에서는 지금까지 사용한 법의 개념 318

'*ius*'를 정의로운 것(iustum)과 동일하게 사용할 수 없는 것처럼 보인다. 생명은 공동체가 배분하는 선이 아니다. 따라서 여기에서는 평등의 관점은 중요하지 않다. 이것은 제한되어야 한다. 공동체는 생명을 분배하진 않지만 침해로부터 생명을 보호해야 하는 과제를 갖고 있다. 자기 생명을 보호하는 것은 그 때문에 인간이 국가 공동체에서 관계를 맺고 사는 목표 중에 하나이다. 여기에서 평등의 관점이 중요해진다. 생명의 보호는 모든 사람에게 같은 방식으로 주어져 있다. 이것으로 법의 개념을 정의로운 것의 일반적인 개념과 구분하는 특징이 도출된다. 공동체가 자기 성원의 생명을 보호하기 위해서 강제를 사용하는 것은 타당하다. "법은 강제하는 권한과 결합되어 있다. (…) 법과 강제하는 권한은 동일한 것을 (…) 의미한다"라고 칸트는 쓰고 있다(MST, B 35면 이하).

319__ 이 권한은 공동체뿐만 아니라, 생명이 문제가 되고 공동체가 생명을 보호해줄 수 없는 상황이라면, 즉 정당방위의 상황이라면, 개인도 갖는다. 이것은 내용적 자기목적성에서 나온다. 각 개인은 책임질 수 있는 구체적 자유에 대한 정당한 권리를 갖는다. 이로써 다른 가능성이 주어지지 않을 경우, 자기 생명의 기본적 선을 폭력으로 방어하는 것은 도덕적으로 정당할 수 있다는 원칙이 도출된다. 폭력은 여기에서 "자유의 장애를 제거하는 것"이다(위의 책). 이 권리는 한 인간이 어떤 공동체에 속하는지와 무관하게 '태어나면서부터' 주어진다. 이 권리에 상응하여 인간의 생명을 침해해서는 안 되는 부정적 의무가 있다.

| 참고문헌 |

Aristoteles, NE V

Thomas von Aquin, S.th. 2-2q. 57-61

Gewirth, 1996, 2장

Ricken, 1998a; 2003

Aristoteles, NE 8, 9권

Krings, 1977a

Gewirth, 1978, 5장

Schüller, 1987, 107-115면

Ricken, 1991; 1994

Höffe, 1987

5장— 폭력과 양심의 자유

320— 숙고하는 이성에서 최상위의 관점은 당사자의 결정의 자유와 행위의 자유이다. 그래서 자유와 직접 관련된 두 가지 문제가 같은 장에서 논의된다. 폭력의 도덕적 평가 그리고 자기 양심에 따르는 인간의 자유가 갈등 상황에서 어느 정도로 선과 법보다 우선시되는가 하는 물음이다.

1. 폭력은 도덕적으로 정당화될 수 있을까?

321— 나는 폭력이나 강제를, 타인이 그의 의지에 반하여 행위하거나 행하지 않게 할 목적으로 혹은 타인에게 해악을 끼칠 목적으로 사람이 사람에게 직접적 혹은 간접적으로 미치는 영향으로 이해한다. 이 개념은 순전히 서술적이다. 이 개념은 그 자체로 폭력의 평가에 중립적이다. 폭력은 사람이나 제도 그리고 사회 질서, 경제 질서, 형법 같은 구조를 통해 행사될 수 있다. 모든 자유 제한이 폭력은 아니다. 자유 제한의 당사자가 동의하는 것은 두루 가능하다. 폭력과 강제를 구분하려 한다면, '폭력'을 행위 인과(§ 112 참조)를 파기하는 물리적 폭력으로 제한해야 한다. 이 개념에 따르면, 나는 폭력으로 어떤 사람이 무엇을 행하

는 걸 방해할 수 있지만 그가 그것을 행하게 할 수는 없다. 반대로 '강제'는 심리적이다. 나는 어떤 사람을 해악으로 위협하면서 그가 어떤 것을 행하도록 강요할 수 있다. 그러나 특히 '구조적 폭력'(Galtung 1975)이라 할 때는 이러한 구분을 늘 고려하는 것이 아님을 보여준다. 구조적 폭력은 여기에서 다루지 않는다.

도덕적으로 정당한 폭력의 사용을 위해 필요하지만, 충분하지 않은 322
조건은 당사자가 강요받는 것을 행하거나 혹은 행하지 않을 의무를 갖고 있는 것이다. 폭력의 다른 사용은 모두 내용적 자기목적성의 준칙에 반한다. 따라서 폭력은, 누군가가 책임을 회피하고 내용적인 자기목적성의 준칙을 침해하는 방식으로 인식과 의지를 동반하여 행동하는 곳에서 정당화될 수 있다. 예를 들어보자. 아주 위험한 전염병으로 괴로워하는 사람이 타인을 전염으로부터 보호하기 위해 요구되는 조치를 거부한다. 그는 그렇게 하도록 강요받을 수 있다. 한 의사가 전염병의 희생자를 의료적으로 돌보는 것을 거부한다. 그의 직업적 의무를 근거로 그 의사가 그렇게 하도록 강요하는 것은 도덕적으로 정당화될 수 있다. 내용적 자기목적성의 준칙은 이런 경우에 제삼자의 자유를 보장하도록 요구되는 한에서 강제를 허용하거나 명한다. 폭력의 원칙적이고 도덕적인 권한에 대한 물음은, 누가 각각의 경우에 폭력을 행사할 권한이 있는지에 관한 질문과는 구분되어야 한다. 정의로운 그리고 질서 잡힌 정치적 상태에서 그것은 일반적으로 국가다. 그러나 여기에도 긴급 상황들이 있다. 예를 들어 신체와 생명을 부당하게 침해하는 것에 대항하는 정당방위의 상황, 각 개인에게 직접적으로 폭력을 사용하도록 허용하거나 명하는 상황이 있다. 폭력은 늘 **최후의 수단**(ultima ratio)이어야 한다. 폭력은, 내용적 자기목적성의 준칙에 따라 행동하도록 타인을 유도할 다른 가능성이 (더 이상) 없을 때에만 비로소 사용해야 한다. 그리고 폭력은, 제삼자의 자유를 침해하는 것을 막는 데 꼭 필요한 정도로만 사용해야 한다.

해악의 위협을 통해 한 사람의 결정에 영향을 주는 것이 도덕적으로 정당화될 수 있다. 거기에 대한 필요조건은 그가 내용적 자기목적성의 준칙에 반해 행하는 것을 포기하도록 위협이 요구되는 것이다. 위협의 도덕적 정당화를 위해서 요구되는 것은 더 나아가 위협받는 반사회적 행위와 위협하는 해악 사이의 상응성이다. 당사자가 그럼에도 불구하고 의식적이고 자유롭게 결정할 수 있는 가능성이 남아 있을 때에만 결정에 대한 영향은 정당화될 수 있다. 따라서 한 사람의 결정에 마약, 심리적 · 육체적 고문 또는 그와 같은 것을 통해 영향을 주는 것은 도덕적으로 결코 허용될 수 없다.

2. 양심의 자유

323 § 321 이하에서 한 사람이 자신의 행동에 책임을 지려 하지 않고 의식적이고 의지적으로 내용적 자기목적성의 준칙에 반하여 행동하는 것이 전제되었다. 그러나 형식적이고 내용적인 자기목적성의 요구에 상응하려 하지만 의식하지 못한 상태에서 윤리적으로 그르게 행동하는 사람에 대해서는 어떻게 해야 할까? 이것으로 양심의 자유의 문제가 생긴다. 한 인간이 자기의 그릇된 양심을 따를 자유가 다른 선이나 법률과 충돌할 경우 어느 정도의 범위에서 우선권을 갖는가? 어렵지 않게 예를 발견할 수 있다. 어떤 부모가 종교적 이유로 자기 아이에 대한 수혈을 거부한다. 무엇이 우위를 차지하는가. 부모의 종교적 신념인가 혹은 아이의 생명인가? 어떤 청소년 유사종교집단이 종교적 이유로 전도하면서, 청소년들에게 심각한 심리적 침해를 가져올 수 있는 명상법을 지도하는 것을 의무라 여긴다. 이때 무엇이 우위를 차지하는가. 사

이비 신도들의 종교적 신념인가, 또는 청소년들의 심리적 건강인가?

1) 양심의 개념

양심에 관해 널리 퍼져 있는 표상은 니체의 다음과 같은 숙고 안에 —324
도 있다. "우리 양심의 내용은 어린 시절에 우리가 존경하거나 두려워했던 사람들이 이유 없이 규칙적으로 우리에게 **요구했던** 모든 것이다. 양심에서 저 의무 감정이 나오는데(이것을 내가 해야 한다. 이것은 내버려 두어야 한다), 이는 왜 내가 해야 하는지를 묻지 않고 생긴다—어떤 사태가 '왜냐하면'이나 '왜'라고 하면서 행하는 모든 경우에 인간은 양심 **없이** 행동한다. 그러므로 아직 양심을 거스르는 것은 아니다.—권위에 대한 믿음이 양심의 원천이다. 그것은 이렇게 인간의 가슴에서 들리는 신의 목소리가 아니라 인간 안에 있는 몇몇 사람들의 목소리이다"(방랑자와 그의 그늘 § 52, 원문의 강조임). 이 본문은 두 가지 현상 및 개념에 대해 말한다. 우선 우리가 어린 시절 이후 내화된 태도를 다룬다. 이 양심은 **의무 감정**으로 표현되는데 동시에 비이성적이고 강제적이다. 니체는 이 내화된 태도와 관련하여 '왜 내가 해야만 하는가?'라고 물을 수 있는 심급과 구분한다. 내가 아래에서 양심에 대해 말할 때, 바로 이 심급을 의미한다. 비반성적인 죄의식에 정향된 사람이 양심에 따라 행동하는 것이 아니라, 이것으로부터 거리를 두고 그것의 정당성을 물을 수 있는 사람이 양심에 따라 행동한다. "양심의 절대성 요구는 요구받은 이의 윤리적 자기결정을 중지시키는 것이 아니라 그것을 자극한다. 다르게 생각하는 사람은 양심의 강제에 관해 말해야 한다. 우리는 개인적인 책임을 촉구하는 양심의 의무에 관해 말하는 것이다. 윤리적 자기결정은 사람이 판단하고 결정하는 데 의무를 갖도록 배려한다. 사람이 내리는 결정에 스스로 책임을 지지 못하면 그것은 자기결정이 아니다. 그리고 자기결정은 개인이 다른 사람들을 위한 자신의 결정에 마땅히 수반되는 결과를 스스로 책임지지 않으면 결코 윤리적인 자기결정이 아니라 할 것이다"(Böckle 1986, 301면).

325__ 양심의 어떤 개념을 선택할 것인지는 임의에 달려 있다고 이의를 제기할지 모른다. 단지 두 번째 개념만이 도덕철학에서 기능을 갖는다고 대답할 수 있다. 단지 이 개념을 사용하여 양심에 관한 언명과 연결된 문제들을 표현할 수 있다. 한 가지 예를 들면 양심의 자유에 대한 권리가 있다. 이 권리가 니체 개념을 이용하여 어떻게 근거 지을지는 어려워 보인다. 두 번째 개념만이 양심의 개념을 개인적인 책임의 개념과 결합시키는 우리 일상적인 기본 개념과 부합한다. '양심 없이'란 말은 '책임 없이'란 말과 거의 같다. 이것으로 두 개념 간에 연관이 있다는 것에 이론(異論)을 제기해선 안 된다. 도덕 교육은 어린이가 특정한 태도 방식에 적응하는 것에서 시작된다. 이 습관은 감정에 사로잡혀 있으며 우선은 강제적이고 고정적이다. 도덕적 자립성은 사람이 습관의 의미에 대해 묻고, 자기감정을 세분화하고 반성하는 것을 배우는 것으로부터 시작된다.

326__ 토마스 아퀴나스처럼 나는 '양심'이라는 말을 본래적인 의미로 양심판단, 즉 (수행 능력의 의미로 양심을 표현할 수 있는) 실천이성의 판단으로 이해한다. 이 판단은 모든 상황과 관점들을 고려할 때 지금 여기에서 무엇을 행하는 것이 도덕적으로 옳은지를 알려준다. "본래적 의미에서의 양심(conscientia)이란 (…) 우리의 지식(scientia)을 우리가 행해야 할 것에 적용하는 행위이다"(S.th. 1 q.79 a.3). 토마스와 관련하여 스콜라 학자들은 미리 식별하는 양심과 반성하는 양심(conscientia antecedens–consequens)을 구별한다. 미리 식별하는 양심은 어떤 선택이 윤리적으로 옳은지를 결정하기 전에 우리에게 말해준다. 반성하는 양심은 우리가 지금 막 행하거나 이미 행한 행동을 평가한다. 양심은 그 판단이 일인칭에만 떨어진다. 그것은 오로지 나 자신의 행위에만

관계한다. 실천이성이 나 자신의 행동을 관할한다는 점에서 양심은 실천이성이다. 나의 행동을 위해 어떤 관점이 의문시되고 어떻게 그것을 평가해야 하는지는 결국 나 자신만이 알 수 있다. 그것이 물론 나의 결정을 위해 조언을 듣는 것을 배제하는 것은 아니지만 무엇이 궁극적으로 옳은 것인가를 결정하는 것은 오직 나 홀로 할 수 있다. 나는 결정해야 하고 나의 결정에 책임을 져야 한다.

2) 오류를 범하는 양심 역시 구속한다

모든 판단처럼 양심의 판단도 옳거나 그를 수 있다. 행동하는 사람 327
은 옳지 않은 행동을 옳다고 여길 수 있다. 이 경우 우리는 오류의 양심을 말한다. 토마스 아퀴나스는 의지가 오류의 양심 판단에 의지하면 그 의지가 과연 나쁜 것인지를 묻고, 분명한 답을 준다. "그것이 옳든 그르든, 이성 판단과 일치하지 않는 모든 의지는 항상 나쁘다"(omnis voluntas discordans a ratione, sive recta sive errante, semper est mala)(S.th 1-2 q.19 a.5). 그의 주장에 따르면 의지의 대상은 양심 판단에서 이성에 의해 의지에 제시되는 것이다. 내가 나쁘다고 생각하는 어떤 것을 행하면, 내가 행하는 것이 그 자체로 좋든 나쁘든 상관없이 그 의지는 나쁘다. 내가 좋다고 생각하는 어떤 것을 행하면, 내가 행하는 것이 그 자체로 좋든 나쁘든 상관없이 그 의지는 좋다.

모든 인간은 옳은 양심 판단과 연결되어 있듯이, 같은 방식으로 오 328
류적인 양심과도 연결되어 있다. 잘못 인도하는 양심이라도 자기 양심에 따라 행동해야 할 무제한적인 도덕적 필요성이 모든 인간에게 있다. 양심 판단이 지금 여기에서 무엇을 하는 것이 옳은지를 말하고 있다는 것이 바로 그것에 대한 이유이다. 양심 판단은 책임질 행위를 결정하는 개별 인간이 자신을 방향 잡을 수 있는 유일한 심급이다. 행동하는 인간이 어떤 선택에 그가 책임질 수 있는지 확신을 줄 수 있는 다른 심급은 없다. 그 양심 판단이 객관적으로 볼 때 옳은지 그른지는 중요하지 않다. 결정적인 것은 행동하는 사람이, 이 행위 선택이 올바르며 그것이 윤리적으로 옳다고 인식할 수 있는 유일한 가능성이라고 판단하는 것이다. 따라서 자신의 양심 판단에 반하여 행동하는 사람은 어떤 경우에든 책임 없이 행동하는 것이다. 한 인격체가 책임질 수 있는 유일한 것은 자신의 양심 판단이다. 타인을 그의 양심 판단에 반해서 행동하게 하는 사람은 타인이 책임질 수 없는 것을 행하게 하는 것이다. 책임 있게 결정한 사람은 어떤 일이 있어도 결코 그렇게 하려해선 안 된다. 그것은 타인의 자유에 대한 직접적인 침해이다.

329 이러한 양심의 자유의 요구는, 양심이 각 개인에게 타인의 선과 권리와 갈등에 빠지거나 타인을 침해하는 행동을 지시하면 문제가 된다. 이런 갈등을 판단하려면 먼저 양심 판단의 개념을 더 정확하게 밝혀야 한다. 단지 오류를 범하는 양심은 스스로 양심의 자유를 요구할 수 있지만, 비도덕적 결정은 그렇지 않다. 따라서 둘이 서로 어떻게 다른지 질문해야 한다. 윤리적 판단에 따라 행동하는 사람은 양심에 따라 행동하는 것이다. 따라서 질문은 다음과 같은 정도로도 표현된다. 사람은 어느 정도로 그의 윤리적 판단에서 오류를 범할 수 있는가? 양심이 반드시 통찰하는 것이 무엇인가? 예컨대 누구나 꼭 테러리즘, 노예 제도, 여러 형태의 이기주의가 윤리적으로 그르다고 인식하는가? 혹은 이러한 것들을 윤리적으로 옳다고 생각하는 것이 가능한가? 양심은 어느 정도로 외부적인 영향에, 예컨대 교육, 사회적 관계, 생활습관들에 매여 있는가? 여기에서도 다시금 토마스 아퀴나스의 대답이 크게 도움이 된다. 그는 **양지**(良智, synderesis)와 **양심**(良心, conscientia)을 구별한다. 양지를 통해서 인간은 최상의 실천 원칙을(또는 최상의 실천 원칙들을) 파악하는데 이것을 토마스는 이렇게 표현한다. "선은 행해져야 한다"(bonum est faciendum; S.th. 1-2 q.94 a.2) 또는 "인간은 이성에 따

라 행동해야 한다"(secundum rationem agatur; S.th. 1-2 q.94 a.4). 양지는 오류를 범할 수 없다. 최상의 실천 원칙은 모든 사람에게 인식된다. 양심은 양지의 원칙을 앞으로 전개될 선택적인 행동에 적용하는 행위이다. 이것은 오류를 범할 수 있다.

양지에 관한 토마스의 이론을 해석한다면, 인간이 오류 없이 인식하 330
는 것은 그의 행동에 책임질 수 있어야 한다는 형식적 요구이다. 우리가 최상위의 단계에서 무오류성을 중지한다면, 우리는 기본 결정의 가능성 그리고 그와 더불어 우리 행동의 책임 능력을 중지하는 것이다. 하나의 결정은 무엇을 위해 혹은 무엇에 반해 내가 결정하는지 알고 있음을 전제로 한다. 내가 최상의 원칙과 관련해서 오류를 범할 수 있다면, 나의 책임은 이 오류에 의해 중지된다. "내 행동에 대해 책임져야 한다는 것을 몰랐습니다"라고 나는 오류를 사과할 수 있다. 사람은 자신이 결정하는 그것에 책임질 수 있다고 생각할 때에야 양심 판단에 도달한다. 양심의 오류의 가능성은 사람이 무엇에 책임져야 하는지를 묻는 데에서 시작된다. 양심의 오류의 가능성은 사람이 그의 행동을 정당화하도록 내세우는 이유들에서 시작된다.

모든 인간의 형식적 자기목적성과 관련하여 윤리적 판단이 틀릴 수 331
있다는 테제가 제기된다. 역사적으로 다른 종족이나 인종을 자기 종족이나 인종과는 다르게 대우해야 한다는 해석이 지배적이었다. 오랫동안 사람들은 노예제도가 정당하다고 생각했다. 여기에 대한 답변은 이러하다. 인간에 대한 상이한 대우에 대한 이유가 제시되면 곧바로, 모든 당사자의 형식적인(그리고 아마도 내용적인) 자기목적성이 인정된다. 상이한 대우는 예컨대 다른 인종이나 언어권의 사람들은 완전한 의미에서 인간이 아니라는(예를 들어 사람들은 그리스인과 이방인 사이에서 그리스인의 차별을 생각한다) 이유로 정당화된다. 혹은 낯선 종족 사람들을 자기 종족에 항구적으로 대치하는 적으로 본다거나 혹은 종교적으로 다른 종족들은 참된 신을 믿고 있지 않다는 등등의 이유로 정당화된다. 아리스토텔레스는 노예의 관심으로도 노예제도를 정당화한다. 노예는 완전한 이성을 가지고 있지 않으며 따라서 스스로 관리할 수 없고 주인이 이끄는 대로 의존해서 따라간다고 보았다(《정치학》 I 1, 1252a30-34; I 5, 1254b16-23). 이 예들은 토마스가 말한 양심(conscientia)의 과제인 원칙들의 적용에 있다. 이 예들에서 교육, 경험, 사회적 환경, 관습과 그 밖의 유사한 것들이 어떤 방식으로 양심 판단에 영향을 끼칠 수 있는지 도식적으로 드러난다. "타인은 나를 해칠 의도를 갖고 있기 때문에 이런 대우를 받는다", "그는 스스로 자신을 관리할 수 없기 때문에 이런 대우를 받는다", "모든 타인은 오직 자신의 이익에만 뜻을 두기 때문에 이기주의는 유일하게 정당화될 수 있는 태도이다." 태도에 대한 근거들로서 서술적인 판단들을 제시한다. 양심의 오류는 이 판단이 틀리거나 혹은 전혀 근거가 없다는 데에서 기인한다. 교육을 통해 혹은 사회 환경에서 얻은 선입견이 종종 문제가 된다. 또 일반화시켜 버린 부정적인 경험이나 혹은 비이성적인 정서가 그 예들에서 자주 표현된다.

3) 양심의 오류 유형들

332 우리는 이제 양심의 자유의 우위에 관한 질문으로 돌아갈 수 있다. 스콜라 철학자들은 극복할 수 있는 양심의 오류와 극복할 수 없는 양심의 오류 그리고 책임이 있는 양심의 오류와 그렇지 않은 양심의 오류를 구별한다. 이 구별은 우리 질문에서 중요하다. 양심의 오류에는 여러 방식으로 책임이 있을 수 있다. 윤리적으로 중요한 사실에 대해 요구되는 정보와 관련된 책임이 있다(§ 118 참조). 정보 부족으로 야기된 양심의 오류에는 근본적인 문제가 없다. 근본적으로 극복할 수 있는 오류이다. 행동하는 사람은 그의 결정과 타인의 정당한 목표가 갈

등을 이루는 것에 관해 정보를 얻을 수 있고 그의 양심 판단은 수정될 수 있다. 그가 이 정보에 어긋나는 만큼 그의 주장, 즉 양심 판단은 신뢰성을 잃어버린다. 더불어 이 판단이 타인에게 존중되기를 바라는 그의 요구도 도덕적인 정당성을 잃어버린다. 더욱 어려운 것은 그릇된 양심 판단이 감정적인 이해, 관습, 부족한 사건 인식능력, 뿌리 깊은 선입견과 이와 유사한 것들에서 기인하는 경우이다. 이러한 오류에도 책임이 있을 수 있다. 이 오류는 많은 경우 오랜 과정을 거쳐서만 극복될 수 있다.

양심 결정의 진지성에 대한 기준으로서 다음과 같은 것을 들 수 있 333
다. 신중하게 정보를 수집할 기꺼운 마음, 자신의 근거 짓기를 둘러싼 담론에 기꺼이 응할 마음, 결정 단계에서 지금까지 제안된 사실 그리고 관점들과 다르게 고려할 마음은 없는지에 대해 질문하는 자세다. 그리고 자기 자신의 선입견, 편애, 경향, 느낌과 감정들을 성찰할 기꺼운 마음이며, 어떠한 경우에도 해당하는 양심 결정의 기준에서, 이 결정을 위해 손해를 감수할 기꺼운 마음이다.

4) '양심의 자유'의 한계

양심의 자유의 문제는 양심 판단에서 종교적 신념이 윤리적으로 중 334
요한 사실판단으로 개입하는 곳에서, 무엇보다 소수자의 종교적 신념이 문제가 될 때 아주 심각해진다. 여기에서는 오류를 범하는 양심에 대해 말할 수 없다. 당사자가 자신의 종교적 신념을 고수하는 한, 이러한 사실판단은 수정이 불가능하다. 종교적 양심의 자유에 한계가 있는가? 우선 우리가 질문해야 할 것은 타인도 양심 결정에서 그 결정의 대상이 될 수 있는가이다. 그렇지 않다면, 완전한 의식으로 그리고 결과에 대한 명확한 인식을 갖고 내린 결정을 전제로 하여 양심의 자유에 개입하는 것이 정당화될 수 있는 어떤 근거도 찾을 수 없다. 누군가 온전한 결정능력과 결과에 대한 충분한 정보를 갖고 있음에도 종교적 이유로 수혈을 거부한다. 수혈을 받도록 그를 강제할 도덕적 가능성은 거의 없을 것이다. 이제 타인이 이 결정에서 해당자가 되는 경우로부터 시작해보자. 누군가 자신의 양심의 자유에 근거를 두고, 타인의 양심의 자유를 존중하지 않는 방법으로 자신의 종교적 신념을 강요하는 단순한 경우가 있다. 그런 태도는 스스로 모순을 보인다. 의무론적 판단이 유효하다면 그것을 수용하는 사람 전체에게도 그것이 유효하다. 그렇게 행동하는 사람은 편협한 태도에 대한 관용을 요구한다. 그는 다음과 같은 딜레마에 봉착한다. 그는 자신의 태도를 통해, 그가 관용을 요구하는 의무론적 판단의 유효성을 확신하지 못하고 있다는 것을 보여준다. 그러면 그도 타인이 그에 상응하여 행동하도록 요구할 수 없다. 그는 자신의 태도가 정직한 주장과 모순됨이 없이 그 판단이 유효하다고 주장할 수 없다. 혹은 그는 판단의 유효성을 확신한다. 그러면 그는 타인에 대한 자신의 요구를 유효하게 만드는 것을 통해 자신의 태도를 심판하게 된다. 그는 타인에게 촉구하면서 자기 자신을 정당하지 않게 만든다. 누군가 양심의 자유에 근거하여 타인의 선에 개입한다. 유사 종교집단의 신도가 예컨대 종교적 이유로 의사를 부르는 것을 거부하여 자신의 자녀가 죽도록 내버려둔다. 여기에서 양심의 자유가 타인의 자유와 접하여 그 한계를 갖게 된다. 위험에 처하는 선이 더욱 근본적일수록, 어떤 이가 자기 양심에 따라 행동하는 것을 방해하는 것이 더욱 정당화된다.

5) 방해와 강제의 구별

335 양심의 자유의 한계에 관한 언명은 오해될 수 있다. 그렇기 때문에 더욱 정확하게 규정해야 한다. "어떤 사람이 그의 양심에 따라 행동하는 것을 방해하는" 것과 "어떤 사람이 그의 양심에 반하여 어떤 것을

행하도록 강제하는" 것은 구별해야 한다. 양심의 자유의 한계에 관해 말하면 단지, 어떤 사람이 그의 양심 판단에 따라 행동하는 것을 방해하는 것이 정당화될 수 있다는 것을 의미한다. 반면에 어떤 이가 그의 양심에 반하여 특정한 행동을 하도록 강제하는 것은 결코 허용될 수 없다. 구별에 관한 이런 테제와 의미는 다음과 같은 숙고에서 생긴다. 내가 어떤 이로 하여금 예컨대, 무장한 채 국방의 의무를 다하도록 강요한다면 그것은 그의 결정을 침해하는 것이다. 어떤 사람을 오직 물리적인 폭력으로 특정한 행동을 하도록 강요하는 것은 (물리적으로) 거의 불가능하다. 오히려 내가 그의 결정에 영향을 미침으로써만 어떤 것을 행하도록 강제할 수 있다. 나는 그가 큰 해악을 감수할 것인지, 아니면 이 해악을 피하기 위해 양심의 판단을 거스르는 결정을 할 것인지 양자택일을 하게 한다. 그렇게 되면 모든 것에도 불구하고, 설령 위협이 있었다 하더라도 그가 스스로 결정했다고 말할 것임에 틀림없다. 이와 반대로 어떤 사람이 그의 양심 판단에 상응하여 행동하는 것을 내가 방해한다면, 나는 그의 결정을 건드리는 것이 아니다. 나는 그에게서 단지 자신의 결정을 수행할 외적인 가능성을 빼앗는다. 모든 의무는 성취될 가능성이 없는 곳에서 중단된다.

보충하고 있는 실천적 숙고는, 양심의 자유에 대한 침해는 제삼자의 336
자유를 침해하는 것을 막기 위한 필수조건에서만 도덕적으로 정당화될 수 있다는 점에서 출발한다. 제삼자의 선과 권리를 보호하기 위해 어떤 사람이 자신의 양심의 결정을 수행하는 것을 방해하는 것이 꼭 필요할 수 있다. 이와 반대로 제삼자의 기본선이 한 인간이 그의 양심에 반해 행동하도록 강요됨으로써만 보호받을 수 있는 상황이 있을 수 있을까? 이런 경우에 해당하는 극단적 상황은 확실히 배제할 수 없다. 그럼에도 불구하고 이런 극단적인 경우를 제외한다면 각자의 행동이 기본선을 보호하기 위해 충분한 조건일지언정 필수조건은 아니라는 데서 출발해도 된다. 누군가 종교적인 이유로 타인이 의존된 어떤 것을 행하기를 거부한다면, 대부분의 경우에 그것을 행할 다른 사람이 있을 것이다. 이것은 특히 종교나 세계관이 다른 소수 민족이 문제가 되는 곳에서 유효하다. 따라서 제삼자의 큰 피해를 보호하기 위해 누군가 자기 양심에 따라 행동하는 것을 방해하는 것이 필연적으로 그리고 결과적으로 도덕적인 정당성을 얻는다. 반면에 누군가를 자기 양심에 반하여 어떤 것을 행하도록 강제하거나 그렇지 않으면 제삼자에게 끼치는 큰 침해를 용인할 수밖에 없는 갈등 상황은 극단적으로 예외적인 경우로 만들 수 있다.

| 참고문헌 |

Spaemann, 1972

Thomas von Aquin, S.th. 1q.79 a.12와 13; 1-2 q.19 a.5와 6; 1-2 q.94, 2와 4; Quaestiones disputatae de veritate q. 16과 17

de Finance, 1967, § 240-267

Blühdorn, 1976

Rawls, 1971, § 33-35; 55-59

Donagan, 1977, 4장(4) 이하

Schröer, 1995, 63-76면

7부— 결과주의

들어가기 전에

앞의 두 장에서 전개한 내용적 도덕 기준은 이제 다른 인식론과의 —337
토론으로 차별화되고 더욱 정확히 특징짓고 구별해야 한다. 목적론, 의무론 그리고 결과론을 서로 이어주는 것은 도덕 판단의 근거에 대한 물음이다. 세 가지 상이한 근거 짓기의 방법론을 다룬다. 목적론과 의무론은 가장 오래된 개념쌍이다. 이 구별은 브로드(C. D. Broad, 1930)에까지 소급한다. 이 구별은 특히 프랑케너(William K. Frankena, 1963)에 의해 알려졌다. '결과주의' 개념은 안스콤(G. E. M. Anscombe, 1958)이 세웠다.

1장— 의무론적 이론과 목적론적 이론

1. 개념 설명

338— 그리스어 *'to deon'*은 '필연적인 것', 즉 도덕적으로 필연적인 것 혹은 의무 부여된 것을 뜻한다. 고전적인 예가 《실천이성 비판》(§ 1) 서두이다. 칸트는 실천적 법칙이 있는지, 즉 모든 이성적 존재의 의지에 유효한 법칙이 있는지에 관한 물음으로 시작한다. 그런 법칙은 언어적으로 무조건적인 당위를 통해서 표현된다(GMS, B 38 참조). *'to telos'*는 '목적'을 의미한다. 목적론적 윤리는 목적 혹은 선의 윤리이다. 아리스토텔레스는 《니코마코스 윤리학》의 1장에서 우리가 그 자체를 위해 원하고 그것 때문에 다른 모든 것을 원하는 목적이 있는지를 묻는다(1094a18 이하).

339— 두 유형은 모두 역사적 배경을 갖고 있다. 의무론적 윤리학은 유다그리스도교의 공간에서 유래한다. 모세의 십계명은 우리가 무엇을 행해야 할지 규정한다. 이러한 당위는 신의 계명으로 해석되어, 그 자체로 더 이상 근거를 내세울 필요가 없어진다. 목적론적 윤리학의 원천은 그리스인들에게서 찾을 수 있다. 그들은 인간 행위의 최종 목적 또는 최고의 선에 대해 묻는다. 궁극 목적을 **행복**(eudaimonia)이라 한다

면 행복론이 이것을 대표한다. 그런데 행복이 어디에 있느냐에 따라 이 행복론도 열려 있다. 쾌락(hedone)에서 행복을 보는 쾌락주의(Hedonismus)도 행복론의 한 형태다. 의무론적 윤리학과 목적론적 윤리학의 경계를 설정하기가 얼마나 어려운지는 그리고 이 두 개념이 얼마나 모호한지는 스토아 윤리학이 잘 보여준다. 스토아 윤리학은 인간 행동의 최종 목적에 대한 목적론적 물음에서 출발하지만 그 물음에 대한 대답은 의무론적이다. 그 목적은 우리가 규범, 이성 혹은 자연에 따라 사는 데 있다. 하지만 이 규범의 내용이 자기편에서 보면 목적론적인지, 즉 욕구에로의 소명에 의한 것인지, 아니면 의무론적으로 정의 원리에 의해 규정되는지는 열려 있다.

340 결과주의는 행위의 윤리적 정당성이 오직 그 행위의 목적—이 경우엔 결과—에 따라 규정된다는 의미에서 목적론적 이론이다. 안스콤이 사용하듯 이 개념에서 본질적인 것은 '오직'이란 말을 통해 배제되는 것이다. 안스콤은 결과주의를 시지윅(Sidgwick)의 의도 개념으로까지 소급하는데, 이에 따르면 의식적으로 원해서 한 행동의 모든 예견된 결과는 의도되어 있다는 것이다. 따라서 결과주의의 테제는 "한 사람이 예견한 것에 대해 책임을 질 때, 그가 그것을 목적으로도 수단으로도 원하지 않았다는 것은 아무런 의미가 없다"(Anscombe 1981, 35면)이다.

341 의무론적 이론과 목적론적 이론 간의 논쟁에서 두 문제 제기는 구별해야 한다. (1) 윤리적 정당성은 어떻게 규정되는가? 이에 대해 목적론적 이론은 윤리적 정당성의 유일한 기준은 (늘 규정되듯이) 도덕 밖의 선이라고 대답한다. 하나의 행위는 도덕 밖의 선을 극대화하면 윤리적으로 정당하다. 윤리적으로 무엇이 정당한지는 오직 도덕 외적인 선에 달려 있다. 의무론적 이론은 이러한 배타성을 부정한다. 도덕 밖의 선이 윤리적 정당성의 유일한 기준이 아니라는 것이다. 윤리적으로 옳은 것은 단지 도덕 밖의 선에 의해서만 결정되는 것이 아니고 또 다

른 기준들이 필요하다. 다음 질문은 바로 이 다른 기준에는 어떤 것이 있는가이다. (2) 예외 없이 유효한 도덕적 규범이 있는가? 모든 상황과 결과와는 무관하게 '그 자체로' 윤리적으로 잘못된(actio intrinsecus mala), 따라서 모든 경우에 윤리적으로 금지된 행동유형들이 있는가?

342 한 예가 (Sen 1988 참조) 둘째 질문을 긍정하지 않은 채, 첫 번째 문제제기의 의미에서 사람들이 의무론자가 될 수 있음을 보여준다. 알리는 동아프리카에서 영국으로 이주해 와 런던에 장사가 잘되는 가게를 차렸다. 그가 사는 동네에 인종 차별주의자들의 그룹이 하나 있다. 그들은 알리의 생활습관을 관찰해두었고 오늘 저녁 외딴 곳에서 그를 공격하려 한다. 돈나는 중부 아메리카 출신으로 알리의 친구인데 이 계획을 알게 되고 알리에게 알리려고 한다. 그러나 알리는 외출 중이며 핸드폰을 갖고 있지 않다. 그리고 그는 그 전에 집으로 돌아오지 않고 저녁 무렵에 바로 외딴 곳으로 간다. 돈나는 알리가 오늘 어디에 머무르는지 모른다. 그러나 알리는 그의 가게동료인 찰스의 책상 서랍 속에 전화번호를 남겨두었다. 하지만 찰스 역시 외출 중이며 연락이 안 된다. 알리에게 위험을 알려주려면 찰스의 책상 서랍을 억지로 여는 것뿐이다. 그러나 돈나는 그녀의 이야기를 믿지 않는 경찰에게 부탁한다. 돈나는 찰스가 사적 영역에 관해서 대단히 민감하고 누군가 그의 사적 서류들을 본다면 크게 상처받을 것이라는 사실과 이것이 알리의 불행보다 더 클 수도 있다는 것을 알고 있다. 돈나는 어떻게 해야 할까? 답을 발견할 세 가지 방법을 도식적으로 대충 그릴 수 있다.

(1) 목적론자는 이 문제를 오로지 도덕 밖의 선을 고려하면서 결정할 것이다. 그가 그 선을 욕구의 충족으로 규정한다고 해보자. 이렇게 돈나는 당사자들의 욕구를 양적으로 계산하여 어떤 결정이 최대의 충족을 가져올 것인지를 검토해야 한다. 알리에게 린치를 가하려고 하는 그 청년들의 욕구, 공격당하지 않으려는 알리의 욕구, 사적 영역이 손

상되는 것에 대한 찰스의 깊은 혐오감 그리고 알리를 도우려는 그녀의 욕구 등등을 생각해보아야 한다. (2) 의무론자는 두 번째 질문의 맥락에서, 한 사람의 권리를 침해하는 것은 그 자체로 나쁘다고 주장할 것이다. 돈나가 찰스의 책상서랍을 억지로 연다면, 그녀는 찰스의 사적 영역에 대한 권리를 침해하는 것이며, 그래서 아무리 좋은 결과로도 정당화될 수 없는 그 자체로 나쁜 행동을 하는 것이다. 알리를 습격으로부터 보호할, 돈나가 갖고 있는 유일한 가능성은 그녀가 찰스의 권리를 침해하는 것이다. 그러나 이로써 그 자체로 나쁜 수단을 좋은 목적을 위해 사용하겠지만, 그 목적이 수단을 정당화하지 않는다. (3) 의무론자는 두 번째 질문의 맥락에서 의무론적 동료처럼, 찰스가 자신의 사적 영역을 보호할 권리를 갖고 있다는 견해를 가질 것이다. 그러나 돈나가 찰스의 권리를 침해해서는 안 되는 부정적인 의무뿐만 아니라 알리를 도와야 하는 긍정적인 의무도 갖는다는 것을 의무론자는 알 것이다. 육체적 안녕의 선은 사적 영역 보호권보다 더 중요하다.

계속해서 두 가지 예를 더 관찰해보자. 정치가는 시민들의 생명과 343
안녕을 지킬 의무를 갖는다. 테러리스트로 추정되는 사람을 재판 과정 없이 총살시킬 가능성만 있거나 혹은 유일한 수단이 고문이라면 그 정치가는 어떻게 해야 할까? 첫 번째 입장의 의무론자에게는 열려진 질문일 것이다. 두 번째 입장의 의무론자는 언급된 두 가지 수단을 모두 그 자체로 나쁜 행동으로서 거부할 것이다. 한 판사가 어떤 사람이 완전히 무죄라는 것을 알면서 반란을 방해하기 위해 그 죄 없는 사람에게 사형 판결을 한다. 이러한 행위는 부당하다. 따라서 이 행위는 이미 그 자체로 윤리적으로도 나쁜가? 정의 관점들의 경합은 중요하지 않다. 그것은 한 판사로 하여금 부당하게 판결하도록 야기하는 판단이 가질 수 있는 결과들일 뿐이다. 여기에서 한 인간은 그에게 아무런 책임이 없는 해악을 방해하기 위한 수단으로 만들어진다. 이런 행동은 그 자체로 윤리적으로 나쁘다. 추정되는 테러리스트를 죽이는 데 우리는 긍정적 권리의무와 부정적 권리의무 간의 갈등을 관련시켜야 한다. 시민 보호라는 긍정적 권리의무는 부정적 권리의무가 손상되어야만, 즉 한 인간이 재판 과정 없이 단순한 의심으로 사형되어야만 충족될 수 있다. 부정적 권리의무의 손상은 긍정적 권리의무를 충족시키기 위한 수단이다. 우리가 이 경우를 고찰하면 여기에서도 한 인간이 수단이 된다. 혹은 우리가 그것을 정당방위의 경우로 다루어야 할까? 우리는 이 사람의 테러 범죄에 관한 확실한 증거를 갖고 있다. 재판 없는 총살이 정당방위 행위로서 고찰될 수 있으려면 우리가 염두에 두어야 하는 계속적인 공격의 개연성은 얼마나 커야만 하나?

344__ 브로드(Broad, 1930)는 목적론적 이론뿐 아니라 의무론적 이론도 단수적인 것과 복수적인 것으로 나누었다. 단수의 **목적론** 이론은 행위의 정당성을 결정하는 데 필요한 것은 도덕 밖의 유일한 선이라고 주장한다. 모든 행위 선택은 어느 정도로 이 선을 실현시키느냐에 따라 평가될 수 있다. 한 예가 쾌락주의인데 모든 것을 쾌락 개념으로 환치시켜 이 쾌락을 비교할 수 있다고 본다. 복수의 목적론 이론은 더 많은 도덕 밖의 선들을 받아들인다. 다음에 인용하는 무어(G. E. Moore, 1903, § 113)의 글에 그 예가 나타난다. "우리가 알고 있거나 상상할 수 있는 가장 가치 있는 광범한 것들은 요컨대 인간 교제에서 오는 기쁨으로, 아름다운 대상의 즐김으로 서술되는 특정한 의식 상태들이다. 아마 이러한 질문을 제기했던 사람 중 누구도 예술과 자연의 아름다움에 대한 개인적인 애호와 가치 평가가 그 자체로 좋다는 것을 한 번도 의심해 본 적이 없을 것이다. 어떤 것이 **순수하게 그 자체로** 소유할 만한 가치가 있는 것인지를 누군가 더욱 정확히 숙고한다면, 두 명칭 하에서 요약될 수 있는 것과 **거의** 같은 가치를 지닌 다른 것이 있을 수 있음을 믿는다는 것은 여전히 가능하다"(원문에서 강조됨).

단수의 **의무론적** 이론은 결과(이 결과가 해당되는 이론에서 중요한 한에서) 이외에 중요한 모든 관점이 **하나의** 원리에서 파생할 때만 존재한다. 가장 잘 알려진 예가 칸트의 윤리학이다. 칸트의 윤리학은 예외 없이 유효한 도덕적 요구들을 대표할 정도로 그렇게 해석될 수 있는데, 그것은 "욕구의 장점에 대하여 어떠한 예외도 허용하지 않는 완전한" 의무이다(GMS, B 52). 이 완전한 의무의 두 가지 예로 자살과 거짓 약속의 금지를 들고 있다. 이러한 완전한 의무는 칸트에 의하면 정언명법의 한 법칙에서 나온다. 복수의 의무론적 이론에 따르면 도덕적 평가를 위해서 결과 외로 중요한 관점들은 그저 **하나의** 원칙으로 환원되지 않는다. 로스(W. D. Ross)는 윤리적 정당성을 위해 결과(선과 악들)와 무관한 관점들을 서술하는 여러 의무를 받아들인다. 예를 들어 약속을 지켜야 하는 의무, 감사의 의무, 정의가 있다. 로스는 특정한 상황에서 이 의무들 간에 갈등이 생길 수 있다는 것으로부터 출발한다. 이 경우에 어떤 의무가 더 중대한지 물어봐야 한다. 각각의 의무는 여러 상황에서 그 의무의 정도가 서로 다르다. 그래서 로스는 이 의무들을 **제일본성적**(prima-facie) 의무들로 표현하고, 이것들을 **현실화된**(aktualen) 의무 또는 **절대적인**(absoluten) 의무와 구별한다. 나는 **제일본성적** 의무들 중에서 어떤 것을 행동에 옮겨야 하는지 묻고, **제일본성적** 의무들을 그 중한 정도와 관련하여 서로 비교하고 고려하면서 현실화된 의무를 인식한다. 이 숙고에서 **제일본성적** 의무와 함께 선과 악도 고려해야 한다. 한 어머니가 특정한 상황에서 자기 아이를 도와야 할지 낯선 아이를 도와야 할지 결정해야 한다. 여기에서 두 가지 관점이 작용하는데, 위급함의 정도와(결과의 관점) 누구보다 먼저 자기 아이를 돌보아야 하는 **제일본성적** 의무가 그것이다.

2. 공리주의 비판

345— 공리주의(Utilitarismus)는 2백 년이 넘는 역사 속에서 자기에게 제시된 반론들에 대해 계속 새로운 변형과 세분화로 응답해 왔다. 그래서 전체를 조망하기가 거의 불가능할 정도로 많은 형태로 발전했다. 어디에서 보조가설이 우리의 도덕 직관 및 우리의 일상적인 결정 과정과 이론의 거리를 좁혔으며, 어디에서 그 거리를 멀게 했는지에 관해서 논쟁할 수 있다. 자연과학에 의해 각인된 세계에서 공리주의의 매력은 그것의 과학적인 이상, 즉 행위들은 양화될 수 있고 수학적인 계산을 통해 결정될 수 있다는 믿음에서 연유한다.

346— 여러 형태로 분화된 실용주의의 기본 논리는 세 가지 요소를 갖추고 있다. (1) 결과주의: 행위의 윤리적 정당성의 기준은 오직 결과이다. (2) 어떤 가치가(혹은 어떤 가치들이) 그 자체로 선택할 만한 가치가 있는지 제시하며, 그럼으로써 행위의 결과와 유용성을 판단할 수 있는 기준을 제공하는 가치이론 (3) 총계 및 최대화 테제: 행위 평가에 대한 **유일무이한** 관점은 유용성의 집단적인 총합, 즉 행위 당사자인 개인들 모두의 유용성의 총합, 개인의 유용성은 다시금 모든 행위 결과의 유용성의 총합, 하나의 행위는 그것이 다른 행위보다 전체적인 유용성을 더 증가시키거나 혹은 다른 행위보다 덜 감소시킬 때 윤리적으로 정당하다.

나는 5부와 6부에서 개괄한 기초와의 구별을 명백하게 만드는 반론만을 다루고자 한다. 이 단락에서 특히 가치이론과 최대화이론에 관한 것을 다루고 그 다음에 결과주의 원칙에 대한 비판을 가한다.

1) 고전 공리주의와 우월 공리주의

347— 가치 이론적 관점에서 두 개의 방향은 구별된다. 고전 공리주의에

의하면 그 자체로 가치인 것은 쾌락이고, 우월 공리주의에 따르면 우월한 것의 성취이다. "하나의 우월성이 반대되는 우월성에 의해 조정됨이 없이, 어떤 한 존재의 우월성이 충돌하는 행위는 도덕적으로 그릇되다"(Singer 1993, 128면 이하).

세 명의 고전 공리주의자 벤담(Jeremy Bentham, 1789), 밀(John Stuart 348
Mill, 1863), 그리고 시지윅(Henry Sidgwick, 1874; [7]1907)에게로 짧은 시선을 던져보자. 벤담과 밀은 목적론적 이론을 대표한다. 하나의 행동은 그 자체로 가치 있는 쾌락을 극대화시킬 때 윤리적으로 옳다. 벤담에 의하면, 이러한 극대화는 오직 양적인 기준에 따라 결정되어야 한다. "쾌락의 양이 같다면, 제도용 핀은 시만큼이나 좋다"(Gähde 1992, 97면에서 재인용). 이와 반대로 밀에 의하면 쾌락에는 질적인 차이도 있다. 인간의 (정신적으로) 더 높은 활동으로 인한 기쁨이 다른 것보다 우선권을 얻는다. "만족치 못한 인간으로 있는 것이 만족스런 돼지로 있는 것보다 낫다. 만족하지 못하는 소크라테스로 있는 것이 만족하는 바보로 있는 것보다 낫다"(1976, 18면).

쾌락이 최고의 선이며 그것이 최대화되어야 한다는 법칙을 어떻게 349
근거 지을 수 있는지를 묻는다면 우리는 벤담과 밀에게서 자연주의적 답변만을 듣는다. 벤담은 그의 저서 《도덕과 입법의 원리 입문》(*Introduction to the Principles of Morals and Legislation*, 1789)에서 다음과 같은 말로 시작한다. "자연은 인간성을 독립적인 두 영역, 즉 고통과 기쁨의 지배 아래 놓는다. 우리가 무엇을 해야 할지, 또한 우리가 앞으로 무엇을 하게 될 것인지를 규정해야 하는 것은 고통과 기쁨에서만 밝혀진다. 옳음과 그름에 대한 척도뿐만 아니라 원인과 결과의 사슬도 고통과 기쁨의 지배를 받는다. 고통과 기쁨은 우리가 무엇을 하는지, 우리가 무엇을 말하는지, 무엇을 생각하는지, 모든 것에서 우리를 지배한다. 우리의 속박에서 벗어나기 위해 우리가 감내할 수 있는 모든 노력은 그것을 증명하고 확인하는 데만 사용된다. 누군가 그것들의 지배를 부정한다고 말할지 모르지만 실제로는 그것들에 항상 복종하며 머무를 것이다. 유용성의 원칙은 이러한 속박을 인정한다"(1장의 § 1, Höffe 1992, 52면에서 재인용). 우리가 무엇을 해야 할지, 무엇을 하게 될 것인지를 하나의 동일한 원칙이 규정한다면, 무엇을 위해 우리는 윤리학을 필요로 하는가? 그렇다면 선과 당위의 개념은 무슨 의미가 있는가? 벤담의 《도덕과 입법의 원리 입문》에 나오는 이러한 계획적인 명제들을 따라 판단한다면, 그는 결정론적인 자연주의를 대표한다. 즐거움과 괴로움은 우리가 무엇을 할 것인지와 무엇을 해야 하는지를 하나로 취급하며 규정한다. 유용성의 원칙은 우리 행동의 사실적 결정의 주장과 인정 이외에 아무것도 아니다.

존 스튜어트 밀은 그의 책 《공리주의》(1863) 제4장에서 다음과 같은 증명을 시도한다. "공리주의는 행복이 소망할 만한 가치가 있고, 목적으로서 소망할 만한 가치가 있는 유일한 것이며 다른 모든 것은 이 목적을 위한 수단으로서만 소망할 만한 가치가 있다고 말한다. (…) 어떤 대상이 가시적이라는 것에 대한 유일한 증명은 사람들이 실제로 그것을 본다는 것이다. (…) 마찬가지로 어떤 것이 소망할 만한 가치가 있다는 것에 대한 유일한 증명은 인간이 실제로 그것을 소망한다는 것이다"(1976, 60면 이하). 여기에서도 명백히 그릇된 자연주의적 결론을 내리고 있다. 우리가 무언가를 추구하고 있다는 사실 언명으로부터 그것이 추구할 만한 가치가 있다는 가치 언명으로 추론이 된다. 밀은 '추구할 만한'이란 말을 '추구할 만한 가치가 있는' 말과 혼동한다. 어떤 것을 추구하는 것으로부터 그것은 추구할 만하다는(실현도 가능하다는) 결론이 나오지만 추구할 만한 가치가 있다는 결론은 나오지 않는다.

350 몇 줄 뒤에 밀은 계속해서 말하고 있다. "보편적인 행복이 소망할 만한 가치가 있다는 사실에 대해, 모든 사람이 행복에 도달할 수 있다

고 여기는 한, 누구든 그 자신의 행복을 추구하고 있다는 것 외에 다른 근거를 댈 필요가 없다. 이것이 사실이기 때문에, 우리는 이로써 그 경우가 허락하는 전체 증명뿐만 아니라, 행복이 선이라는 것, 즉 각 개인의 행복은 그 자신에게 선이며, 그리고 이로써 보편적인 행복은 인간 전체에게 선이라는 것에 대한 논거로서 요구될 수 있는 모든 것을 갖고 있다"(1976, 61면). 그 다음 단계에서 행복은 유일한 선이고, 따라서 윤리적으로 옳은 행위의 유일한 기준이라는 점을 제시한다. 마지막에 인용한 밀의 명제들을 시지윅(1907, 387면 이하)이 설득력 있게 비판한다. 밀은 "보편적인 행복이 소망할 만한 가치가 있다"라는 언술을 증명하려고 한다. 시지윅은 이것을 당연히 당위 명제로, 즉 각 개인은 보편적인 행복을 모든 행동의 목표로 삼아야 한다는 명제로 해석한다. 그러나 우리가 그의 그릇된 자연주의적 결론을 한번만 확인해본다면 밀에 의해서도 이 언술은 증명되지 않는다. 각 개인이 자신의 행복을 추구하고 각 개인들의 행복의 총합이 보편적인 행복을 만든다는 사실에서 모든 개인이 보편적 행복을 추구하고 있다는 결론이 도출되지는 않는다. 따라서 시지윅에 의하면, 우리는 밀의 주장을 이성적인 선의의 법칙을 통해 보충해야 한다. "타인의 선의를 편견 없이 바라보아 더 적다고 판단하거나, 그가 덜 확실히 인식하거나 받아들이는 경우를 제외하고, 누구나 자신의 선의만큼이나 타인의 선의도 존중하는 것이 도덕적으로 당연하다." 이 원칙은 벤담과 밀의 방법으로는 근거 지어지지 않는다. 시지윅에게는 "추상적인 직관으로 직접 인식하는 것이 자명하다…"(1907, 382면).

고전 공리주의에서 어떻게 우월 공리주의로 가는가? 벤담은 단지 351
쾌락의 양적인 차이만을, 예컨대 지속성과 집중성만을 알고 있다. 이렇게 우리는 오직 양적인 관점에 따라 행위를 결정할 수 있다. 이와 반대로 밀은 질적인 차이도 받아들인다. 그러나 우리가 서로 다른 기뻠의 질과 관계한다면 어떻게 결정해야 할까? 그것들 중 어느 것을 우선적으로 선택해야 할까? 좋은 포도주를 마시는 기쁨일까, 혹은 철학책을 읽는 기쁨일까? 밀은 우위의 개념으로 이 문제를 푼다. “서로 다른 기쁨의 질을 말하는 것이 무엇을 의미하는지를, 그리고 하나의 기쁨을—더 큰 이점과는 상관없이 기쁨으로서만—다른 기쁨보다 더 가치 있게 만드는 것이 무엇인지를 내게 묻는다면, 단지 가능한 하나의 대답이 있다. 그것들을 경험한 (…) 모든 사람 혹은 거의 모든 사람에 의해 우월하게 결정된 기쁨이 두 가지 기쁨 중 더 갈망할 만한 가치가 있다. 양자를 알고 판단할 수 있는 사람들이 두 개의 기쁨 중 하나를, 그것이 더 큰 불만족을 야기시키고 있음을 알면서도 다른 것보다 더 선호하고, 그들이 경험할 수 있는 다른 많은 기쁨과도 맞바꾸고 싶지 않을 정도로 우선한다면, 그 기쁨이 양보다 훨씬 더 중요하여 양은 비교하자면 거의 중요하지 않은, 더 높은 질이 있다고 우리가 믿는 것은 정당하다”(Mill 1976, 15면 이하).

위의 인용에서 우월 공리주의는 쾌락주의와 연결되어 있다. 우리가 추구하는 최종 목표는 쾌락이라고 한다. 우리는 여러 형태의 쾌락 중에서 우위에 따라 선택한다. 이 연결은 꼭 필수적인 것은 아니다. 우월 공리주의가 반드시 쾌락주의일 필요는 없다. 우위는 다른 방향으로 갈 수 있는데, 예를 들어 피터 싱어는 이렇게 말한다. “따라서 계속 살고 싶어 하는 것을 더욱 선호하는 사람을 죽이는 것은, 동일한 상황을 전제로 할 때 부당하다”(1994, 129면). 우위의 대상이 여기에서는 쾌락의 형태가 아니라 생명의 선이다.

2) 반론

352__ (1) 고전 공리주의는 ‘쾌락’이 단지 양적인 차이만이 발견되거나 혹은 질적인 차이도 발견되는 심리적 경험을 말하는 보편적인 개념임을

받아들인다. 쾌락은 고통처럼 심리적 체험이다. 고통은 정도의 차이는 있지만 집중적이며 지속적일 수 있다. 그리고 고통은 질적으로 차이가 있을 수 있는데 예를 들어 두통과 위통은 차이가 있을 수 있다. 이렇게 이해된 쾌락은 그것 때문에 우리가 다른 모든 것을 원하는 최종 목표이다. 하나의 직관적인 반론은 '쾌락 기계'이다. 우리는 통 속의 두뇌를 가지고 있는데, 이 통 안에서 전극을 통해 우리가 원하는 모든 쾌락 경험이 야기된다. 우리는 그런 상황에서 행복할 수 있는가? 그 개념에 이 직관적 비판을 가하는 첫 걸음은 '쾌락'이란 말의 용법에 관한 분석인데, 이 분석은 여기에서 우리가 일반적이지 않고 다양한 방식으로 사용하는 한 단어와 관계하고 있음을 보여준다. '고통'의 용법에 상응하는 '쾌락'의 한 가지 용법만 있는지는 열어두기로 하자. 어떤 경우에든 한 가지 용법만 있지는 않을 것이다. 쾌락 기계의 반론은 우리의 행복이 그런 체험에서 소진될 수 없음을 보여준다. 이러한 '쾌락'의 다양한 용법을 위해 여기에서 세 가지 예만 든다. ① 우리는 어떤 것에 쾌락과 기쁨을 갖고 있다고 하거나, 혹은 우리가 어떤 것을 기꺼이 행한다고 말할 수 있다. 그러나 의도하거나 추구하는 것이 쾌락은 아니며 우리가 거기에서 쾌락을 갖게 되는 사물, 사건 혹은 활동이다. 그렇다면 '쾌락은' 우리가 사물, 사건 혹은 활동에 대해 갖는 기분을 표현한다. 그러나 이 기분이 지향하는 것은 쾌락이 아니라 우리가 쾌락을 갖게 되는 대상이다. ② 우리는 '쾌락'을 우리가 원하여 성취한 것에 대한 만족이나 기쁨으로 이해할 수 있다. 우리는 목표에 도달한 것에 대해 기뻐한다. 이 두 번째 용법에서도 첫 번째 용법과 같은 것이 분명해진다. 우리에게 중요한 것은 쾌락이 아니라 우리가 성취하려고 했고 또 지금 갖고 있는 그것이다. 쾌락은 목표의 성취와 필연적으로 연결되어 있지만 그것이 우리가 성취하려고 했던 것은 아니다. 오히려 쾌락은 우리가 원해서 성취한 것에 대한 반응이다. ③ 마지막으로 세 번째 용법은 한 가지 일이나 혹은 산책이 우리를 기쁘게 하거나 기쁨이라고 말하는 것이다. 이것은 우리가 행하는 활동의 질에 관한 언술이다. 우리는 상황이 유리하다, 일이 잘되어 간다, 기분이 좋다 등등을 말한다. 쾌락은 여기에서 전적으로 특정한 질 속에서 행하는 활동이다. 이 세 가지 예는 쾌락이 의도되는 것이 아니라 우리로 하여금 쾌락을 갖게 하는 사태가 의도된다는 것을 보여준다.

353 (2) 우월 공리주의에 대해서는 쾌락주의를 다루든 혹은 비쾌락주의적 변형을 다루든, 사람이 우월성에 스스로 속을 수 있다는 반론을 제기할 수 있다. 개인은 관심을 확신하는 데서 오류를 범할 수 있고 사회적 · 감정적으로 조건 지어진 기만에 굴복할 수 있다. 우리는 원하는 것을 성취하게 되면 실망하게 된다. 우월함은 예컨대 틀리거나 부족한 정보에 근거할 수 있다. 한 환자는 수술을 원하는데 그가 간단한 약제 치료로 동일한 목적을 성취할 수 있다는 것을 모르기 때문에 그렇다. 모든 우월성을 다 고려해야 하는지에 대한 질문과 이것은 서로 연관되어 있다. 병리적인 우월성과는 어떠한가? 시기, 허영, 지배욕, 공격성, 피가학증과 같은 비사회적인 욕구와는 어떠한가? 예컨대 미학적인 우월성과 같은 사회적 무관심의 우월성 혹은 원조나 관용과 같은 사회 긍정적인 우월성과 동일한 무게를 비사회적 욕구에게 주어야 하는가? 이 반론에 공리주의자들은 '현실태적인 욕구'(actual-desire)와 '정보 제공된 욕구'(informed-desire) 간의 구별로 답한다(Griffin 1986, 1장). 유용성의 척도는 사실적 우월성이 아니라 계몽된 우월성이다. 다시 말하면 사람이 모든 필요한 정보를 자유로이 사용한다면, 아주 신중하게 숙고한다면, 모든 감정적 방해가 배제되는 조용한 기분으로 있게 된다면 갖게 되는 우월성을 뜻한다.

정보가 제공된 욕구의 계산(informed-desire account)에 대해 특히 다음과 같은 반론이 제기된다. ① 사실적 우월성을 계몽된 우월성과 구분하기 위해 다시 도덕적 직관으로 소급할 필요는 없는 것일까? 어떤 기준에 따라 예컨대 비사회적인 우월성을 배제해야 할까? 비사회적 우월성이 무엇인지를 어떻게 확정할 수 있을까? 예를 들어 정당한 경쟁에서 경쟁자를 배제하려는 의도와 같이 타인의 특정한 우월성을 무효화시키는 모든 욕구는 이미 비사회적인 우월성인가? ② 그것은 비실재적이며 이상화된 기준이 지시된다. 윤리적 지식과 윤리적으로 올바른 결정은 모든 것을 알고 있고 방해하는 모든 감정으로부터 자유로운 존재에게만 가능할 것이다. ③ 공리주의자에 의하면 행복은 우월성의 성취에 있다. 그러나 인간은 자신이 실제로 가지고 있는 우월성이 충족될 때만 행복해진다. 이것은 사실적인 우월성이지 계몽된 우월성은 아니다. 계몽된 우월성은 비실재적인 모습이다. 정보가 제공된 욕구 계산에 따르면 인간은 그들이 (더욱) 계몽된 우월성을 갖도록 작용하는 이상화된 교육을 받은 후에야 비로소 행복해질 수 있다. ④ 정보가 제공된 욕구 계산은 인간의 윤리적 자율성을 중지시키고 가부장주의 및 '전문가주의'로 흐를 수 있는 위험이 있다. 개인은 자신의 진정한 우월성에 대해 스스로 분명해질 수가 없고, 그래서 그가 무엇을 해야 할지를 그에게 지시하는 전문가 엘리트에 의존된다.

(3) 공리주의는 정의의 요구를 설명할 수 없다. 롤스의 유명한 반론 354
은(1971, § 5) 행동이나 제도가 유용성의 분배와는 상관없이 오직 유용성의 총합에 따라서만 평가되는 총합 및 최대화 테제를 반대하는 것이다. 유용성의 원칙으로 근거 지을 수 없는 분배 정의의 원칙이 있다. 동일한 유용성을 만들어내는 두 가지 가능한 행동 중에서 하나의 행동이 그 유용성을 소수의 사람들에게 나누어주고 다른 행동이 그 유용성을 다수의 사람들 혹은 모두에게 나누어준다면, 총합 테제에 따라 두 행동은 동일한 가치가 있다. 그럼에도 불구하고 한 행동은 부당하고 다른 한 행동은 정당할 수 있다. 해당 당사자의 최대한의 총유용성은 소수의 손해, 억압과 일치할 수 있다. 노예사회가 자유로운 사회질서보다 더 큰 총유용성을 만들어낸다면 윤리적으로 명령될 수도 있다. 공리주의는 개별 인간에게 옳은 이익 및 손해계산의 모델을 사회에도 적용한다. 각 개인에게는 자신의 관심을 좇는 데 있어 이익에 반하는 손해를 상쇄시키는 것이 자유롭다. 그는 나중에 더 큰 이득을 갖기 위해 지금은 스스로 포기할 수 있다. 개인이 현재와 미래의 이익과 손해를 계산하듯이 그렇게 사회도 여러 구성원의 복지와 해악을 서로 차감해서 계산할 수 있다. 사회의 인격들은 개인의 삶의 시점에 상응한다. 이러한 전의로부터 유용성의 총합이 각 개인에게 어떻게 분배되어 있는지는 중요하지 않다는 사실이 도출된다. 개인이 기분 좋은 체험을 시간적으로 어떻게 분배하는지에 물론 부수적인 의미는 있다. 두 경우에 올바른 분배는 만족의 가장 큰 총량으로 이끄는 것이다. 즉 왜 소수 사람들의 자유의 손상이 다른 사람들의 더 큰 유용성을 통해 상쇄되어서는 안 되는지에 대해 어떤 근거도 없다.

355__ 이러한 반론에 대항하여 파피트(Derek Parfit 1984, 15장)가 취한 과격한 공리주의적 전략은 다만 일정한 관련(심리적 연결성; 심리적 연속성)을 통해 서로 연결되어 있는 사건들 속에서 사람의 인격을 해체시키는 것이다. 이로써 우리의 개인적인 정체성에 대한 관심은 줄어든다. 나의 삶과 타인의 삶의 차이는 작아진다. 따라서 장점과 단점이 어떻게 분배되어 있는가 하는 물음은 그 무게를 잃어버린다. 오직 만족의 총량이 중요하다는 것만이 설득력을 얻게 된다. 이렇게 총합 테제를 변호함으로써 그 대가로 책임, 도덕적 성격 그리고 도덕적 교육과 같은 근본이념들이 그 의미를 잃어버리게 된다. 이 근본 개념들은 파피트의 환원주의(Reduktionismus)보다 더욱 강력한 정체성을 전제로 한다.

356__ (4) 공리주의는 인격을 단지 '수동적' 개념으로 파악하고 인간의 '인격'을 도덕성의 대상으로 이해하지 않는다. 인격을 지닌 인간이 쾌락

및 우월성을 지닌 자로 환원된다. 사람은 쾌락이나 만족으로 채워질 수 있는 저장통 같은 것이다. 이와 반대로 내가 전개하려고 한 명제는 '능동적인' 인격 개념을 대표한다. 도덕성의 객체는 자기 행복을 스스로 형성하고 그것에 대한 책임을 정당하게 지려고 하는 행위자로서 나타난다. 윤리적 요구는 공리주의에서처럼 인간을 행복하게 만드는 것에 있지 않고, 인간이 자기 행복을 책임 있게 형성할 수 있도록 하는 데 있다.

| 참고문헌 |

Sen/Williams, 1983

Foot, 1985

Höffe, 1992

Gesang, 1998

2장— 결과주의

1. 행위자 중립과 행위자 관계

357 공리주의는 하나의 목적론적 이론이다. 이제 목적론적인 이론과 결과주의적 이론 사이의 구별에 대해 질문해야 한다. 파피트(1984, § 10)는 '행위자 중립'(agent-neutral)과 '행위자 관계'(agent-relative) 이론을 구별한다. 이들 입장 사이에서 상반되는 질문은 다음과 같다. 하나의 행위는 그것이 세계에 불러일으킨 결과에만 근거하여 도덕적으로 판단되도록 하는가, 아니면—이것이 결과주의와 목적론적인 이론 사이의 구별인데—이 결과에 정의와 같은 의무론적인 규범의 침해도 포함할 수 있는가, 혹은 세계에서는 동일한 결과이지만 오로지 행위자에게 해당되고 이런 의미에서 행위자의 의도와 같은 주관적인 관점 역시 도덕 판단을 위해 어떤 역할을 하는가? 행위 결과주의는 행위자 중립이론이다. 그것은 모든 행위자에게 예컨대 세계에 더 작은 기만과 폭력이 있다는 객관적 목적을 지시한다. 따라서 행위 판단의 기준은 행위를 통해서 야기된 객관적인 세계의 상태이다. 여기에 반해서 행위자 관계 이론은 세계의 객관적 상태가 중요한 것이 아니라, 행위하는 인격이 기만하지 않거나, 어떤 폭력도 사용하지 않는 것, 더 상세히 말하자면,

이를 통해서 세상의 폭력과 기만의 객관적 양이 줄어든다면 역시 사용하지 않는 것이 중요하다. 목적론적 이론과 결과주의적 이론 모두 행위자 중립이론에 해당된다. '결과주의적'은 넓은 의미로, '목적론주의적'은 좁은 의미로 쓰인다. 모든 목적론적 이론은 결과주의이지만 모든 결과주의 이론이 목적론적인 것은 아니다. 그것으로부터 다시 행위를 판단하는 세계의 상태를 판정하기 위해서 무엇을 우선시해야 하느냐의 관점에 따라 이 둘은 구별된다. 알리와 돈나의 예로(§ 342 참조) 돌아가 보자. 우리가 오로지 우월성의 성취에 대해서만 질문하게 되면, 우리는 결과주의적으로 그리고 목적론적으로 논변하게 된다. 또한 우리가 어떤 권리들이 침해되는지를 묻는다면, 우리는 목적론적으로가 아니라 결과주의적으로 논변한다.

잠시 토론의 출발점으로 다시 돌아가자. 내가 감히 '결과주의적-의 358
무주의적'으로 이름 지어본다면, 이제까지 나는 행위자 중립으로 논변을 전개했다. 우리는 행위를 결과로만 판단한다. 거기에다가 도덕 밖의 선들뿐만 아니라 권리들도 계산에 넣어야 한다. 이제 이것으로 충분한지, 혹은 행위자와 관계하는(agent-relative) 입장 또한 고려해야 하는지를 질문해야 한다. 이 질문을 결심하게 하는 주도적 입장은 목적 자체로서의 인간에 대한 칸트의 정식이다. 결과주의에 대한 비판은 아래에서 정확히 규정해야 하는 두 가지 개념, 즉 자율과 의무론에 집중하기로 한다. 나겔(Thomas Nagel 1986, 165면)은, 자율적 근거는 사적인 생활양식을 위해 객관적 가치와 관련된 의무를 제한하는 것이라고 차이를 표현한다. 그것은 객관적 가치의 봉사라는 명목으로 명령하는 것의 한계를 지우는 것이다. 이와는 달리 의무론적 근거는 객관적 가치에 봉사하기 위해 허용된 것을 제한하는 것이다. 자율적 근거가 개인적인 소망과 목적에 의존되어 있다면 의무론적 근거는 범주적으로 유효하여, 모든 이에게 개인의 목적과 무관하게 부과된다. 의무론자는 내 스스로 항상 결과들이 있을 특정한 행위들을 행해서는 안 된다고 주장한다.

2. 의무론

1) 두 가지 예

359 그동안 참고문헌에서 고전이 되어버린 두 가지 예는 윌리엄스 (Bernard Williams, Smart/Williams 1973)에서 비롯된다.

(1) 게오르그는 화학으로 박사학위를 취득했는데, 일자리를 찾기가 쉽지 않다. 건강이 좋지 않아 여러 일자리도 그에게는 질문 밖의 것이다. 그의 부인은 가족을 부양하기 위해 일하러 나가고 있다. 그녀는 세 아이를 키워야 하는데, 이는 엄청난 고생을 의미한다. 한 선배 화학자가 일자리를 알선해주는데 그곳은 생화학 무기를 생산하기 위해 연구하는 화학실험실에서 근무하는 것이다. 게오르그는 생화학 무기를 인정할 수 없기 때문에 이 근무처를 받아들일 수 없다고 확신하고 있다. 그러나 그 선배는 자기 자신도 이 무기를 옹호하는 사람이 결코 아니라고 그에게 말하면서, 만약 게오르그가 그 실험실에 가지 않는다고 해서 실험실이 없어지는 것은 아니라고 한다. 더군다나 이 실험실이 생화학 무기에 대해 전혀 개의치 않는 게오르그의 연학동료를 쓰게 되고, 게오르그보다 더 심각한 반인류적 무기를 생산해낼지도 모른다고 설득한다. 그 선배 화학자는 자신이 게오르그에게 제안하여 자신의 영향을 그에게 끼쳤으면 하도록 만든 것은, 게오르그와 그의 가족에 대한 근심뿐만 아니라 다른 지원자의 참여를 걱정했기 때문이라고 말한다.

(2) 짐은 남미의 작은 도시의 중심에 온다. 인질로 잡힌 인디오 20명이 벽을 향해 서 있고, 그들 앞에 유니폼을 입고 중무장한 20명의 청년이 서 있다. 땀에 전 감색 셔츠를 입은 뚱보가 짐에게 말을 걸었

는데, 그가 베드로라는 이름의 무장 게릴라들의 대장이라는 것을 알게 된다. 그는 짐에게, 인디오들 중에 급습하여 주민들로부터 가려낸 집단에 문제가 있다고 설명한다. 이 집단은 정부에 반대하는 저항운동 후에 더 이상의 저항을 막기 위해 총살되는 이들이었다. 짐은 외국에서 온 존경받을 식물학자이기 때문에 베드로는 손님에게 주는 선물로 인디언 중 한 명을 총살할 것을 그에게 제안한다. 만약 짐이 이를 받아들이면 그의 방문 기념으로 다른 인디언들은 석방될 것이다. 이와는 반대로 짐이 이 제안을 받아들이지 않으면, 베드로는 그가 짐이 오기 전에 계획했던, 20명 전원을 사살하는 일을 집행할 것이다. 짐은 그가 기관총을 손에 들자마자 베드로와 다른 군인들을 위협할 수 있을 것인지를 자문한다. 그러나 이것은 주어진 상황에서는 불가능하다. 이런 종류의 모든 시도는 그 인디오들과 그가 스스로 죽임을 당하는 것을 의미한다. 벽을 향해 있는 사람들과 주민들은 이 상황을 이해하고 있고, 짐에게 이 제안을 받아들이라고 부탁한다.

두 경우를 판단하는 데에 세 가지 입장이 갈라진다. ① 결과주의적 360
(행위자 중립적) 입장: 게오르그는 이 일자리를 받아들일 도덕적 의무가 있다. 짐은 도덕적으로 한 인디오를 쏴서 죽일 의무가 있다. ② 의무론적(행위자 관계적) 입장: 게오르그는 이 일자리를 받아들여서는 안 된다. 짐은 인디오를 죽여서는 안 된다. ③ 절충 입장: 게오르그는 이 일자리를 받아들여도 좋다. 그러나 그는 그렇게 해야 할 의무가 있는 것은 아니다. 짐은 인디오를 쏘아도 좋다. 그러나 그는 그렇게 해야 할 의무가 있는 것은 아니다. 결과주의자와 절충 입장을 대표하는 자는 짐의 예에서 다음과 같이 의무론자에 반대하여 논변을 전개한다. 짐이 한 인디오를 쏘지 않는다면 20명의 인디오 전원이 각각 유니폼을 입은 각각의 인질에게 총살될 것이다. 이로써 해악이 20배로 는다. 그것은 우리가 행위에 의해 침해될 가치를 어떻게 상정할 것인가와 무관하게

유효하다. 그것이 인간의 생명일 수 있다. 한 경우는 한 사람이 그리고 다른 경우는 스무 사람이 생명을 잃는다. 그것이 생명권일 수 있다. 한 경우는 한 사람의 생명권이고 다른 경우는 스무 사람의 생명권이 침해된다. 그러나 우리는 또한 행위로부터 논변을 전개하고, 한 명의 무고한 사람을 죽이는 것은 그 자체로 틀린 행위라고 말할 수 있다. 그러면 결과주의자는 하나의 도덕적으로 틀린 행위 대 스무 개의 도덕적으로 틀린 행위가 있고, 그 밖의 경우가 같을 경우에는 하나의 도덕적으로 틀린 행위가 스무 개의 도덕적으로 틀린 행위보다 우선한다고 대답할 것이다(Scheffler 1982, 4장 참조). 이에 대해 의무론적(행위자 관계적) 입장을 대표하는 자는 무엇이라고 대답할 수 있겠는가?

2) 비대칭 논변

361__ 의무론자는 결과주의자에게 다음과 같이 항변할 수 있다. 나는 약속을 어기거나 혹은 거짓말을 해서는 안 되고 이를 위해 상황에 따라서는 심한 손해를 감수해야 한다. 그와 반대로 나는 약속을 어기려 하거나 거짓을 행하려는 다른 사람을 방해하기 위해서 동일한 손해를 감수해야 할 의무는 없다. 의무가 객관적 가치에서 나오면 이러한 비대칭은 생기지 않는다. 나는 타인이 약속을 어기려 하는 것을 막기 위해 동일한 손해를 감수해야 한다. 비대칭이 결과에서만, 즉 가치의 훼손에서만 발생하면 살인을 하지 않거나, 살인을 방해하는 의무는 구별되지 않는다. 그것은 그 밖에 동일한 조건 아래에서, 내가 하든 혹은 타인이 살인을 하든 부정적인 결과에는 어떤 구별이 없음을 뜻한다. 어떤 경우에도 한 사람은 생명을 잃고, 한 사람의 생명권은 침해되며, 그 자체로 도덕적으로 나쁜 행위는 성립된다. 따라서 결과주의에 의하면 그 밖의 조건이 같다면 하나의 살인을 행하지 않는 것이 윤리적으로 필수적인 것처럼, 같은 정도로 살인을 방해하는 것이 윤리적으로 필수

적이다. 그러나 이것은 우리의 직관에 상치된다. 내가 살인을 방해하거나, 혹은 타인의 잘못 없이 교통사고로 죽음에 이른 한 사람을 구출해야 하는지를 선택해야만 하는 상황에 있고, 이 양자 중 어떤 사람에게도 사회적 결속이 없다고 한다면 성공의 개연성이 중대한 기준이 될 것이다. 하나의 경우에는 살인이, 또 다른 경우에는 사망의 결과를 초래할 외적 사건을 다루고 있다는 사실들은 어떤 역할도 하지 못한다. 나는 이 경우 살인을 **방해해야** 할 어떤 근거를 가지고 있지 않지만, 어떤 경우에도 살인을 **피할** 의무는 가지고 있다. 나는 사고사 앞에 놓여 있는 사람을 구출하기 위해서 다른 한 사람을 죽여서는 안 된다는 것이 우리의 직관이다.

이 직관은 정당화되는가? “나는 살인을 방해해야 할 의무를 갖는다” 362
라는 표현은 다의적이다. 우리는 의무를 행해야 하는 상황에서 ‘누구에 대해 의무를 갖는가’라고 질문을 던져야 한다. 우리는 이 경우에 불법을 행하려고 하는 사람에 대해 하나의 의무를 갖는가? 우리는 그에 대해서 그 일을 못하도록 방해할 의무를 갖는가? 예비 범죄자는 나에 의해서 자신의 범죄가 방해받을 도덕적인 권한을 갖는가? 내가 그 일에서 그를 방해하지 않았다고 나를 상대로 항의할 수 있을까? 그것은 명백히 이런 경우가 아니다. 여기에서 문제가 되는 것은 불법자에 대한 의무가 아니라 피해자에 대한 의무이다. 예비 희생자는 나의 원조에 대한 주장을 가지며, 나는 불법을 방어하는 것이 나에게 가능한 한 그렇게 해야 한다. 내가 그것을 행할 수 있었지만 그것을 행하지 않았다면 희생자는 나에게 항의할 수 있다. 희생자를 보호하는 의무는 도움을 주어야 하는 의무로서 다른 의무들과 경쟁할 수 있는 원조의 의무이다. 내가 살인을 할 경우 정의의 의무를 침해하지만, 내가 할 수 있음에도 불구하고 살인을 방해하지 않았을 때는 원조 실행의 의무가 발생한다는 점에서 비대칭이 일어난다. 따라서 세계의 동일한 상태에서 행위이론적 구별은—내가 스스로 어떤 것을 야기시키는지 혹은 내가 타인의 행위를 방해하는지—도덕 판단을 위해서 의미가 있다. 즉 의무론적 이론(행위자 관계)이 결과주의(행위자 중립)에 비해 옳다는 것은 바로 이 점에서 드러난다. 왜 정의의 의무가 원조의 의무보다 더 우선한지에 대한 물음을 우리는 벌써 여러 번 접했다. 그러나 모든 경우에 충분한 답변이 나오지는 않았다(§ 370 참조).

3) 이중 효과의 원칙

363__ 이 원칙의 본질적인 내용은 하나의 악이 목적 또는 수단으로 의도되었느냐, 혹은 그 악이 의도되지는 않았지만 미리 알았고 용납되는지가 행위의 도덕적 판단에서 중요하다는 점이다. 의도된 악은 단지 예측된 악과는 다르게 도덕적으로 평가된다. 이 원칙은 특정한 악을 의도하는 것을 금지하고, 그럼에도 불구하고 특정한 조건에서 이 악을 대가로 지불하는 것을 허용하는 한, 의무론적이고 행위자 관계적이다. 의도된 것과 용납된 것 사이의 행위이론적 구별이 서로 상이한 도덕적 판단을 정당화시킨다는 사실을 보일 수 있을지, 어떻게 보일 수 있는지가 문제이다.

364__ 토마스 아퀴나스는 자기를 방어하기 위해 타인을 죽이는 것이 허용되는지에 대해 묻고 있다(S.th. 2-2 q.64 a.7). 그는 한 행위가 두 개의 효과를 가질 수 있는데, 그 중 하나는 의도되고 다른 하나는 의도되지 않는다고 한다. 도덕 행위는 의도 밖에 놓은 것에 의해서가 아니라, 의도된 것에 의해서 자신의 존재를 얻는다. 정당방위는 자신의 생명을 보존하는 것과 공격자를 죽이는 이중 효과를 가질 수 있다. 정당방위에서 의도된 것은 자기 자신의 생명을 보존하는 것이고, 이는 윤리적으로 허락된다. 토마스는 수단의 적절성을 제한조건으로 보충한다. 나는 내 생명을 구하는 데 요구되는 정도만의 폭력을 사용할 수 있다.

만약 수단이 목적에 상응하지 않는다면 자기 방어라는, 윤리적으로 옳은 행위는 윤리적으로 오류를 범한다.

오늘날 통용되는 견해에 따르면 이중 효과 원칙의 조건은 다음과 같 365
다. 만약 아래의 네 가지 조건이 채워지면 비도덕적인 악을 야기한 것이 도덕적으로 허용된다.

① 대가로 지불할 악과 상관없이 행위 자체는 윤리적으로 선하거나 중립이어야 한다. (생명을 구하는 것은 윤리적으로 허용된다.)

② 행위하는 인격은 행위의 좋은 효과를 의도하고 나쁜 효과는 단지 허용한다. (자신을 방어하는 사람은 자신의 생명을 보존하려는 의도가 있다.)

③ 나쁜 효과는 좋은 효과가 있게 하기 위한 수단이 되어서는 안 된다. 따라서 나쁜 효과는 단지

③ⓐ 좋은 효과의 결과이거나(나는 내 생명을 구하고 안전한 곳으로 피한다. 공격자는 나의 방어행위 결과로 후에 죽는다),

③ⓑ 좋은 효과와 동시적으로 발생해야 한다. (나는 공격자의 총을 빼앗을 수 없고 그는 마지막 순간까지 나를 쏘려고 시도한다. 나의 생명은 그가 죽는 순간에서야 구해진다.)

④ 악의 허용은 상응하는 중대한 근거를 통해 심사해야 한다.

조건 ②와 조건 ④ 사이에는 긴장이 있다. 조건 ②는 의무론적이고 366
(행위자 관계적), 반면에 조건 ④는 목적론적(행위자 중립적) 원칙이다. 조건 ②는 조건 ④를 통해서 효력을 잃을 수가 있다. 좋은 의도에도 불구하고 나쁜 효과의 과중함 때문에 행위는 윤리적으로 오류일 수 있다. 식육점 주인이 가족을 부양하기 위해서 광우병에 걸린 쇠고기를 판다. 이 고기를 먹는 것은 짧은 잠복기를 거친 다음 크로이츠펠트 야콥 병으로 이끈다. 나쁜 효과의 과도함 때문에 이 행위는 좋은 의도에도 불구하고 윤리적으로 옳지 않다.

조건 ③은 엄격하게도 엄격하지 않게도 해석할 수 있다. 엄격한 해석 367

은, 목적은 어떤 상황에서도 수단을 합리화시키지 않는다고 주장한다. 나쁜 수단은 좋은 효과가 훨씬 큰 중대성을 갖는다 하더라도 정당화되지 않는다. 이 해석을 적용한다면 돈나는 찰스의 방에 들어가서는 안 된다. 찰스의 사적 공간 침해는 알리가 병원에 실려갈 정도로 맞지 않도록 하는 좋은 결과에도 정당화되지 않는 나쁜 수단이다. 의학 윤리에서 엄격한 해석의 한 가지 예는 다음과 같은 견해이다. 임신 상태에서 병든 자궁을 제거하는 것은 이를 통해 태아가 생명을 잃더라도 허용된다. 그러나 이와는 반대로 태아를 제거하는 것은 이를 통해 자궁을 살릴 수 있다 하더라도 ③에 충돌한다. 엄격한 해석에 반대하여 권리들은 서로 상이한 무게가 있다고 이의를 제기할 수 있다. 그것은 권리를 통해 보호되어야 하는 선들의 무게로부터 파생한다. 반엄격주의적 해석은 권리들과 선들의 숙고로부터 출발한다. 이 해석은 수단과 목적의 관계의 정도에 대해 문제를 제기한다. 중대한 권리 또는 선의 보호가 가벼운 권리의 침해를 수단으로 합리화한다. 즉 알리의 육체적 안녕이 사적 영역의 보호라는 찰스의 권리보다 더 중하다.

368__ 이중 효과의 원칙 문제는 조건 ②에 있다. 하나의 행위가 똑같은 부정적인 결과를 내는데, 이 부정적 결과를 의도했는지 혹은 용인했는지에 따라 왜 달리 평가해야 하는가? 조건 ③은 전혀 새로운 조건이 아니고, 조건 ②의 강화이다. 조건 ②는 내가 좋은 효과만 의도할 뿐 나쁜 효과는 의도해서는 안 된다고 요구한다. 그리고 조건 ③은 거기에다 나쁜 효과는 좋은 목적의 수단으로서도 의도해서는 안 된다고 요청한다.

369__ 이 문제를 해결하기 위해서 우리는 다른 조건이 같은 경우(ceteris paribus)들을 집중 연구해야 한다. 두 개의 행위(p와 q)는 동일하게 긍정적이고 부정적인 결과를 갖는다. 즉 p에는 좋은 결과가 의도되고 부정적 결과는 용인된 반면에, q에는 부정적 결과를 목적 또는 수단으로 의도된다. p와 q는 도덕적으로 다르게 평가해야 하는가? 이 질문을

다음의 두 가지 예의 쌍(Quinn, 1993a에서 빌려옴)으로 제기해보자.

전략적 폭격(SB): 한 비행사가 적군의 군수공장을 폭격한다. 그는 이때 공장에서 가까이 사는 무죄한 시민들이 죽을 것이라는 사실을 예측한다. **테러 폭격**(TB): 한 비행사는 적군들의 사기를 떨어트리기 위해 무고한 시민들을 폭격한다. 우리는 여기에서 SB가 윤리적으로 허용되는지 묻는 것을 배제할 수 있다. 단지 우리는 SB과 TB을 직관적으로 달리 평가한다는 것이 전제된다. 따라서 우리는 SB이든 TB이든 윤리적으로 허용되지 않지만, TB은 SB보다 더 비난받을 만하다고 말할 것이다. 이 직관적 구별을 어떻게 근거 지을 것인가를 질문할 수 있다.

아래 예의 쌍이 공통적으로 전제하는 것은, 연구가 아직 걸음마 단계에 있어 생명을 위협하는 질병의 극복을 위해 단지 한정된 의료 자원만 쓸 수 있는 상태이다. **제한된 의료 자원의 분배**(RV): 완쾌 전망이 매우 큰 환자들은 치료를 받고, 중한 환자들은 반대로 치료를 받지 못한다. **의학 실험**(ME): 의사들은 아직도 상세히 알려지지 않은 이 질병을 더 경험하기 위해서 실험 계획을 결정하고 중한 환자들을 치료하지 않고 놔둔다.

해당자들의 수와 부정적 결과는 각각의 경우에서 동일하다. 한 경우에는 부정적 결과가 단지 예견되고, 다른 경우에는 의도되어 있다는 점에서 차이가 있다. 두 가지 쌍에서 각각의 경우 동일하게 좋은 목적이 따른다. 즉 전쟁을 종식하거나 질병을 퇴치하는 것이 문제다. 차이는 수단의 선택에 있다. 즉 한 경우는 죽음이 수단으로 의도되고, 다른 경우에는 죽음이 예측된다. 두 가지 쌍에서 의도는 순수 주관적인 어떤 것이 아니고, 관찰자가 파악하는 것이다. 즉 테러는 그것이 테러로 인식될 때 그것의 효과에 도달할 수 있고, ME의 경우는 RV와 달리 특정한 관찰들이 따르고 아마도 기록도 있게 된다는 점에서 RV와 ME에서 의도가 서로 다르다는 것이 분명하다.

370__ 서로 다른 직관적 판단을 어떻게 설명할 수 있는가? 우선 RV/ME 쌍을 살펴보자. 두 가지 경우는 의사들이 주어진 상황에서 모든 환자를 도울 수 있는 것이 아니라는 점이 공통점이다. 따라서 의도의 차이는 반대적으로만 서술된다. RV에서는 의사들이 모든 이를 도울 수 있다면 모두를 도울 것이다. 거기에 반하여 ME에서는 의사들이 질병의 과정을 죽음에 이르기까지 관찰하고자 하기 때문에 그들이 모든 이를 도울 수 있는 경우에도 모든 이를 돕지 않을 것이다. 모든 환자는 의료 원조를 받을 권리를 갖는다. RV에서 이 권리가 도움을 받지 못하는 사람들에게 침해되는가? 권리들은 인격들이 어떤 영향을 끼칠 수 없는 외적인 상황에 의해서가 아니라 인격들에 의해서만 침해된다. 상황은 의료 원조에 대한 모든 이의 권리에 상응하도록 허락하지 않고, 따라서 의사들은 성공의 가장 좋은 전망으로 누구를 도와야 하는지를 결정해야 한다. 그들의 결정은 환자들 중 한 사람의 생명권을 침해하는 것이 아니다. 왜냐하면 비상 상황 때문에 모든 이가 원조를 받을 수 없기 때문이다. 의사들은 이 상황을 애석하게 생각한다. RV에서와 같이 ME에서도 모든 환자가 원조를 받을 수 없다. 그러나 RV와 구별되는 것은 의사들이 이 상황을 환영한다. 이 상황은 그들의 의도에 부합된다. 왜냐하면 그들이 모두를 도울 수 있을 때라도, 모두를 돕지 않을 것이기 때문이다. 즉 그들은 의료 원조에 대한 환자들의 권리를 침해할 것이다. 그들은 질병의 경과를 연구하기 위해서 이 긴급 상황에 있는 환자들을 수단으로 이용한다. 여기에서 미묘한 차이들이 중요하다는 사실은 우리가 제3의 가능성(RV')을 보면 명백해진다. 가능하다면 의사들은 모든 환자들을 돕는다. 그것이 그렇게 가지 않기 때문에 구출될 수 없는 사람들의 운명으로부터 연구를 위해서, 병의 돌봄을 위해 요구되어지는 것보다 이 환자들의 질병 경과를 더 정확하게 관찰하고 그러면서도 그들과 함께 실험을 실시하지 않는 방식으로 이득을 취한다.

우리가 단지 반대로 서술해야 하는 의도를 관찰할 때 ME에서는 타인을 위해 그의 생명권이 침해된다는 의미로 한 사람이 수단으로 된다는 데서 나는 RV/RV'과 ME 사이의 구별을 본다. 생명에 대한 그의 처분권은 그가 처해 있는 상황에 의존적으로 만들어진다. 우리는 아직 상세히 연구되지 않은 질병의 결과 때문에 긴급 상황에 있고, 우리가 한 사람의 생명권을 무시함으로써 이 긴급 상황을 극복할 수 있다. 이런 방식으로 자기 자신에 대한 인간의 처분권은 원천적으로 지양된다. 상응하는 긴급 상황이 오면 그는 그 상황을 극복하기 위해서 수단으로 사용되어도 좋다.

ME와 차별적으로 우리는 TB에서 그것을 단지 반대로만 서술한 것 371
이 아니라 사실적으로 완성한 의도와 관계 지었다. 무고한 시민들을 죽이는 것은 전쟁을 끝내는 수단이다. TB와 SB 사이의 구별은 TB는 무고한 시민들을 죽임으로써만 그것의 목적에 도달할 수 있다는 점에 있다. 따라서 시민들을 죽이는 것은 필연적 조건이다. 그것은 SB에서는 다르다. 군수공장을 파괴하는 목적은 그 와중에 어떤 시민도 죽이지 않더라도 도달된다. SB에서의 문제는 어떤 조건에서 우리가 그런 예측된 효과를 용인해도 좋은지이다. 이중 효과 원칙은 그것의 네 번째 조건에서 상응하는 중대한 근거를 요구한다. 여기에서는 목적론적 원칙을 다룬다는 것을 우리는 안다. RV에서 이 근거는 모든 환자의 생명을 보존하기 위해서 의료 자원이 충분하지 않다는 데 있다. 의사는 몇몇 환자의 죽음을 허용하는 것 이외에 달리 행위할 수가 없다. 한 사람의 죽음은 다른 이를 원조하기 위한 그의 결정의 필연적 결과이다. 의사는 누구를 도와야 하는지에 대한 물음은 목적론적 관점에 따라 결정될 수 있다. 이것은 어떤 조건에서 사람들의 죽음을 용인하는 것이 SB와 같은 경우들에서처럼 도덕적으로 정당화되는지에 대한 물음에도 유효하다.

4) 트롤리(trolley) 문제

372 많이 토론했던 필리파 풋이 제기한 '트롤리 문제'는 이중 효과 원칙과 관계가 있다. 기관차 운전수가 아무 실수를 저지르지 않았는데 기술 고장으로 기차를 제어할 수 없게 되었다. 그는 기관차에서 조종할 수 있는 한 전철기에 당도한다. 두 가지 가능성을 구별해야 한다. T1: 기관사가 선택할 수 있는 모든 궤도 위에 궤도를 벗어날 가능성이 없는 사람이 각각 누워 있다. T2: 한쪽 궤도에는 다섯 명, 다른 한쪽은 한 명이 누워 있다. 기관사가 궤도 변환 버튼을 누르지 않으면 다섯 명을 깔고 지나가고, 그가 누르면 한 명을 깔고 지나간다. T1의 문제는 다음과 같다. 전철기 작동은 작동시키지 않는 것과 도덕적으로 다르게 평가해야 하는가? 사람들은 한 경우에는 기관사가 행위하는 것, 즉 한 사람을 죽이는 것이고, 다른 경우에는 이와 달리 행위하지 않는 것, 즉 죽는 것을 묵인하는 것이라고 주장할 것이다. 여기에서 이 답변의 오류는 행위를 육체적 운동과 동일하게 여긴 점에 있다. 기관사는 전철기를 변환시켜야 하는지, 그렇지 않는지를 결정해야 한다. 만약 그가 그것을 전환시키지 않는다면 그가 그것을 변환하지 않기로 결정했기 때문이다. 따라서 두 가지 가능성 사이에 어떤 도덕적 차이란 없다. T2는 우선 이중 효과의 원칙 조건 ③b를 위한 예가 된다. 두 가지 효과는 동일하게 직접 발생한다. 기관사가 전철기를 작동하는 것을 통해서 그는 다섯 명을 구출하고 한 명을 죽인다. 한 명은 다섯 명을 살리기 위한 수단이 아니다. 그의 죽음은 상황에 따라 다섯 명 구출의 필연적 결과는 될지언정, (TB와 구별되게) 그 구출을 위한 필연적 조건은 아니기 때문이다. 만약 전철기와 한 사람이 누워 있는 장소 사이의 구간 위에서 브레이크가 갑자기 다시 작동하여, 그 한 사람이 구출되는 경우에도 다섯 사람이 구출될 것이다. 따라서 기관사는 목적론적으로 결정해도 좋으며 또 그렇게 해야 한다.

T2와 비교되는 의료적 경우들이 있다. 어떤 시술도 하지 않아 샴 쌍 373
둥이가 둘 모두 죽든지, 아니면 그들이 분리되어 한 아이가 죽든지 하는 경우를 생각해보자. 이때 양자가 모두 살아남는다는 것은 의학적으로 가능하지 않다. 다른 경우는 출산에서의 병발증인데, 이때 의사는 산모와 아이 둘을 죽게 둘 것인지 혹은 아이를 죽이든지 결정해야 하는 상황이다. T2와 달리 두 가지 의료행위는 이중 효과 원칙의 조건 ③b를 충족하는지 혹은 한 사람의 죽임이 다른 이를 구출하기 위한 수단인지가 여전히 확실하지 않다. 그들에게 고유한 것들을 보기 위해서 이 두 가지 경우를 SB/TB 그리고 RV와 비교해보자. SB/TB와 다른 점은 죽음의 원인이 알려진 바대로라면 의사가 제공하지 않는다. 즉 의사가 시도하지 않으면 양자가 죽을 수밖에 없다는 점에 있다. RV와 공통점은 양자 모두가 구원될 수 없다는 점이고, RV와 구별되는 점은 의사가 한 사람을 죽임으로써 다른 한 사람을 구출할 수 있다는 것이다. 두 가지 의료행위에는 T2와 달리 이중 효과 원칙의 ③b를 충족시키지 못한다, 즉 그것은 우선 나쁜 결과를 가져오고 그리고 나서 좋은 결과를 가져온다는 사실을 한번 받아들여보자. 한 사람이 자신의 생명권을 침해받는다는 의미로 그는 수단이 되었는가? 이 질문에 대한 답은 부정되어야 한다. 생명권은 사람에 의해서만 침해된다. 누가 천재지변으로 죽는다면 이를 통해서 그의 생명권이 침해된 것은 아니다. 그러한 천재지변이 두 가지 의료행위에 놓여 있다. T2와 공통적인 것은 천재지변을 제어해서 양자는 아니고 단지 그들 중 한 사람만 해당되게 할 가능성이 있다는 점이다. 의사는 한 사람을 죽이는 것을 통해서 어떤 생명권도 해치지 않는다. 의사는 TB와 SB의 비행사와 같은 의미로 죽음의 원인인 것이 아니다.

3. 자율

374 의무론적인 근거는 객관적 가치에 봉사하기 위해 허락된 개인의 가치를 제한한 것이라고 한다면, 이와는 반대로 자율적 근거는 객관적 가치의 이름으로 명령한 것을 제한하는 것이라고, 나는 토마스 나겔과 함께 잠정적으로 구별했다(§ 358 참조). 결과주의는 인간에게 도덕적으로 지나치게 요구하는 이론이라고 비판할 수 있다. 결과주의는 더 나은 세계로 도달할 수 있다면, 개인의 관심과 인생 설계를 희생하는 것을 요구한다. 이와는 반대로 자율적 근거를 주장하는 사람은, 행위 하는 인격은 객관적으로 최선의 결과가 도달되지 않더라도 자기 자신의 계획을 추구해도 좋다고 주장한다.

375 내가 이 비판에 몰두하기 전에 우선 '자율'의 두 개념을 구별해야 한다. 첫째 개념은 여기에서 객관적 가치를 위해서 **허용되는** 것을 제한하는 근거를 다루고 있다는 점에서 '의무론'이라는 표제 아래 떨어진다. 두 가지 개념의 차이를 명백히 하기 위해서, 첫째 개념은 무엇이 **명령**되어 있는지를 제한하는 근거들에 관해 다루는 이곳에서 언급된다. 자율의 '의무론적' 개념을 위해 짐과 게오르그 두 예(§ 359 참조)로 되돌아가보자. 짐은 총살로 위협받는 인디오들을 도울 의무가 있다. 그는 그들 중 한 사람을 총살하는 대가로 이 원조 의무를 행해도 되는가? 사람들은 주장할 것이다. 그는 열아홉 명을 구하기 위해서 한 사람을 수단으로 만든다. 그는 타인들을 돕기 위해서 한 사람의 생명권을 침해한다. 그러나 이것은 이 경우에 트집 잡기로 쉽게 드러난다. 한 사람은 어떻든 생명을 잃게 되어 있기 때문이다. 짐과 게오르그 경우에서 차이점은 게오르그에게서는 인간의 **직접적인** 선과 권리가 침해되는 것이 아니라는 점이다. 누군가가 게오르그의 연구로 인해서 발명될 화학무기 때문에 죽을 것인지는 확정되어 있지 않다. 따라서 우리는 게오

르그가 한 사람 혹은 한 집단을 수단으로 만든다고 주장할 수 없다. 게오르그의 예에서, 그가 비록 양적으로 제한된 정도이겠지만 그가 막으려고 하는 것을 스스로 행함으로써 약간은 막는다는 사실이 눈에 띈다. (그것은 짐의 경우에도 마찬가지이다. 그는 스스로 목숨을 바침으로써 죽이는 것을 방해해야 할지 식별한다.) 우리는 여기에서 모순적 태도와 관계하고 있다. 자신이 스스로 행하는 행위의 더 큰 폐해를 막기 위해, 그 자체로 거부하는 행위를 한다. 이에 대하여 사람이 자가당착에 빠졌다는 것은 무엇을 말하는가? 그것이 순수성의 논변이 아니겠는가? 여기에서도 다시 자기목적성을 가지고 논변해야 한다. 여기에서는 사건에 피해를 입는 당사자의 자기목적성이 아니라 행위자의 자기목적성이 문제가 된다.

"내가 그것을 행하지 않으면 다른 사람이 그것을 행한다. 그러면 결 376
과는 내가 그것을 하는 것보다 훨씬 나쁠 것이다"라는 주장은 윤리적 자기결정이라는 의미에서 인간의 자율을 중지시킨다. 게오르그는 화학무기에 대한 생각을 일년 내내 했다. 그는 엄격주의자가 아니지만 모든 관점을 식별했다. 그리하여 이 정치적 상황에 놓여 있는 주어진 조건에서는 어떤 화학 무기도 생산해서는 안 된다고 확신하게 되었다. 이제 그의 선배가 와서, "자네가 그것을 하지 않으면 다른 사람들이 할 걸세. 그러면 결과는 더욱 나빠질 걸세"라고 주장한다. 선배는 게오르그가 자신이 숙고할 때 고려해야만 하는, 도덕적으로 중요한 다른 하나의 상황을 게오르그에게 제시했다. 그래서 게오르그가 그 일자리를 받아들이는 것이 유일한 올바른 결정이라고 주장할 수 있겠다. 이 주장에 따라서는 모든 도덕적 결정은 최종적으로 불가능하다. 행위하는 사람이 자신의 자기결정, 자기자율을 포기한다. 즉 더 이상 자기 자신이 자기의 행위를 결정하는 것이 아니라 타인이 하게 된다. 기본적으로 내가 좋은 것을 행하거나 나쁜 것을 방해하려고 하는 모든 일에서 다른 사람이 와서 말할 수 있다. "네가 만일 이러한 일을 한다면, 혹은 하지 않는다면, 나는 저러한 일을 하겠다, 혹은 하지 않겠다. 그러면 결과는 더욱 나빠질 거야." 행위하는 사람은 자기 자신의 처분권을 포기한다. 그는 스스로 타인에 의해 수단으로 이용되도록 놔둔다. 위협을 주는 해악 때문에 그는 자기 신념에 반하여 행동한다. 긴 안목에서 선을 추구하려는 모든 도덕적 전략은 불가능하다. 만약 게오르그가 이 상황에서 어떤 화학 무기도 생산해서는 안 된다는 확신을 갖게 되었다면 "네가 이를 행하지 않으면…"이라는 주장은 도덕적으로 중요한 부과적인 조건이 아니라, 그의 고유한 도덕적 판단에 반하여 행동하도록 그를 강제하기 위한 협박의 형태이다. 그렇지 않으면 해악의 위협은 도덕적 · 종교적 신념의 포기를 정당화시키는, 도덕적으로 중대한 조건일 것이다. 이 논변은 짐과 베드로의 경우에도 적용할 수 있다. 짐은 죄 없는 한 사람을 죽여서는 안 된다는 신념이 있다. 베드로는 그에게 "만약 네가 그것을 행하지 않으면…"이라는 위협으로 이 신념에 반하여 행동하도록 그를 강제하려 한다.

377 내가 여기에서 발전시킨 기초는 두 번째 자율 개념의 의미로 자율적인 근거, 즉 우리가 초개인적 가치에 봉사하기 위해서 행하도록 의무지어진 것들을 제한하는 근거들에 공간을 허용하는가? 그것을 위해 우선 칸트의 입장과 결과주의 사이에서 여기 해당되는 구별을 제시한다. 결과주의는 내가 내 행위의 가능성들을 평가했던 기준으로서의 목적을 지시한다. 나는 가능한 최상의 세계로 발전시킬 의무가 있다. 이에 반하여 칸트의 기초는 목적이 아니라, 내가 개인적인 목적들을 추구해도 좋을 조건으로서의 제한들을 지시한다. 정언명법은 격률의 판단을 위한 실천이성 법칙이다. 격률이란 한 인격이 추구하는 주관적 목표와 계획으로 이해된다. 격률의 전체가 삶의 형태를 결정한다. 정언명법은 제한하는 조건이다. 그것은 내가 내 삶의 형태 혹은 내 행복

을 어떻게 추구해서는 안 되는지 나에게 말한다. 인간은 자기의 행복과 자기 행복의 개인적 형태를 위해 필요한 전제들, 즉 구체적 자유를 원한다. 실천이성 법칙은 내가 행복을 어떻게 추구해도 좋은지를, 즉 그것이 당사자들의 이성적 갈망, 즉 구체적 자유에 대한 그들의 정당화된 주장과 일치할 수 있는 방식으로 지시한다. 다시 한번 차이를 짧은 공식으로 표현한다면, 결과주의는 객관적인 목적, 즉 세상의 어떤 상태를 지시하고, 칸트의 이론은 내가 주관적 목적들을 어떻게 추구해도 좋은지에 대한 방식과 방법을 지시한다.

어떻게 이러한 제한적 조건들을 정확하게 규정할 수 있을까? 여기 378
에서 한번 정의 규범을 제시할 수 있다. 그것은 그 안에서 각 개인들이 자기의 주관적 목적들을 추구할 수 있는 자유공간을 만든다. 제한하는 조건들은 그럼에도 선행의 의무 형식도 받아들인다. 그러나 이 경우에도 결과주의에서처럼 도덕적으로 올바른 행동을 위한 유일한 기준인, 유일하고 포괄적인 목적이 규정되는 것이 아니다. 그보다는 나의 고유한 인생 계획의 제한을 다룬다. 한 사람이 나의 원조에 의존하는 상황에 처하고, 나는 그를 도울 수 있을 때, 그것이 요구하는 만큼 나는 개인적인 계획을 미루어야 하는 의무가 있다. 원조의 의무가 얼마만큼 도달해야 하는지, 이 의무는 어떤 종류의 개인적인 자유공간을 허용하는지에 대한 물음은 결정하기가 어렵다. 여기에서는 단지 관점들만 나열한다. 의심할 것 없이 모든 것을 미뤄야만 하는, 가까운 환경에서의 급박한 비상 상황들이 있다. 더 먼 환경에서의 비상사태에 관한 것이라면, 현대 사회주의적 국가에서 원조 실행의 의무는 더욱 더 정의의 의무들과 함께 결합된다는 사실을 의식해야 한다. 세금을 내는 사람은 이로써 이러한 사회적 과제를 안고 있는 국가를 지원한다. 이런 제한에 관한 한 주관적 목적 혹은 인생 계획들은 타인의 권리들과 기본선들에 대해 어느 정도의 비중을 갖는가? 윌리엄스(Bernard

Williams, 1981, 2장)의 예를 든다면, 고갱은 타이티에서 미술활동에 매진하기 위해 부인과 자녀들을 내버려두었을 때 윤리적으로 올바르게 행동했는가? 나는 나의 고유한 목적들을 오로지 그것이 나의 것이라는 이유 때문에, 그것과 경쟁적인 상응하는 타인의 선과 권리들보다 더 큰 비중을 두어도 좋은가? 여기에서 구체적인 자유를 결정하는, 주관적인 목적들 혹은 인생 설계들과 객관적 기본선들 사이에서 이제까지 전제했던 구별을 관계 지어야 한다. 내가 결정한 목적들은 오로지 나를 위해서만 항상 가치가 있는 것이고 타인을 위해서도 그런 것은 아니라는 식은 아니다. 오로지 주관적인 가치만 가지는 인생 계획이란 하나의 추상이다. 실제의 삶은, 인생 계획을 통해서 식별로 들어가는 객관적 가치들을 실행하는 방식이다. 고갱의 경우를 해결하려 하지 않은 채 그 예에 머물러본다면, 행복이란 심미적 가치들도 속하는 통합적인 형태이다. 문화선을 창조하는 사람은 이로써 타인의 행복에도 기여한다. 즉 이 선들은 다른 선들의 제한을 통해서 얻게 된다는 사실이 정당화될 수 있다. 개인적인 구성을 위한 자유공간은, 나의 가능성들의 틀 안에서 수없이 많은 객관적 선 중 내가 나의 인생 계획을 통해서 무엇을 실행할 것인지를 내가 선택할 수 있는 데 있다.

379 우리는 원조 실행의 의무를 통해 도덕적으로 지나치게 요구받는 것이 아닌가? 원조 실행의 의무는 타인이 나의 원조를 필요로 하고 내가 도울 수 있는 곳에만 있다. 내가 도울 수 있는지는 우선 나의 육체적·심리적 원기, 재정적 수단, 시간 등 외적 전제조건들에 달려 있다. 또한 그것은 도덕적 관점들에도 달려 있다. 즉 도와야 하는 나의 의무는 다른 의무들에 의해 제한될 수 있다. ① 우리가 보았듯이(§ 310 참조) 의무는 정의의 의무 혹은 내가 서 있는 사회적 조건들을 통해서 제한되고 특수화된다. 토마스 아퀴나스는 사랑의 위계에 관해 말하고 (사랑의 위계; S.th. 2-2 q.26), 칸트도 실천하는 선의로서 사랑은 보편적 인간

사랑으로서가 아니라 단지 이웃사랑으로, 즉 개인적 친근함에 상응하여 생활화될 수 있다고 강조한다(Metaphysik der Sitten, Tugendlehre A 122). 이런 의미로 개인적 관계들의 돌봄은 의무이다. ② 초개인적인 입장은 내가 또한 나 자신과 관계를 맺어야 함을 요구한다. "자기 자신의 행복(자신의 진정한 욕구)을 희생하여 타인의 그것을 돕는다는 것은 만약 그것을 보편 타당한 법칙으로 만든다면, 그 자체로 모순적인 격률이다"(같은 곳, A 27). ③ 자신의 행복을 배려하는 간접적인 의무가 있다. "지겨움, 고통과 결핍은 지나친 의무로 가게 하는 커다란 유혹들이다." 따라서 부, 권력, 건강과 안녕은 그것들이 이 유혹들에 대적하기 때문에 간접적인 의무가 될 수 있다(같은 곳, A 17). ④ 자기 고유한 능력들을 계발할 의무가 있다. 칸트에 따르면 정신력, 영력과 체력의 가꿈은 자기 자신에 대한 인간의 의무이다. 자기 자신의 인격 역시 그 자체로 목적이다. 동물과 구별되는 인간의 특징은 자신을 목적으로 삼는 능력이다. 우리 자신의 인격 안에 있는 인간성은 그 자체로 목적이고, "이성적 의지 역시, 다시 말하면 문화를 통하여 인간성을 위해 공헌해야 하는 의무, 이것이 인간 안에서 스스로 발견되는 한, 능력을 모든 가능적인 목적의 이행으로 만들고, 돕는 의무는 우리 자신의 인격 안에 있는 인간성의 목적과 함께 연결되어 있다"(같은 곳, A 23 이하).

| 참고문헌 |

Foot, 1967a

Quinn, 1989a ; 1989

Foot, 1967a

Thomson, 1976

| 참고문헌 |

Adams, Robert M., 2001: Scanlon's Contractualism: Critical Notice of T.M. Scanlon, *What We Owe to Each Other*, in: The Philosophical Review 110 (2001/4) 563-586.

Albert, Hans, 1961: Ethik und Meta-Ethik. Das Dilemma der analytischen Moralphilosophie, in: Archiv für Philosophie 11, 28-63; ND in: Albert/Topitsch (Hrsg.) 1979, 472-517.

Albert, Hans, 1966: Theorie und Praxis. Max Weber und das Problem der Wertfreiheit und der Rationalität, in: Die Philosophie und die Wissenschaften (Festschrift für Simon Moser) Meisenheim, 246-272; ND in: Albert/Topitsch (Hrsg.) 1979, 200-236

Albert, Hans/Topitsch, Ernst (Hrsg.) ^{2}1979: Werturteilsstreit, Darmstadt.

Allison, Henry E., 1990, Kant's Theory of Freedom, Cambridge.

Anscombe, G.E.M., 1958: Modern Moral Philosophy, in: Philosophy 33; ND in: Anscombe 1981, 26-42.

Anscombe, G.E.M., 1981: The Collected Philosophical Papers of G.E.M. Anscombe. Volume Three: Ethics, Religion, Politics, Oxford.

Apel, Karl-Otto, 1973: Das Apriori der Kommunikationsgemeinschaft und die Grundlagen der Ethik. Zum Problem einer rationalen Begründung der Ethik im Zeitalter der Wissenschaft, in: Apel, Karl-Otto: Transformation der Philosophie, Bd. 2, Frankfurt a.M., 359-435

Apel, Karl-Otto (Hrsg.), 1976: Sprachpragmatik und Philosophie, Frankfurt a.M.

Apel, Karl-Otto, 1976a: Das Problem der philosophischen Letztbegründung im Lichte einer transzendentalen Sprachpragmatik, in: Kanitscheider, B. (Hrsg.): Sprache und Erkenntnis (Festschrift für Gerhard Frey) Innsbruck, 55-82.

Apel, Karl-Otto, 1976b: Sprechakttheorie und transzendentale Sprachpragmatik zur Frage ethischer Normen, in: Apel(Hrsg.) 1976, 10-173.

Apel, Karl-Otto, 1979: Warum transzendentale Sprachpragmatik?, in: Baumgartner, Hans Michael (Hrsg.): Prinzip Freiheit (Festschrift für Hermann Krings) München, 13-43.

Apel, Karl-Otto, 1986: Grenzen der Diskursethik? Versuch einer Zwischenbilanz, in: Zeitschrift für philosophische Forschung 40, 3-31.

Ayer, Alfred J., 1936: Language, Truth and Logic, London; [2]1946; dtsch.: Sprache, Wahrheit und Logik, Stuttgart 1970.

Ayer, Alfred J., 1949: On the Analysis of Moral Judgements, in: Horizon 20; ND in: Ayer, Alfred J.: Philosophical Essays, London 1954, 231-249; dtsch. in: Birnbacher/Hoerster (Hrsg.) 1976, 55-67.

Baumgartner, Hans Michael, 1990: Die argumentationstheoretische Uneinholbarkeit der praktischen Vernunft, in: Irrgang, B./Lutz-Bachmann, M. (Hrsg.), Begründung von Ethik, Würzburg.

Bayertz, Kurt, 1988: Evolutionäre Ethik. Biologische Grundlagen von Moral und Recht?, in: Philosophische Rundschau 35, 277-296.

Beauchamp, Tom. L./Childress, James F., [4]1994: Principles of Biomedical Ethics, Oxford.

Beck, Lewis White, 1957: Apodictic Imperatives, in: Kant-Studien 49, 7-24.

Beck, Lewis White, 1960: A Commentary on Kant's Critique of Practical Reason, Chicago; dtsch.: Kants „Kritik der praktischen Vernunft". Ein Kommentar, München 1974.

Beck, Lewis White, 1961: Das Faktum der Vernunft: Zur Rechtfertigungsproblematik in der Ethik, in: Kant-Studien 52, 271-282.

Bennet, Jonathan, 1995: The Act Itself, Oxford.

Bentham, Jeremy, 1789: An Introduction to the Principles of Morals and Legislation, London; hrsg. von J.H. Burns und H.L.A. Hart, London 1970; dtsch. (Auswahl) in: Höffe (Hrsg.) 1992, 35–58.

Birnbacher, Dieter/Hoerster, Norbert (Hrsg.), 1976: Texte zur Ethik, München; [2]1987.

Birnbacher, Dieter, 1995: Tun und Unterlassen, Stuttgart.

Bittner, Rüdiger, 1974: Maximen, in: Funke, Gerhard (Hrsg.): Akten des 4. Internationalen Kant-Kongresses (in Mainz 1974) Teil Ⅱ (Berlin 1974), 485–498.

Blackburn, Simon, 1998 (ND 2000): Ruling Passions—A Theory of Practical Reasoning, Oxford.

Blühdorn, Jürgen (Hrsg.), 1976: Das Gewissen in der Diskussion, Darmstadt.

Böckle, Franz, 1986: Normen und Gewissien, in: Stimmen der Zeit 204, 291–302.

Böckle, Franz, [6]1994: Fundamentalmoral, München.

Boethius, Ancius Manlius Severinus, 1988: Die Theologischen Traktate. Übersetzt, eingeleitet und mit Anmerkungen versehen von Michael Elsässer, Hamburg.

Brandt, Richard B., 1959: Ethical Theory. The Problems of Normative and Critical Ethics, Englewood Cliffs, N.J.

Brandt, Richard B., 1961: Drei Formen des Relativismus (1961), in: Birnbacher/ Hoerster (Hrsg.) 1976, 42–51.

Brentano, Franz, 1889: Vom Ursprung sittlicher Erkenntnis. Mit Einleitung und Anmerkungen hrsg. von Oskar Kraus, Hambrug [4]1995; ND 1969 (Vortrag).

Brink, David O., 1989: Moral Realism and the Foundations of Ethics, Cambridge.

Broad, C.D., 1930: Five Types of Ethical Theory, London.

Cramer, Konrad, 1972: Hypothetische Imperative?, in: Riedel (Hrsg.) Bd. I, 159–212.

Crisp, Roger/Slote, Michael (Hrsg.), 1997: Virtue Ethics, Oxford.

Dancy, Jonathan, 1996: In Defense of Thick Concepts, in: Midwest Studies in Philosophy 20, 263-279.

Danto, Arthur C., 1965: Basis Actions, in: American Philosophical Quarterly 2, 141-148; dtsch.: Basis-Handlungen, in: Meggle (Hrsg.) 1977, 89-110.

Davidson, Donald, 1980: Essays on Actions and Events, Oxford; dtsch.: Handlung und Ereignis, Frankfurt a.M. 1985.

DeFinance, Joseph, 1967: Ethique generale, Rom.

Donagan, Alan, 1977: The Theory of Morality, Chicago; ^{2}1979.

Dreyer, Mechthild/Fleischhauer, Kurt (Hrsg.), 1998: Natur und Person im ethischen Disput, Freiburg i.Br.

Düwell, Marcus, 2000: Die Bedeutung ethischer Diskurse in einer wertepluralen Welt, in: Kettner, Matthias (Hrsg.): Angewandte Ethik als Politikum, Frankfurt a.M., 76-114.

Ebbinghaus, Julius, 1948: Deutung und Mißdeutung des kategorischen Imperativs, in: Studium Generale 1, 411-419; ND in: Ebbinghaus 1968, 80-96.

Ebbinghaus, Julius, 1959: Die Formeln des kategorischen Imperativs und die Ableitung inhaltlich bestimmter Pflichten, in: Studi e Ricerche di Storia della Filosofia 32, Turin; ND in: Ebbinghaus 1968, 140-160.

Ebbinghaus, Julius, 1968: Gesammelte Aufsätze, Vorträge und Reden, Darmstadt.

Ebert, Theodor, 1976: Praxis und Poiesis. Zu einer handlungstheoretischen Unterscheidung des Aristoteles, in: Zeitschrift für philosophische Forschung 30, 12-30.

Falk, W.D., 1948: „Ought" and Motivation, in: Proceedings of the Aristotelian Society 48(1947-48) 111-138.

Fehige, Christoph/Meggle, Georg (Hrsg.), 1995: Zum moralischen Denken, 2 Bde., Frankfurt a.M.

Foot, Philippa R., 1958: Moral Arguments, in: Mind 67, 502-513; ND in: Foot 1978, 96-109; dtsch.: Moralische Argumentationen, in: Grewendorf/Meggle

(Hrsg.) 1974, 244–259.

Foot, Philippa R., 1961: Goodness and Choice, in: The Aristotelian Society Supplementary Volume 35, 45–61; ND in: Foot 1978, 132–147.

Foot, Philippa R. (Hrsg.), 1967: Theories of Ethics, London.

Foot, Philippa, 1967a: The Problem of Abortion and the Doctrine of the Double Effect, in: Oxford Review 5; ND in: Foot 1978, 19–32.

Foot, Philippa, 1978: Virtues and Vices and Other Essays in Moral Philosophy, Oxford.

Foot, Philippa, 1983: Moral Realism and Moral Dilemma, in: Journal of Philosophy 80, 379–398.

Foot, Philippa, 1985: Utilitarianism and the Virtues, in: Mind 94,196–209.

Foot, Philippa, 2001: Natural Goodness, Oxford.

Forschner, Maximilian, [2]1994: Über das Glück des Menschen. Aristoteles, Epikur, Stoa, Thomas von Aquin, Kant, Darmstadt.

Forschner, Maximilian, [2]1995: Die Stoische Ethik, Darmstadt.

Frankena, William K., 1939: The Naturalistic Fallacy, in: Mind 48, 464–477; ND in: Sellars/Hospers (Hrsg.) 1970, 54–62; dtsch.: Der naturalistische Fehlschluß, in: Grewendorf/Meggle (Hrsg.) 1974, 83–99.

Frankena, William K., 1958: Obligation and Motivation in Recent Moral Philosophy, in: ders., 1976: Perspectives on Morality, hrsg. von Goodpaster, K.E., Notre Dame u.a., S. 49–73.

Frankena, William K., 1963: Ethics, Englewood Cliffs, N.J.; dtsch.: Analytische Ethik, München [3]1981.

Gähde, Ulrich, 1992: Zum Wandel des Nutzensbegriffs im klassischen Utilitarismus, in: Gaehde, Ulrich/Schrader, Wolfgang H. (Hrsg.), Der klassische Utilitarismus, Berlin, 83–110.

Galtung, Johan, 1975: Strukturelle Gewalt. Beiträge zur Friedens- und Konfliktforschung, Reinbek bei Hamburg.

Geach, Peter Th., 1956: Good and Evil, in: Analysis 17, 33–42; ND in: Foot (Hrsg.) 1967, 64–73.

Geach, Peter Th., 1960: Ascriptivism, in: The Philosophical Review 69, 221-225; dtsch.: Der Askriptivismus, in: Meggle (Hrsg.) 1977, 239-245.

Gesang, Bernward (Hrsg.), 1998: Gerechtigkeitsutilitarismus, Paderborn.

Gewirth, Alan, 1964: The Generalization Principle, in: Philosophical Review 73, 229-242.

Gewirth, Alan, 1978: Reason and Morality, Chicago.

Gewirth, Alan, 1996: The Community of Rights, Chicago u.a.

Gibbard, Allan, 1990: Wise Choices, Apt Feelings—A Theory of Normative Judgement, Cambridge, MA.

Gillitzer, Berthold, 2001: Personen, Menschen und ihre Identität, Stuttgart.

Gölz, Walter, 1978: Begründungsprobleme der praktischen Philosophie, Stuttgart.

Gómez-Lobo, Alfonso, 2002: Morality and the Human Goods. An Introduction to Natural Law Ethics, Washington, D.C.

Gosepath, Stefan, 1993: Drei Stufen einer materialen kognitiven Ethik und ihre Probleme, in: Ethik und Sozialwissenschaften 4, 605-607.

Green, O.H., 1990: Killing and Letting Die, in: American Philosophical Quarterly 17, 195-204.

Grewendorf, Günther/Meggle, Georg (Hrsg.), 1974: Seminar: Sprache und Ethik. Zur Entwicklung der Metaethik, Frankfurt a.M.

Griffin, James, 1986: Well-Being, Oxford.

Habermas, Jürgen, 1971: Vorbereitende Bemerkungen zu einer Theorie der kommunikativen Kompetenz, in: Habermas, Jürgen/Luhmann, Niklas (Hrsg.), Theorie der Gesellschaft oder Sozialtechnologie—Was leistet die Systemforschung?, Frankfurt a.M., 101-141.

Habermas, Jürgen, 1973: Legitimationsprobleme im Spätkapitalismus, Frankfurt a.M.

Habermas, Jürgen, 1973a: Wahrheitstheorien, in: Fahrenbach, Helmut (Hrsg.): Wirklichkeit und Reflexion (Festschrift für Walter Schulz) Pfullingen, 211-265.

Habermas, Jürgen, 1976: Zur Rekonstruktion des Historischen Materialismus, Frankfurt a.M.

Habermas, Jürgen, 1976a: Was heißt Universalpragmatik?, in: Apel (Hrsg.) 1976, 174–272.

Habermas, Jürgen, 1981: Theorie des kommunikativen Handelns, 2 Bde., Frankfurt a.M.

Habermas, Jürgen, 1983: Moralbewußtsein und kommunikatives Handeln, Frankfurt a.M.

Habermas, Jürgen, 1985: Moral und Sittlichkeit. Hegels Kantkritik im Lichte der Diskursethik, in: Merkur 39, 1041–1052.

Habermas, Jürgen, 1986: Moralität und Sittlichkeit. Treffen Hegels Einwände gegen Kant auch auf die Diskursethik zu?, in: Kuhlmann (Hrsg.) 1986, 16–37.

Habermas, Jürgen, 1991: Erläuterungen zur Diskursethik, Frankfurt a.M.

Haeffner, Gerd, [3]2000: Philosophische Anthropologie, Stuttgart.

Hare, Richard M., 1952: The Language of Morals, Oxford; dtsch.: Die Sprache der Moral, Frankfurt a.M. 1972.

Hare, Richard M., 1954/55: Universalizability, in: Proceedings of the Aristotelian Society 55, 295–312; dtsch.: Universalisierbarkeit, in: Grewendorf/ Meggle(Hrsg.) 1974, 198–216.

Hare, Richard M., 1957: Geach: Good and Evil, in: Analysis 18, 103–112; ND in: Foot (Hrsg.) 1967, 74–82.

Hare, Richard M., 1963: Freedom and Reason, Oxford; dtsch.: Freiheit und Vernunft, Düsseldorf 1973.

Hare, Richard M., 1963a: Descriptivism, in: Proceedings of the British Academy 49; ND in: Hudson (Hrsg.) 1969, 240–258; dtsch.: Deskriptivismus, in: Grewendorf/Meggle (Hrsg.) 1974, 260–284.

Hare, Richard M., 1981: Moral Thinking. Its Levels Method and Point, Oxford; dtsch: Moralisches Denken: seine Ebenen, seine Methode, sein Witz, Frankfurt a.M. 1992.

Harman, Gilbert, 1977: The Nature of Morality. An Introduction to Ethics, New York; dtsch.: Das Wesen der Moral. Eine Einführung in die Ethik, Frankfurt a.M. 1981.

Harman, Gilbert/Thomson, Judith Jarvis (Hrsg.), 1996: Moral Relativism and Moral Objectivity, Oxford.

Hart, Herbert L.A./Honoré, Antony M., [2]1985: Causation in the Law, Oxford.

Hegselmann, Rainer, 1979: Normativität und Rationalität. Zum Problem praktischer Vernunft in der Analytischen Philosophie, Frankfurt a.M.

Hoerster, Norbert, 1969: Zum Problem der Ableitung eines Sollens aus einem Sein in der analytischen Moralphilosophie, in: Archive für Rechts-und Sozialphilosophie 55, 11–39.

Hoerster, Norbert, 1976: Ethik und Moral, in: Birnbacher/Hoerster (Hrsg.) 1976, 9–23.

Hoerster, Norbert, 1977: John Rawls' Kohärenztheorie der Normenbegründung, in: Höffe, Otfried (Hrsg.): Über John Rawl's Theorie der Gerechtigkeit, Frankfurt a.M., 57–76.

Hoerster, Norbert, [2]1977a: Utilitaristische Ethik und Verallgemeinerung, München.

Höffe, Otfried, 1972: Wissenschaft „in sittlicher Absicht". Zu Aristoteles' Modell einer eminent praktischen Philosophie, in: Philosophisches Jahrbuch der Görresgesellschaft 79, 288–319; überarbeiteter ND: Ethik als praktische Philosophie—Die Begründung durch Aristoteles, in: Höffe 1979, 38–83.

Höffe, Otfried, 1977: Kants kategorischer Imperativ als Kriterium des Sittlichen, in: Zeitschrift für philosophische Forschung 31, 354–384; überarbeiteter ND in: Höffe 1979, 84–119.

Höffe, Otfried, 1979: Ethik und Politik. Grundmodelle und—probleme der praktischen Philosophie, Frankfurt a.M.

Höffe, Otfried, 1979a: Recht und Moral: ein kantischer Problemaufriß in: Neue Hefte für Philosophie 17, 1–36.

Höffe, Otfried, 1987: Politische Gerechtigkeit. Grundlegung einer kritischen

Philosophie von Recht und Staat, Frankfurt a.M.
Höffe, Otfried (Hrsg.) ^{2}1992: Einführung in die utilitaristische Ethik, Tübingen.
Höffe, Otfried (Hrsg.) ^{2}1993: Grundlegung zur Metaphysik der Sitten. Ein kooperativer Kommentar, Frankfurt a.M.
Honderich, Ted (Hrsg.), 1985: Morality and Objectivity, London.
Hudson, William D. (Hrsg.), 1969: The Is-Ought-Question. A Collection of Papers on the Central Problem in Moral Philosophy, London.
Hume, David, 1888: A Treatise of Human Nature, hrsg. von L.A. Selby-Bigge, Oxford; ND 1968.
Hursthouse, Rosalind, 1999:On Virtue Ethics, Oxford.
Jonas, Hans, 1979:Das Prinzip Verantwortung. Versuch einer Ethik Für die technologische Zivilisation, Frankfurt a.M.
Jonas, Hans, 1993:Dem bösen Ende näher. Gespräche über das verhältnis des Menschen zur Natur, Frankfurt a.M.
Kambartel, Friedrich, 1978: Universalität als Lebensform, in: Oelmüller, Willi (Hrsg.): Normenbegründung-Normendurchsetzung, Paderborn, 11-21.
Kenny, Anthony, 1975:Will, Freedom and Power, Oxford.
Kerner, George C., 1966:The Revolution in Ethical Theory, Oxford.
Kersting, Wolfgang, 2002: Kritik der Gleichheit-Über die Grenzen der Gerechtigkeit und der Moral, Weilerswist.
Kettner, Matthias (Hrsg.)2000: Angewandte Ethik als Politikum, Frankfurt a.M.
Kollek, Regine, ^{2}2002: Präimplantationsdiagnostik, Tübingen.
Korsgaard, Christine M., 1996: Creating the Kingdom of Ends, Cambridge.
Krausz, Michael/Meiland, Jack W. (Hrsg.), 1982: Relativism Cognitive and Moral, Notre Dame.
Krebs, Angelika, 2003: Warum Gerechtigkeit nicht als Gleichheit zu begreifen ist, in: Deutsche Zeitschrift für Philosophie 51, 235-253
Krings, Hermann, 1970: Freiheit. Ein Versuch Gott zu denken, in: Philosophisches Jahrbuch der Görresgesellschaft 77, 225-237;ND in: Krings 1980, 161-184.

Krings, Hermann, 1973: Freiheit, in: Krings, Hermann u.a. (Hrsg.): Handbuch Philosophischer Grundbegriffe Bd. 1. München. 493-510: ND in: Krings 1980, 99-130.

Krings, Hermann, 1977: Reale Freiheit. Praktische Freiheit. Transzendentale Freiheit, in: Simon, Josef (Hrsg.): Freiheit. Theoretische und praktische Aspekte des Problems, Freiburg, 85-113; ND in: Krings 1980, 40-68.

Krings, Hermann, 1977a: Staat und Freiheit, in: Zeitschrift für philosophische Forschung 31, 175-190: ND in: Krings 1980, 185-208.

Krings, Hermann, 1978: Empirie und Apriori. Zum Verhältnis von Transzendentalphilosophie und Sprachpragmatik, in: Neue Hefte für Philosophie 14, 57-75; ND in: Krings 1980, 69-98.

Krings, Hermann, 1980: System und Freiheit. Gesammelte Aufsätze, Freiburg.

Kuhlmann, Wolfgang, 1985: Reflexive Letztbegründung. Untersuchungen Zur Transzendentalpragmatik, Freiburg.

Kuhlmann, Wolfgang (Hrsg.), 1986: Moralität und Sittlichkeit. Das Problem Hegels und die Diskursethik, Frankfurt a.M.

Kutschera, Franz von, [2]1999: Grundlagen der Ethik, Berlin.

Lenk, Hans, 1967: Kann die sprachanalytische Moralphilosophie neutral sein?, in: Archiv für Rechts-und Sozialphiolsophie 53, 367-382; ND in Albert/Topitsch (Hrsg.) 1979, 533-552.

Lorenzen, Paul/Schwemmer, Oswald, [2]1975: Konstruktive Logik, Ethik und Wissenschaftstheorie, Mannheim.

Lyons, David, 1965: Forms and Limits of Utilitarianism, Oxford 1965, 161-177; dtsch. in: Höffe (Hrsg.) 1992, 223-243.

MacInerny, Ralph M., 1992: Aquinas on Human Action, Washington D.C.

MacIntyre, Alasdair, [2]1984: After Virtue, Notre Dame, Ind.

MacIntyre, Alasdair, 1988: Whose Justice? Which Rationality?, Notre Dame, Ind.

Mackie, John Leslie, 1977: Ethics. Inventing Right and Wrong, Harmondsworth; dtsch.: Ethik. Auf der Suche nach dem Richtigen und

Falschen, Stuttgart 1981.

Mackie, Johg Leslie, 1980: Hume's Moral Theory, London.

Mason, H. E.(Hrsg.), 1996: Moral Dilemmas and Moral Theory, Oxford.

McDowell, John, 1985: Values and Secondary Qualities, in: Honderich 1985, 110–129.

McDowell, John, 2002: Wert und Wirklichkeit— Aufsätze zur Moralphilosophie, Frankfurt a.M. (Auswahl aus ders., 1998: Mind, Value and Reality, Bd. 1 u. 2).

McNaughton,David, 1988: Moral Vision. An Introduction to Ethics, Oxford.

Mill, John Stuart: Collected Works of John Stuart Mill, hrsg. von F.E.L Priestley, Toronto 1963ff.

Mill, John Stuart, 1976: Der Utilitarismus, Stuttgart.

Miller, David, 1999(ND 2001):Principles of Social Justice, Cambridge, MA u.a.

Mojse, Georg-Matthias, 1979: Wissenschaftstheorie und Ethik-Diskussion bei Hans Albert. Ein Beitrag zur gegenwärtigen Debatte über die Grundwerte in der pluralistischen Gesellschft, Bonn.

Moore, George Edward, 1903: Principia Ethica, Cambridge; ND cambridge 1971; dtsch.: Stuttgart 1970.

Moore, George Edward, 1912: Ethics, London; dtsch.: Grundprobleme der Ethik, München 1966.

Müller, Anselm Winfried, 1982: Praktisches Folgern und Selbstgestaltung nach Aristoteles, Freiburg.

Müller, Anselm Winfried, 1998: Was taugt die Tugend? Elemente einer Ethik des guten Lebens, Stuttgart u.a.

Nagel, Thomas, 1970: The Possibility of Altruism, Oxford.

Nagel, Thomas, 1979: Mortal Questions, Cambridge; dtsch.: Über das Leben, die Seele und den Tod, Königstein 1984.

Nagel, Thomas, 1986: The View From Nowhere, Oxford.

Nagel, Thomas, 1999: Das Letzte Wort, Stuttgart(1997, The Last Word.)

Nida-Rümelin, Julian (Hrsg.): 1996: Angewandte Ethik, Stuttgart.

Nielsen, Kai, 1967: Ethics, Problems of, in: Edwards, Paul (Hrsg.): The Encyclopedia of Philosophy, Bd. 3, New York, 117-134.

Nussbaum, Martha C., 1998: Nicht-relative Tugenden: Ein aristotelischer Ansatz, in: Rippe, Klaus Peter/Schaber Peter(Hrsg.), 1998: Tugendethik, Stuttgart, 114-165.

Nussbaum, Martha C., 2001: Upheavels of Thought, Cambridge.

Ogden, Charles K./Richards, Ivor A., 1923: The Meaning of Meaning, London; dtsch.: Die Bedeutung der Bedeutung, Frankfurt a.M. 1974.

Parfit, Derek, 1984: Reasons and Persons, Oxford.

Patzig, Günther, [2]1983: Ethik Ohne Metaphysik, Göttingen.

Pieper, Annemarie/Thurnherr, Urs (Hrsg.), 1998: Angewandte Ethik. Eine Einführung, München.

Platts, Mark, 1979: Moral Reality, in: ders., Ways of Meaning, London; ND in: sayre-McCord 1988, 282-300.

Pothast, Ulrich (Hrsg.), 1978: Seminar: Freies Handeln und Determinismus, Frankfurt a.M.

Quinn, Warren, 1989: Actions, Intentions, and Consequences: The Doctrine of Doing and Allowing, in: Philosophical Review 98, 287-312; ND in: Quinn 1993, 149-174.

Quinn, Warren, 1989a: Actions, Intentions, and Consequences: The Doctrine of Double Effect, in: Philosophy and Public Affairs 18, 334-351; ND in: Quinn 1993, 175-193.

Quinn, Warren, 1993: Morality and Action, Cambridge.

Rawls, John, 1951: Outline of a Decision Procedure for Ethics, in: The Philosophical Review 60, 177-190; dtsch.: Ein Entscheidungsverfahren für die normative Ethik, in: Birnbacher/Hoerster (Hrsg.)1976, 124-138.

Rawls, John, 1971: A Theory of Justice, Cambridge, Mass.; dtsch.: Eine Theorie der Gerechtigkeit, Frankfurt a.M. 1975.

Regis, Edward Jr., 1984: Gewirth's Ethical Rationalism. Critical Essays with a Reply by Alan Gewirth, Chicago.

Rhonheimer, Martin, 1994: Paraktische Vernunft und Vernünftigkeit der Praxis. Handlungstheorie bei Thomas von Aquin in ihrer Entstehung aus dem Problemkontext der aristotelischen Ethik, Berlin.

Ricken, Friedo, 1976: Der Lustbegriff in der Nikomachischen Ethik des Aristoteles, Göttingen.

Ricken, Friedo, 1976a: Die Begründung Moralischer Urteile nach R. M. Hare, in: Theologie und Philosophie 51, 344-358.

Ricken, Friedo, 1977: Zur Freiheitsdiskussion in der sprachanalytischen Philosophie, in: Theologie und Philosophie 52, 525-542.

Ricken, Friedo, 1984: Kann die Moralphilosophie auf die Frage nach dem „Ethischen" verzichten?, in: Theologie und Philosophie 59, 161-177.

Ricken, Friedo, 1987: Anthropozentrismus oder Biozentrismus? Begündungsprobleme der ökologischen Ethik, in: Theologie und Philosophie 62, 1-21.

Ricken, Friedo, 1987a: Die Rationalität der Moral, in: Philosophische Rundschau 34, 25-30.

Ricken, Friedo, 1990: Unveränderlichkeit und Wandelbarkeit des natürlichen Sittengesetzes nach Francisco Suarez SJ, in: Sievernich, Michael/Switek, Günter(Hrsg.), Ignatianisch, Freiburg, 340-353.

Ricken Friedo, 1991: Gemeinschaft als Grundwert der Aristotelischen Ethik, in: Theologie und Philosophie 66, 530-546; ND in: Honnefelder, Ludger(Hrsg.): Sittliche Lebensform und praktische Vernunft, Paderborn 1992, 125-142.

Ricken, Friedo, 1993: Homo noumenon und homo phaenomenon. Ableitung, Anwendbarkeit und Begründung der Formel von der Menschheit als Zweck an sich selbst, in: Höffe 1993, 234-252.

Ricken, Friedo, 1994: Naturrecht I, in: Theologische Realenzyklopädie Bd. 24, 132-153.

Ricken, Friedo, 1995: Tradition und Natur. Über Vorgaben und Grenzen der praktischen Rationalität, in: Theologie und Philosophie 70, 62-77.

Ricken, Friedo, 1998: Ist die Person oder der Mensch Zweck an sich selbst?, in: Dreyer, M./Fleischhauer, K. (Hrsg.): Natur und Person im ethischen Disput, Freiburg, 147-168.

Ricken, Friedo, 1998a: Aristoteles über Gerechtigkeit und Gleichheit, in: Theologie und Philosophie 73, 161-172.

Ricken, Friedo, 1999: Aristoteles und die moderne Tugendethik, in: Theologie und Philosophie 74, 391-404.

Ricken, Friedo, 2000: Ist Freundschaft eine Tugend? Die Einheit des Freundschaftsbegriffs der *Nikomachischen Ethik*, in: Theologie und Philosophie 75, 481-492.

Ricken, Friedo, 2002: Die Postulate der reinen praktischen Vernunft, in: Höffe, Otfried (Hrsg.): Immanuel Kant. Kritik der Praktischen Vernunft, Berlin 2002, 187-202.

Ricken, Friedo, 2003: Aristoteles contra Rawls, in: Erwägen—Wissen—Ethik 14/2, 292-294.

Riedel, Manfred, 1972 und 1974: Rehabilitierung der parktischen Philosophie, Freiburg, Bd. 1 1972, Bd. 2 1974.

Rippe, Klaus Peter, 1993: Ethischer Relativismus. Seine Grenzen—Seine Geltung, Paderborn.

Rhonheimer, Martin, 2001: Die Perspektive der Moral—Philosophische Grundlagen der Tugendethik, Berlin.

Ross, William David, 1930: The Right and Good, Oxford.

Runggaldier, Edmund, 1996: Was sind Handlungen? Eine Auseinandersetzung mit dem Naturalismus, Stuttgart.

Sayre-McCord, Geoffrey (Hrsg.), 1988: Essays on Moral Realism, Itahca N.Y.

Scanlon, T.M., 1975: Preference and Urgency, in: The Journal of Philosophy 72, 655-669.

Scanlon, T.M., 1998 (ND 2000): What We Owe to Each Other, Cambridge, MA u.a.

Schaber, Peter, 1997: Moralischer Realismus, Freiburg.

Schaffler, Samuel, 1982: The Rejection of Consequentialism, Oxford.

Scheler, Max, [5]1996: Der Formalismus in der Ethik und die materiale Wertethik, Bern.

Schönecker, Dieter/Wood, Allen W., 2002: Kants „Grundlegung zur Metaphysik der Sitten". Ein einführender Kommentar, Paderborn.

Schröer, Christian, 1995: Praktische Vernunft bei Thomas von Aquin, Stuttgart.

Schüller, Bruno, 1976: Zur Diskussion Über das Proprium einer christlichen Ethik, in: Theologie und Philosophie 51, 321-343; überarbeiteter ND: Das Proprium einer christlichen Ethik in der Diskussion, in: Schüller 1982, 3-27.

Schüller, Bruno, 1978: Sittliche Forderung und Erkenntnis Gottes. Überlegungen zu einer alten Kontroverse, in: Gregorianum 59, 5-37; ND in: Schüller 1982, 28-53.

Schüller, Bruno, 1982: Der menschliche Mensch. Aufsätze zur Metaethik und zur Sprache der Moral, Düsseldorf.

Schüller, Bruno, [3]1987: Die Begründung sittlicher Urteile, Düsseldorf.

Schuster, Joannes B., 1950: Philosophia moralis, Freiburg.

Schwemmer, Oswald, 1971: Philosophie der Praxis, Frankfurt a.M.

Schwemmer, Oswald, 1974: Grundlagen einer normativen Ethik, in: Kambartel, Friedrich(Hrsg.): Praktische Philosophie und Konstruktive Wissenschaftstheorie, Frankfurt a.M., 73-95.

Searle, John R., 1964: How to Derive „Ought" from „Is", in: Philosophical Review 73, 43-58; ND in: Sellars/Hospers(Hrsg.) 1970, 63-72.

Searle, John R., 1969: Speech Acts. An Essay in the Philosophy of Language, London; dtsch.: Sprechakte. Ein Sprachphilosophischer Essay, Frankfurt a.M. 1971; [2]1984.

Searle, John R., 1983: Intentionality. An Essay in the Philosophy of Mind, Cambridge; dtsch.: Intentinalität. Eine Abhandlung zur Philosophie des Geistes, Frankfurt a.M. 1987.

Seel, Martin, 1995; Versuch Über die Form des Glücks, Frankfurt a.M.

Sellars, Wilfried/Hospers, John (Hrsg.), [2]1970: Readings in Ethical Theory,

New York.

Sen, Amartya/Williams, Bernard (Hrsg.), 1983: Utilitarianism and beyond, Cambridge.

Sen, Amyrtya, 1988: Rights and Agency, In: Scheffler, Samuel (Hrsg.): Consequentialism and its Critics, Oxford, 187-223.

Sidgwick, Henry, [7]1907: The Methods of Ethics, London; ND London 1962.

Siegwart, Geo, 1984: Regel, in: Ricken, Friedo(Hrsg.):Lexikon der Erkenntnistheorie und Metaphysik, München, 161f.

Siewerth, Gustav (Hrsg.), 1954: Thomas von Aquin: Die menschliche Willensfreiheit. Texte zur thomistischen Freiheitslehre, Düsseldorf.

Singer, Marcus G., 1961: Generalization in Ethics, An Essay in the Logic of Ethics, with the Rudiments of a System of Moral Philosophy, New York; dtsch.: Verallgemeinerung in der Ethik. Zur Logik des moralischen Argumentierens, Frankfurt a.M. 1975.

Singer, Peter, [2]1994: Praktische Ethik, Stuttgart.

Singer, Peter, 1995: Rethinking Life & Death. The Collapse of Our Traditional Ethics, Oxford.

Slote, Michael, 1997 (ND 2000): Virtue Ethics, in:Baron, Marcia/Petit, Philip/Slote, Michael (Hrsg.): Three Methods of Ethics, Oxford, 175-238.

Smart, J.J.C./Williams, Bernard 1973:Utilitarianism For and Against, Cambridge.

Smith, Adam, 1976: The Theory of Moral Sentiments, hrsg. von D.D. Raphael/A.L. Macfie, Oxford.

Smith, Adam, 1977: Theorie der ethischen Gefühle, Hamburg.

Spaemann, Robert, 1972: Moral und Gewalt, in: Riedel (Hrsg.) Bd. 2, 1972, 215-241.

Spaemann, Robert, 1973: Christliche Religion und Ethik, in: Philosophisches Jahrbuch der Görresgesellschaft 80, 282-291.

Stevenson, Charles L., 1937: The Emotive Meaning of Ethical Terms, in: Mind 46, 14-31; Überarbeiteter ND in: Sellars/Hospers (Hrsg.) 1970, 254-266; dtsch.: Die Emotive Bedeutung ethischer Ausdrücke, in: Grewendorf/

Meggle(Hrsg.) 1974, 116–139.

Stevenson, Charles L., 1944: Ethics and Language, New Haven.

Strawson, Peter F., 1949: Ethical Intuitionism, in: Philosophy 24, 23–33; dtsch.: Der ethische Intuitionismus, in: Grewendorf/Meggle(Hrsg.) 1974, 100–115.

Strawson, Peter F., 1962: Freedom and Resentment, in: Proceedings of the British Academy 48, 187–211; dtsch.: Freiheit und Übelnehmen, in: Pothast, Ulrich(Hrsg.), Freies Handeln und Determinismus, Frankfurt a.M. 1978, 201–233.

Stuhlmann-Laeisz, Rainer, 1986: Über das logische Verhältnis zwischen Normen und Tatsachen, in: Allgemeine Zeitschrift für Philosophie 11, 17–29.

Sturma, Dieter(Hrsg.), 2001: Person. Philosophiegeschichte—Theoretische Philosophie—Praktische Philosophie, Paderborn.

Thomson, Judith Jarvis, 1976: Killing and Letting Die, and the Trolley Problem, in: The Monist 59, 204–217.

Tugendhat, Ernst, 1976: Vorlesungen zur Einführung in die sprachanalytische Philosophie, Frankfurt a.M.

Tugendhat, Ernst, 1979: Comments on Some Methodological Aspects of Rawls' „Theory of justice", in: Analyse und Kritik 1, 77–89; dtsch. in: Tugendhat 1984, 10–32.

Tugendhat, Ernst, 1984: Probleme der Ethik, Stuttgart.

Tugendhat, Ernst, 1993: Vorlesungen Über Ethik, Frankfurt a.M.

Urmson, James O., 1968: The Emotive Theory of Ethics, London.

Warnock, Geoffrey J.,1967: Contemporary Moral Philosophy, London.

Warnock, Mary, ^{2}1966: Ethics since 1900, London.

Weber, Max, 1904: Die „Objektivität" sozialwissenschaftlicher und sozialpolitischer Erkenntnis, in: Archiv für Sozialwissenschaft und Sozialpolitik 19; ND in: Weber 1973, 146–214.

Weber, Max, 1918: Der Sinn Der „Wertfreiheit" der soziologischen und ökonomischen Wissenschaften, in: Logos 7; ND in: Weber 1973, 489–540.

Weber, Max, 1919: Wissenschaft als Beruf, ND in: Weber 1973, 582-613.

Weber, Max, [4]1973: Gesammelte Aufsätze zur Wissenschaftslehre, hrsg. von Johannes Winckelmann, Tübingen.

Westberg, Daniel, 1994: Right Practical Reason. Aristotle, Action and Prudence in Aquinas, Oxford.

Wieland, Wolfgang, 2003: Pro Potentialitätsargument: Moralfähigkeit als Grundlage von Würde und Lebensschutz, in: Damschen, G./Schönecker, D. (Hrsg.): Der moralische Status menschlicher Embryonen, Berlin, 149-168.

Wiggins, David, 1985: Claims of Need, in: Honderich, Ted (Hrsg.): Morality and Objectivity, London, 149-202; überarbeiteter ND in: Wiggins, David: Needs, Value, Truth, Oxford 1987, 1-57.

Willaschek, Marcus, 1992: Praktische Vernunft. Handlungstheorie und Moralbegründung bei Kant, Stuttgart.

Williams, Bernard, 1973: Problems of the Self, Cambridge; dtsch.: Probleme des Selbst, Stuttgart 1978.

Williams, Bernard, 1976: Morality. An Introduction to Ethics, London; dtsch.: Der Begriff der Moral. Eine Einführung in die Ethik, Stuttgart 1978.

Williams, Bernard, 1981: Moral Luck, Cambridge; dtsch.: Moralischer Zufall, Königstein 1984.

Williams, Bernard, 1985: Ethnics and the Limits of Philosophy, London.

Wimmer, Reiner, 1980: Universalisierung in der Ethik. Analyse, Kritik und Rekonstruktion ethischer Rationalitätsansprüche, Frankfurt.

Wright, Georg Henrik von, 1963: Norm and Action. A Logical Enquiry, London; dtsch. : Norm und Handlung. Eine logische Untersuchung, Königstein 1979.

Wright, Georg Henrik von, 1963a: The Varieties of Goodness, London.

Ziff, Paul, 1960: Semantic Analysis, Ithaca N.Y.

Zimmermann-Acklin, Markus, 1997: Euthanasie. Eine theologisch-ethische Untersuchung, Freiburg i. Ue. und Freiburg i.Br.

| 이름 찾기 |

| 내용 찾기 |